Robert „Landy“ Landinger

C-A-G-E-D rules!
Bd. I

2. überarbeitete Auflage

mit QR-Codes
zu den Hörbeispielen

2. überarbeitete Auflage

Herstellung und Verlag:
BoD – Books on Demand,
Norderstedt

Lektorat, Umschlaggestaltung und Layout: Ursula Paulick - Die Markenbildnerei
Umschlagfoto: Grandriver (Gitarrenbild), Allusioni (Notenblatt) (iStockphoto)

ISBN: 9 783756 838295

Bibliografische Information der Deutschen Nationalbibliothek:
Die Deutsche Nationalbibliothek verzeichnet diese Publikation in der Deutschen Nationalbibliografie; detaillierte bibliografische Daten sind im Internet über http://dnb.d-nb.de abrufbar.

Robert „Landy“ Landinger

C·A·G·E·D rules!

Gitarrespielen wie die Profis
mit den Basis-Akkorden

Band I
Dur-Shapes

Inhaltsverzeichnis

I. Einführung

II. Dur Akkorde und Dur Shapes

III. Übungskonzepte

Danksagung

Vielen Dank für die sensationelle Hilfe und Unterstützung für dieses Buch.
Besonders danken möchte ich:

Ma und Pa, Martyna, Ursula Paulick, Claudia Badouin, Andy Hiermeyer, Max Bronski, Raimond Milewski, Thomas Vonier, Claus Vester, Henry Robinette, Jimi Hendrix, John Frusciante, Marc Ribot, Abi v. Reininghaus, Werner Kolbeck, Hendrik Müller, Tobias Eichhorn, Martin Maertens, Shawn Lane, Joe Pass, Pat Martino, Stephane Wrembel, Kim Beblo, Dennis Gomez und Raffaele Daniele Quarta.

Erläuterung der Grifftabelle

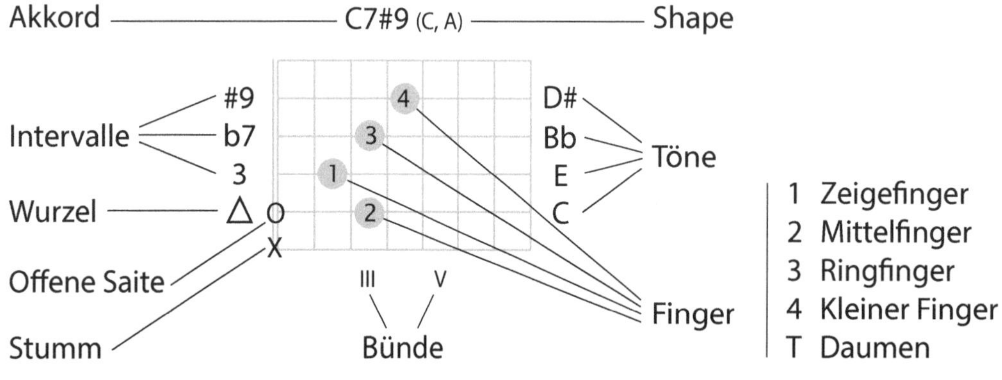

I. Einführung

CAGED rules!

Ab den 1920er Jahren galt die Gitarre als eines der beliebtesten Instrumente. Viele Blues-, Jazz- und Country-Gitarristen haben seither wunderbare Songs geschrieben, die bis heute gerne gehört und gespielt werden. Ab Mitte der 1950er wurde die E-Gitarre mit Elvis Presley, Chuck Berry, den Beatles oder den Rolling Stones zum bestimmenden Instrument des Rock'n'Roll.

Virtuosen an der Gitarre, wie Jimi Hendrix, Eric Clapton, Joe Pass, Eddie Van Halen, Steve Vai und andere, haben mit ihren individuellen Gitarrentechniken der Musik zu absoluten Höhenflügen verholfen. Ihre Sounds, Gitarrensoli und auch die Rhythmusgitarre verzaubern bis heute die Hörer.

Eines hatten die Gitarrenhelden der Rock und Jazz-Ära gemeinsam: Sie verfügten selten über eine fundierte Ausbildung. Das Lernen des Instruments war darauf beschränkt, sich die Technik von anderen Musikern abzuschauen, Musik von Schallplatten zu begleiten oder ein paar Unterrichtsstunden vom Nachbarn zu bekommen. Da einige dieser Helden schon sehr früh verstorben sind, hatten sie nicht die Zeit, jahrelang die gleichen Akkorde oder Tonleitern zu üben.

Seitdem man weltweit Gitarre studieren kann, werden Musik und Gitarrentechniken immer intellektueller. Als beginnender oder fortgeschrittener Gitarrist hat man deshalb oft das Gefühl, nicht zu wissen, wo und wie man mit dem Erlernen der Gitarre beginnen soll.

Es müsste doch ein „Gitarren-Konzept" geben, das man sich innerhalb von zwei bis drei Jahren aneignen und mit dem man die unterschiedlichen Stile spielen kann.

Beim Üben auf der Gitarre bin ich irgendwann auf das CAGED-System gestoßen. Da es in vielen Büchern und Studien kaum Beachtung findet, hatte ich es auch wieder schnell vergessen. Als ich jedoch begann, Joe Pass und Pat Martino zu studieren, fiel mir auf, dass beide Gitarristen die fünf Basic-Akkorde bzw. fünf Activities benutzten, um Klarheit über das Griffbrett zu bekommen. Auch Jimi Hendrix, Eric Clapton, John Frusciante und viele andere namhafte Gitarristen beziehen sich immer auf diese fünf Basic-Akkorde des CAGED-Systems.

Egal ob man Akkorde spielt, Akkorde erweitert oder improvisiert: Der Blick auf die fünf Basic-Akkorde genügt, um Klarheit über das Griffbrett zu bekommen.

Mit dem CAGED-Prinzip kann man sicher nicht erklären, wie die Gitarren-Größen gedacht haben oder wie sie an das Griffbrett herangegangen sind. Aber es kann Deine eigene Herangehensweise vereinfachen, um das Griffbrett zu verstehen. Egal wie komplex Musik manchmal erscheint, vieles ist einfacher, als man vermutet.

CAGED rules!

Robert „Landy" Landinger

Zu diesem Band

Schwerpunkt dieses Bandes sind die Dur Basic Shapes C, A, G, E und D. Die fünf Shapes sind die Grundlage für alles, was Du auf der Gitarre machst. Ausgehend von der Dur Tonleiter erfährst Du, wie Dreiklänge und die Shapes entstehen.

Sind die Shapes gelernt und bist Du in der Lage, einige Lieder damit zu spielen, kannst Du mit der „Fill-me-up-Methode" Dur Pentatonik, Dur Arpeggios, und die Dur Tonleiter erlernen. Die „Fill-me-up-Methode" bezieht sich immer auf einen der fünf Shapes, es werden lediglich Töne zu einem Shape hinzugefügt.

Egal ob Du mit dem Notensystem, der Harmonielehre oder dem Notenlesen vertraut bist oder nicht, hier wirst du Klarheit auf dem Griffbrett und Inspiration für Dein Gitarrenspiel bekommen.

Metal, Hip Hop, Jazz, Blues oder Kinderlieder: Die harmonischen Grundlagen und somit der Aufbau der Akkorde und die Tonleitern, sind immer die gleichen. Die Techniken und Sounds unterscheiden sich, die Harmonielehre und die Architektur der Gitarre sind identisch.

Dieses Buch ist ein Arbeitsbuch. Jede der Übungen soll zu einem tieferen Verständnis des CAGED-Systems beitragen. Aus diesem Grund ist es wichtig, die Übungen zu machen und zwar so lange, dass man sie ohne Nachzudenken spielen kann.

Dieses Buch ist kein Harmonielehre-Buch. Alle Kapitel und Übungen werden jedoch mit Hilfe der Harmonielehre erklärt und auf das Griffbrett übertragen. Vieles erklärt sich grafisch und mit Bezug auf die fünf Basic Shapes. Du kannst dadurch intuitiv und nach Gehör Gitarre spielen und Spaß haben.

Klassische Harmonielehrbücher erklären Zusammenhänge mit Noten, zum Teil auf der Tastatur. Diese Lücke versucht dieses Buch zu füllen. Harmonische Zusammenhänge werden auf dem Griffbrett der Gitarre sichtbar gemacht.

Nach dem Studium dieses Bandes bist Du auch in der Lage, Tabulaturen besser zu verstehen, da man Rhythmusgitarre und Leadgitarre immer auf die CAGED Basic Shapes zurückführen kann.

Das Ziel für Gitarristen soll sein, Töne und Zusammenhänge auf dem Griffbrett zu sehen und somit das Griffbrett zu lesen. Dadurch kann man sich nach einiger Übung das Denken sparen und kann mit Gehör und Gefühl musizieren.

Das ist CAGED - CAGED rules!

1. Nothing else caged

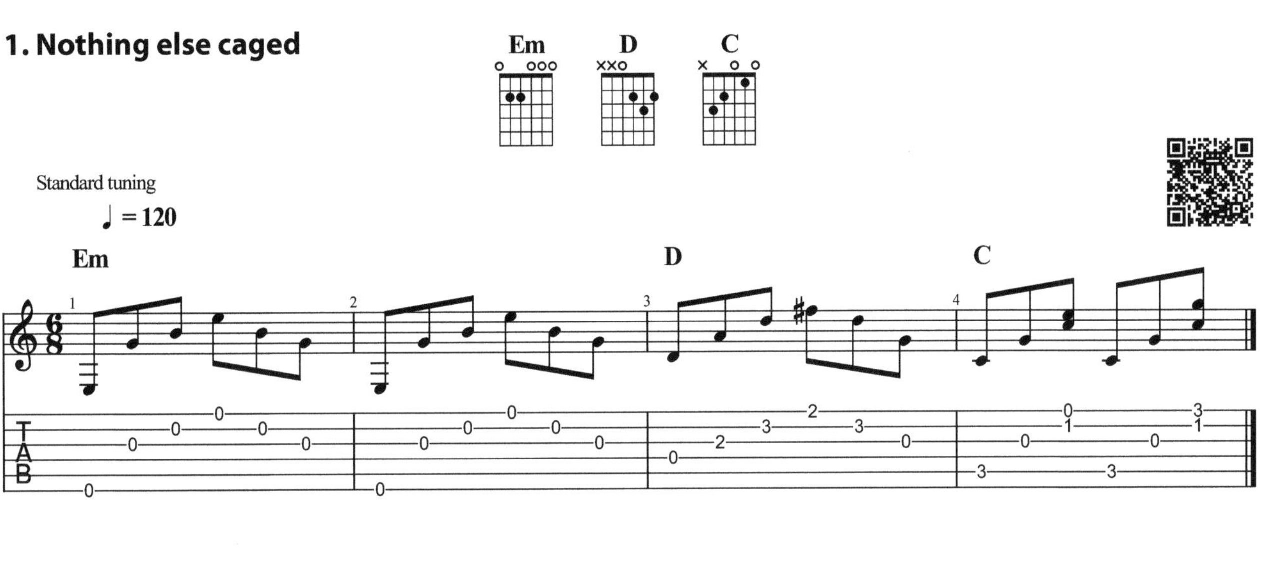

2. Boom Chick

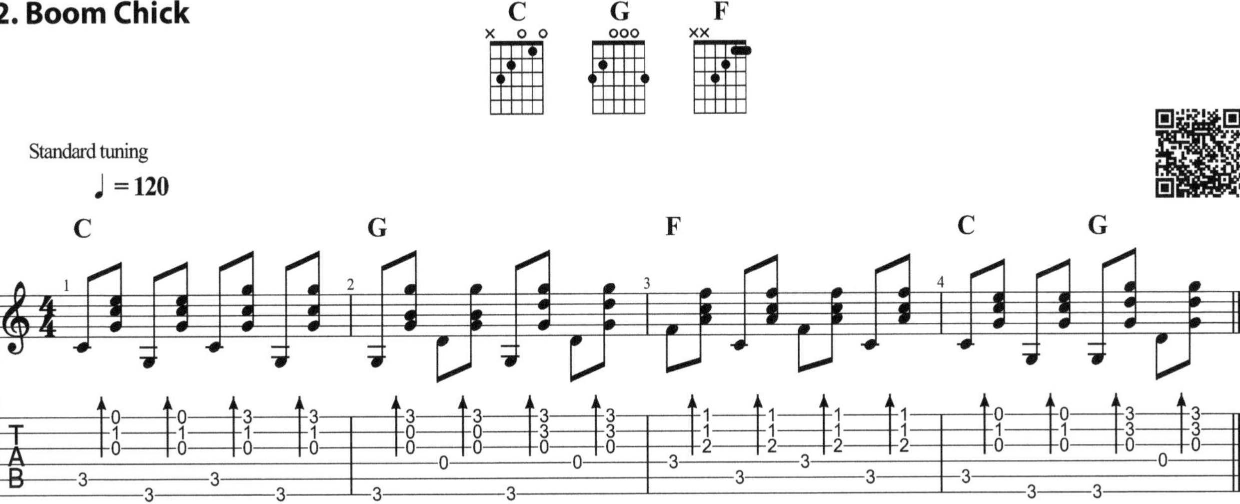

3. Boom Chicka

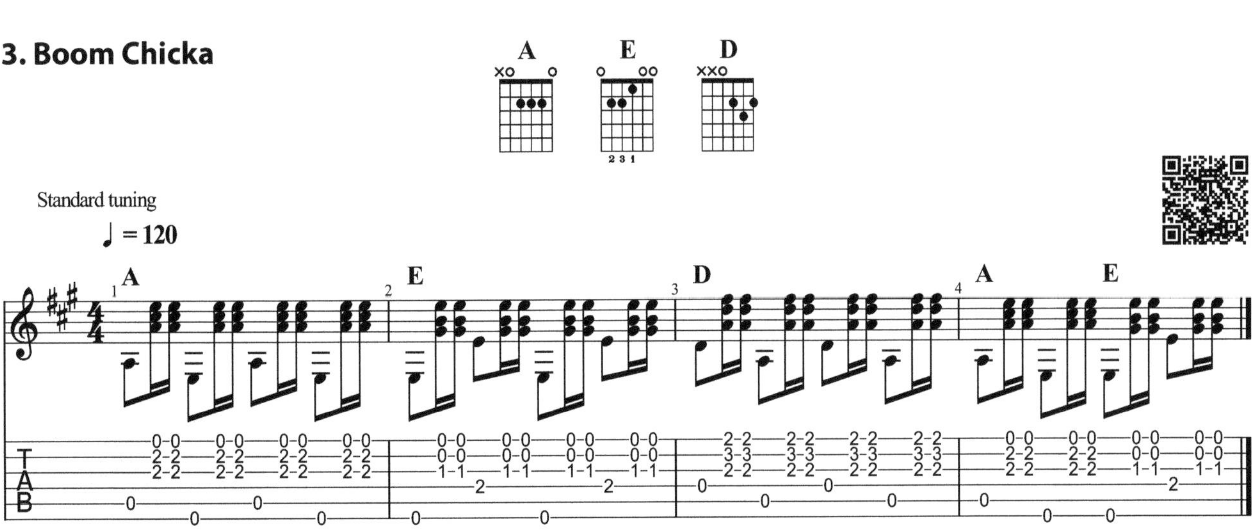

4. I line the walk

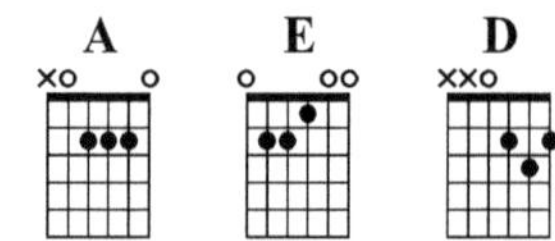

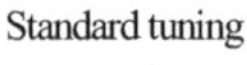

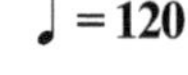

5. Amsterdam in Holland

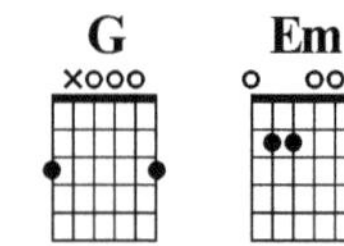

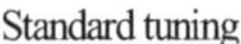

♩ = 90

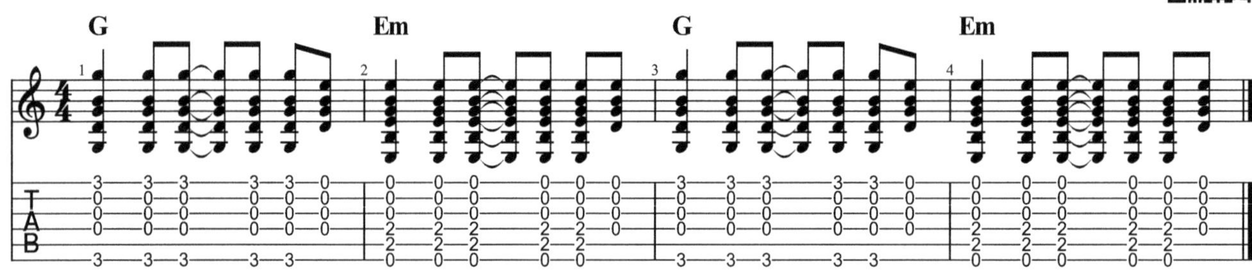

6. Classic Picking

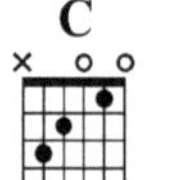

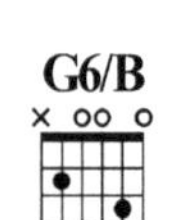

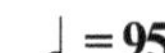

♩ = 95

7. CAGED in the wind

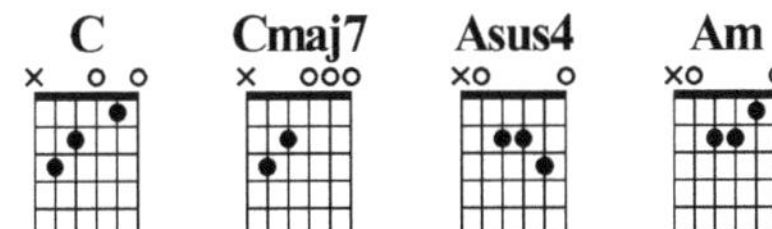

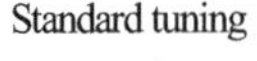

♩ = 120

8. Smoke and water

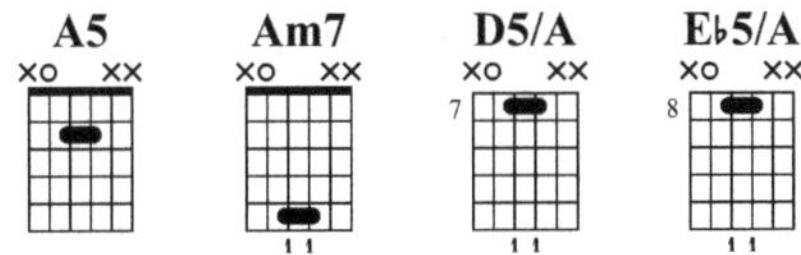

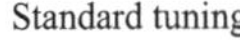

♩ = 120

9. The wind caged Marian

E♭/G E/G♯ F/A

♩ = 120

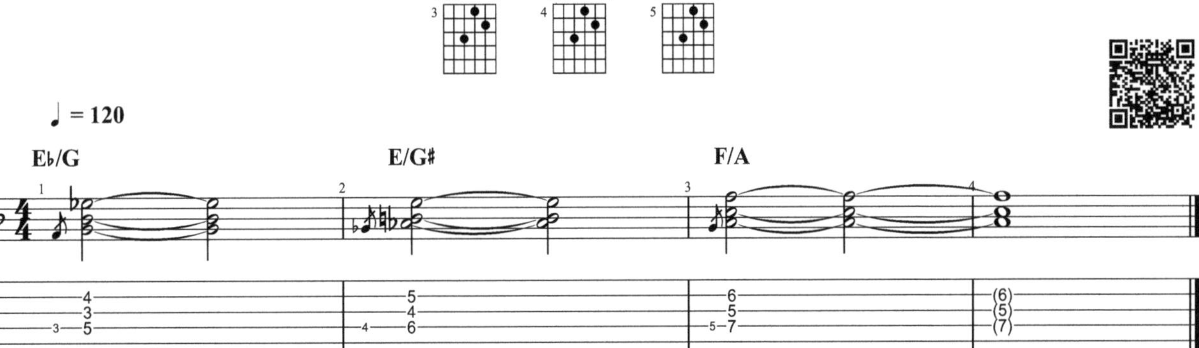

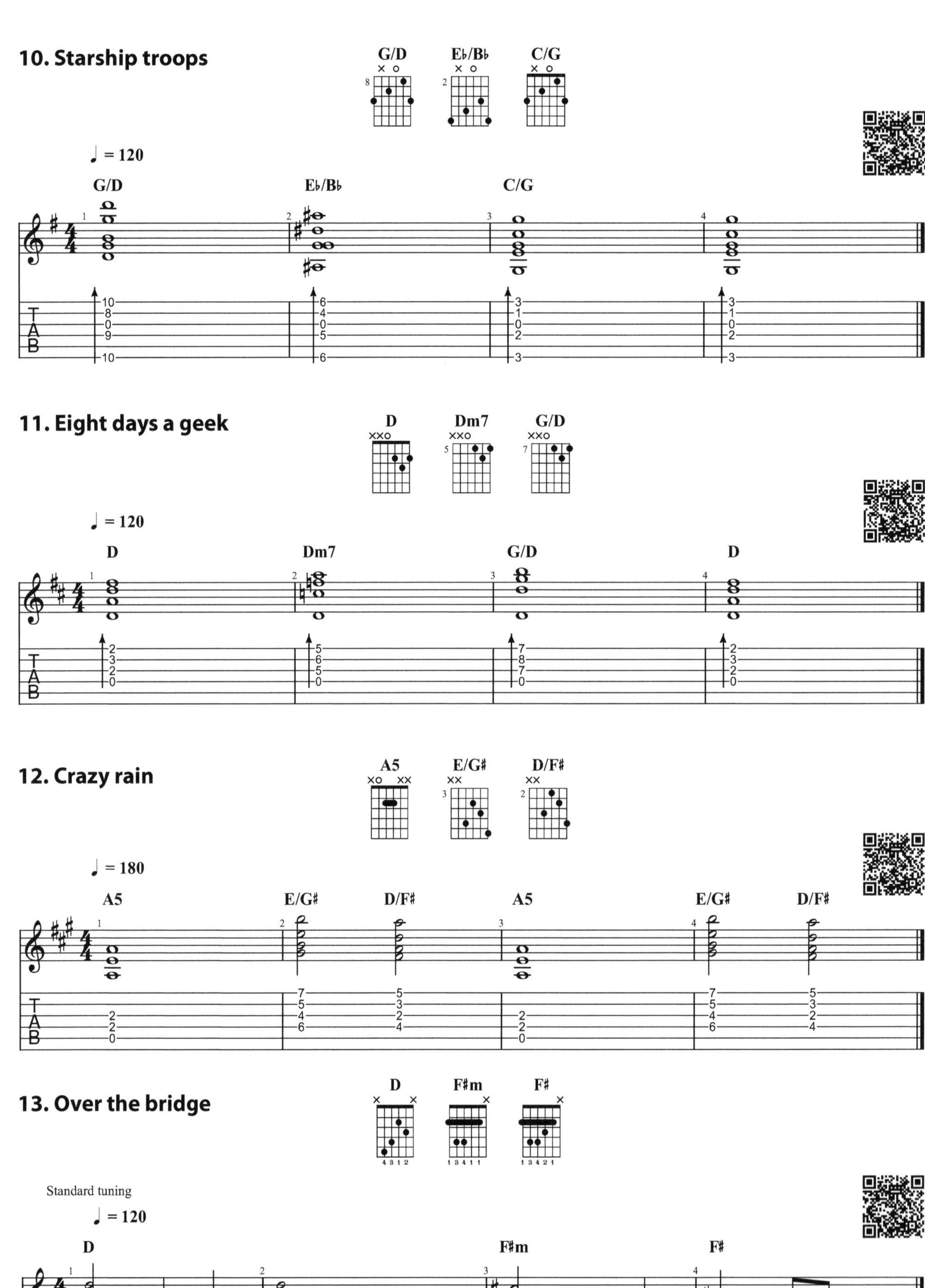
10. Starship troops
G/D
Eb/Bb
C/G
♩ = 120
11. Eight days a geek
D
Dm7
G/D
♩ = 120
12. Crazy rain
A5
E/G#
D/F#
♩ = 180
13. Over the bridge
D
F#m
F#
Standard tuning
♩ = 120

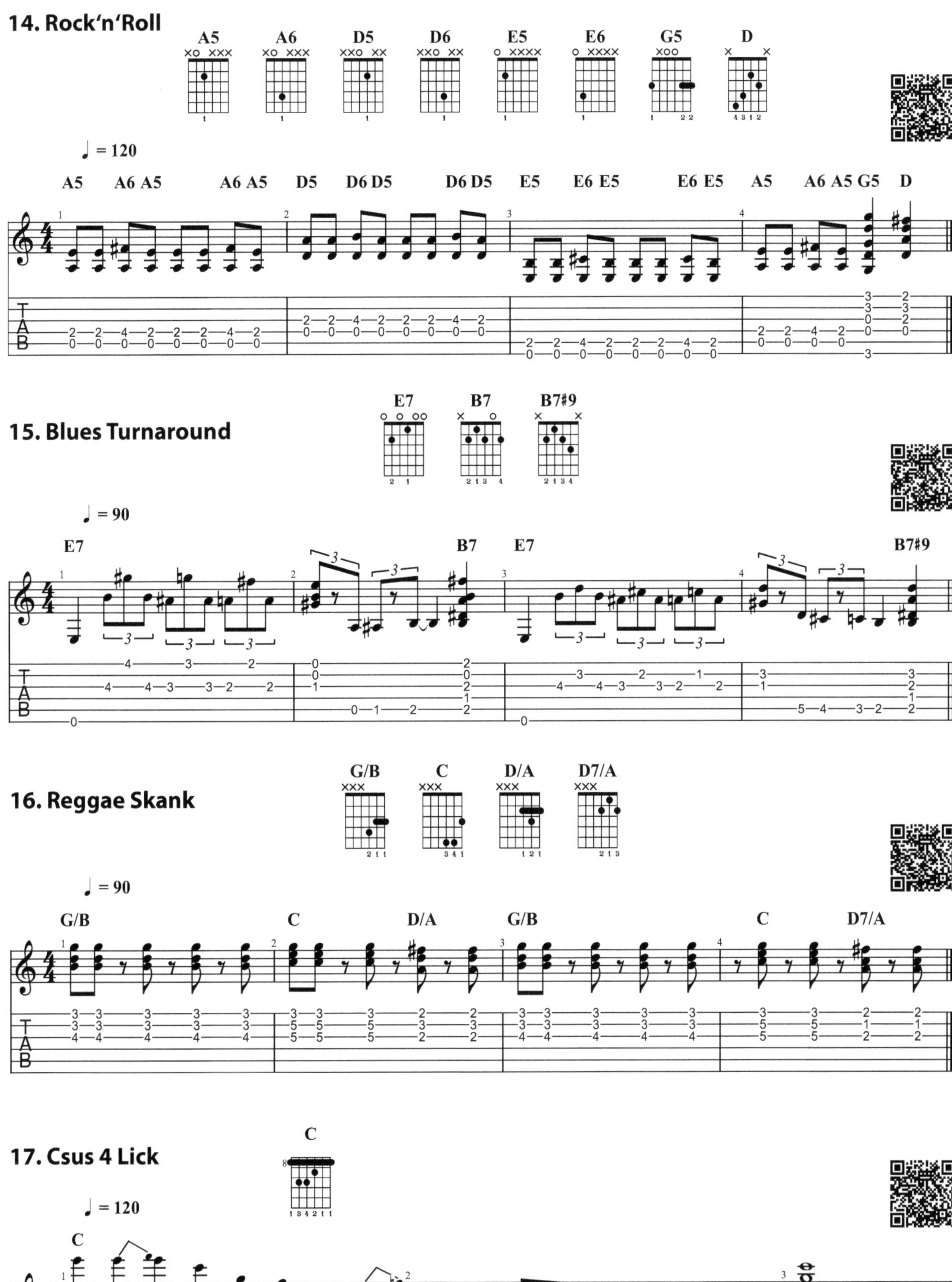
14. Rock'n'Roll
A5 A6 D5 D6 E5 E6 G5 D
♩ = 120
A5 A6 A5 A6 A5 D5 D6 D5 D6 D5 E5 E6 E5 E6 E5 A5 A6 A5 G5 D
15. Blues Turnaround
E7 B7 B7#9
♩ = 90
E7 B7 E7 B7#9
16. Reggae Skank
G/B C D/A D7/A
♩ = 90
G/B C D/A G/B C D7/A
17. Csus 4 Lick
C
♩ = 120
C

Warum heißt das CAGED-System so?

Das C A G E D System bezieht sich immer auf die Grundformen der Dur Akkorde C A G E D.

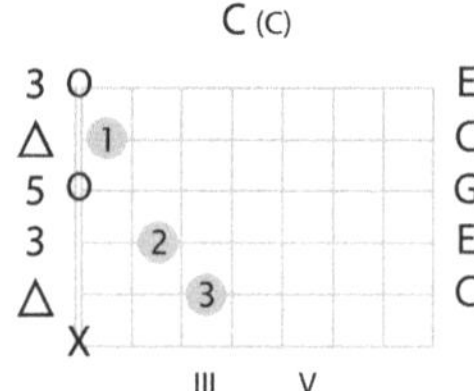

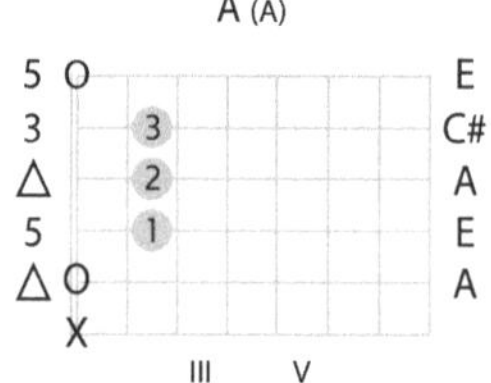

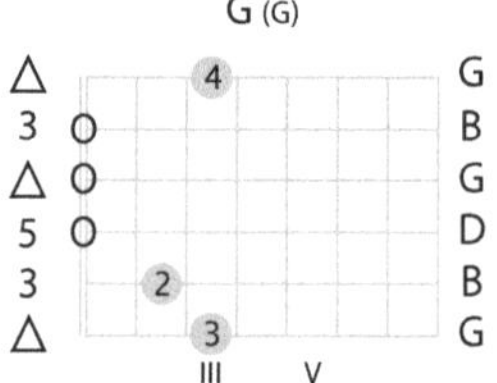

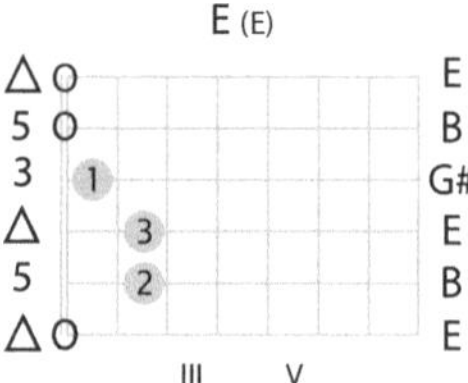

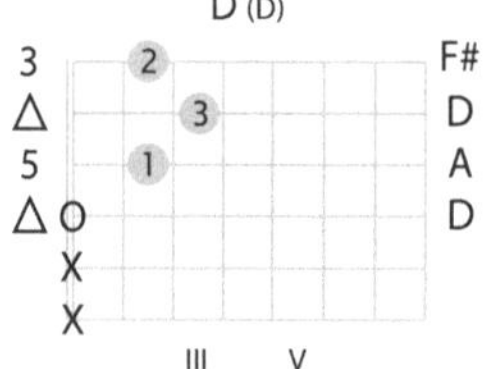

Der C-Dur Akkord in allen CAGED Formen

Spielt man den C-Dur Akkord auf dem ganzen Griffbrett, beginnt man mit dem C-Dur Akkord zuerst in der 1. Lage in der Grundform. Diesen Akkord nenne ich C-Dur im C-Shape. Der Shape ist in Klammern hinter dem Akkordsymbol: C (C)

Um den C-Dur Akkord in der 3. Lage spielen zu können, spielt man den A-Shape, in der 5.Lage im G-Shape, 8. Lage im E-Shape und in der 10.Lage im D-Shape.

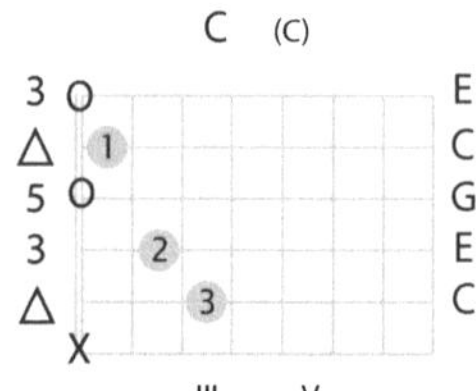

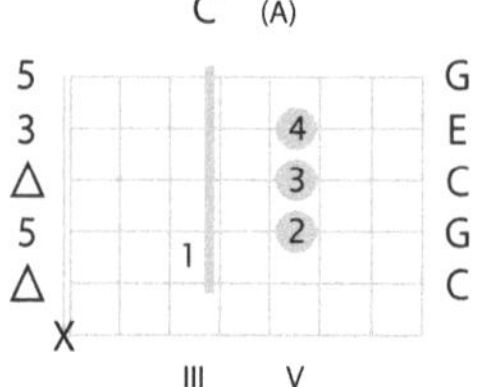

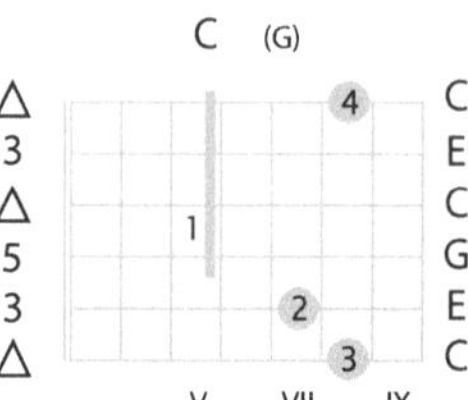

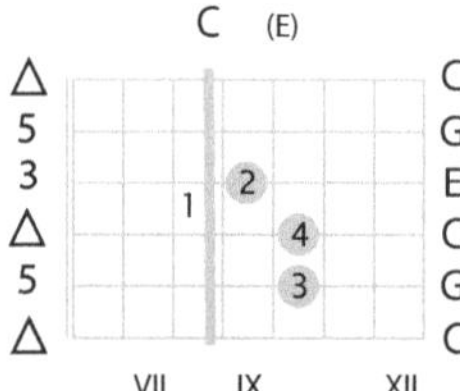

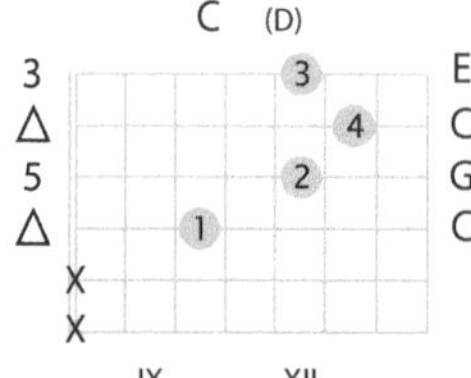

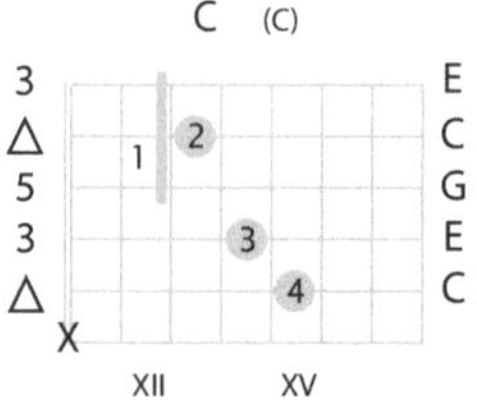

Das Wort C A G E D hat also auch mit der Reihenfolge der Akkordformen zu tun. Spielt man den C-Dur Akkord nacheinander in den höheren Lagen, geht man im C A G E D-System beginnend von der C Form zur A Form, G Form, E Form und D Form. Dann beginnt das Ganze wieder von vorne.

Der Grundton C auf dem Griffbrett:

B -Saite	I. Bund
A -Saite	III. Bund
G-Saite	V. Bund
E-Saite	VIII. Bund
D-Saite	X. Bund

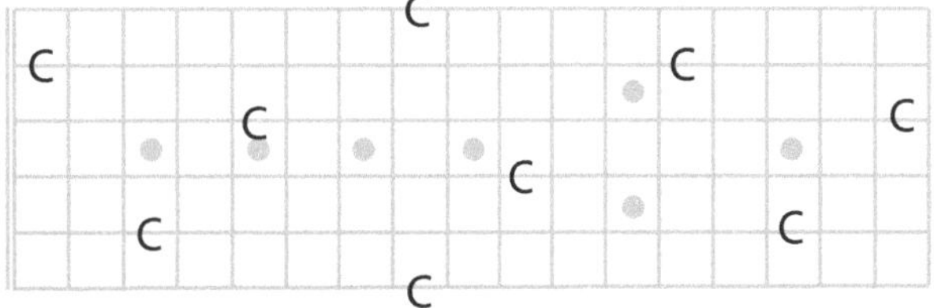

Der C-Dur Akkord:

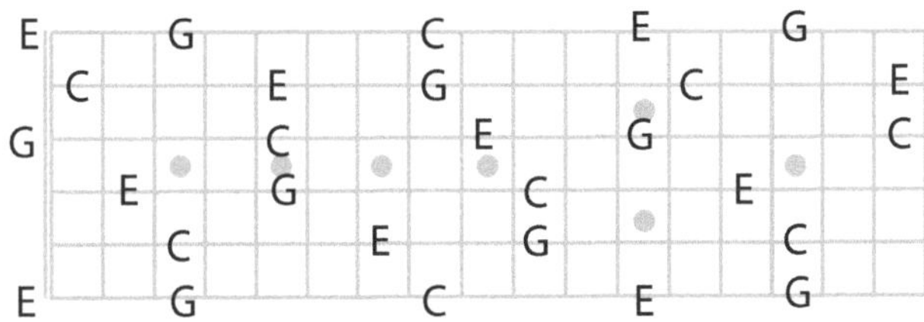

Intervalle des C-Dur Akkords:

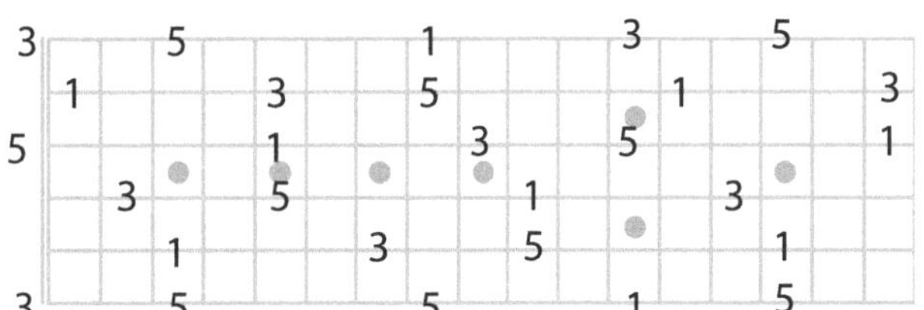

Jede Saite wird einem gleichnamigen Shape zugeordnet und umgekehrt. Jeder Shape kann einer Saite zugeordnet werden. Jeder Shape enthält mindestens zwei Grundtöne. Orientierung ist aber die gleichnamige Saite. Ausnahme ist die B-Saite. Sie ist Orientierung für den C-Shape.

Zuordnung der Saiten:
B-Saite – C-Shape
G-Saite – G-Shape
D-Saite – D-Shape
A-Saite – A-Shape
E-Saite – E-Shape
-

Der G-Dur Akkord mit allen Shapes

Bildet man mit den Shapes des G-Dur Akkords zwischen 1. und 12. Bund ein Wort, würde man G E D C A erhalten. Beginnt man die Reihenfolge bei der C Form am 7. Bund und spielt man die Formen das Griffbrett hoch, erhält man wiederum C A G E D.

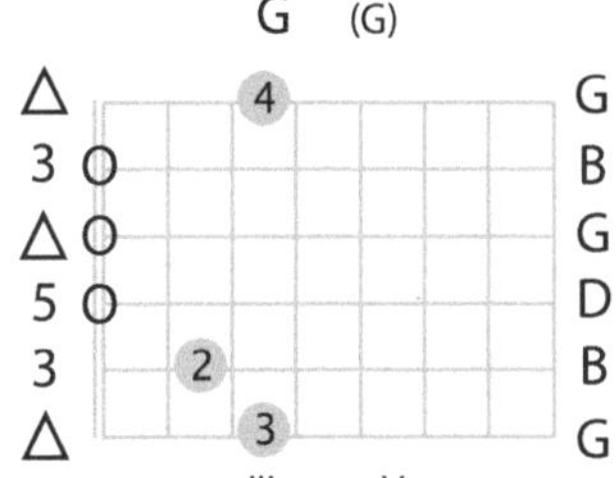

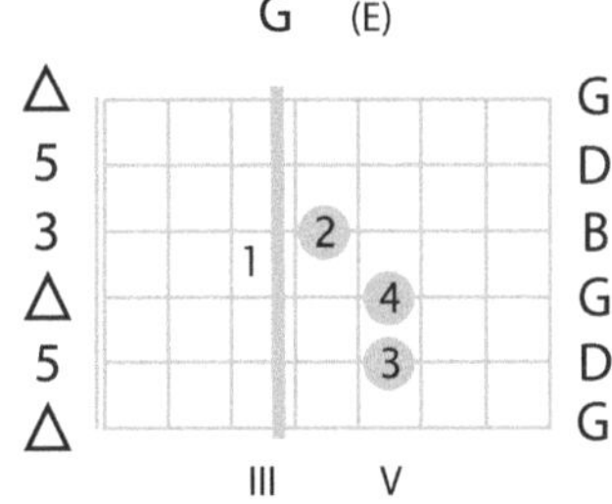

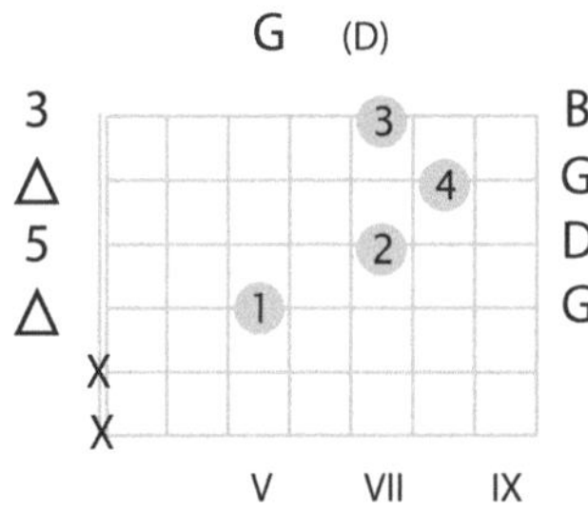

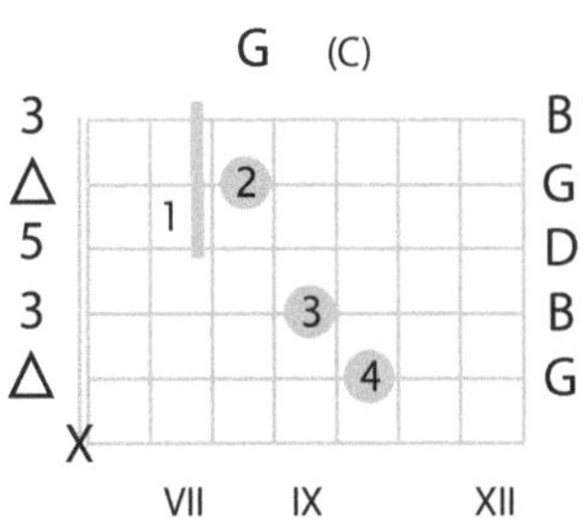

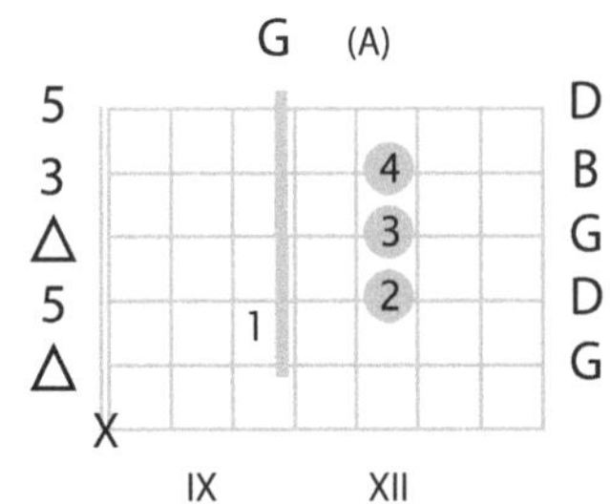

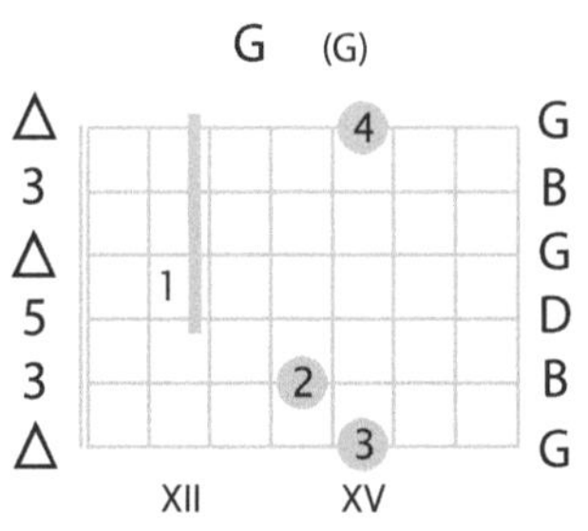

Der Ton G auf dem Griffbrett: **Die Akkordtöne des G-Dur Akkords:**

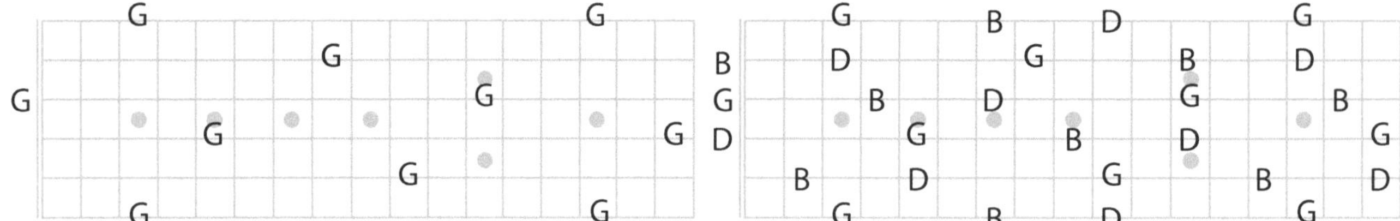

Am Anfang steht die C-Dur-Tonleiter

Die C-Dur-Tonleiter enthält nur Stammtöne, also Töne ohne Vorzeichen. Auf dem Piano sind das die weißen Tasten.

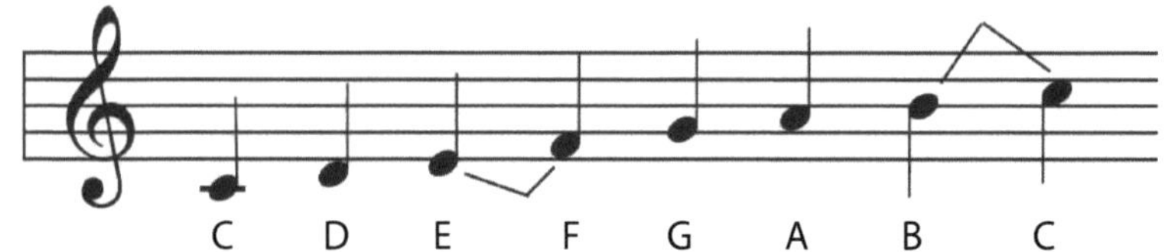

Die Abstände zwischen den einzelnen Tönen sind jedoch nicht gleich.
Generell sind zwischen den Tönen 2 Halbtonschritte (= 1 Ganztonschritt).
Ausnahme: Zwischen E/F und B/C befindet sich nur 1 Halbtonschritt.
Sieh Dir mal eine Klaviatur an: Zwischen den Tönen E/F und B/C ist keine schwarze Taste.

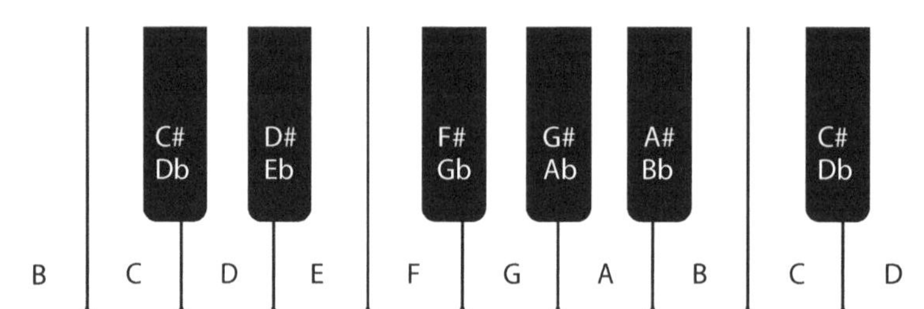

1 Halbtonschritt HS = 1 Bund Abstand, die Töne sind Nachbarn.
1 Ganzton = 2 HS = 2 Bünde, ein Bund/Ton ist dazwischen.

Die C-Dur-Tonleiter auf der B-Saite

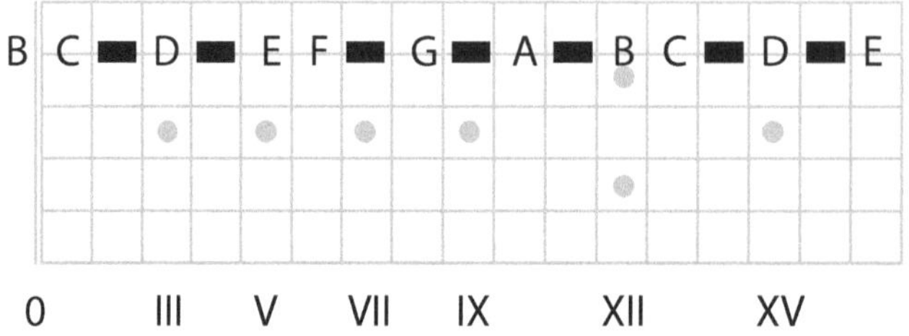

Um ein Gefühl für die Abstände zu bekommen, spiele die B-Saite auf- und abwärts.
Beginne mit dem Ton C I. Bund. Spiele die Saite mit den Stammtönen bis zum XIII. Bund.

Noch besser ist es, die B-Saite als Tastatur zu sehen:

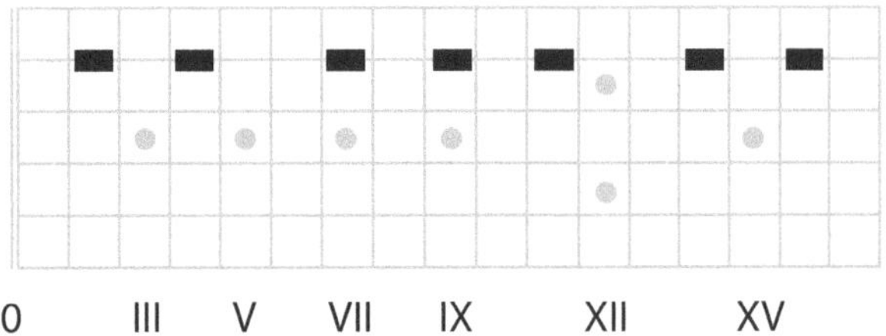

Der tiefste Ton der B-Saite ist ein B. Deswegen ist auch zu empfehlen, die Saite ab dem C zu visualisieren.
Dann könnte man der Saite den Spitznamen „Pseudo C-Saite" geben.

Wie ein Akkord gebildet wird

Ein Akkord ist ein Zusammenklang von mindestens drei Tönen. Diese drei Noten nennt man Dreiklang (engl. triad).
Akkorde entstehen aus Tonleitern.

Beispiel: Die C-Dur-Tonleiter

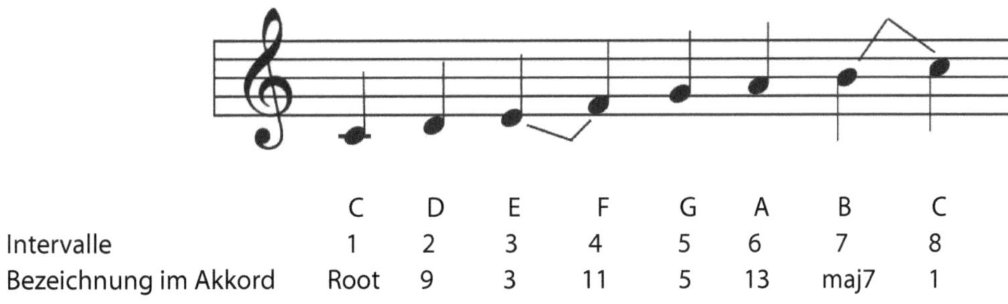

	C	D	E	F	G	A	B	C
Intervalle	1	2	3	4	5	6	7	8
Bezeichnung im Akkord	Root	9	3	11	5	13	maj7	1

Nimmt man jetzt den 1., den 3. und den 5. Ton, also C E G, dann erhält man den C-Dur Akkord.

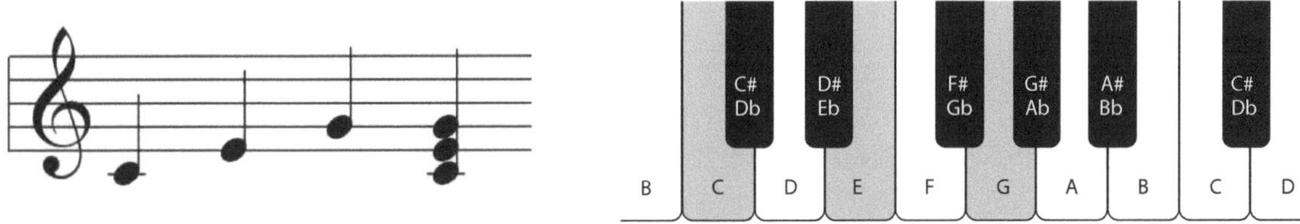

C ist auf der ersten Hilfslinie unter dem Notensystem, E auf der tiefsten Linie, der E Linie und G auf der zweiten Linie von unten, der G Linie. Akkorde bilden ist nichts anderes als Noten direkt übereinander zu schichten. Das ist die sog. **Terzschichtung**.

Ein Denkfehler vieler Gitarristen ist, dass man der Note „nur" einen Namen gibt, sich den Akkord oder einen Ton als Buchstaben merkt. Musiker geben den Tönen und Akkorden Namen und stellen sich die Töne im Notensystem vor. Das ist reine Kopfsache und funktioniert anfangs eventuell nicht. Oder es ist zumindest anstrengend, und man muss sich beim musikalischen Denken dazu zwingen. Zum Musikmachen ist das aber ein Schritt, der sich sehr auszahlt.

Nachdem wir den C-Dur Akkord erstellt haben, machen wir das mit dem D-Moll Akkord. Der D-Moll Akkord entsteht aus den Tönen D, F und A. Dann alle Dreiklänge der C-Dur-Tonleiter bilden.

Die C-Dur-Tonleiter harmonisiert:

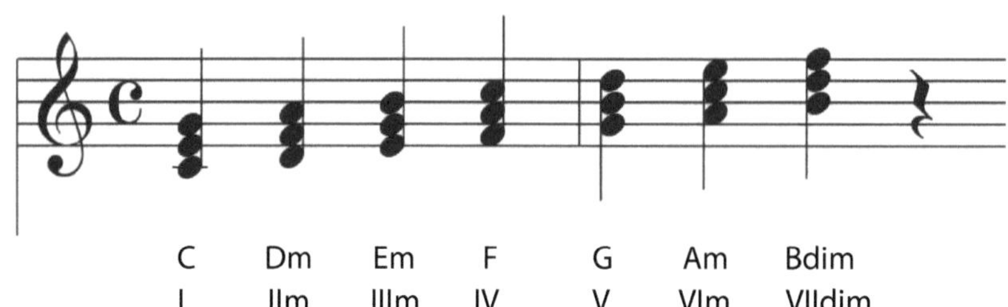

C	Dm	Em	F	G	Am	Bdim
I	IIm	IIIm	IV	V	VIm	VIIdim

7 Töne ergeben 7 Dreiklänge, die sogenannten Stufenakkorde. Die Stufenakkorde werden in Römischen Ziffern angegeben.

Viele Popsongs werden mit Akkorden in einer Tonart komponiert. Und viele Songs sind nach dem gleichen Muster gestrickt. Hat man genügend Lieder im Repertoire, kann man beim Hören oder Lernen der Lieder ohne große Probleme die Stufenakkorde „raushören". Dies vereinfacht das Musizieren und Improvisieren und macht großen Spaß.

z. B.

C F G	I IV V
C Am Dm G	I VIm IIm V

Akkordumkehrungen

Ein Dreiklang enthält drei Töne. Auf der Klaviatur ist das graphisch einfach ersichtlich. Spielt man mit der Gitarre z. B. den offenen G-Dur Akkord, dann erklingen 6 Saiten. Hier muss man sich schon mit den Tönen beschäftigen, um festzustellen, dass ein G-Dur Griff/ Akkord nur drei Töne enthält, auch wenn 6 Saiten erklingen.

Der Grundton eines Akkords muss aber nicht immer der tiefste Ton des Akkords sein. Jeder Dreiklang kann als tiefsten Ton den Grundton, die Terz oder auch mit der Quinte im Bass gespielt werden.

Slashchords

Ein Slashchord ist ein Akkord, bei dem der Grundton des Akkords nicht der tiefste Ton des Akkords ist.
Das Zeichen / heißt in der englischen Sprache Slash. Hat also nichts mit dem Gitarristen mit dem lustigen Hut zu tun…
Meistens sind die Akkorde vor dem Slash Dur-Dreiklänge.

Slashchords werden außerdem verwendet, um komplexe Akkorde in der Akkordschreibweise zu vermeiden. Für Gitarristen bedeutet ein Slashchord auch, dass nur der Dreiklang bzw. Akkord vor dem Slash gespielt wird. Den Basston übernimmt dann der Bassist oder Keyboarder.

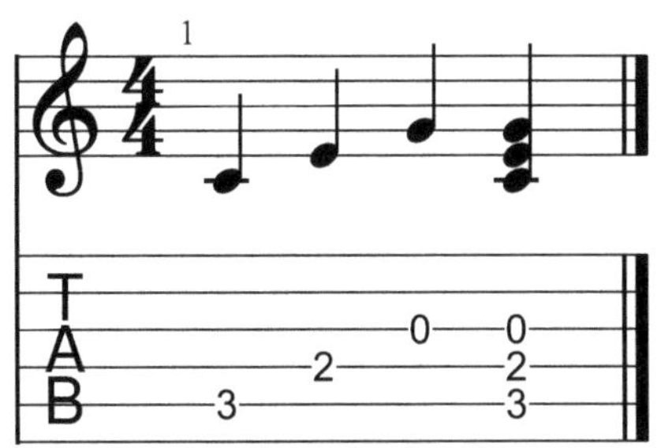

C Grundstellung

Der C-Akkord mit dem Grundton C im Bass. Dieser Akkord wird auch Quintlage genannt, da der höchste Ton die Quinte G ist. Intervalle sind die große Terz (C E) und dann eine kleine Terz (E G).

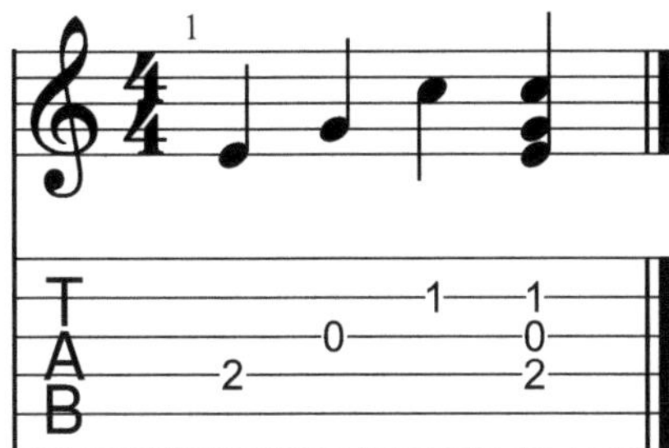

1. Umkehrung:

C/E – C mit der Terz im Bass

Der C-Dur Akkord in der 1. Umkehrung wird C/E bezeichnet. Gesprochen C mit E im Bass. Dieser Akkord wird auch Oktavlage genannt, da der höchste Ton die Oktave C ist. Die Abstände sind eine Terz (E G) und eine Quarte (G C). Da der Abstand zwischen dem E und dem Ton C eine Sexte ist, wird dieser auch als Sextakkord bezeichnet.

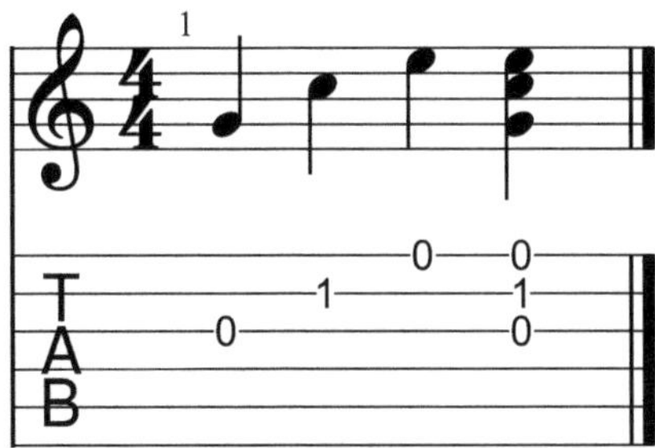

2. Umkehrung:

C/G – C mit Quinte im Bass

Der C-Dur Akkord in der 2. Umkehrung wird C/G bezeichnet. Gesprochen C mit G im Bass. Dieser Akkord wird auch Terzlage genannt, da der höchste Ton die Terz E ist. Die Abstände sind eine Quarte (G C) und eine Terz (C E). Dieser Akkord wird auch als Quartsextakkord bezeichnet. G C ist eine Quarte, G E ist eine Sexte.

Slashchords bei Akkordverbindungen

Slashchords werden auch verwendet, wenn man dem Bass eine musikalische Stimmführung gibt. Mit einem Slashchord klingt die Akkordverbindung musikalischer.

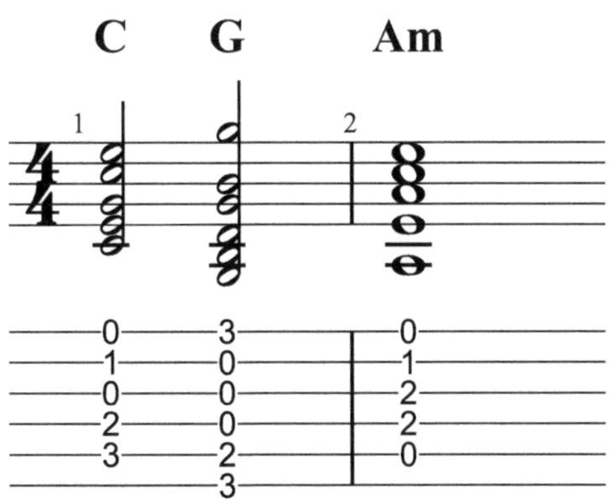

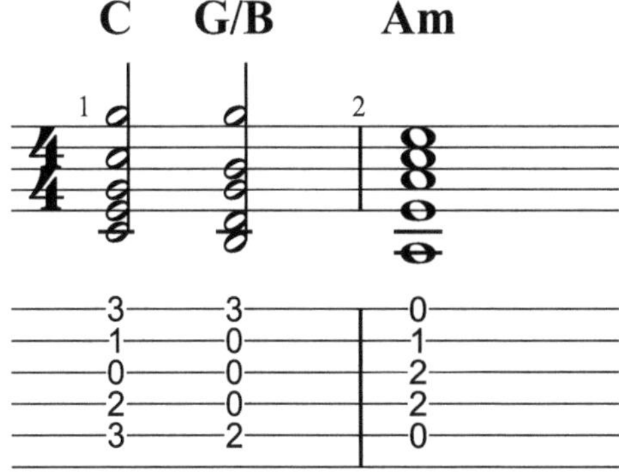

Der Akkord G enthält die Terz B. Somit wurden die Akkorde C und Am nicht mit dem tiefen Ton G sondern mit dem Ton B der zwischen C und A liegt, verbunden. Eine engere Stimmführung ist in vielen Fällen musikalischer.

Slashchords in einer Kadenz

Gerade in den 80er Jahren wurden Dreiklänge einer Kadenz (I., IV. und V. Stufe einer Tonart) vom Keyboard oder der Gitarre gespielt, der Bass spielt meistens stoisch Achtelnoten und bleibt auf einem Ton. Ein schönes Beispiel ist „Jump" – von Van Halen.

Hier ein Beispiel in C-Dur:

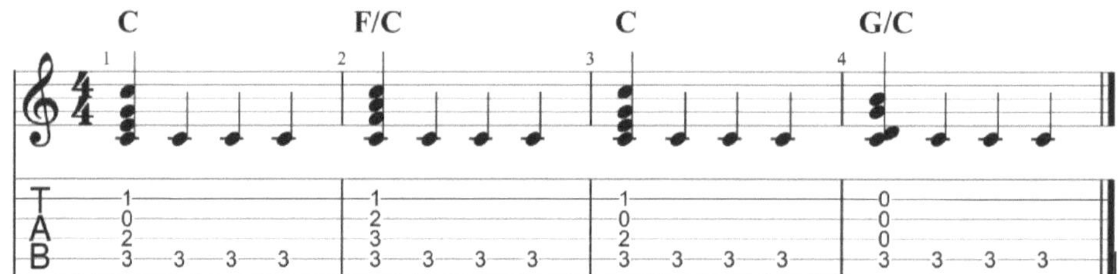

Die Akkorde, die der Gitarrist spielt, sind Dreiklänge. Es werden also nur drei Saiten angeschlagen. Entweder D G B Saite oder G B E Saite. Im Rock meistens die Variante D G B. Damit man dem Bass oder Keyboard nicht in die Quere kommt, spielt man sehr selten die tiefen Saiten.

Slashchords in einer Blues Kadenz

Die bluesige Variante findet man u. a. auch bei ZZ Top „Jesus just left Chicago" oder ACDC „Ride on".

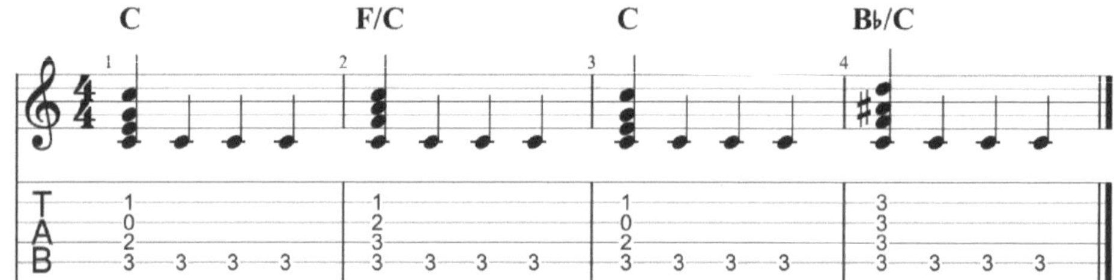

Enharmonische Verwechslung

Weiße Tasten sind die Stammtöne. Sie enthalten keine Vorzeichen. Schwarzen Tasten sind Töne mit Vorzeichen.

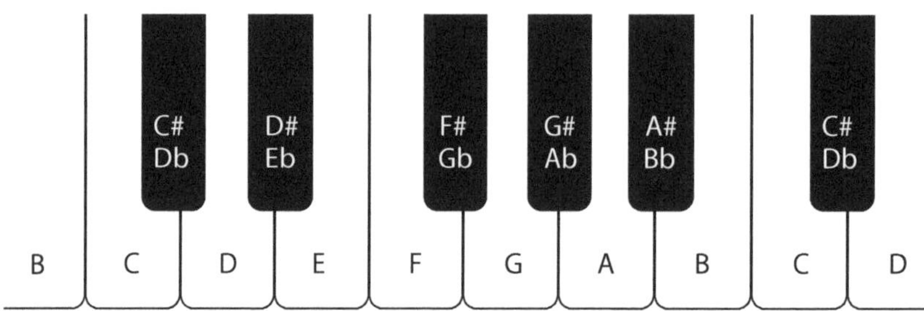

Das Kreuz „#“ erhöht die Töne um einen Halbton. Die Töne erhalten als Namen den Stammton, werden aber mit der Endung „is“ oder „sharp“ (englisch) versehen.
Das B „b“ erniedrigt die Töne um einen Halbton. Die Töne erhalten als Namen den Stammton, werden aber mit der Endung „es“ oder „flat“ (englisch) versehen.

Die Töne A, A# und Ab enthalten alle den gleichen Stammton A. Der Ton A ist z. B. auf dem 5. Bund der E-Saite. Erhöht man den Ton A zum A# (gespr: Ais oder A sharp) findet man diesen auf dem 6. Bund der E-Saite. Erniedrigt man den Ton A zum As (gespr: As oder A flat) findet man diesen auf dem 4. Bund der E-Saite.

Der Ton A# wird auch Bb genannt. Ob man den Ton A# oder Bb nennt, kommt auf den musikalischen Zusammenhang an. Hier gilt zuerst die Regel, dass ein Ton mit „#“ nicht in einer B-Tonart vorkommen kann und umgekehrt.

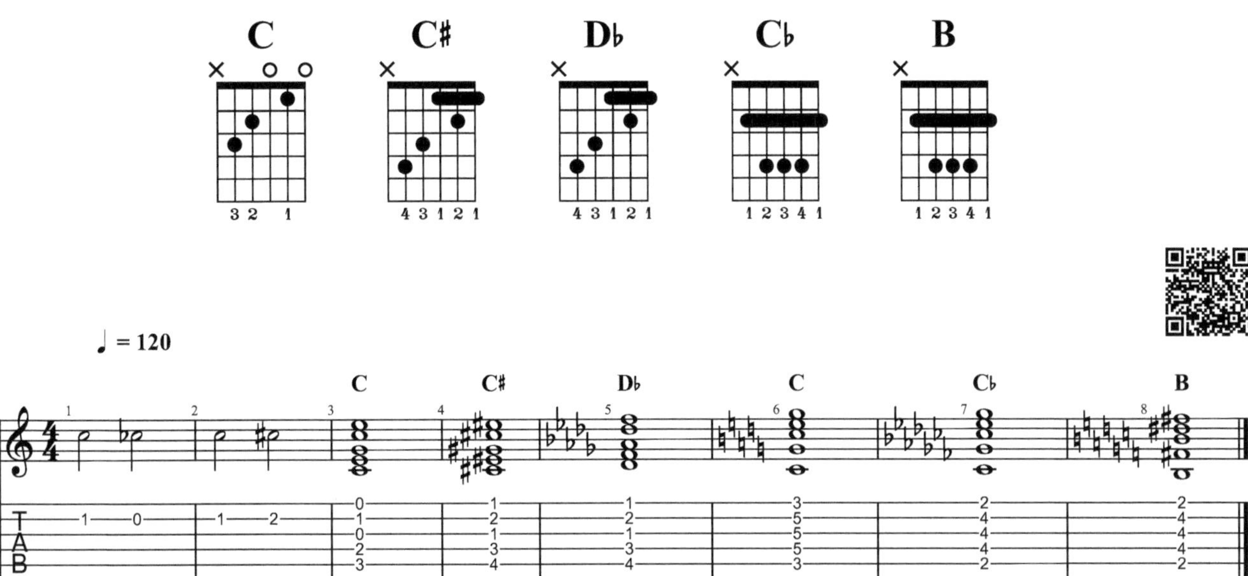

A# und Bb sind bei bundierten Instrumenten oder auf dem Piano gleich. Auf nicht-bundierten Instrumenten z. B. Geige oder Kontrabass, sind sie nur fast gleich. Bei nicht bundierten Instrumenten kann man viel sauberer Intonieren.

Das A# ist ein klein wenig höher als das Bb. Dies gilt für alle Töne mit Vorzeichen. #-Töne sind etwas höher als b-Töne.

II. Dur Akkorde und Dur Shapes

1. Die CAGED Basic Shapes

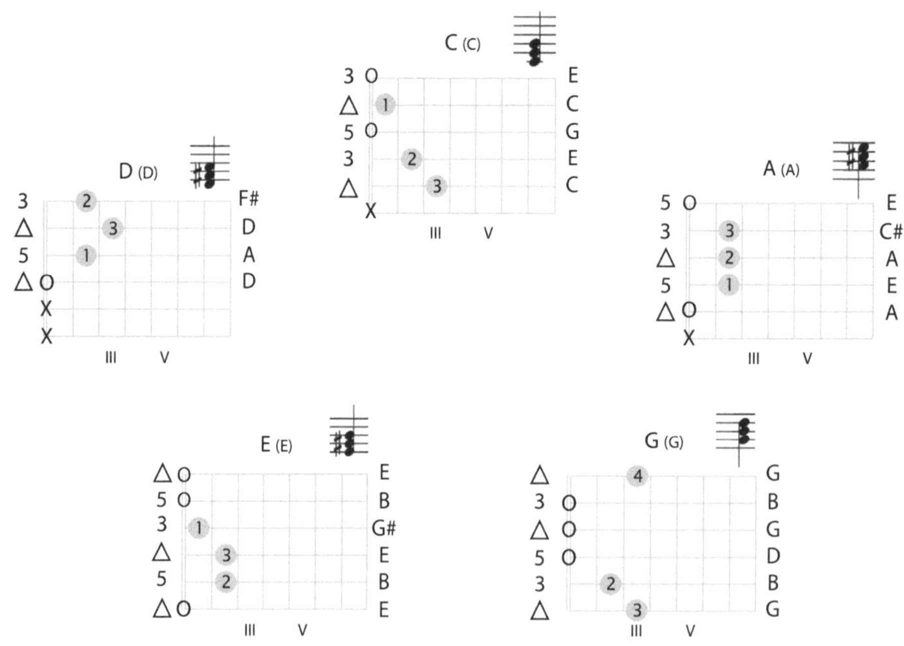

2. Dur Akkorde mit Grundton auf den offenen Saiten

Auf der Tastatur sind die Akkordtöne linear angeordnet. Es ist nicht sehr schwer, sich die Akkordtöne auf der Tastatur einzuprägen und die Systematik eines Akkords zu verstehen.
Deswegen lohnt sich ein Blick auf eine einzelne Saite. Auch hier kann man die Logik und Systematik eines Dur Dreiklangs auf dem Griffbrett sehen und nach mehrmaligem Üben verstehen und hören.

Root – gr. Terz:	4 Bünde	4 Halbtonschritte (HT)	gr. Terz
Terz – Quint:	3 Bünde	3 HT	kl. Terz
Quint – Root:	5 Bünde	5 HT	Quarte

E-Dur

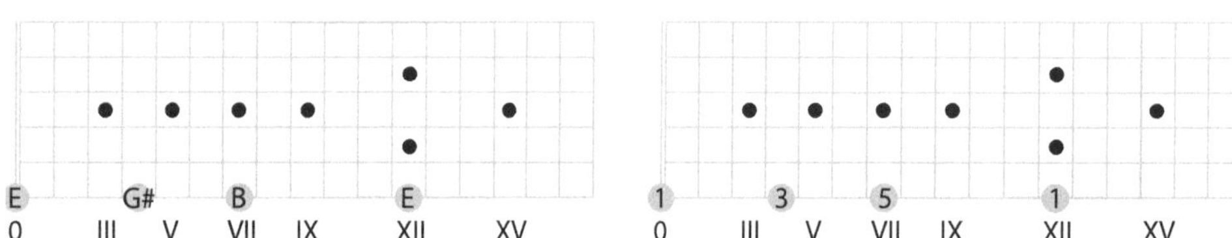

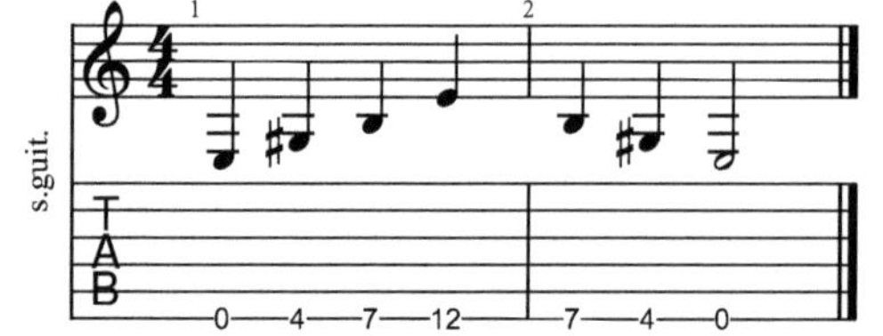

A-Dur

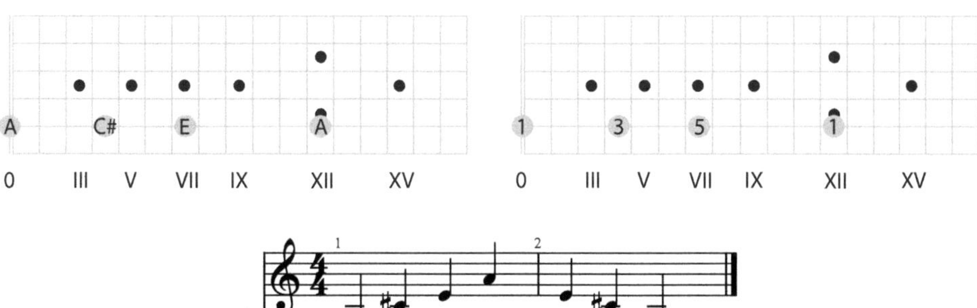

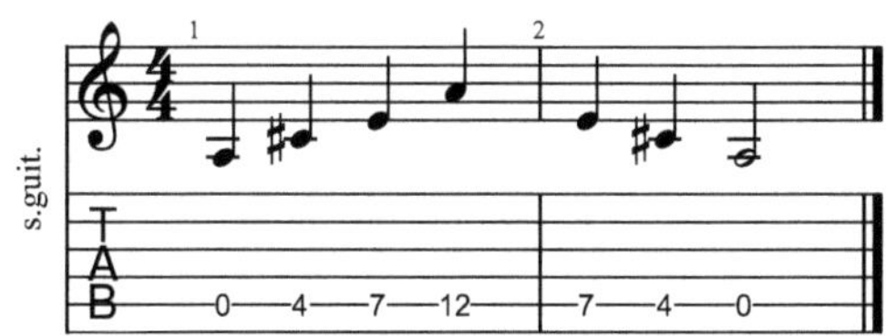

D-Dur

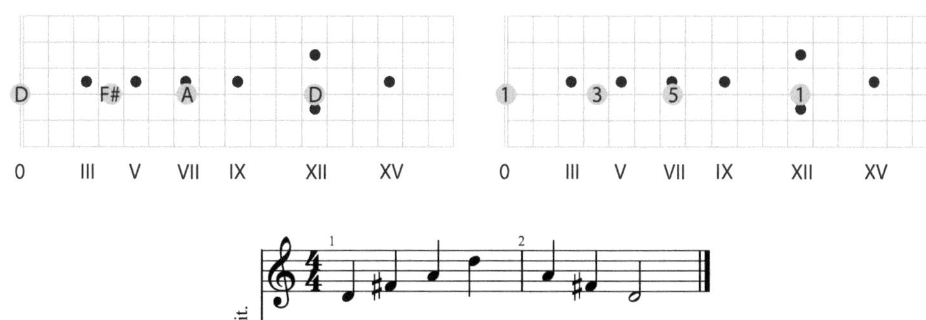

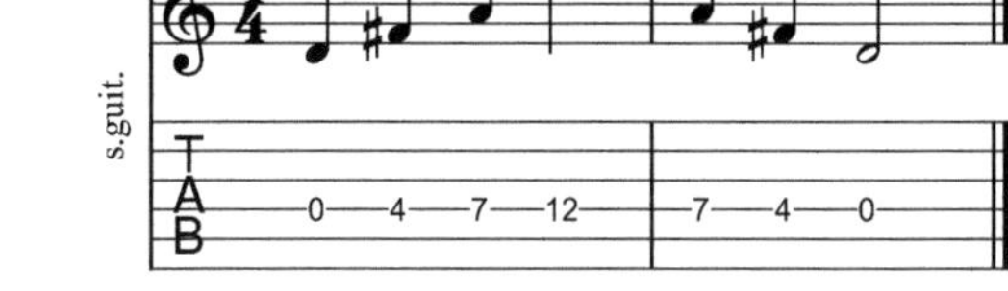

G-Dur

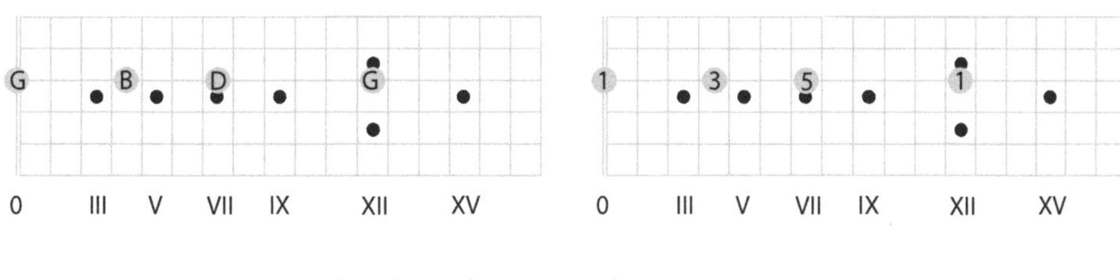

B-Dur

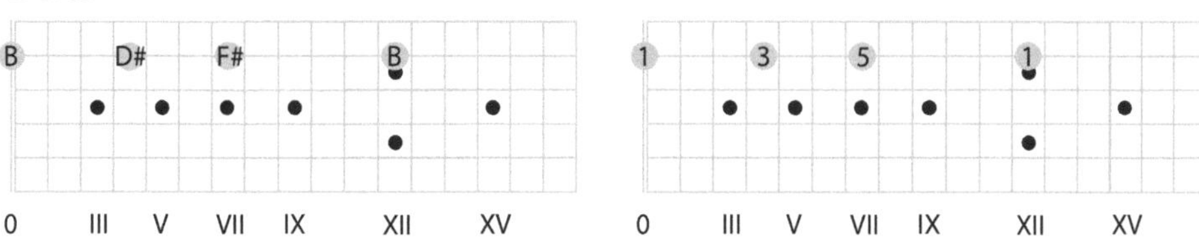

C-Dur Akkordtöne auf einer Saite

Die Töne der C-Dur-Tonleiter auf der B-Saite:

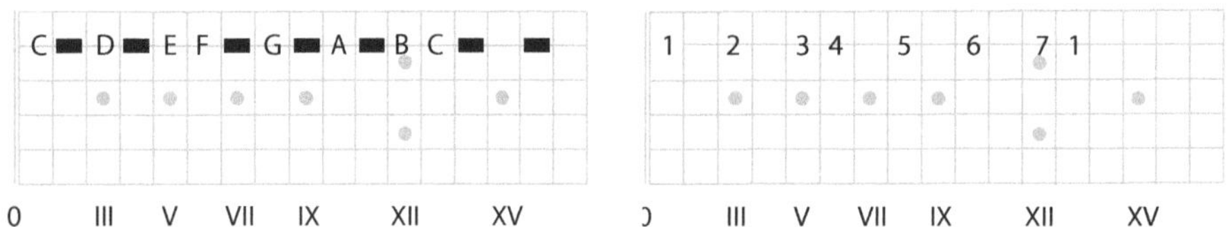

Im Kapitel „Wie ein Akkord gebildet wird“ (Kap. 1 Grundsätzliches) findest du eine, wie Akkorde entstehen.

Die Töne des C-Dur Akkords

Intervalle C/Root 1, E Terz 3, G Quinte 5

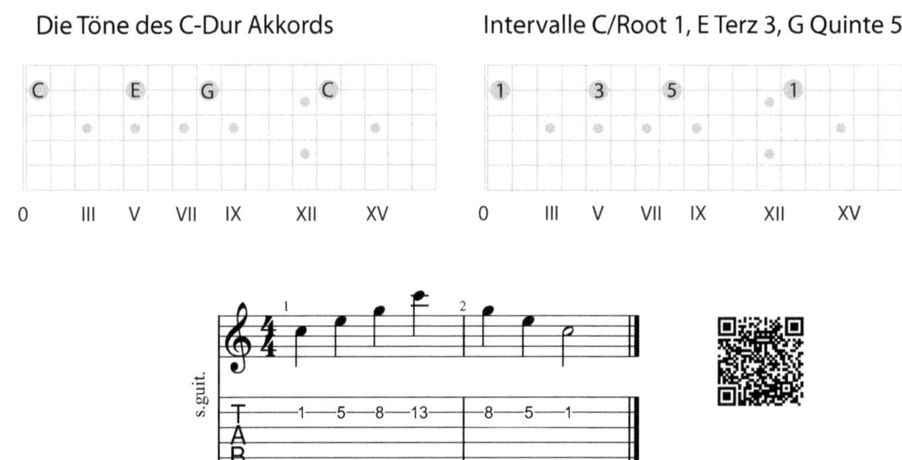

Der C-Dur Dreiklang/Akkord auf den einzelnen Saiten:

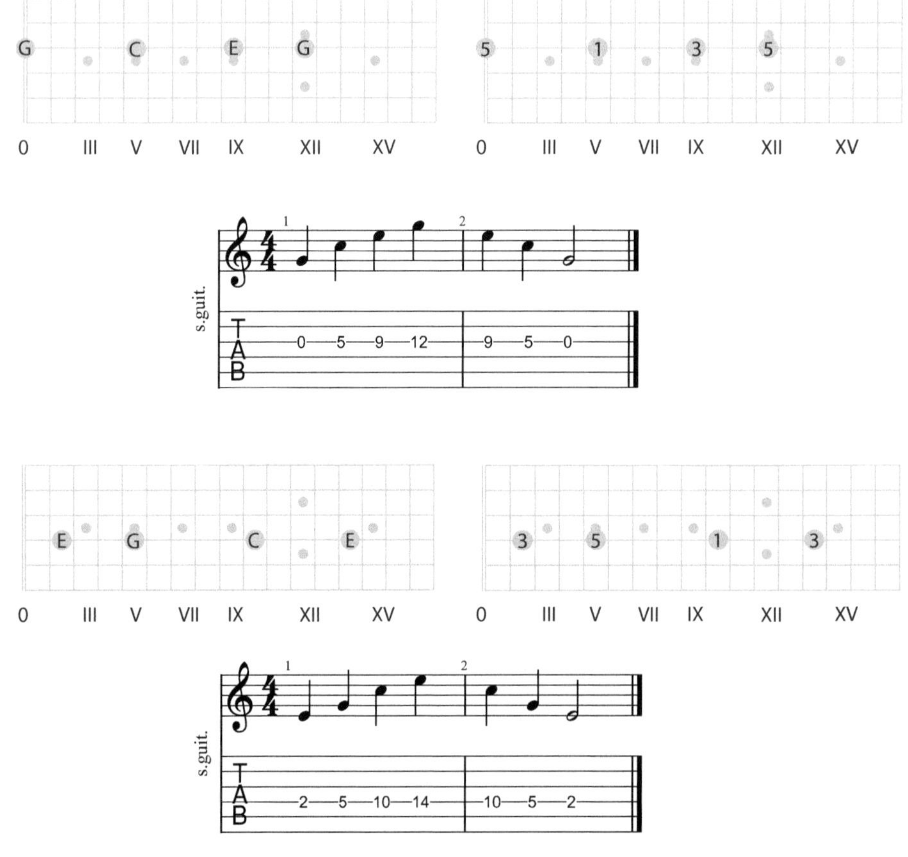

Spiele den Dreiklang auf einer Saite auf- und abwärts und singe den Akkord mit. Beginne am Anfang immer mit dem Grundton.

C-Dur Akkordtöne auf zwei Saiten

Root und Terz auf einer Saite:

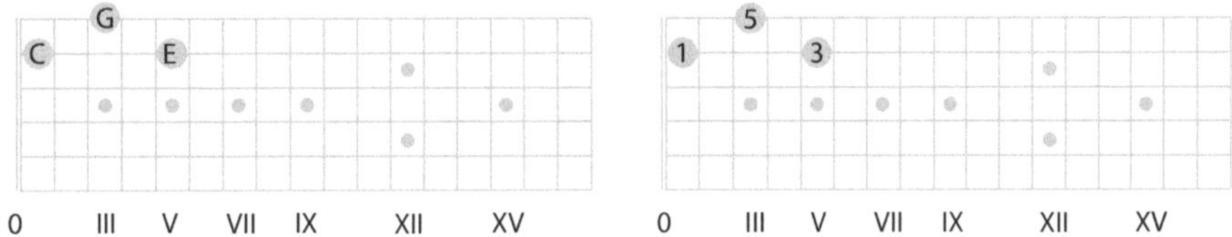

Terz und Quinte auf einer Saite:

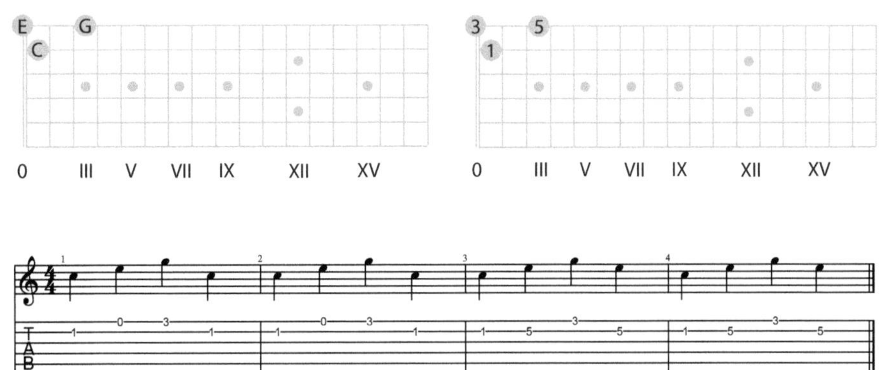

G-und B-Saite:

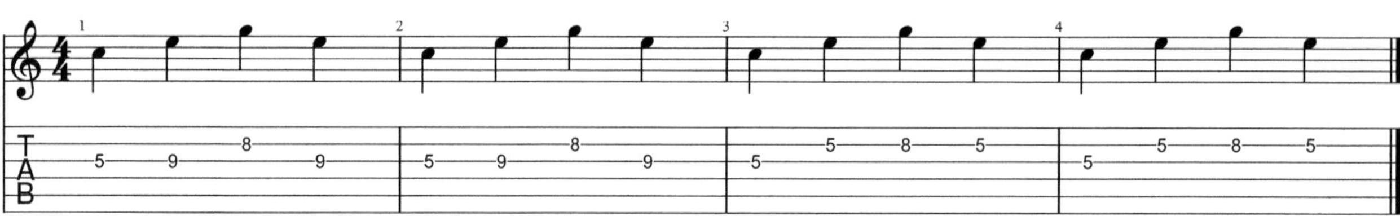

D- und G-Saite:

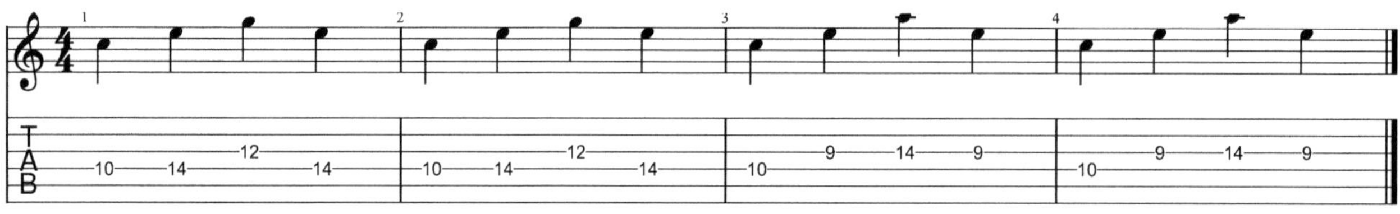

A- und D-Saite:

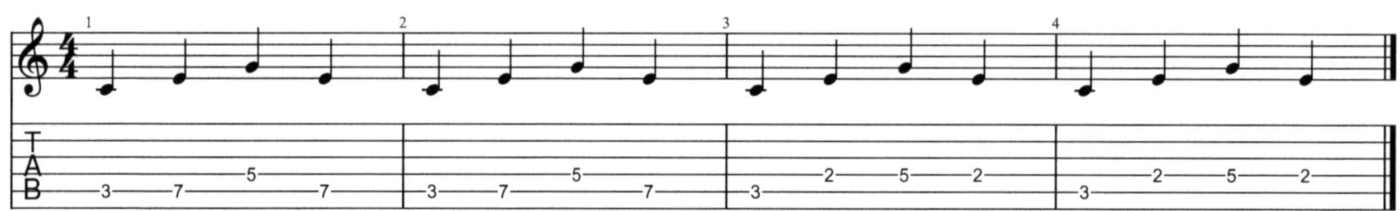

E- und A-Saite:

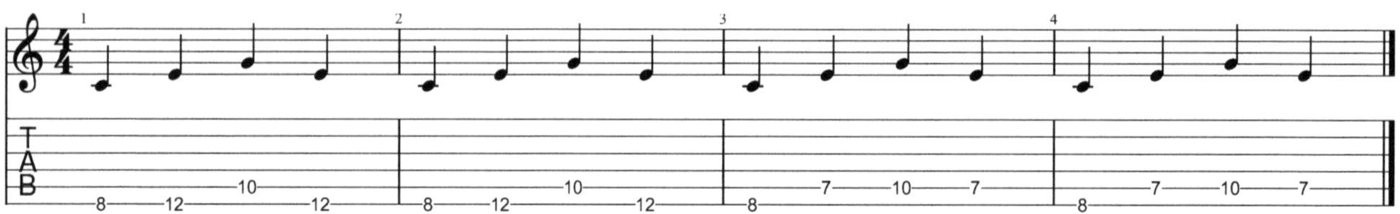

C-Dur-Akkord: Root und Terz auf einer Saite

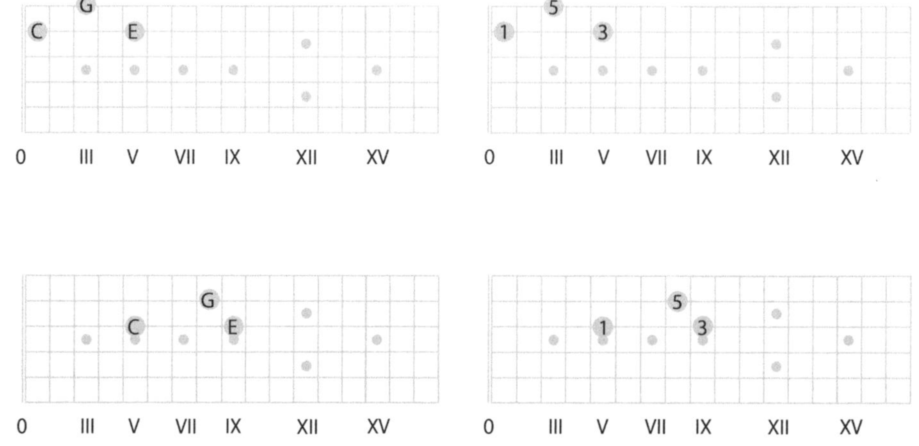

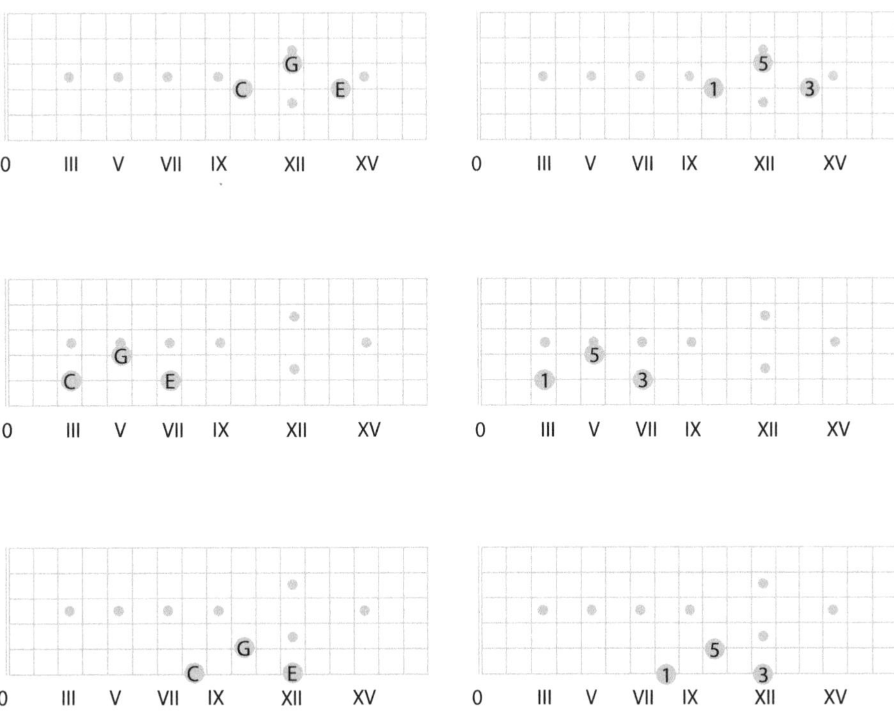

Terz und Quinte auf einer Saite

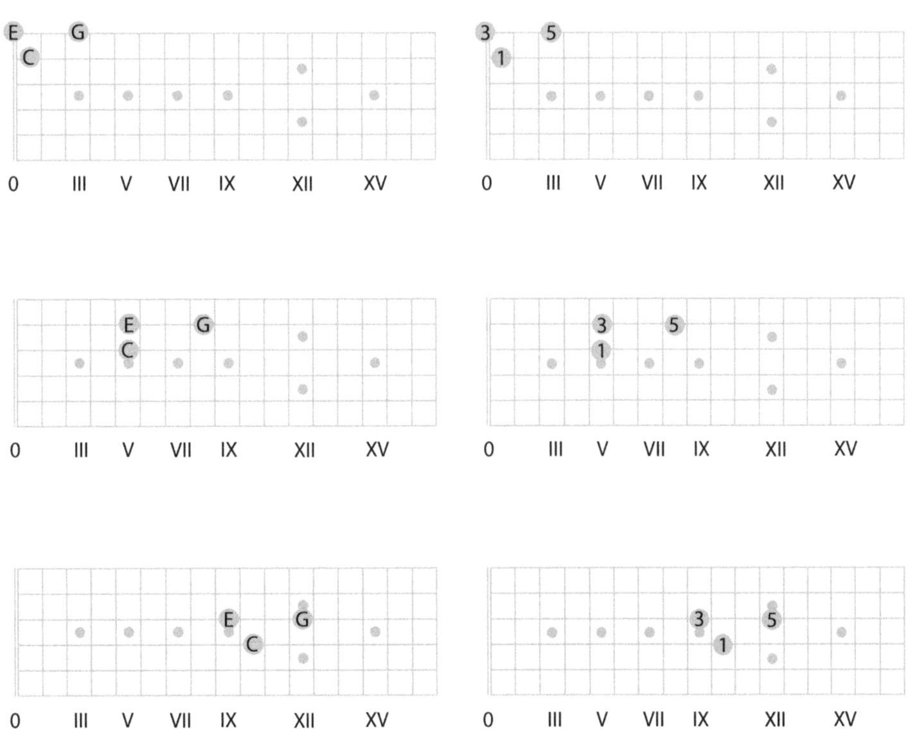

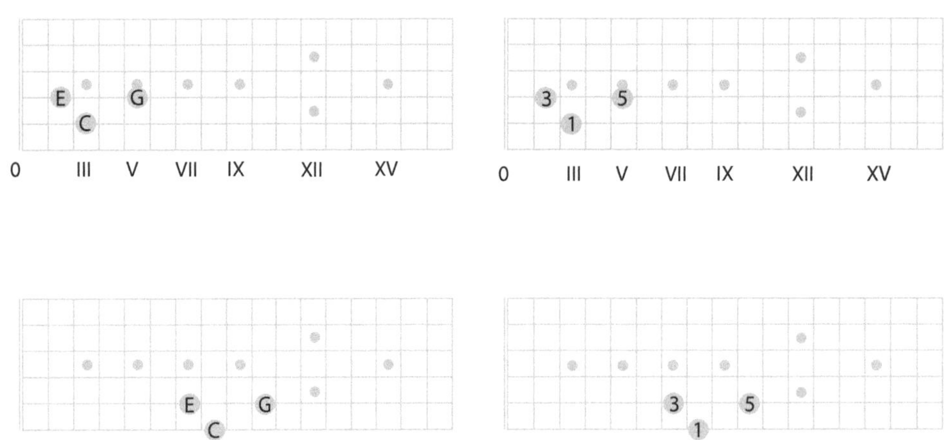

C-Dur Akkordtöne auf drei Saiten

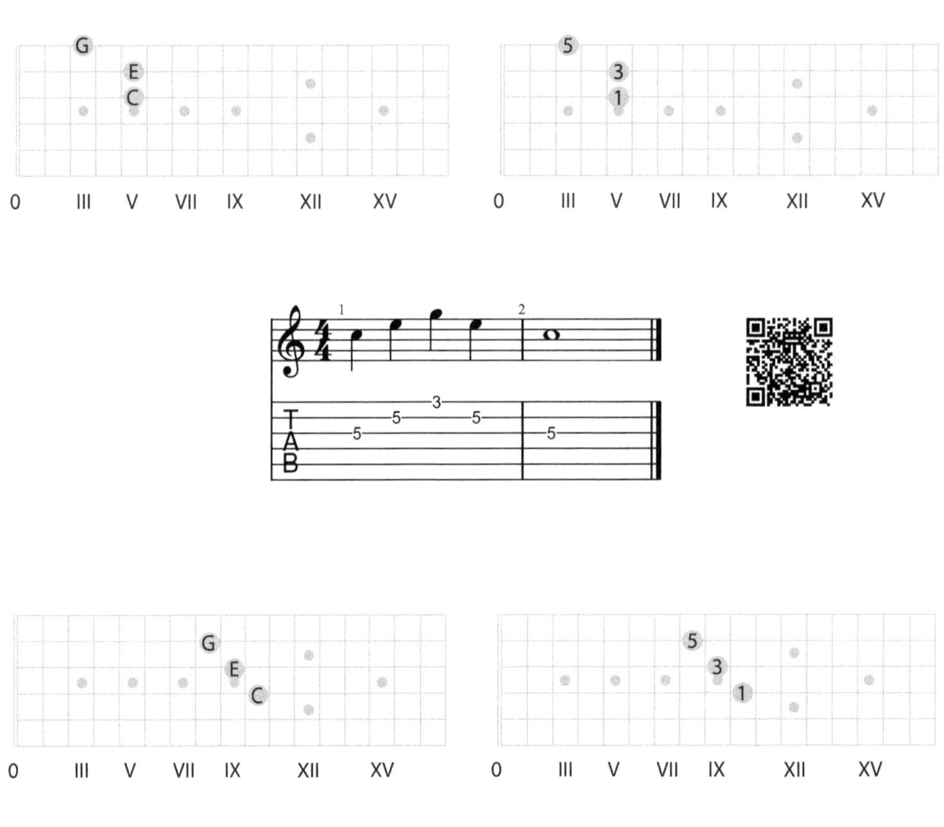

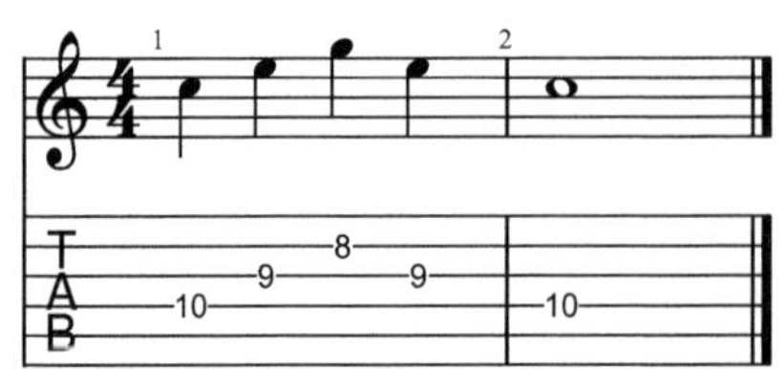

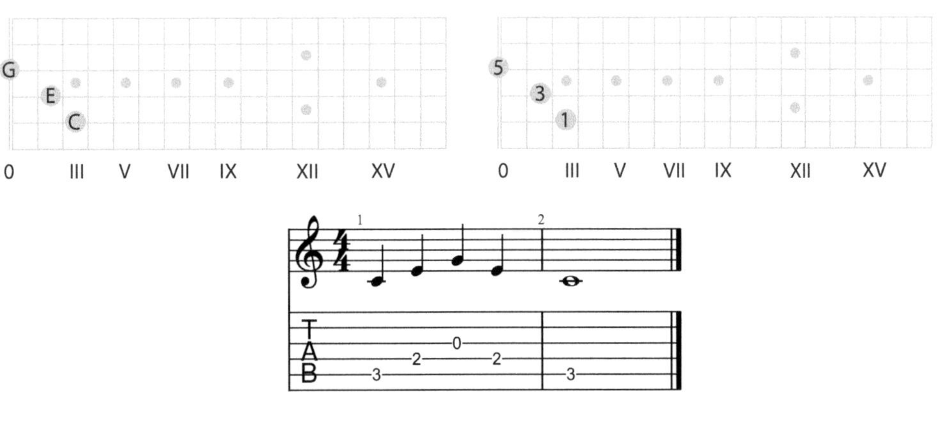
G
E
C
0 III V VII IX XII XV
5
3
1
0 III V VII IX XII XV
1
2
T
A
B
0
2 2
3 3

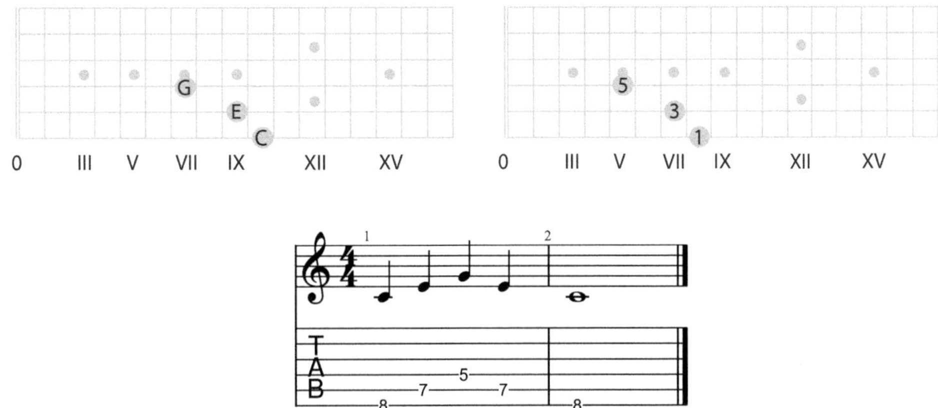
G
E
C
0 III V VII IX XII XV
5
3
1
0 III V VII IX XII XV
1
2
T
A
B
5
7 7
8 8

Die 5 Dur Basic Shapes

C-Dur Basic Shape

Akkord/Griffanalyse:

- 2x Grundton A- und B-Saite
- 2x Terz D- und hohe E-Saite
- 1x Quinte G-Saite
- Die tiefe E-Saite wird nicht gespielt/abgedämpft.

Obwohl der Ton E ein Akkordton von C-Dur ist, ist die tiefe E-Saite zu dominant und wird weggelassen.

- Orientierung des C-Shapes ist die B-Saite.

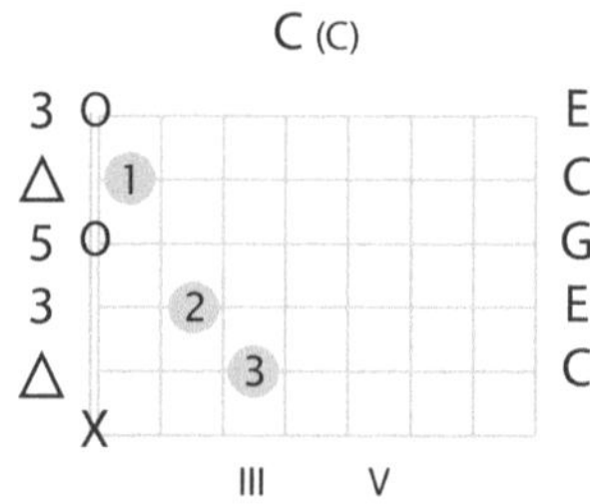

Übung 1:

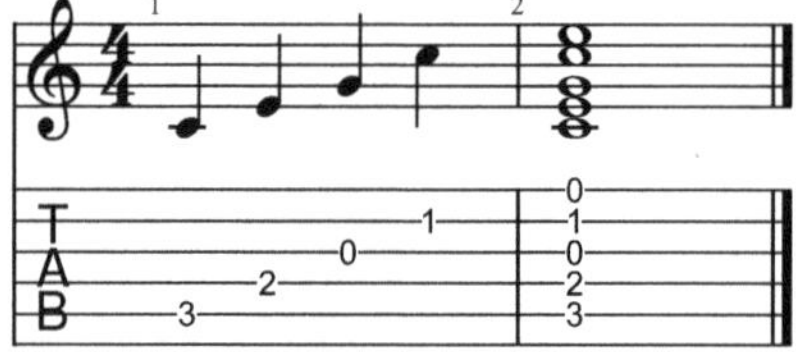

Übung 2:

Übung 3:

Übung 4:

Übung 5 - klassisches Picking:

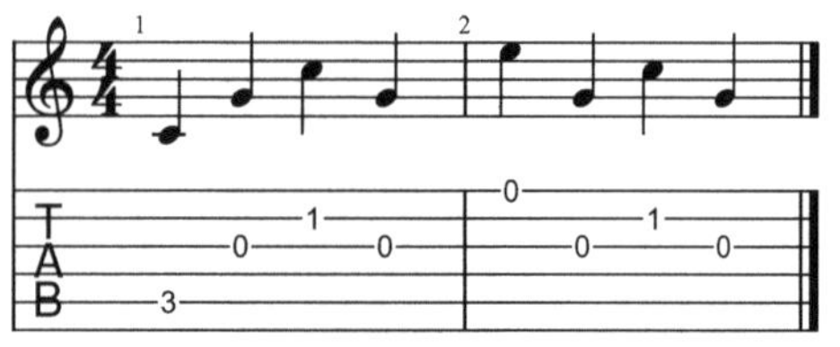

Übung 6 - Tusch:

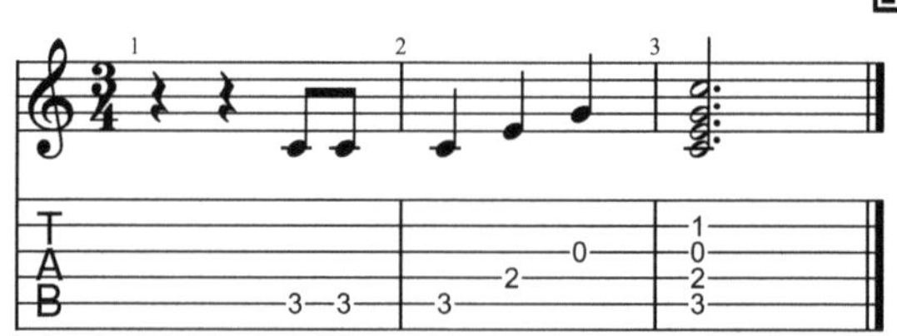

Übung 7 - Boom Chick:

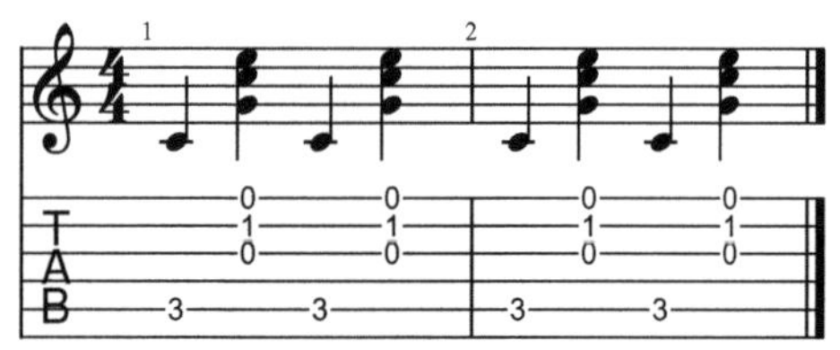

Übung 8 - Walzer:

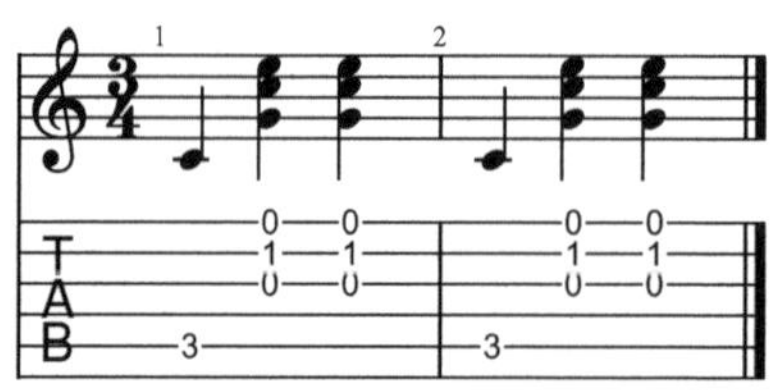

A-Dur Basic Shape

Akkord/Griffanalyse:

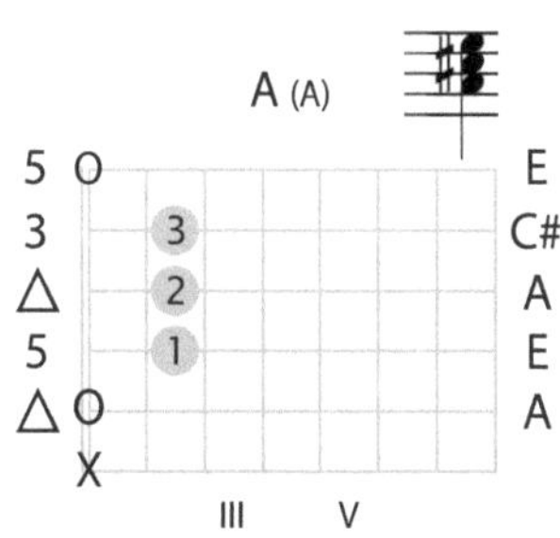

- 2x Grundton A- und G-Saite
- 1x Terz C# auf der B-Saite
- 2x Quinte E auf der A- und E-Saite
- Es können alle Saiten gespielt werden. Die Quinte auf der tiefen E-Saite kann mitgespielt werden. Das kommt auf den Musikstil an.
- Orientierung des A-Shapes ist die A-Saite.

Übung 1:

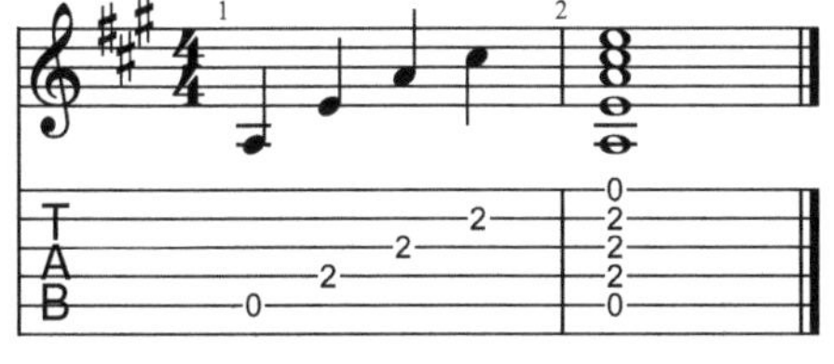

Übung 2:

Übung 3:

Übung 4:

Übung 5:

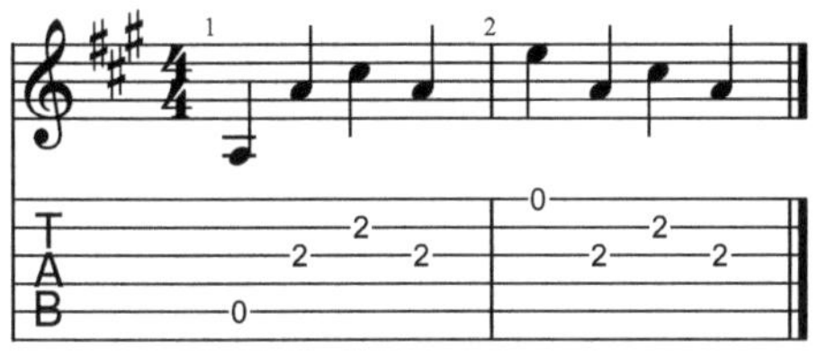

Übung 6 - Boom Chicka:

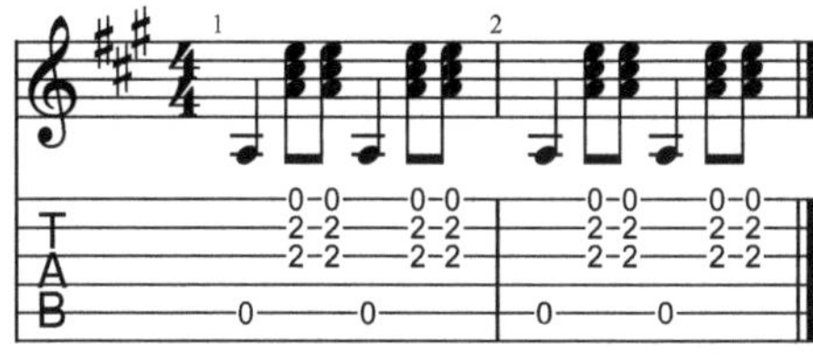

Übung 7 - Boom Chicka Chick:

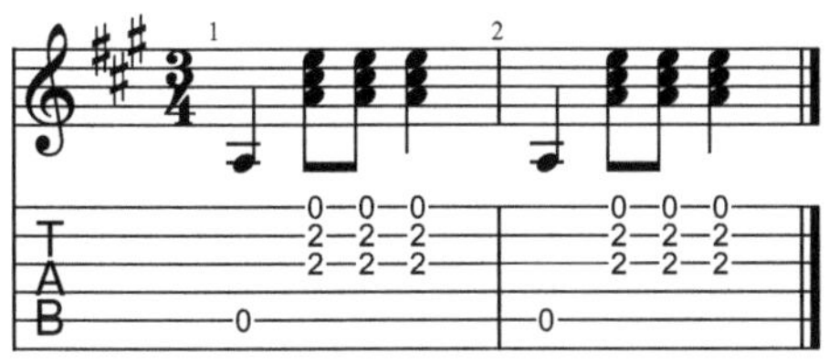

Übung 8 - Pop Rock:

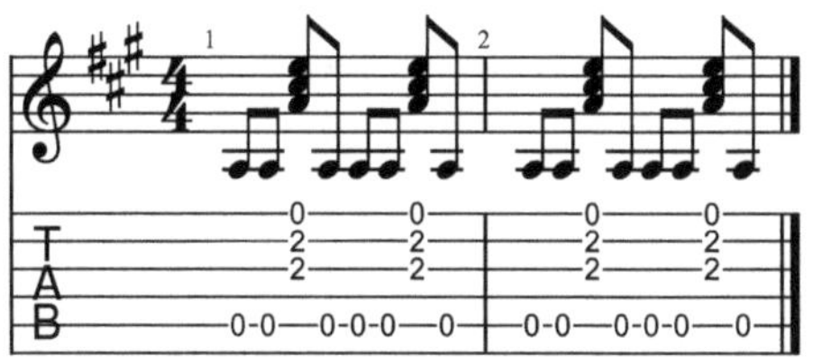

G-Dur Basic Shape

Akkord/Griffanalyse:

- 3x Grundton auf der G- und E-Saite
- 2x Terz B auf der A- und B-Saite
- 1x Quinte auf der D-Saite
- Es können alle Saiten gespielt werden.
- Der Griff/Akkord geht über 2 Oktaven.
- Orientierung des G-Shapes ist die G-Saite.

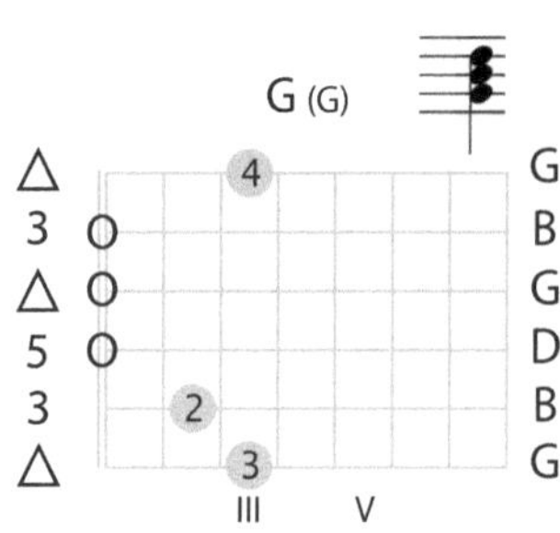

Übung 1 - ganzer Akkord/Griff:

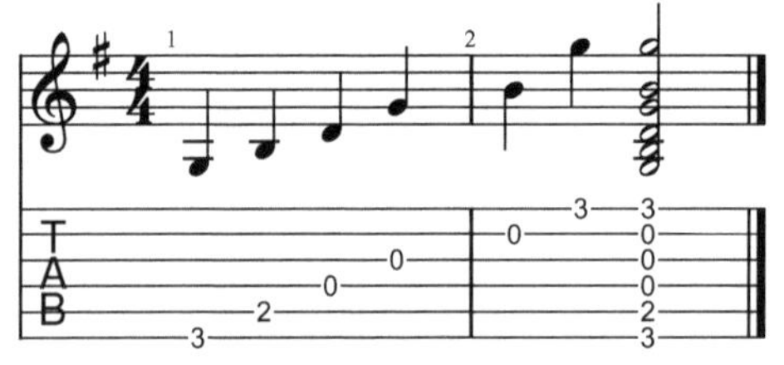

Übung 2 - tiefe Oktave:

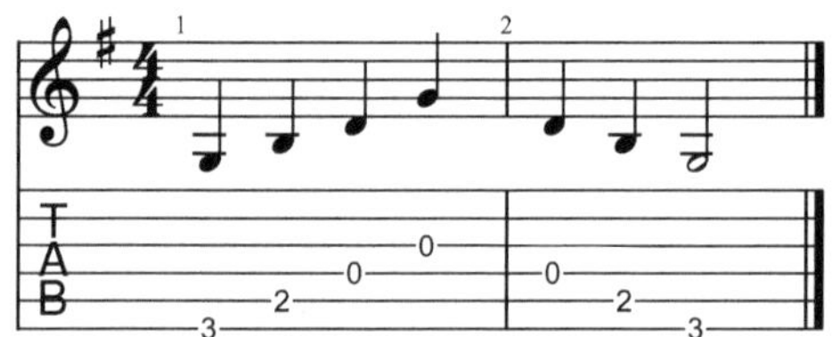

Übung 3 - hohe Oktave:

Übung 4 - hohe Oktave mit Quinte:

Übung 5 - klassisch Zupfen I:

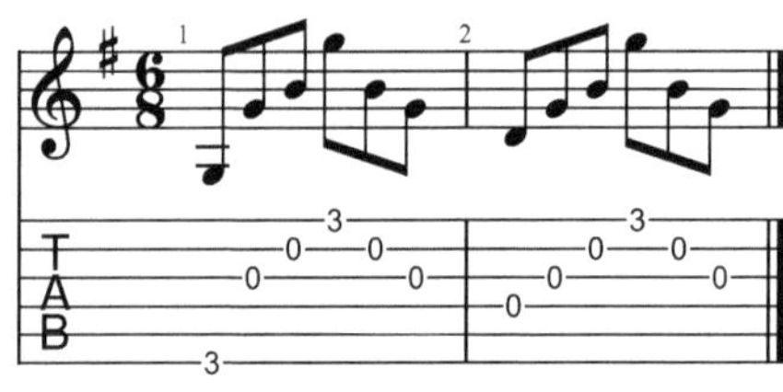

Übung 6 - klassisch Zupfen II:

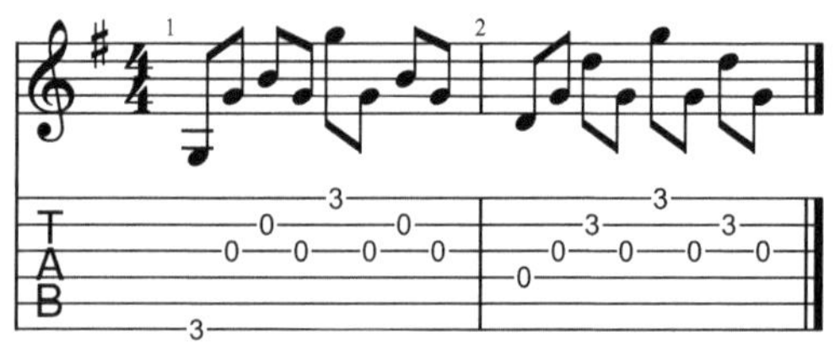

Übung 7 - Boom Chick:

Übung 8 - Folk Strumming:

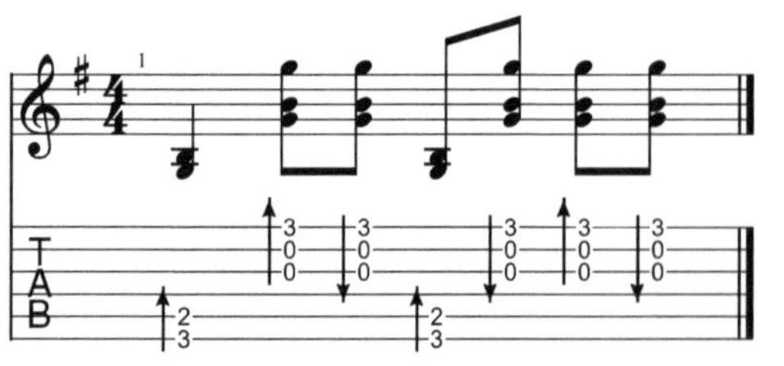

E-Dur Basic Shape

Akkord/Griffanalyse:

- 3x Grundton auf der E- und D-Saite
- 1x Terz G auf der G-Saite
- 2x Quinte auf der A- und B-Saite
- Es können alle Saiten gespielt werden.
- Der Griff/Akkord geht über 2 Oktaven.
- Orientierung des E-Shapes ist die E-Saite.

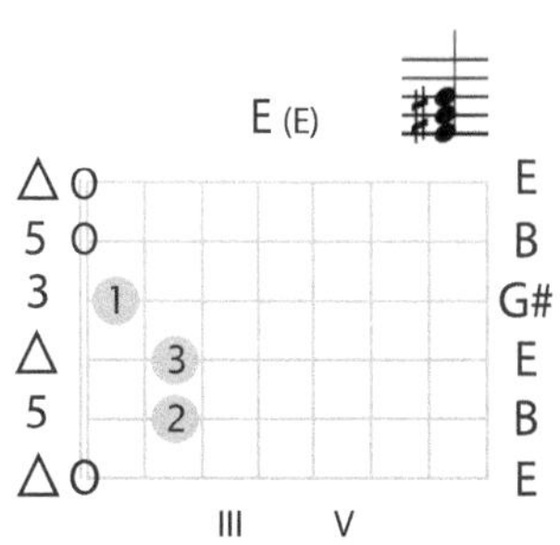

Übung 1 - ganzer Akkord/Griff:

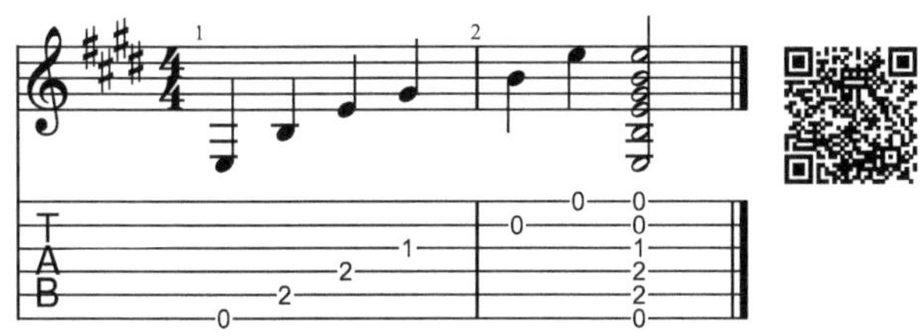

Übung 2 - tiefe Oktave:

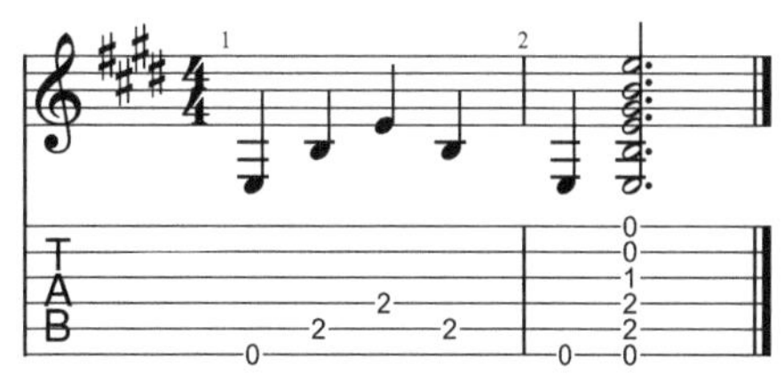

Übung 3 - hohe Oktave:

Übung 4:

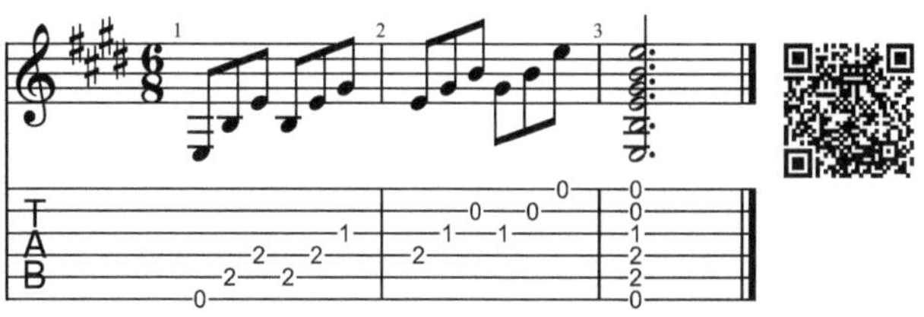

Übung 5 - Zupfen:

Übung 6 - Boom Chick mit Wechselbass:

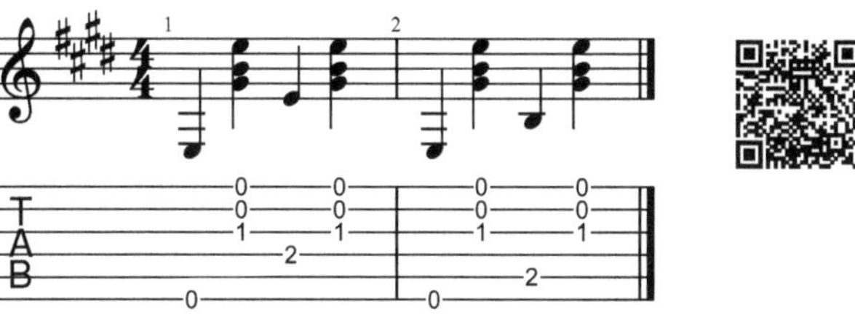

Übung 7 - Amsterdam in Holland I:

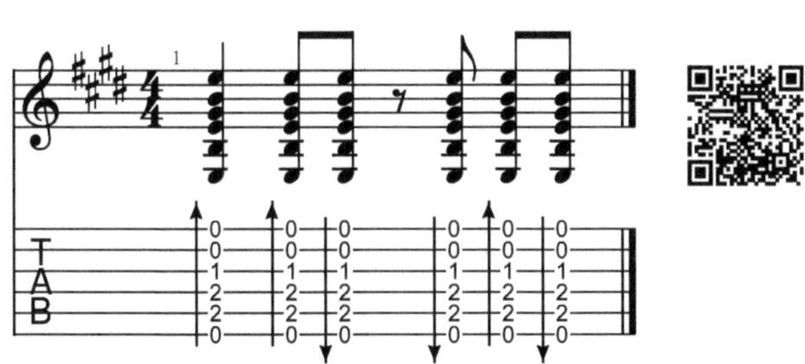

Übung 8 - Amsterdam in Holland II:

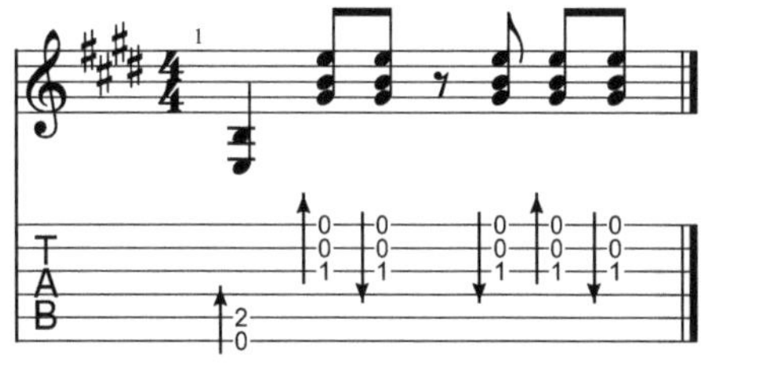

D-Dur Basic Shape

Akkord/Griffanalyse:

- 2x Grundton D auf der D- und B-Saite
- 1x Terz F# auf der hohen E-Saite
- 1x Quinte A auf der G-Saite
- Die A-Seite kann mitgespielt werden (Quinte A).
- Die tiefe E-Saite wird nicht gespielt oder abgedämpft.
- Orientierung des D-Shapes ist die D-Saite.

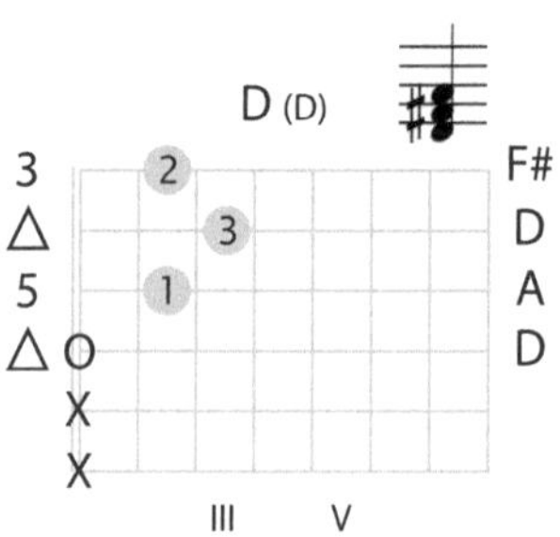

Übung 1 - ganzer Akkord/Griff:

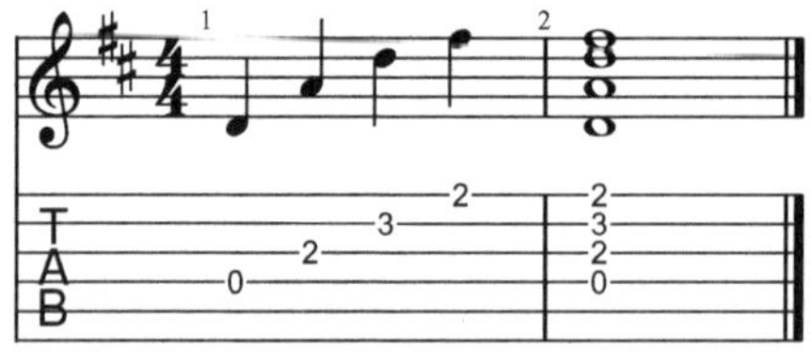

Übung 2:

Übung 3:

Übung 4:

Übung 5:

Übung 6 - Reggae:

Übung 7 - Amsterdam in Holland I:

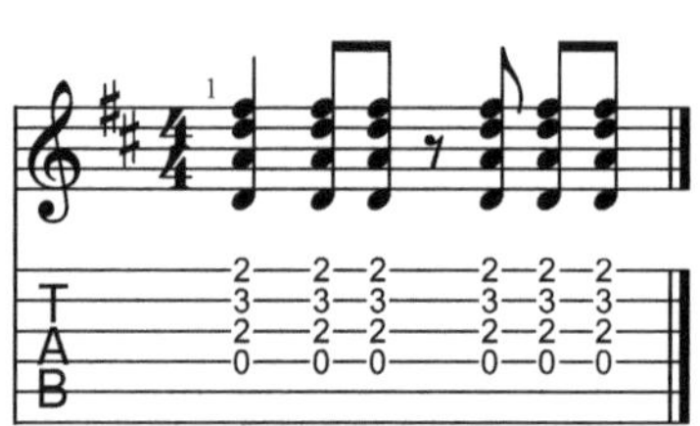

Übung 8 - Amsterdam in Holland II:

3. Shapes verschieben - offene Akkorde

Offene Akkorde

C-Shape – offen – Fingersatz I

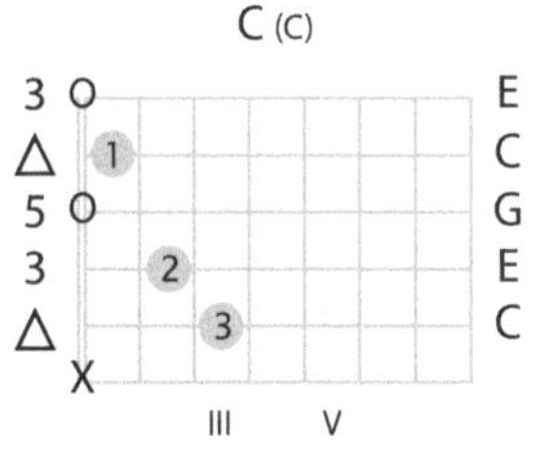

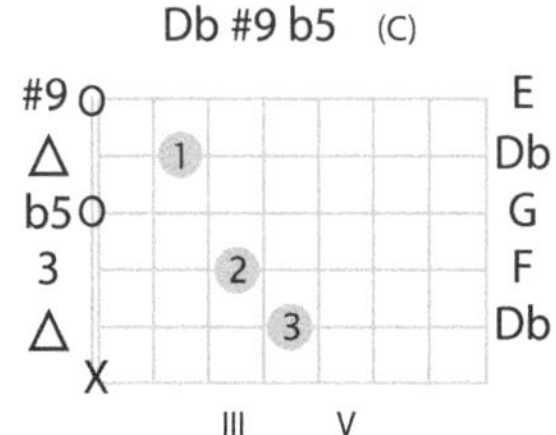

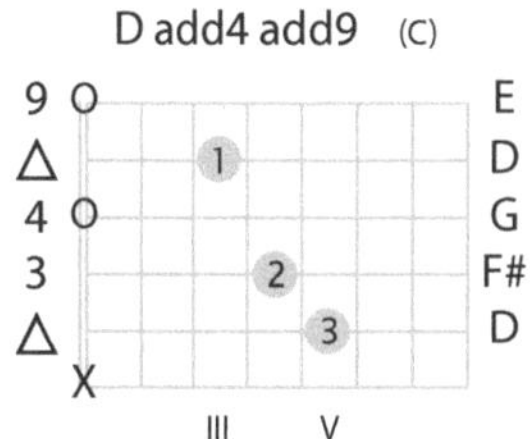

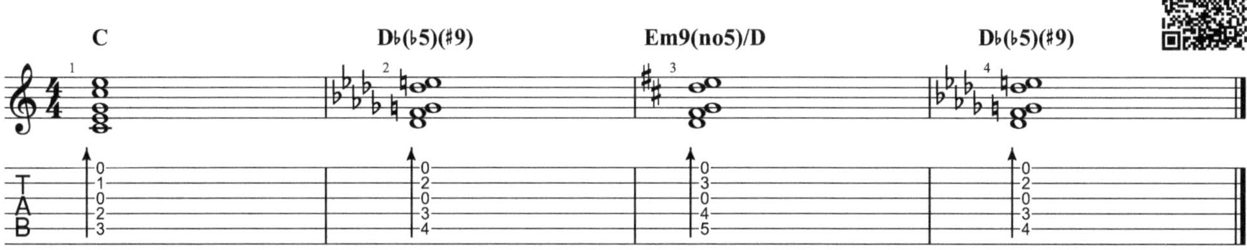

C-Shape – offen – Fingersatz II (Quinte auf der hohen E-Saite)

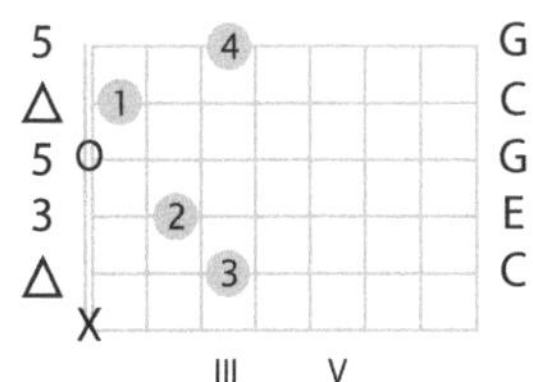

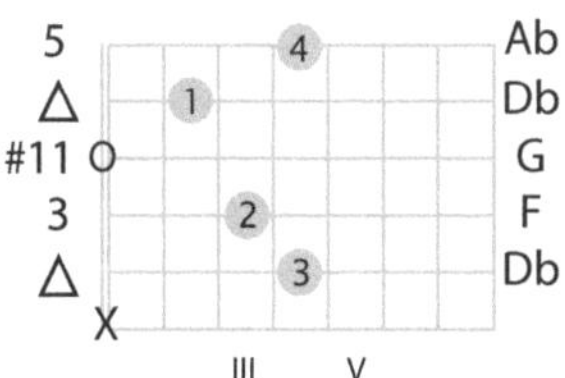

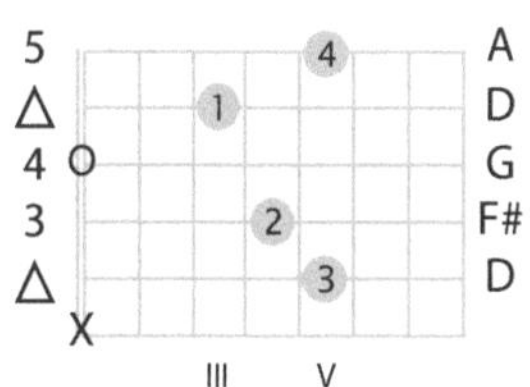

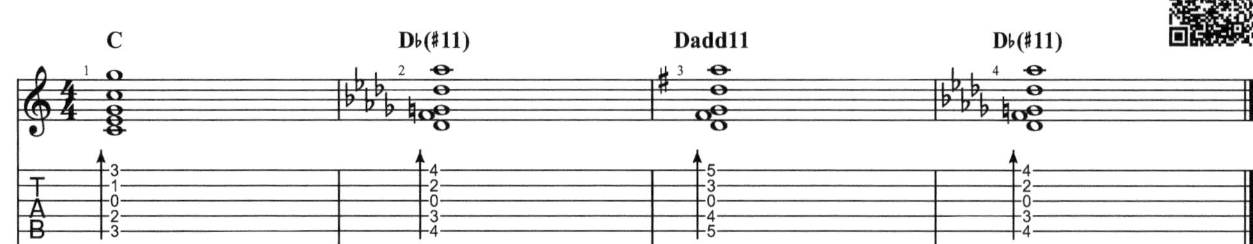

C Shape – offen – Fingersatz III (Quinte auf der tiefen E-Saite)

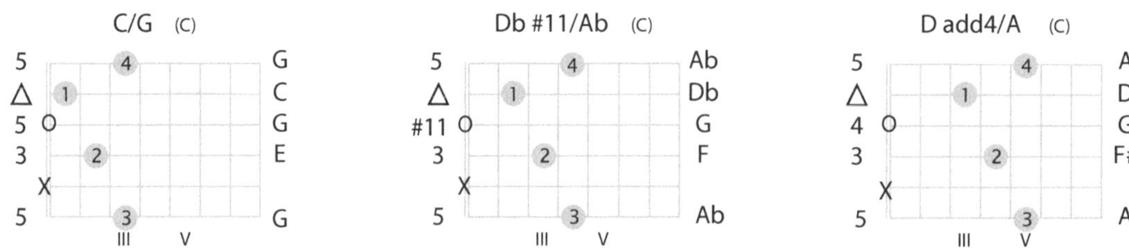

Die A-Saite wird mit dem Ring- und/oder dem Mittelfinger abgedämpft. Die G-Saite wird offen gespielt.

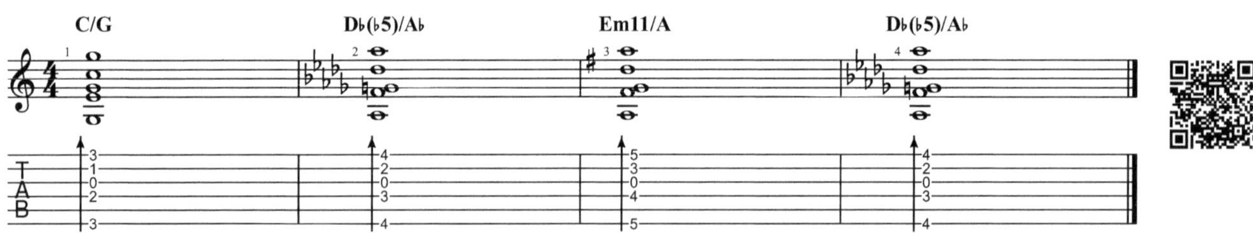

Starship Trooper – Steve Howe (Yes)

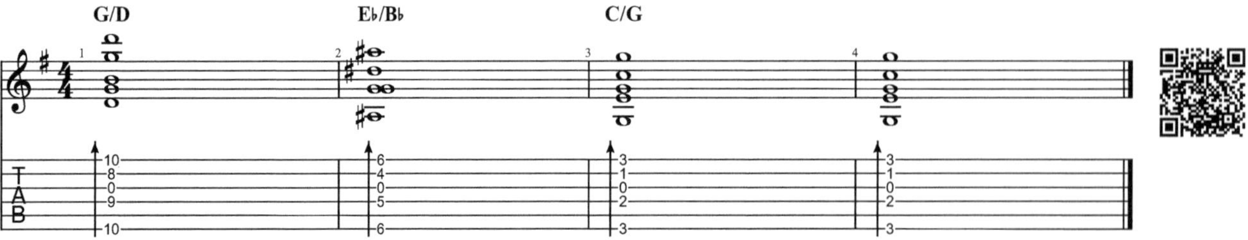

Lernen der B-Saite

Die Orientierung des C-Shape ist die B-Saite. Man kann sie auch „Pseudo C-Saite" nennen.

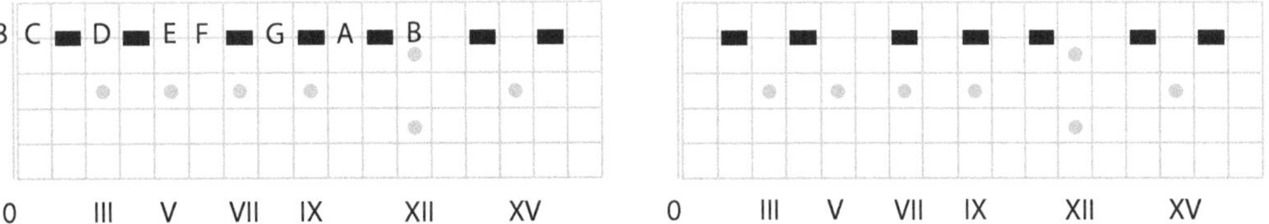

C-Shape offen – Fingersatz I – ganzes Griffbrett

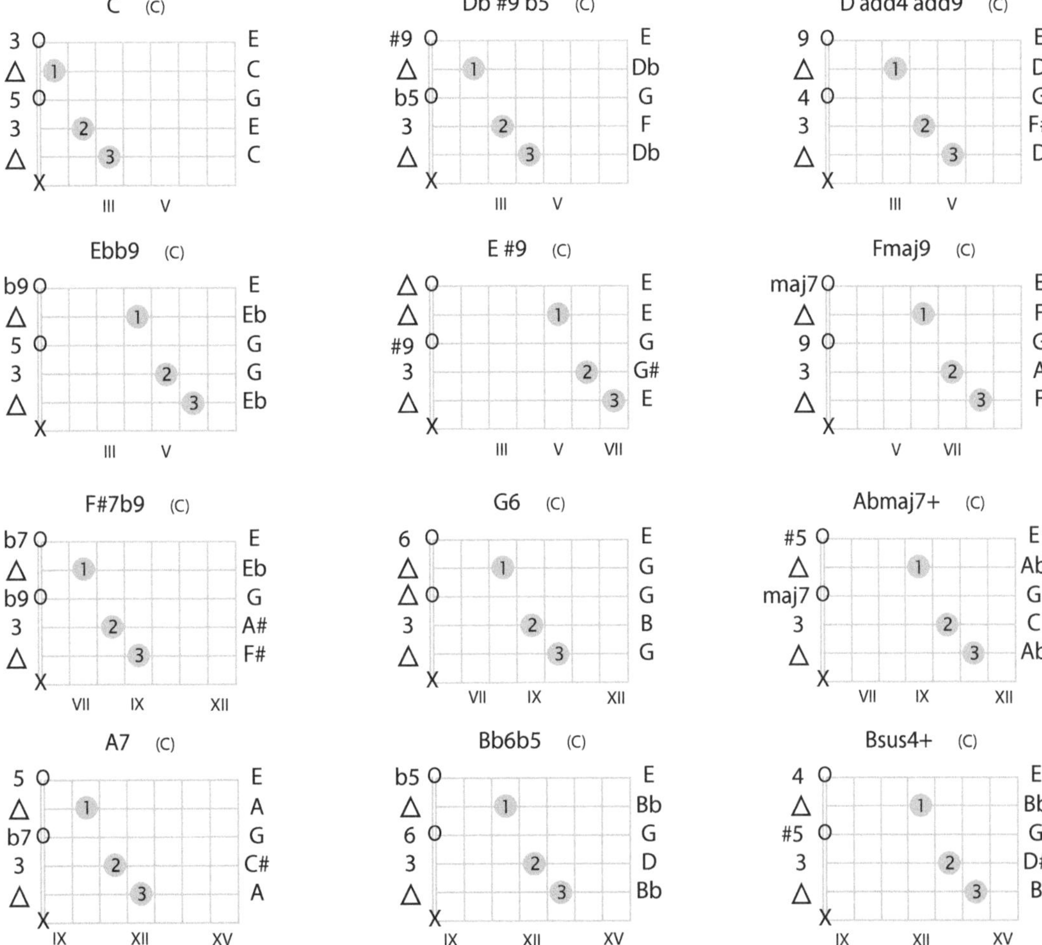

C-Shape offen – Fingersatz II – ganzes Griffbrett

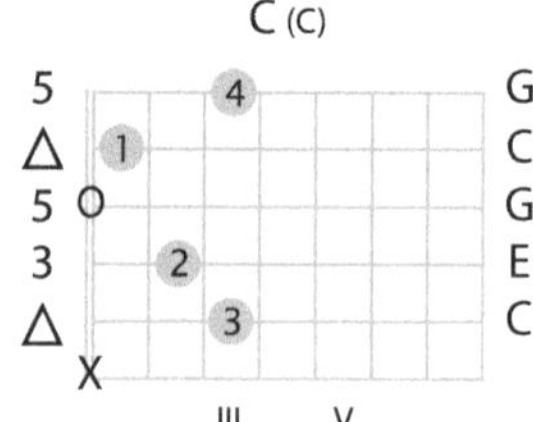

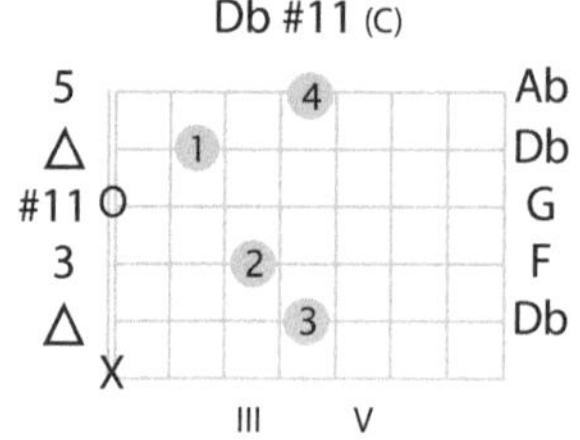

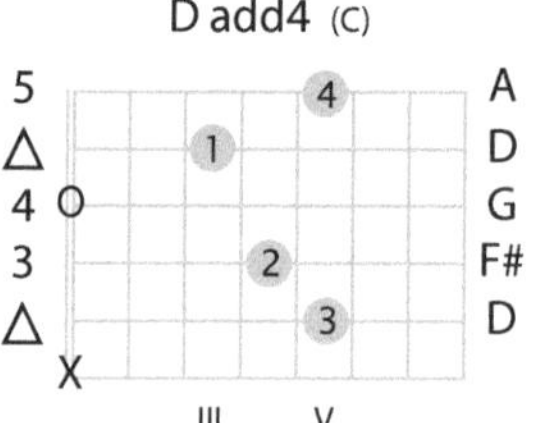

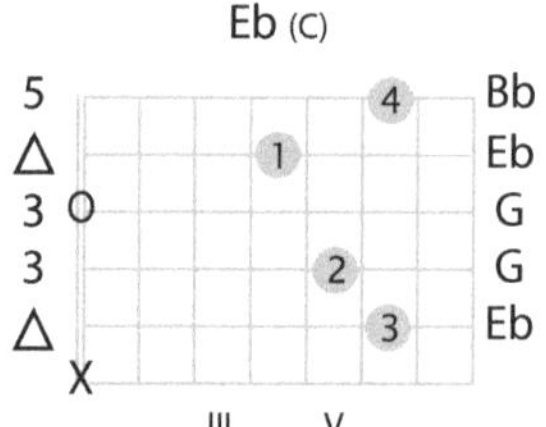

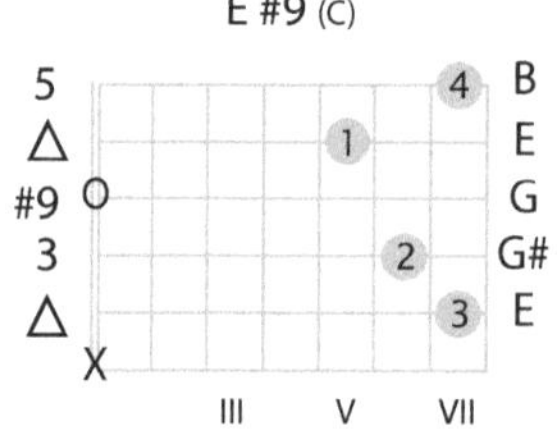

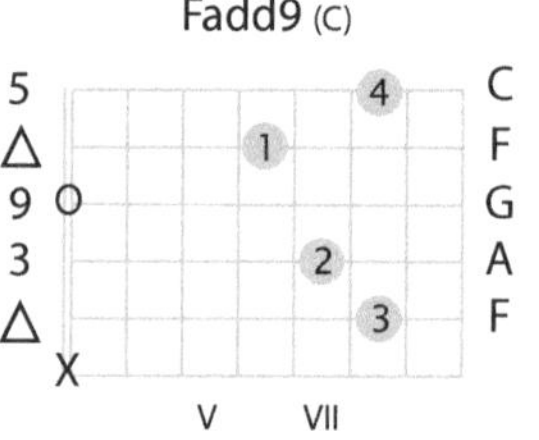

C-Shape offen – Fingersatz III – ganzes Griffbrett

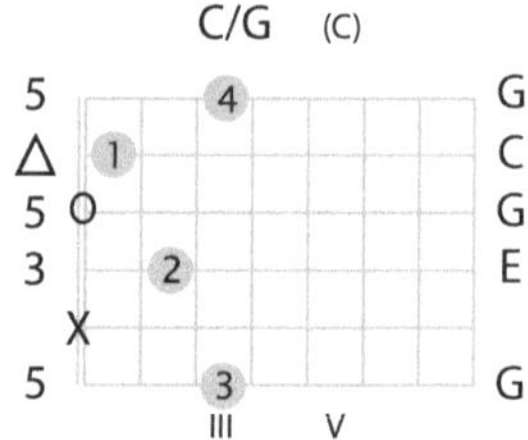

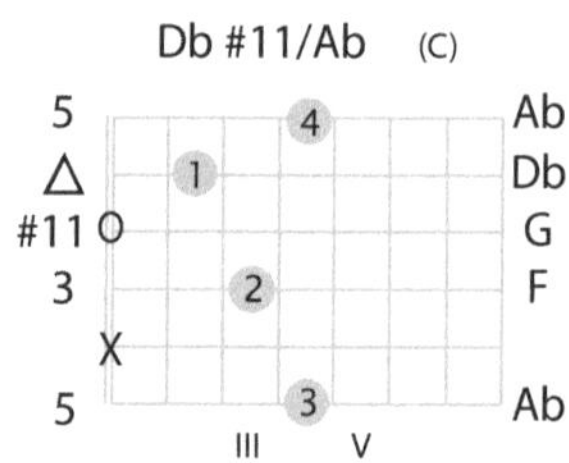

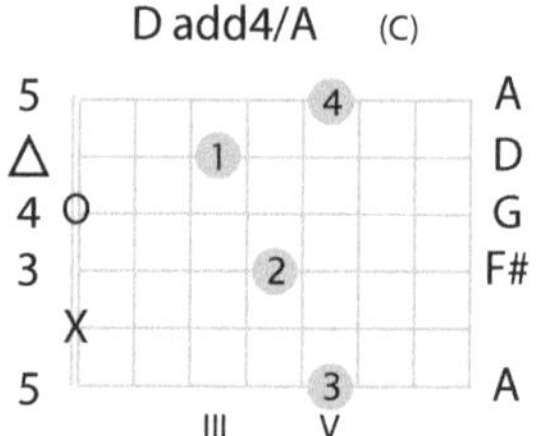

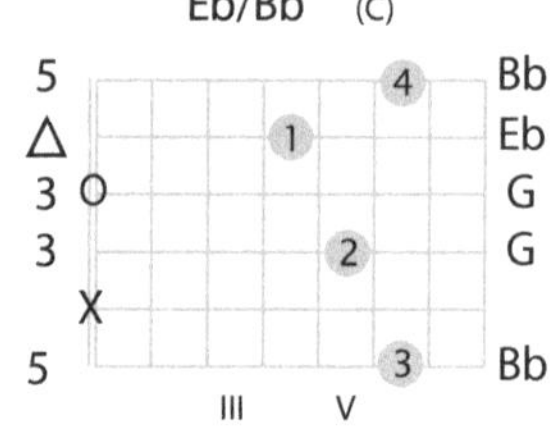

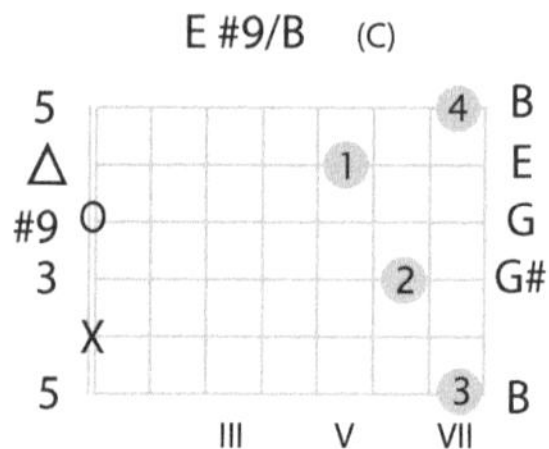

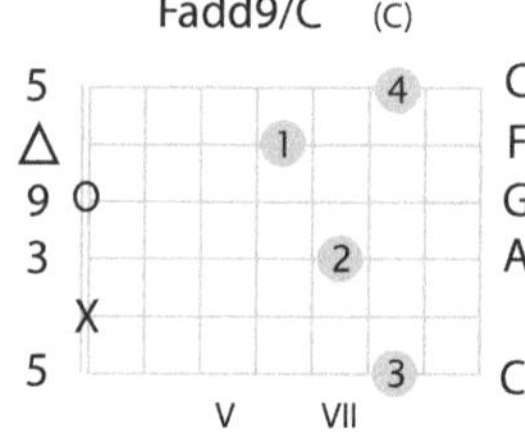

A-Shape offen – Fingersatz I

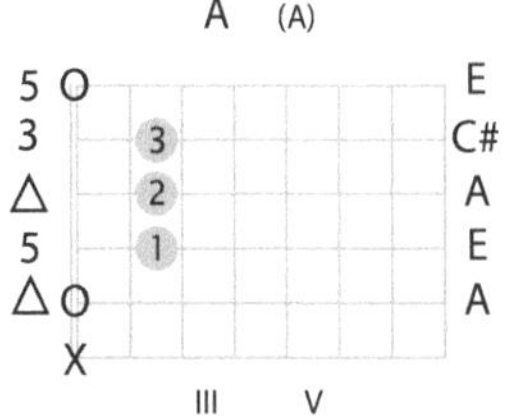

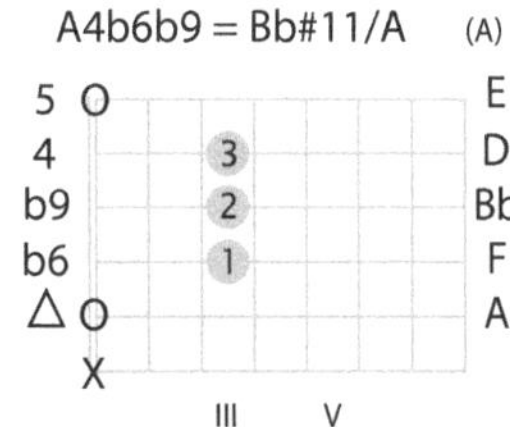

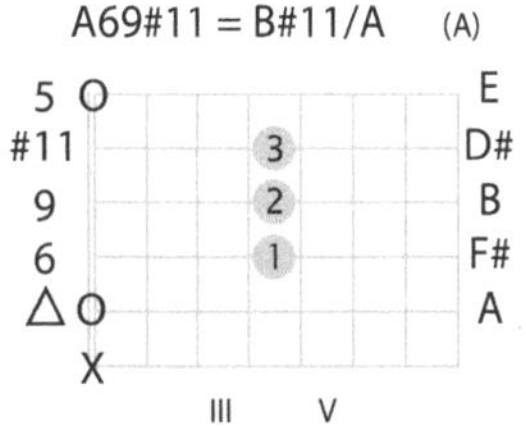

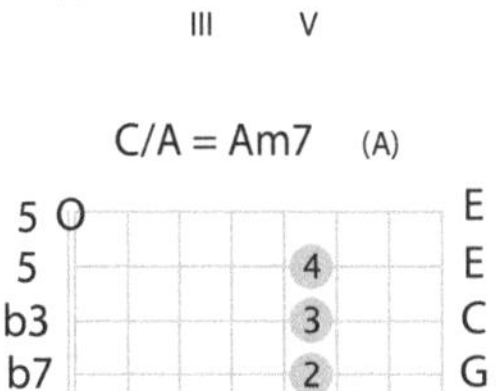

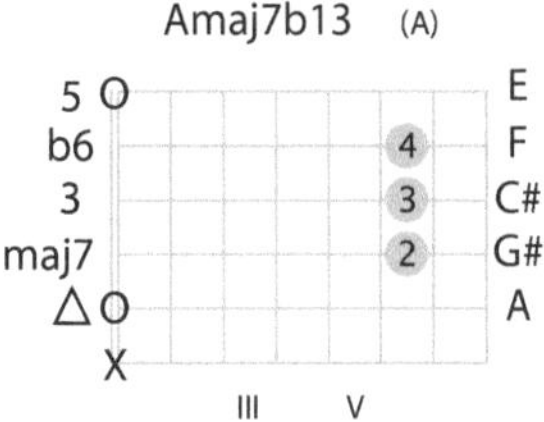

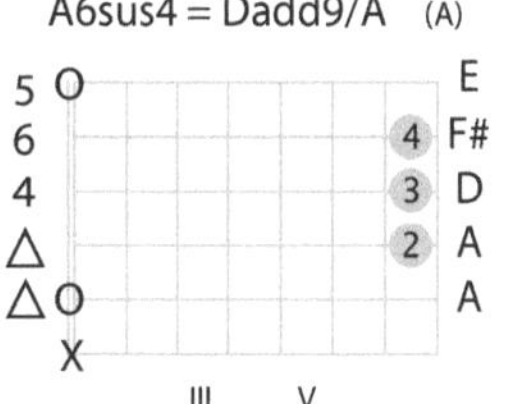

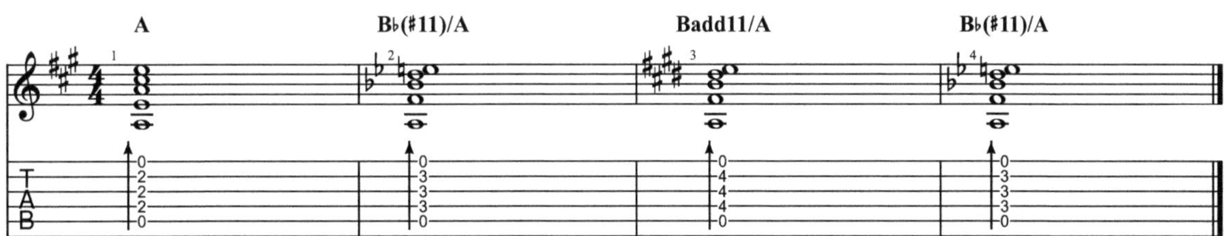

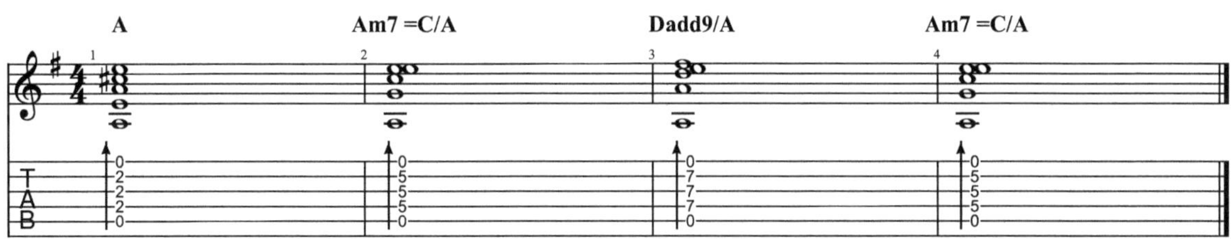

Lernen der A-Saite

Die Orientierung des A-Shape ist die A-Saite.

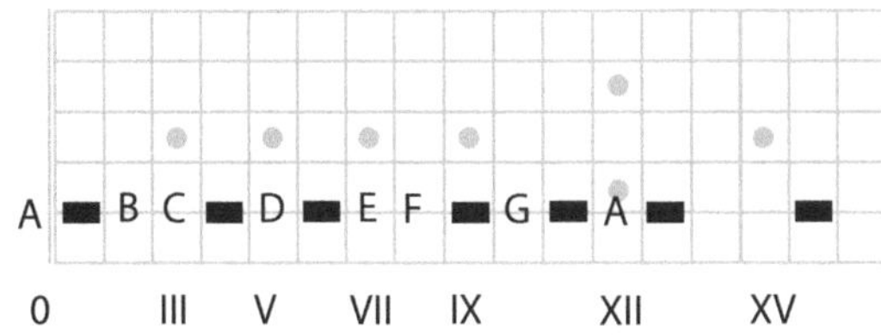

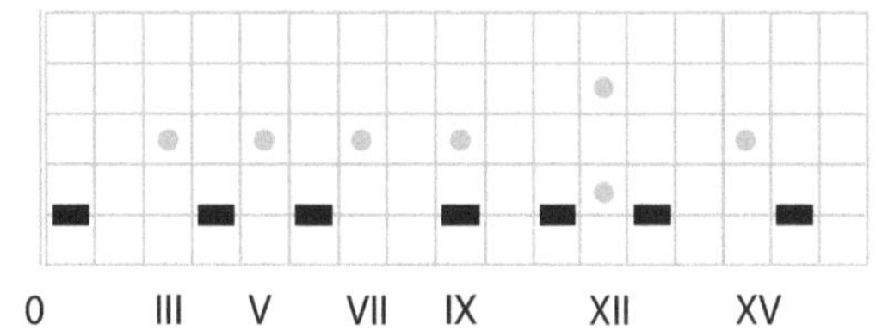

A-Shape offen – Fingersatz II

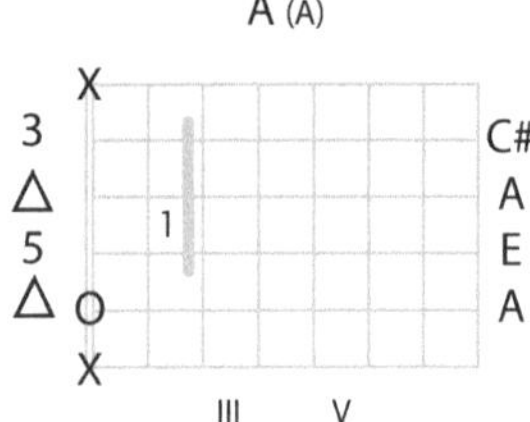

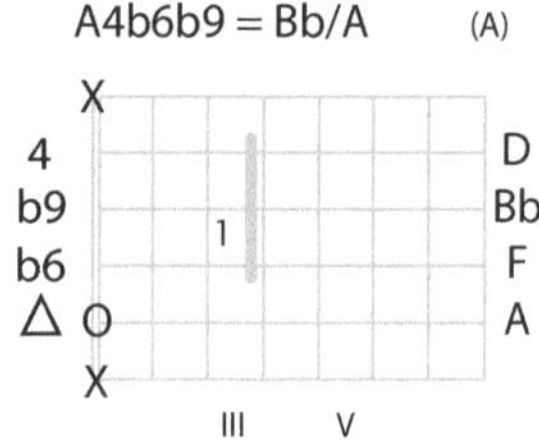

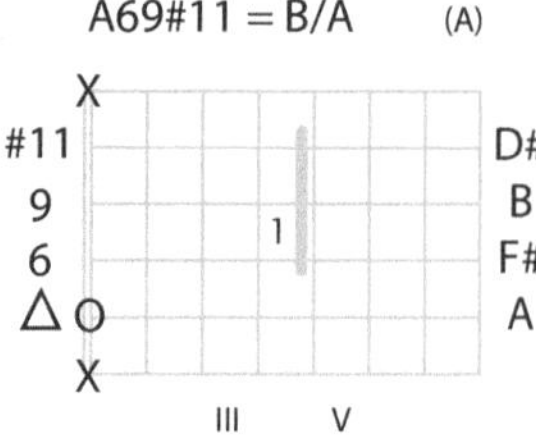

A-Dur Akkord – gegriffen nur mit einem Finger. Den Akkord mit allen 4 Fingern abwechselnd greifen. Die hohe E-Saite wird vom Greiffinger gedämpft. Die tiefe E-Saite nicht angespielt, vom Daumen oder auch von einem der freien Finger abgedämpft.

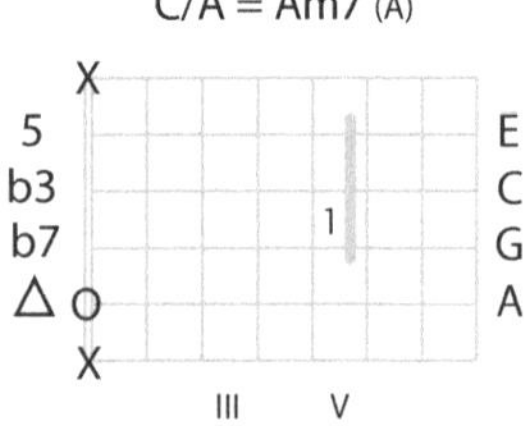

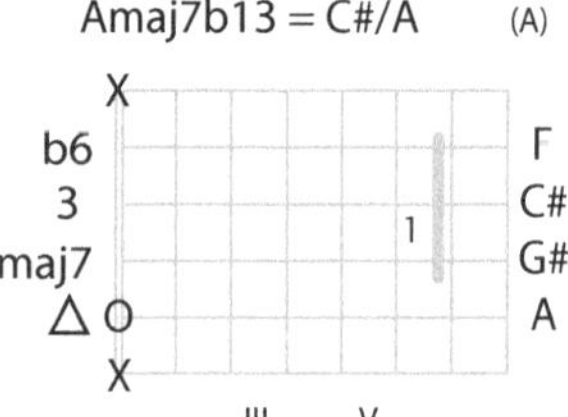

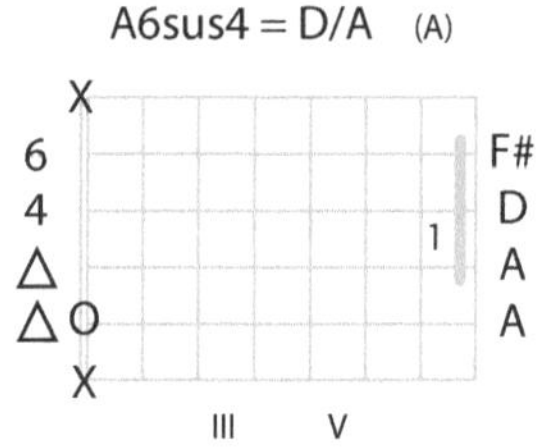

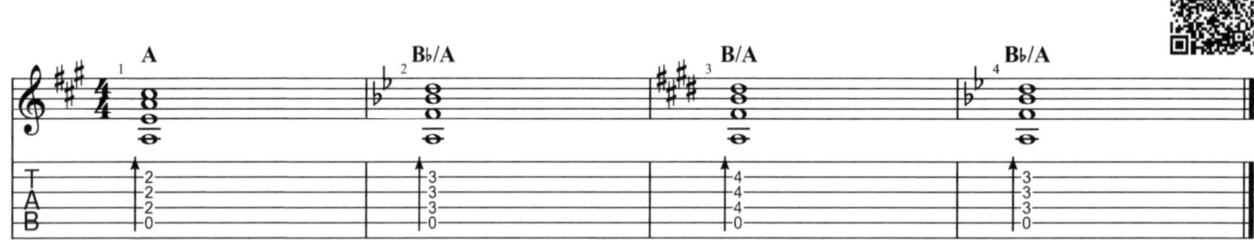

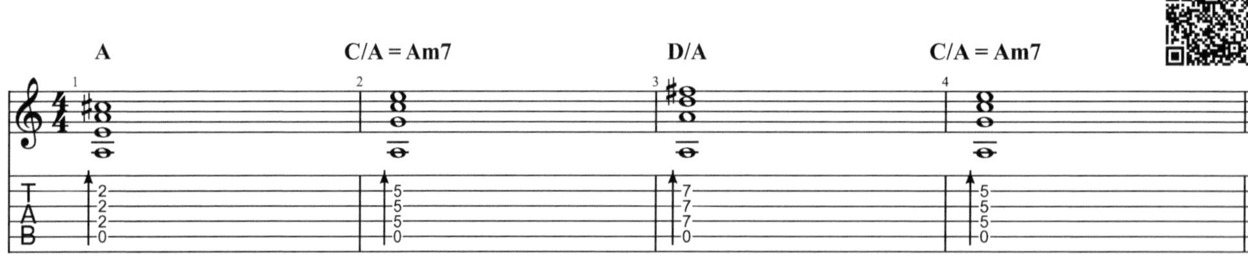

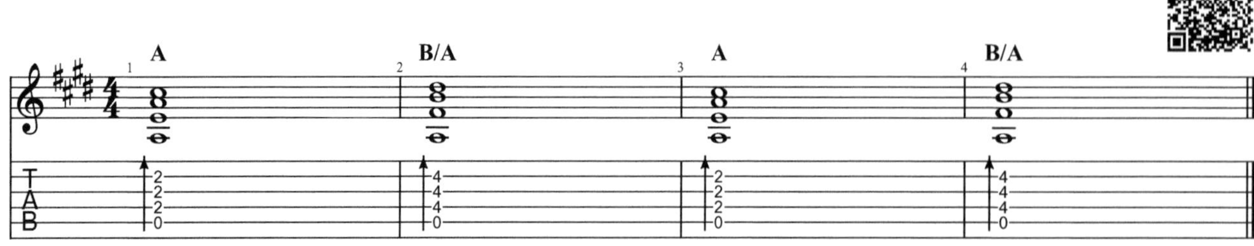

A-Shape offen – Fingersatz III

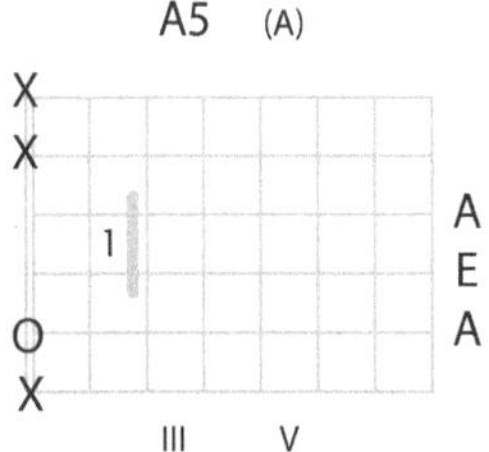

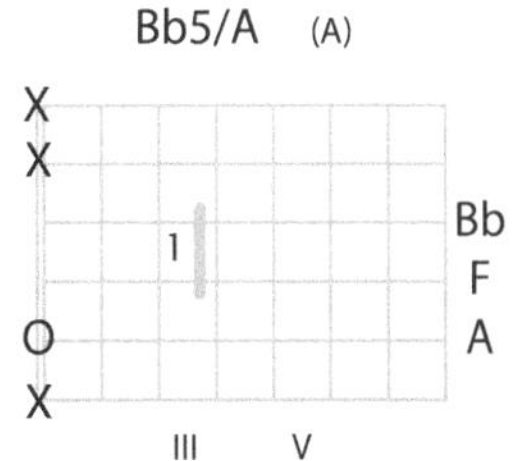

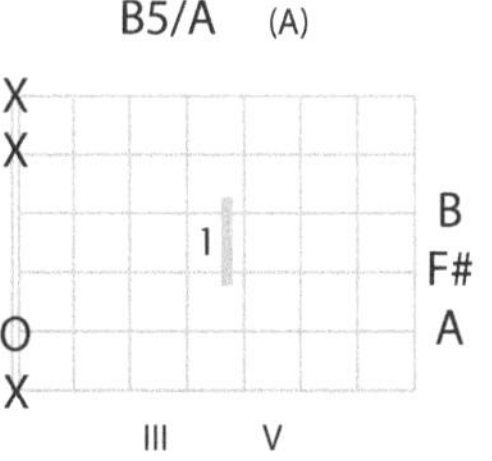

A5 Powerchord – gegriffen nur mit einem Finger. Die B-Saite wird gedämpft. Die tiefe E-Saite nicht angespielt gedämpft. Einen Powerchord nur auf zwei Saiten, mit einem Finger als Barré Akkord gespielt, nennt man auch Inverted Powerchord (umgedrehter Quintakkord). Der Grundton ist auf der höheren Saite und die Quinte auf der tieferen Saite.

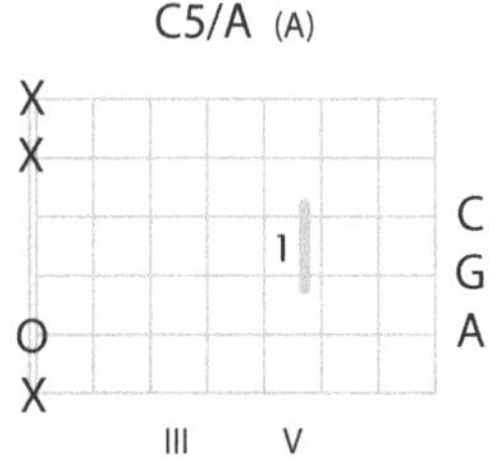

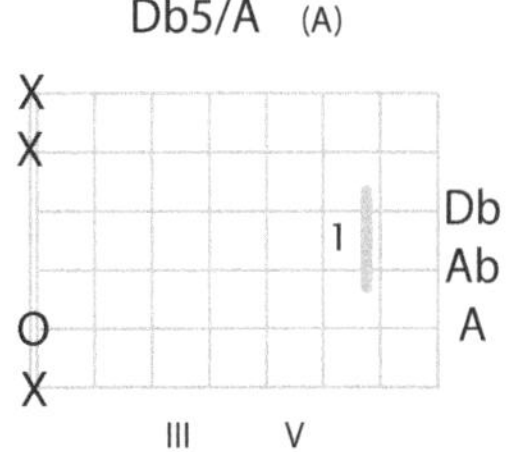

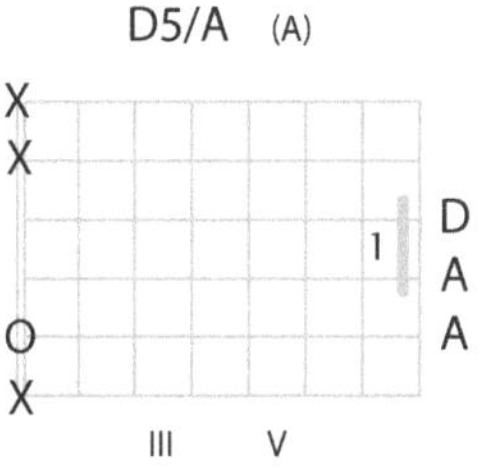

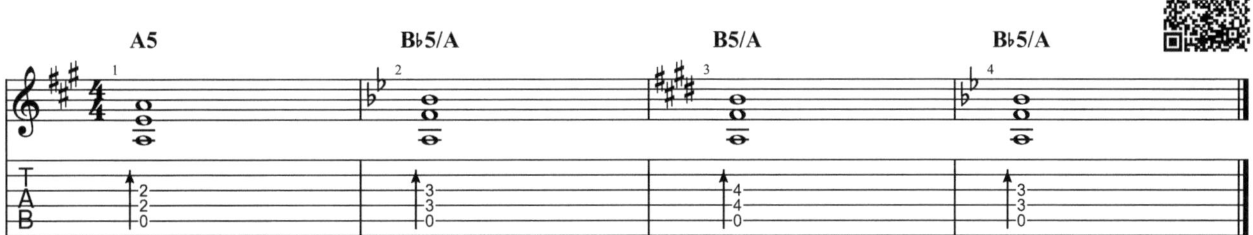

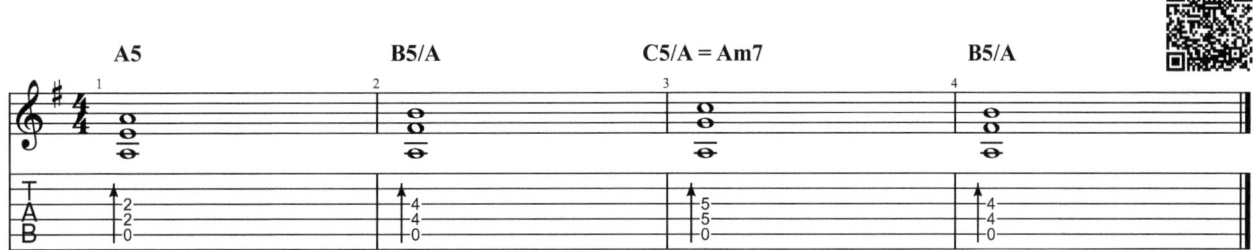

Im Gegensatz zum Dur Akkord enthält der Powerchord keine Terz. Der Powerchord enthält den Grundton und die Quinte und ist somit geschlechtslos. Man kann ihn sowohl als Ersatz für einen Dur oder Moll Akkord spielen. Dies wird im Metal und Rock angewendet.

A-Shape offen Fingersatz I

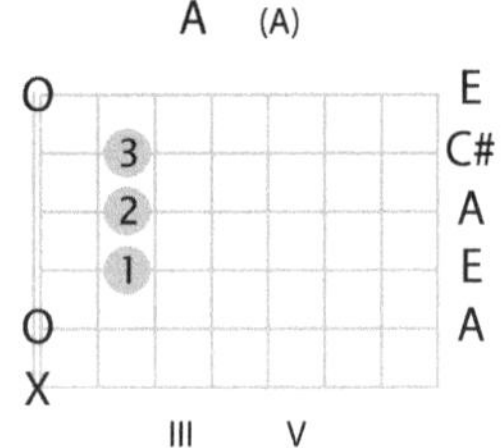

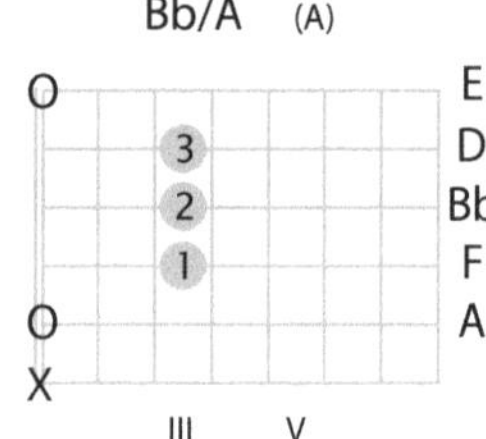

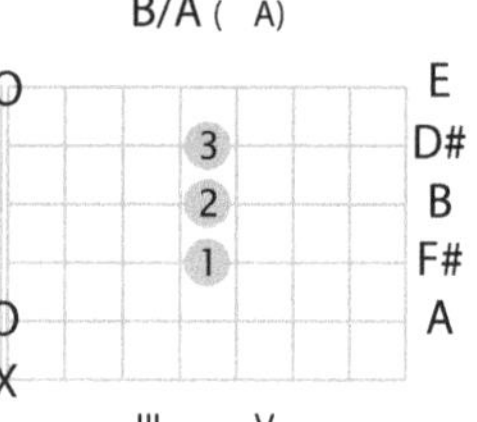

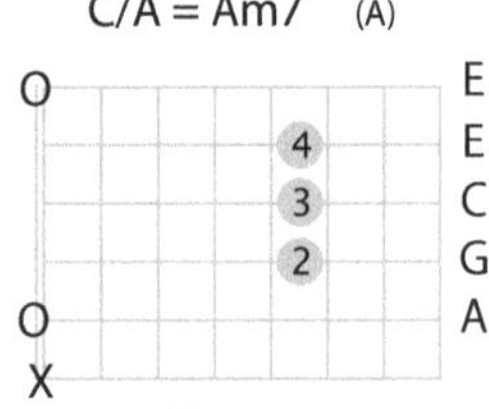

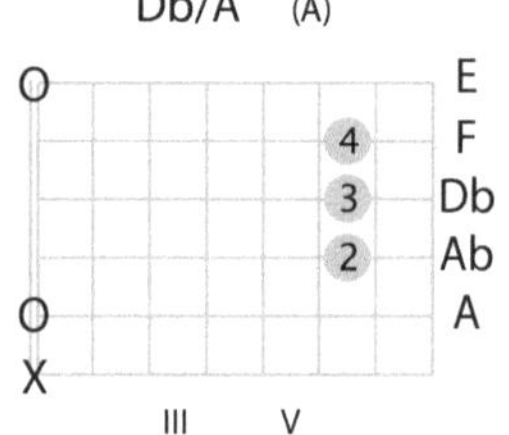

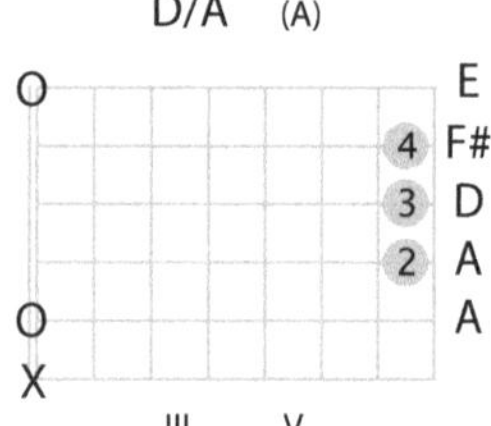

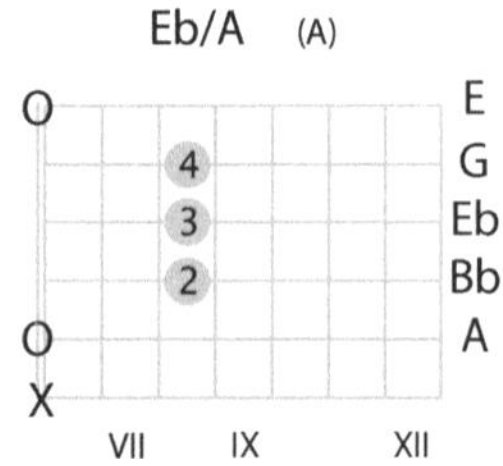

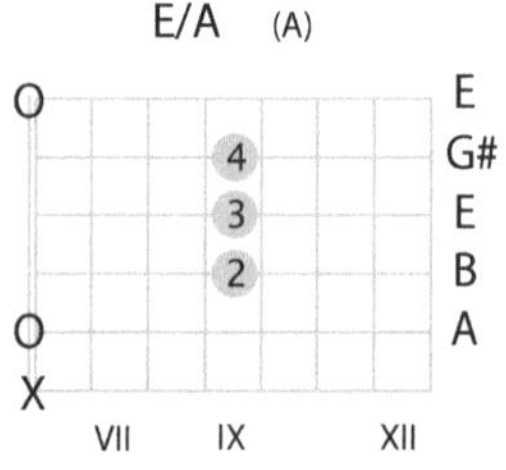

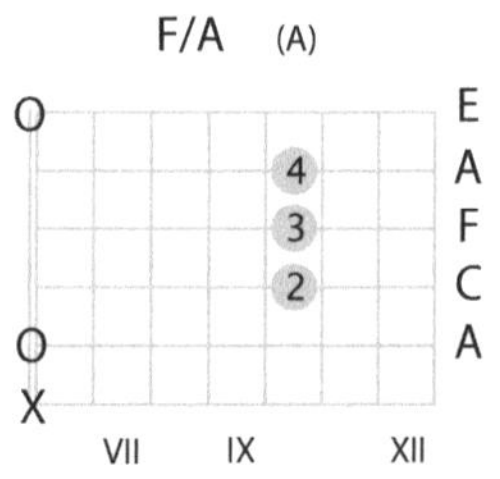

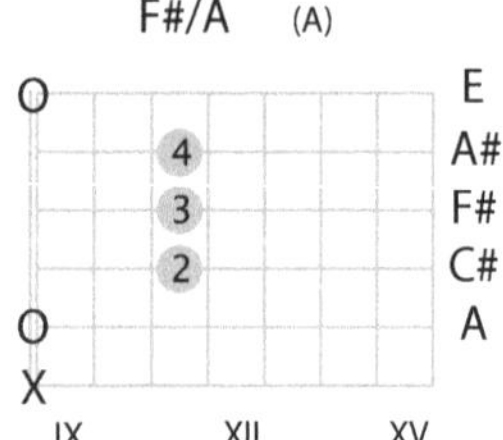

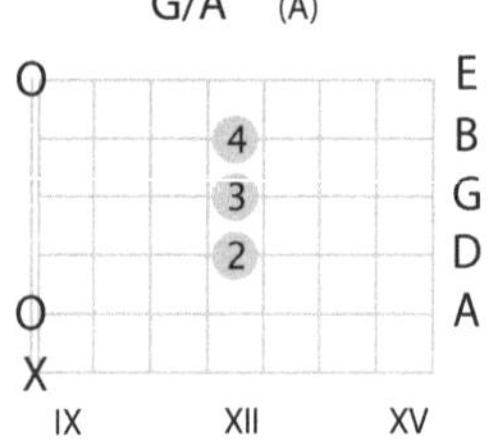

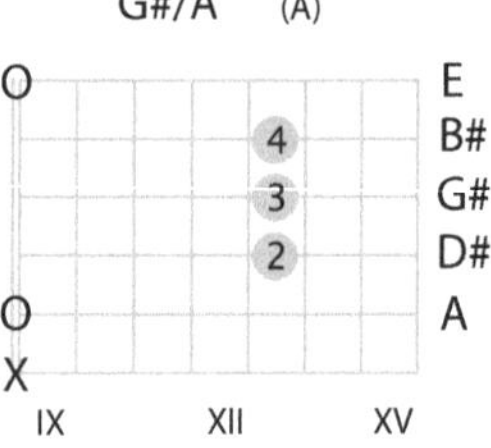

A-Shape offen Fingersatz II – ohne hohe E-Saite

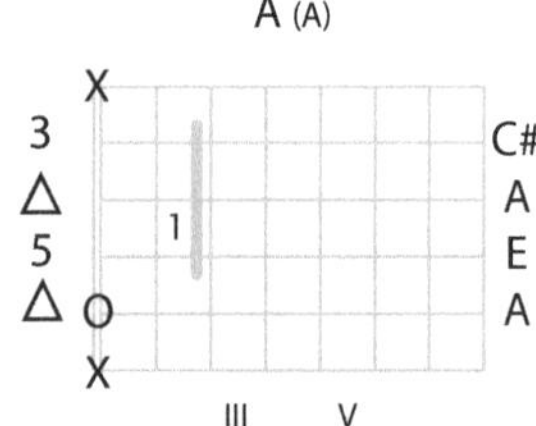

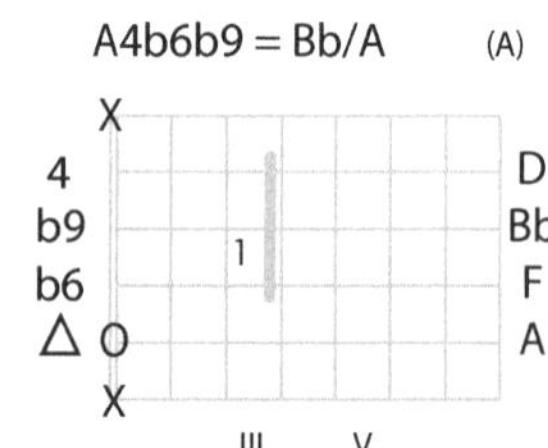

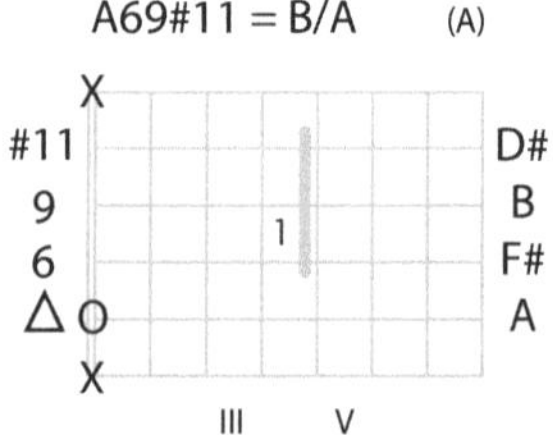

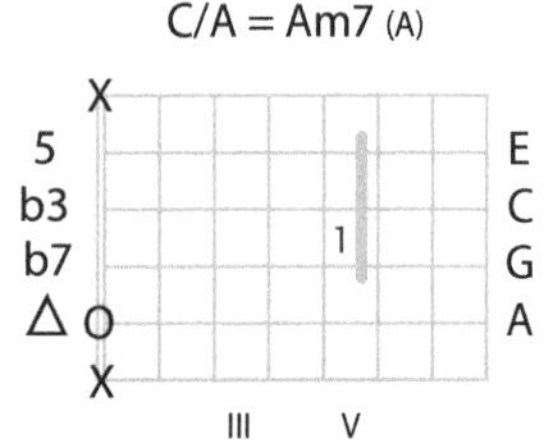

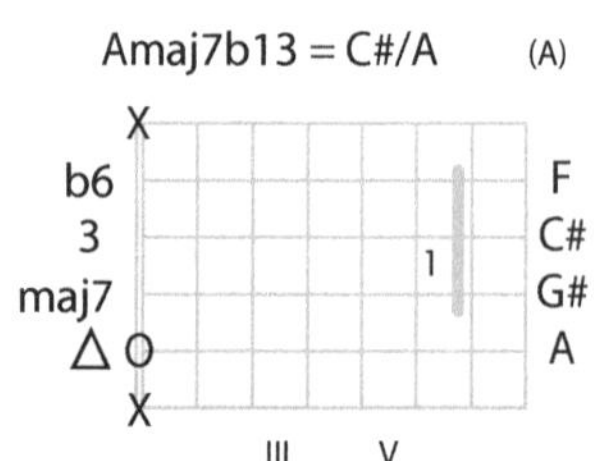

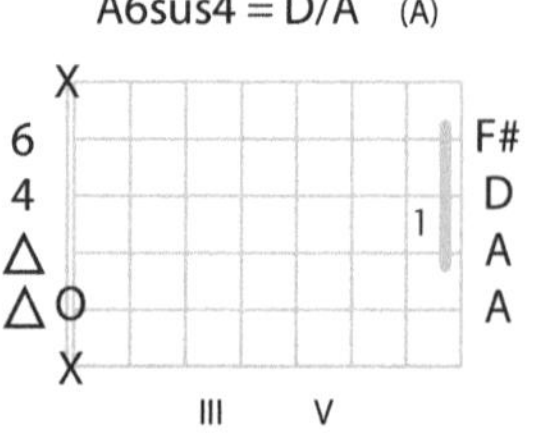

A-Shape offen Fingersatz III – Inverted Powerchord

A5 (A)

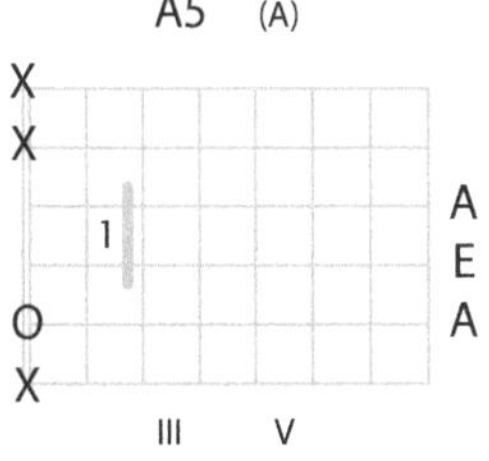

Bb5/A (A)

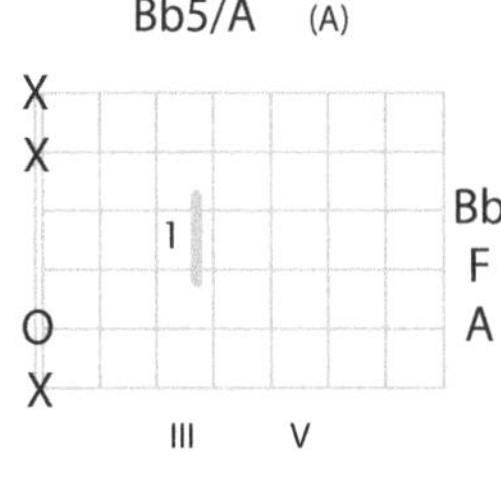

B5/A (A)

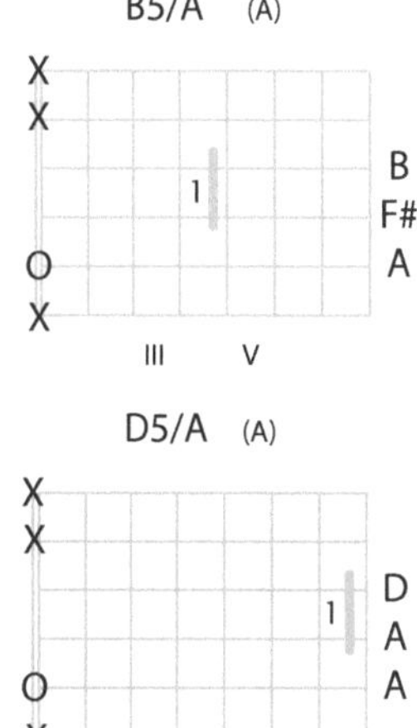

C5/A = Am7 (A)

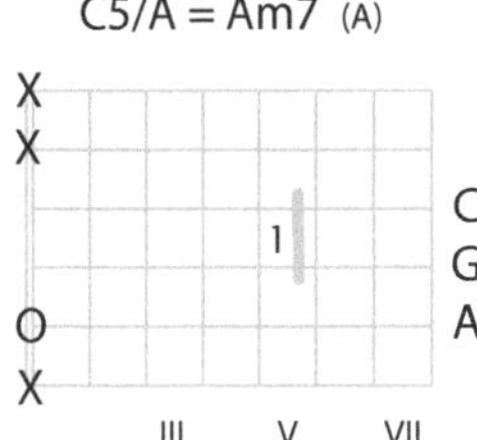

C#5/A (A)

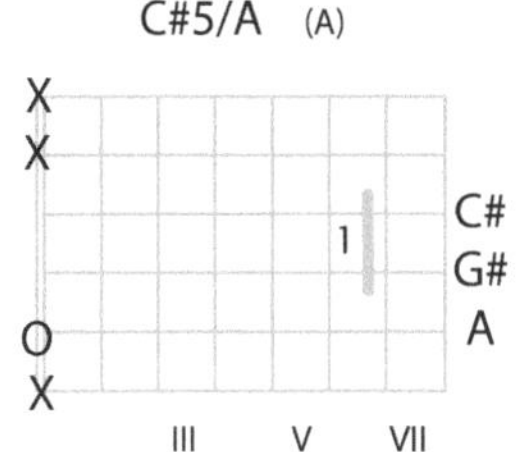

G-Shape offen – Fingersatz I

G (G)

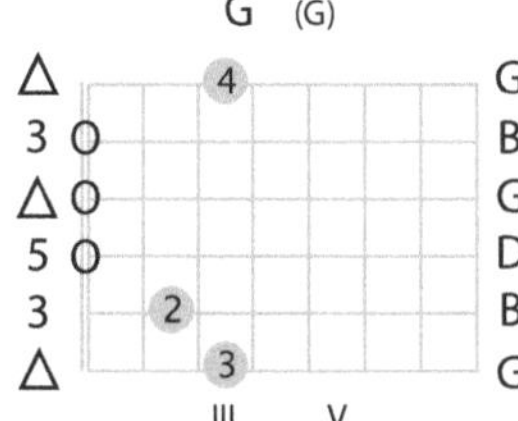

Abmaj7#9#11 (G)

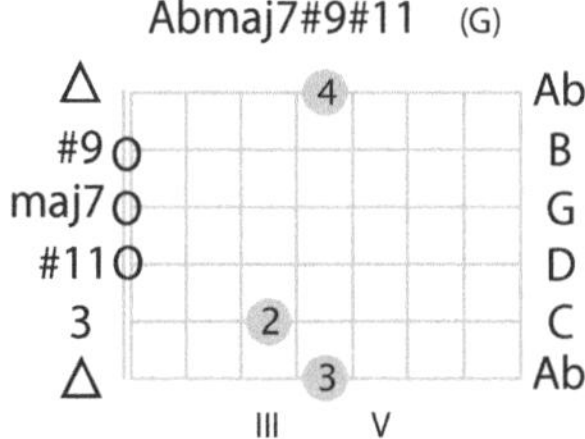

A79add4 (G)

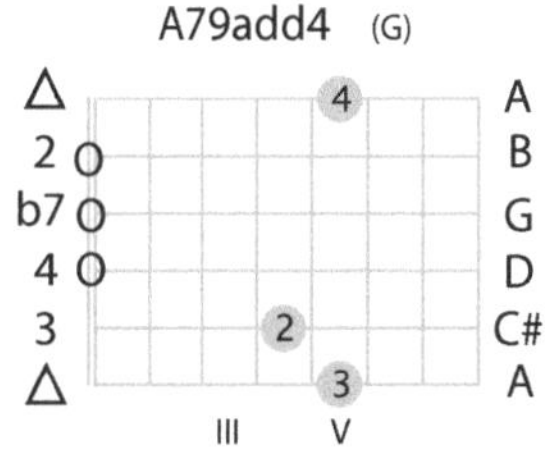

Bb 6b2 (G)

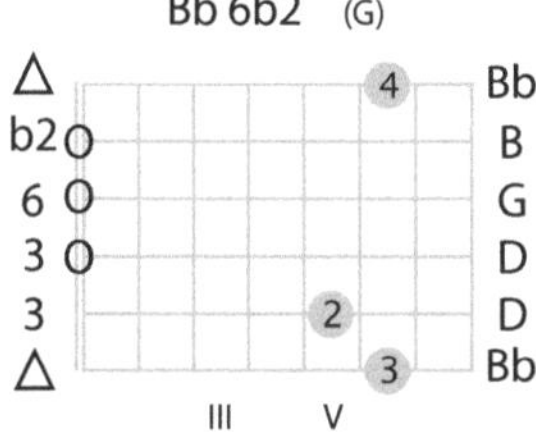

B #9b6 (G)

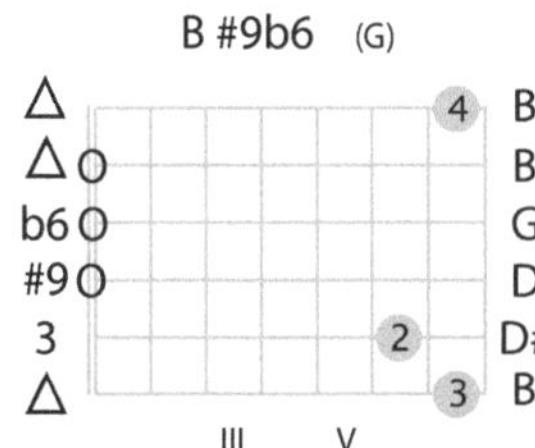

Cmaj79 (G)

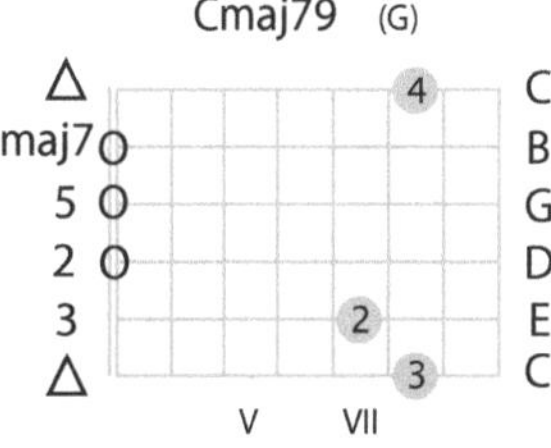

G-Shape offen – Fingersatz II

G-Dur - Fingersatz II
G-Shape

Verschieben um einen Bund

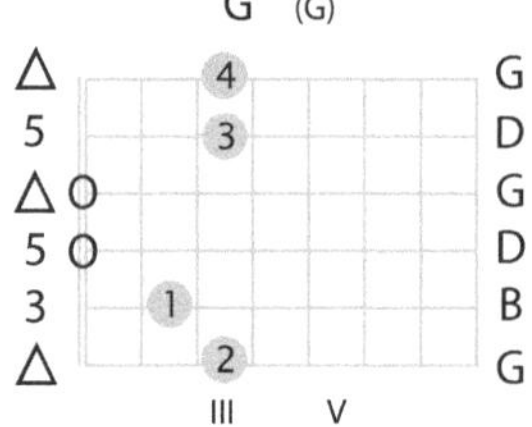

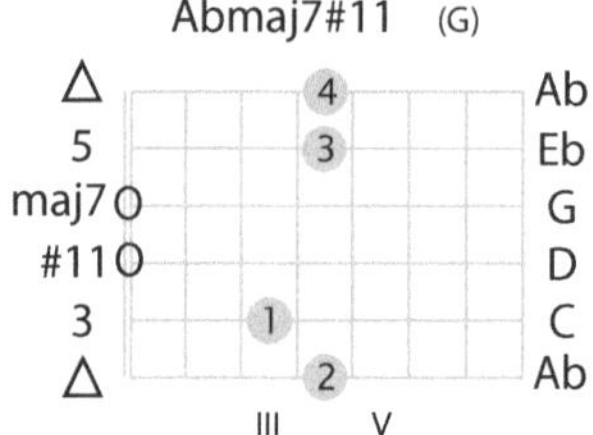

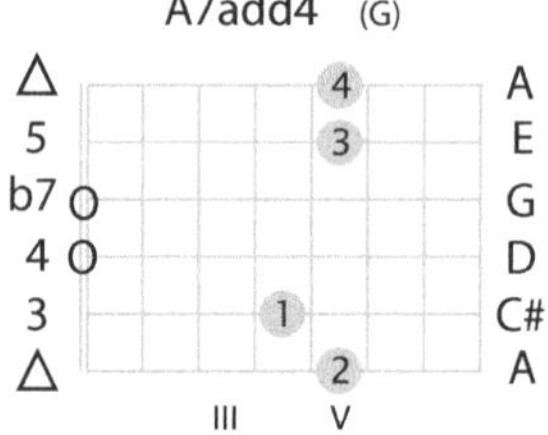

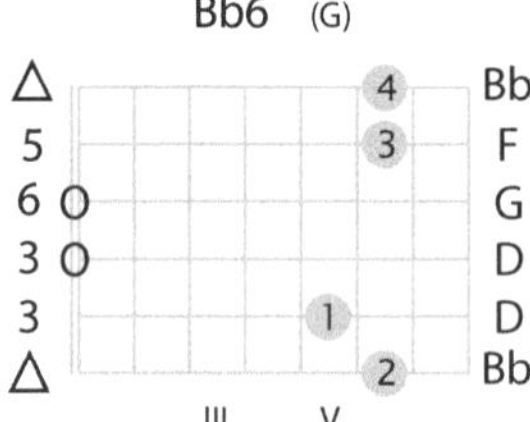

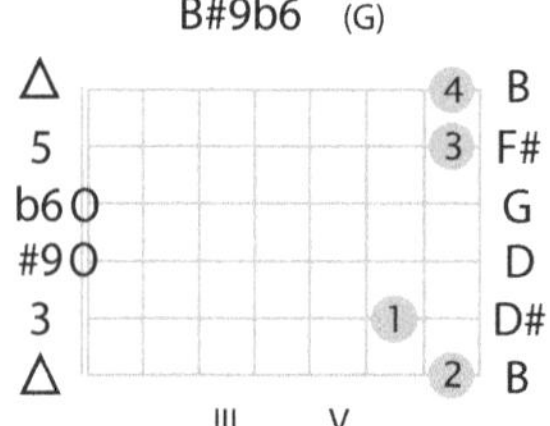

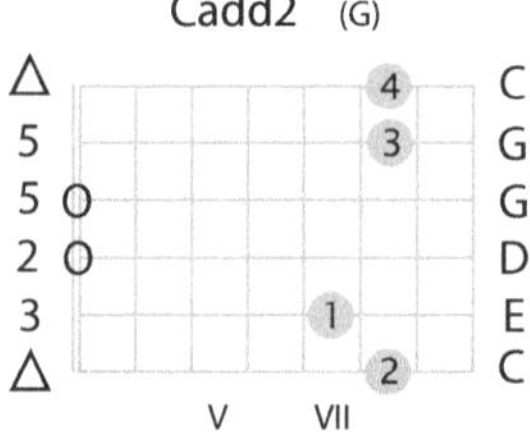

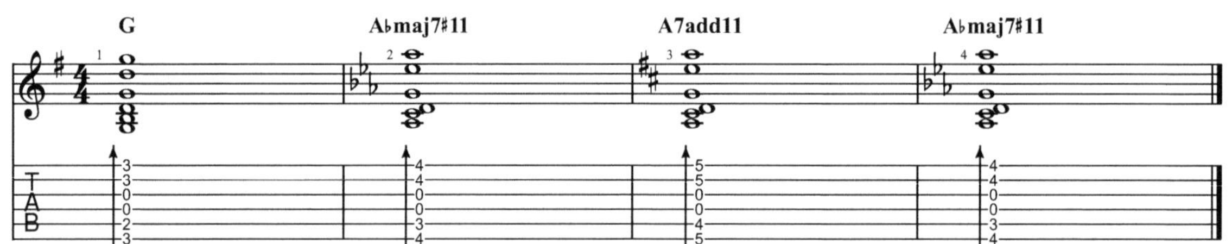

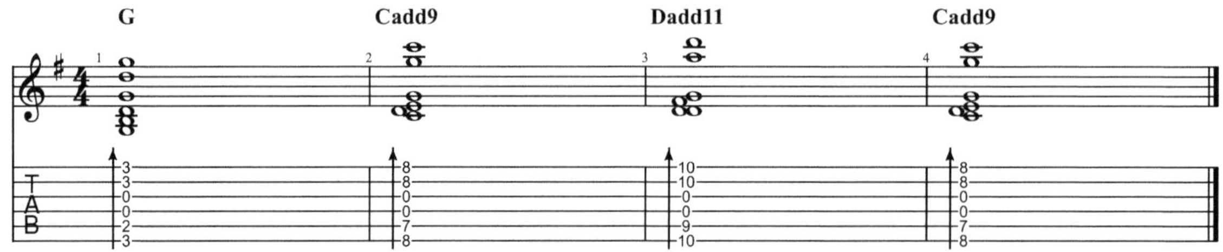

Lernen der E-Saite

Die Orientierung des G-Shapes ist die G- und E-Saite. Da die G-Saite nicht verschoben wird, lernen wir die E-Saite.

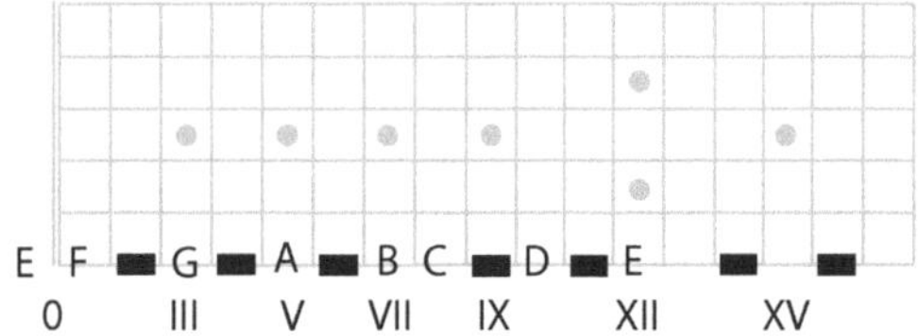

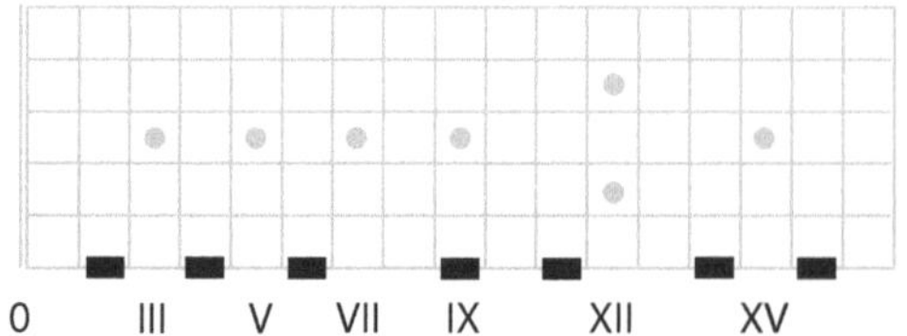

G-Shape offen – Fingersatz I

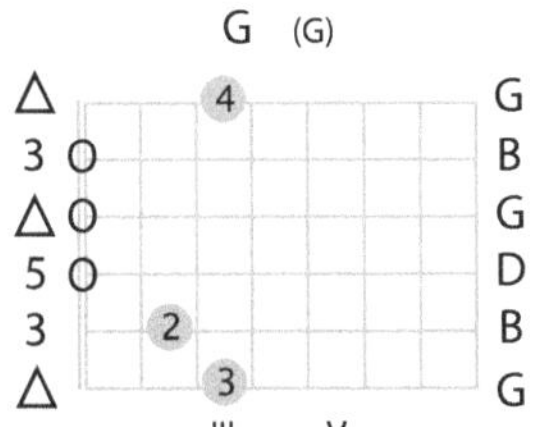

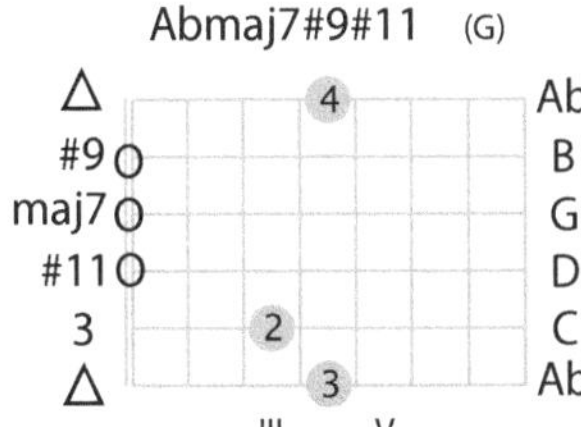

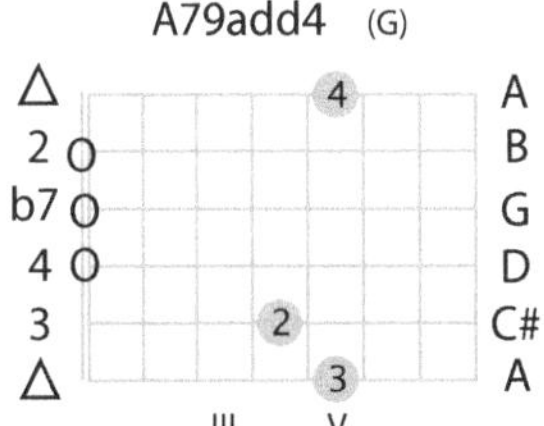

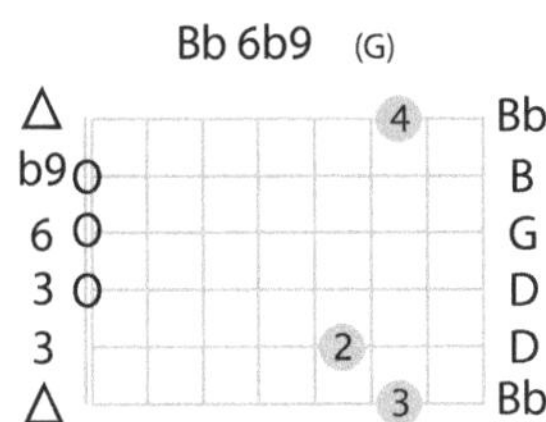

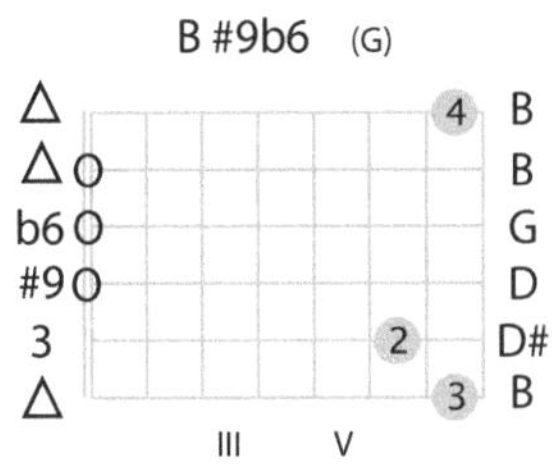

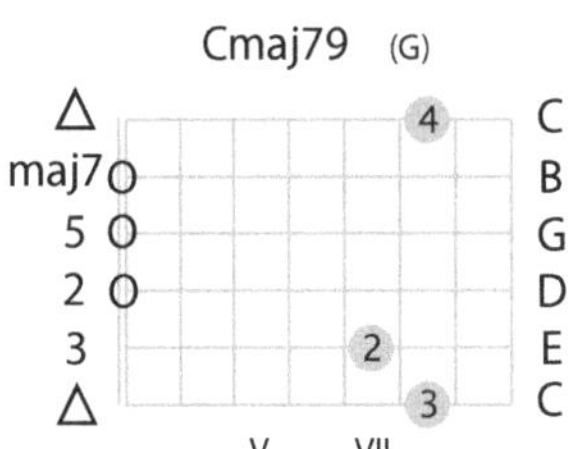

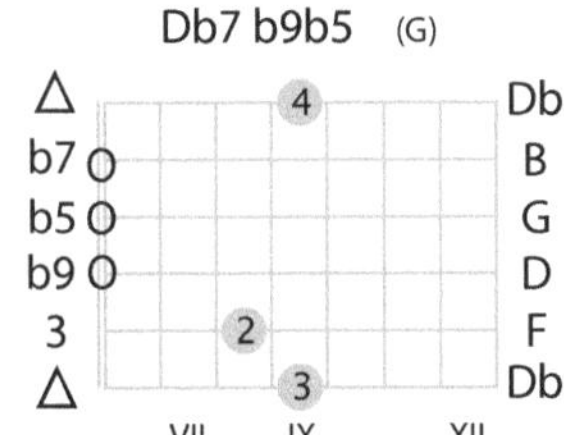

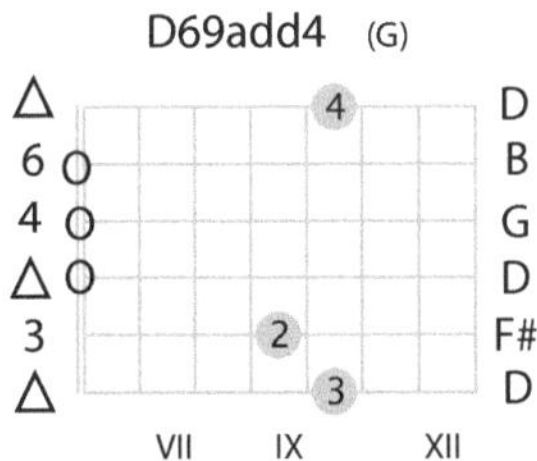

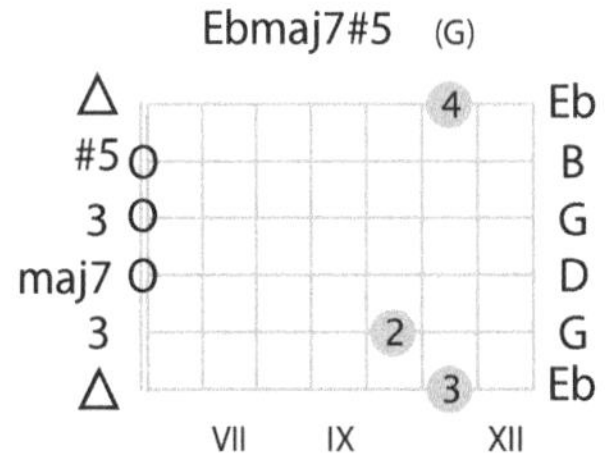

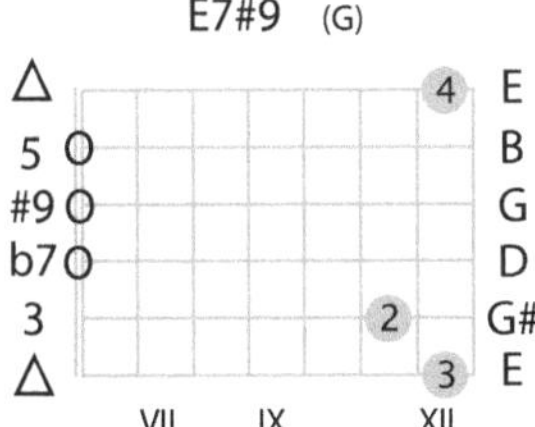

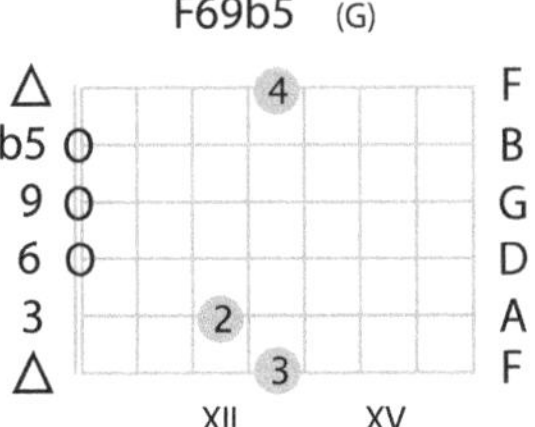

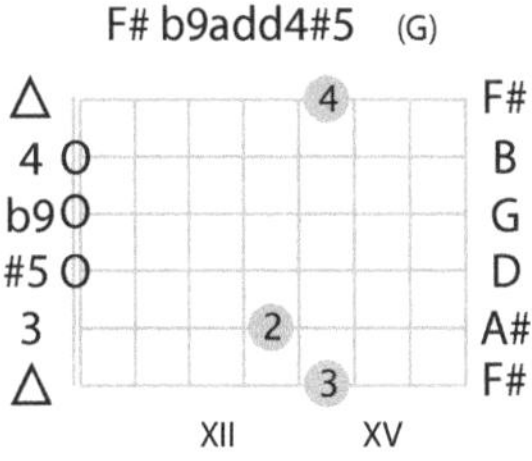

G-Shape offen – Fingersatz II

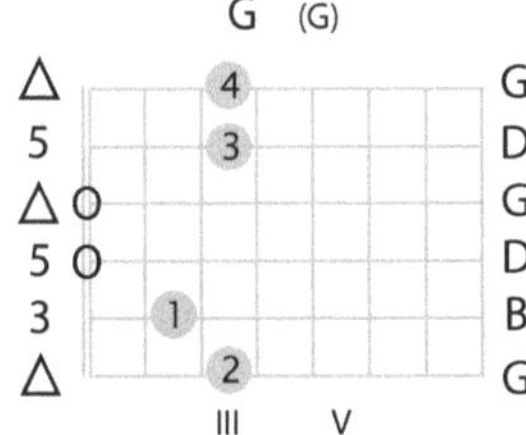

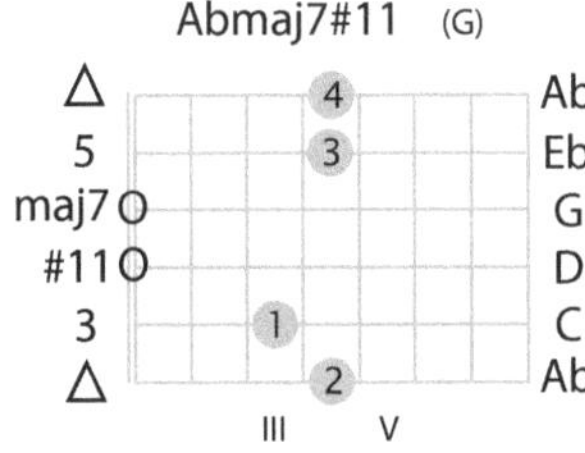

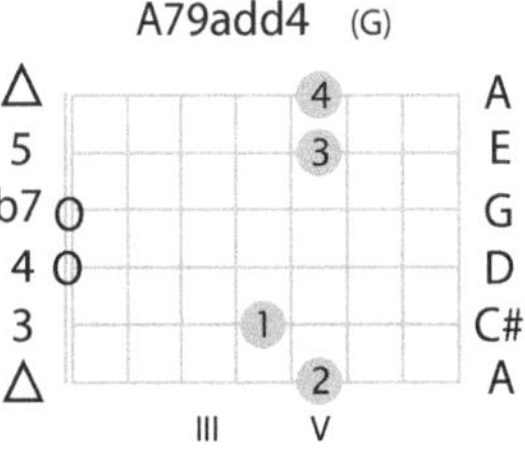

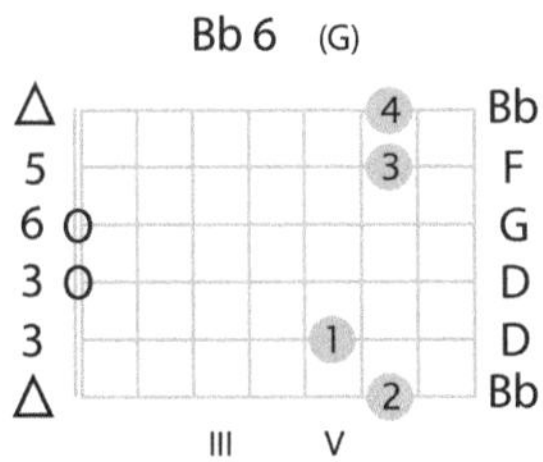

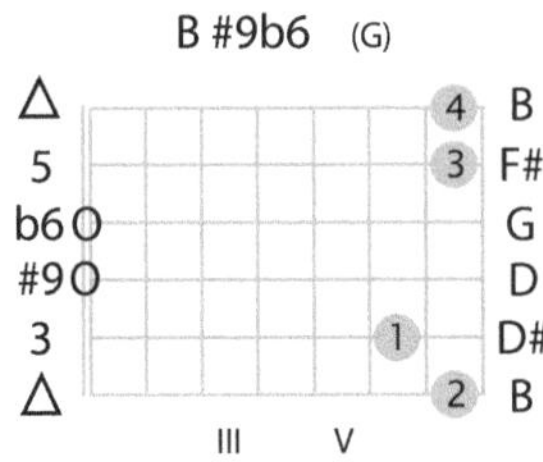

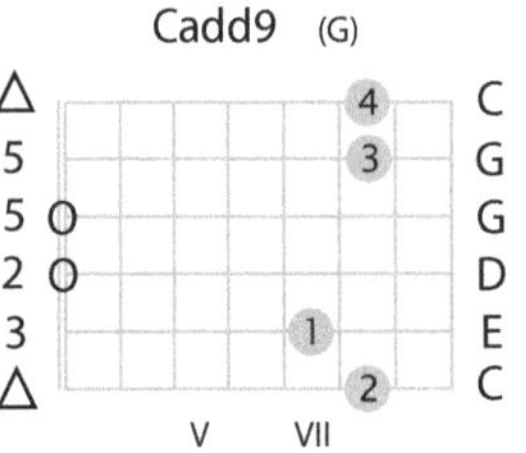

E-Shape offen

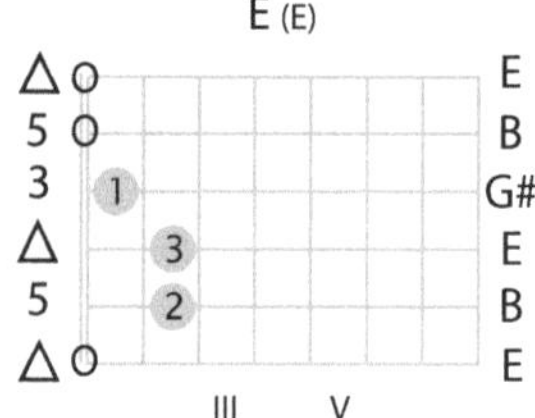

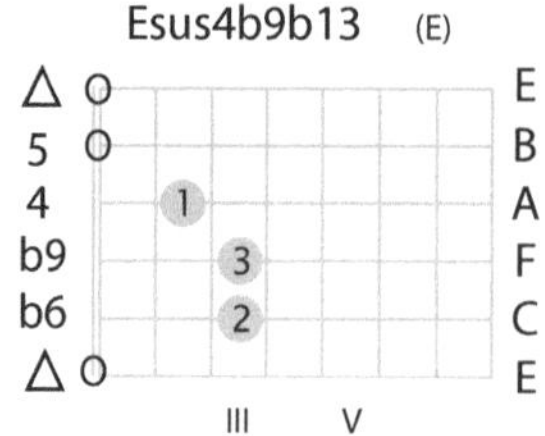

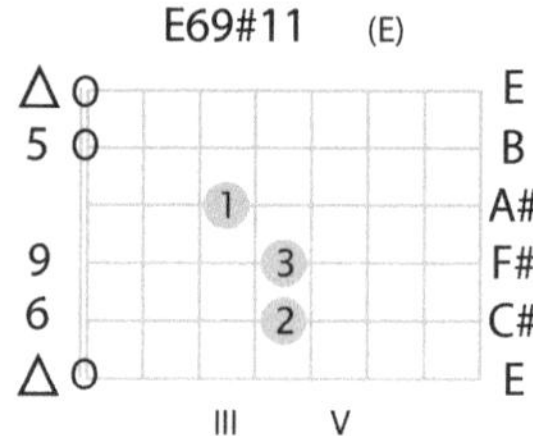

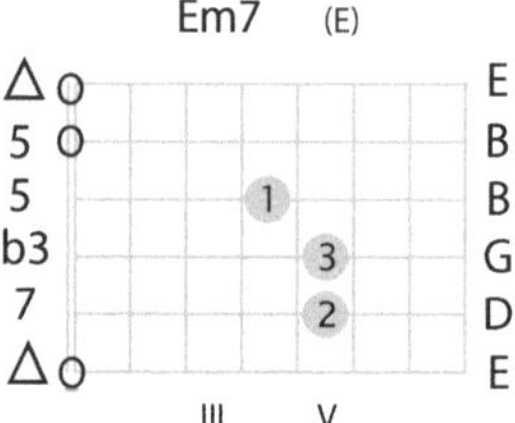

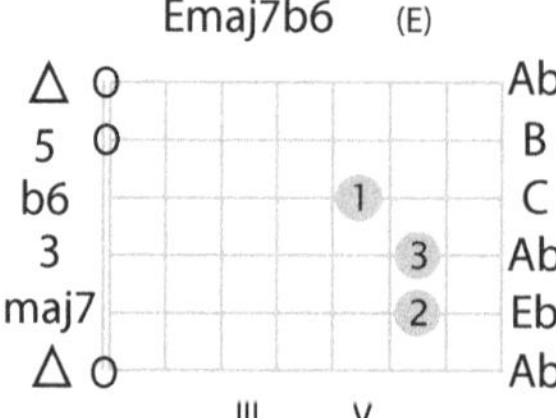

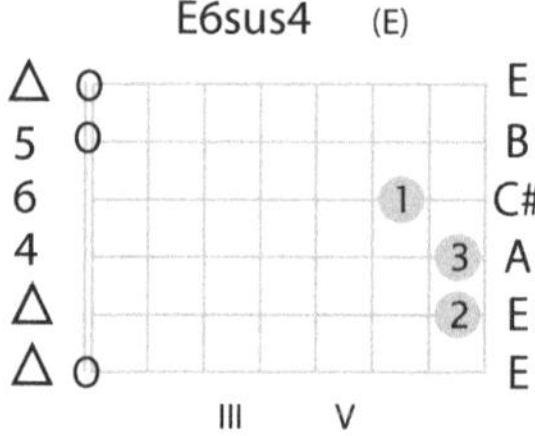

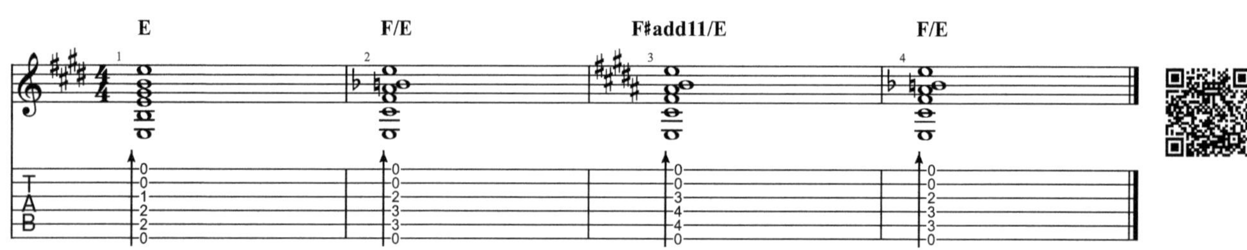

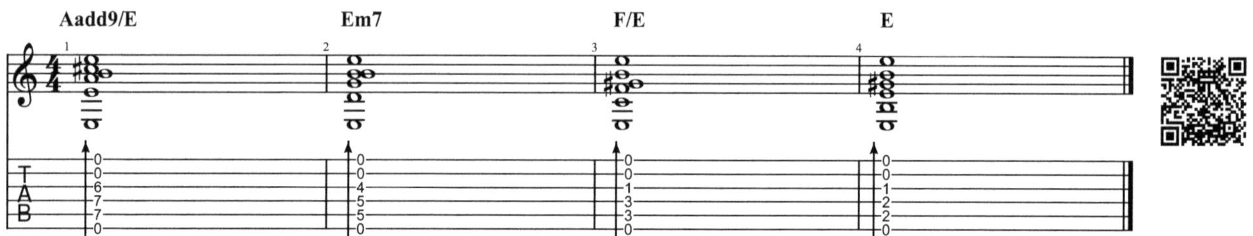

Lernen der D-Saite

Der E-Shape orientiert sich an der E- und der D-Saite. Da die E-Saite offen gespielt wird, lernen wir die D-Saite.

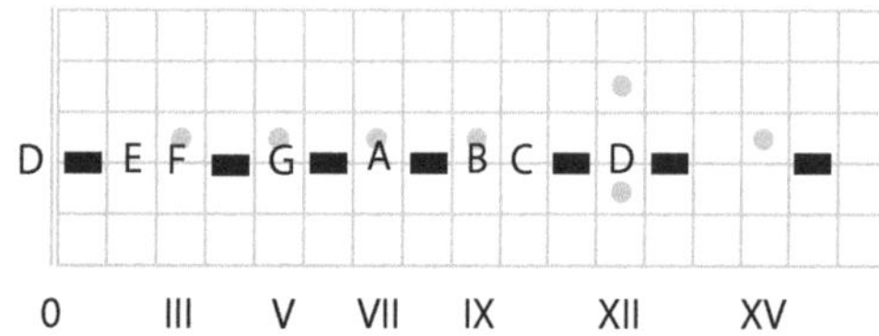

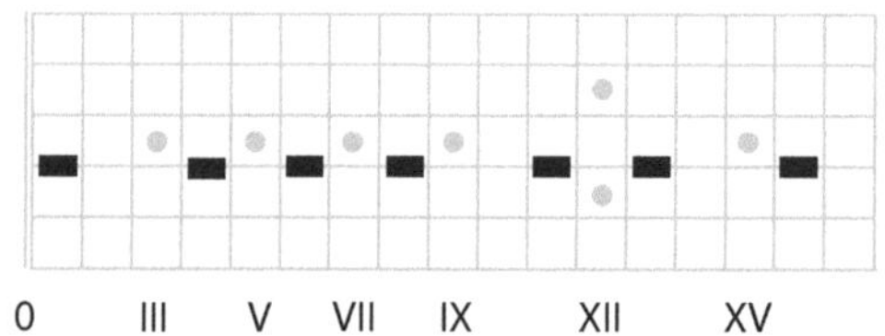

E-Shape offen

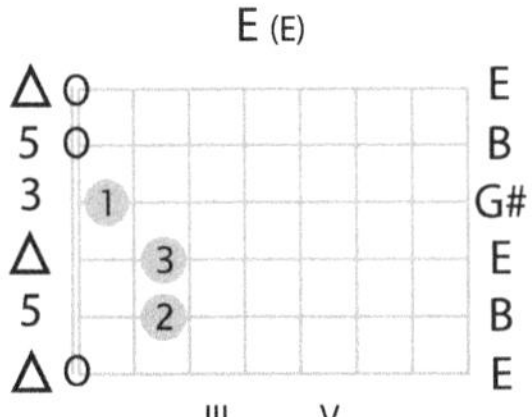

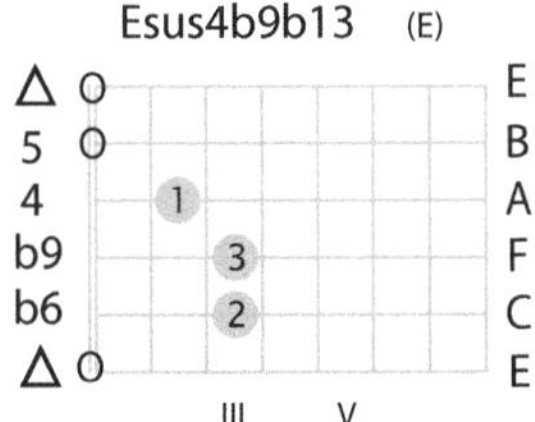

E69#11 (E)
△ 5 #11 9 6 △
E B A# F# C# E
III V

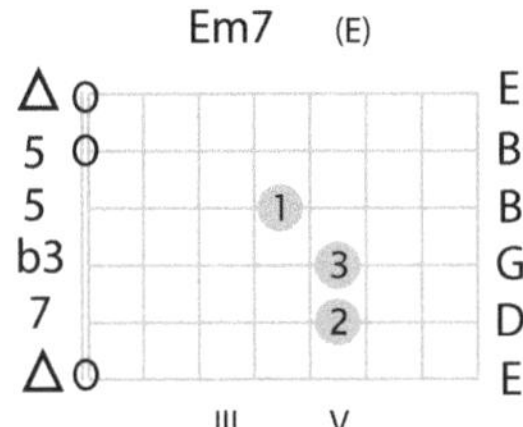

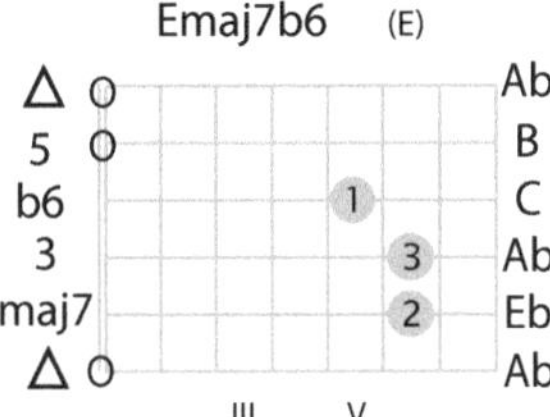

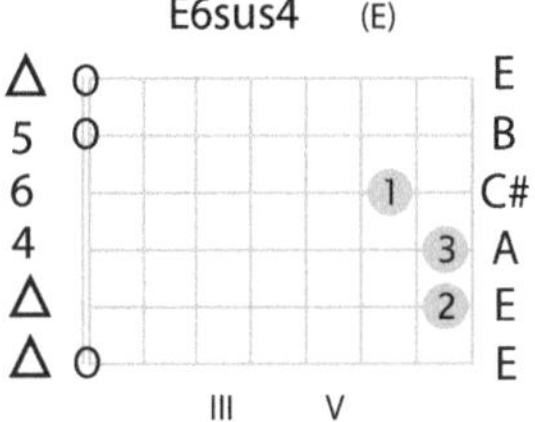

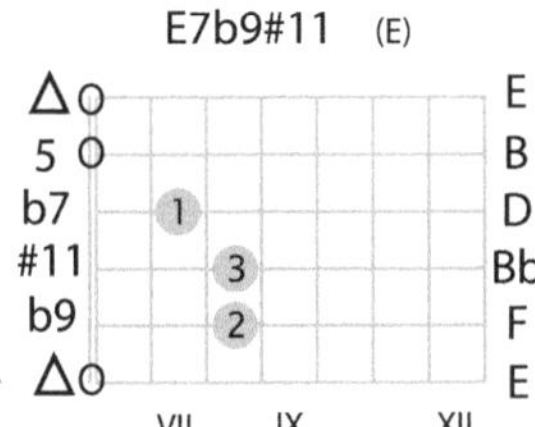

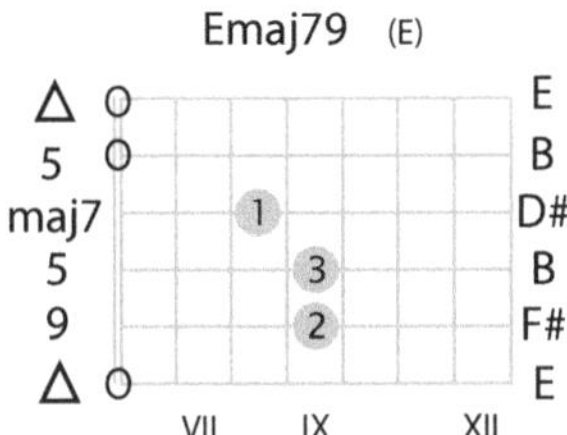

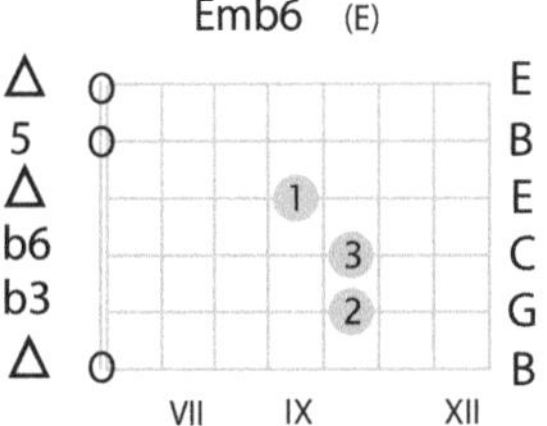

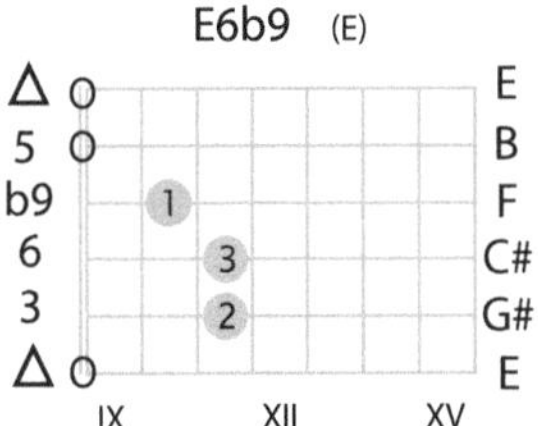

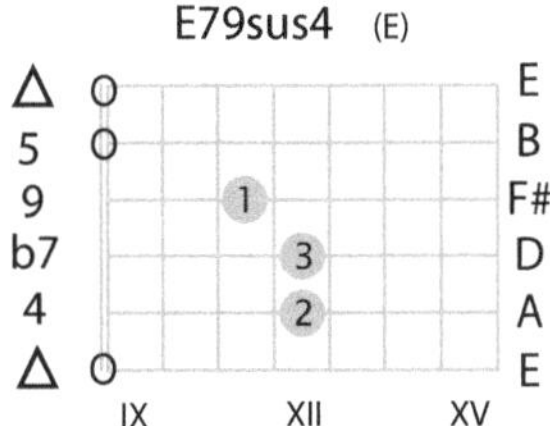

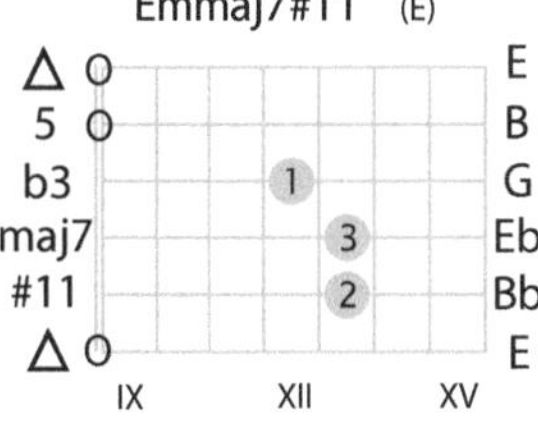

D-Shape offen

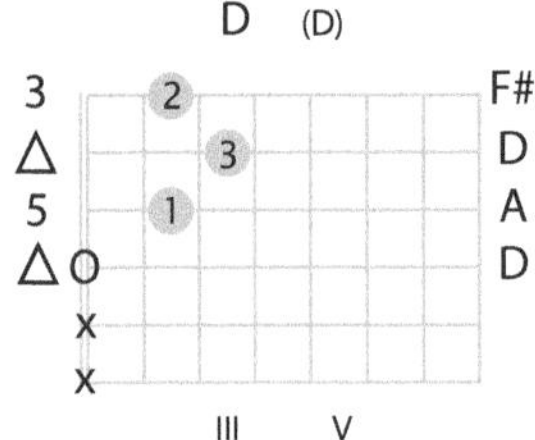

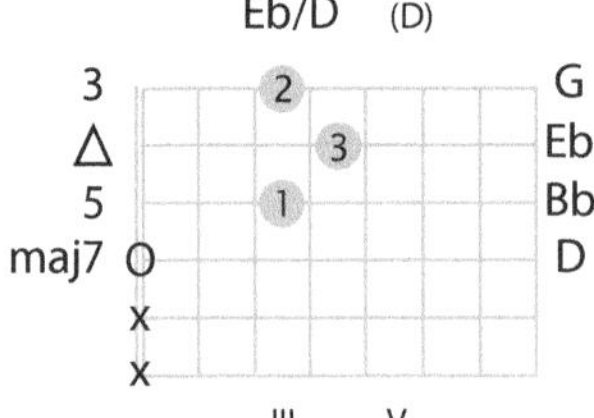

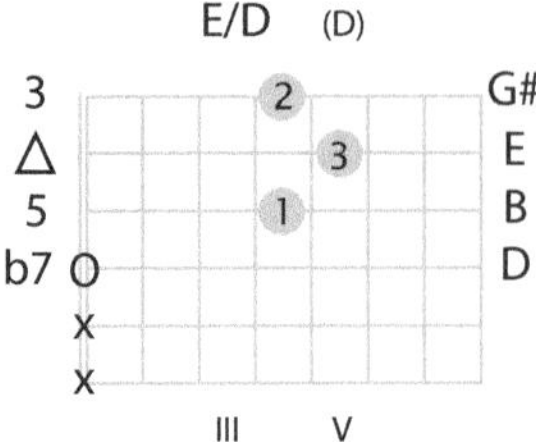

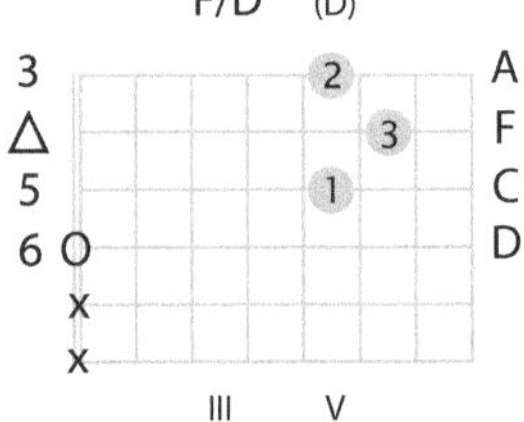

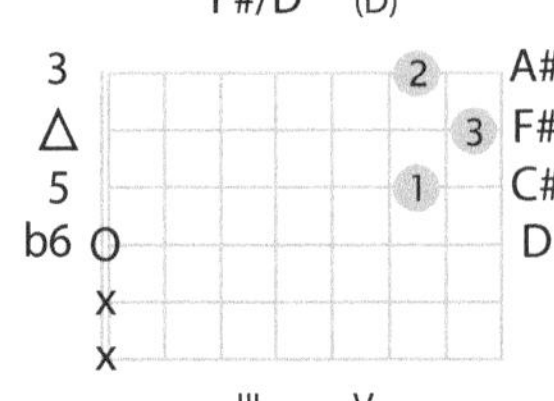

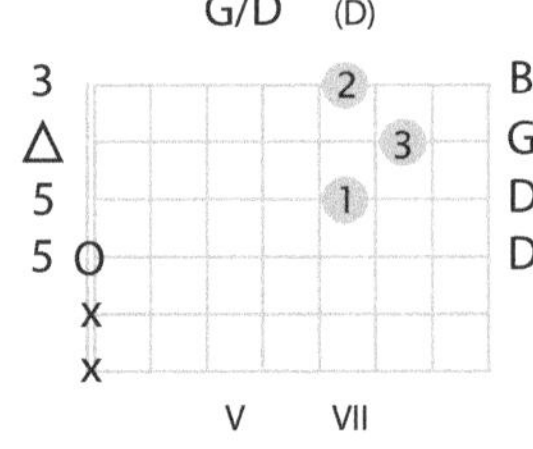

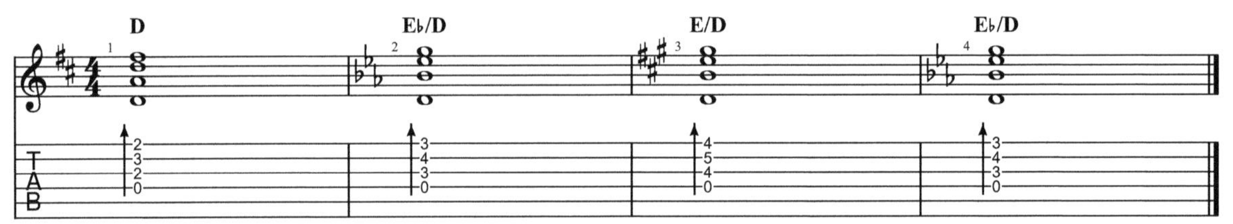

Lernen der B-Saite

Die Orientierung des D-Shapes ist die D-Saite oder die B-Saite. Da die D-Saite offen gespielt wird, orientiert man sich an der B-Saite.

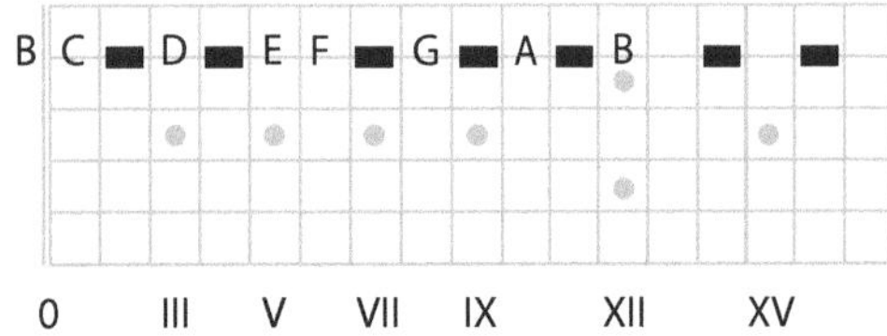

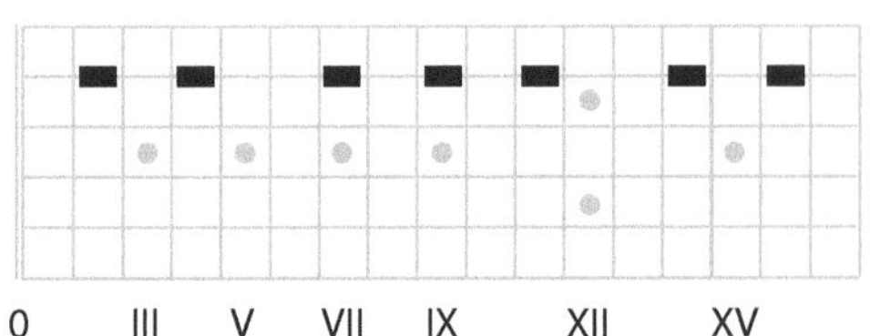

D-Shape offen

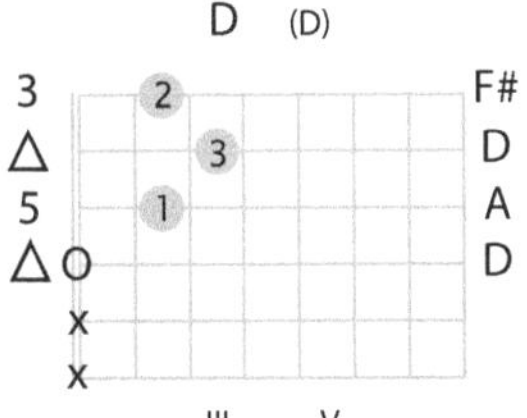

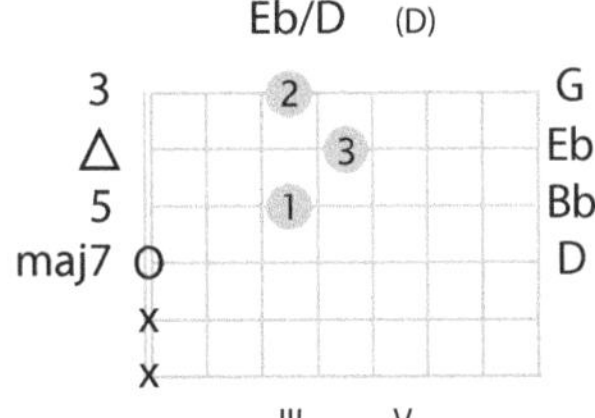

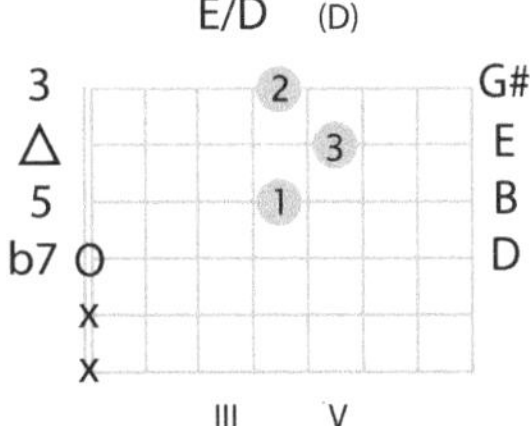

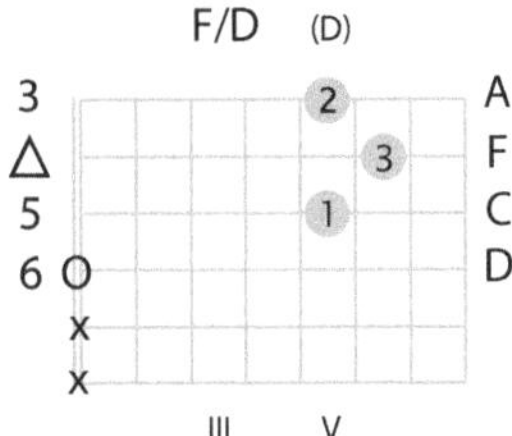

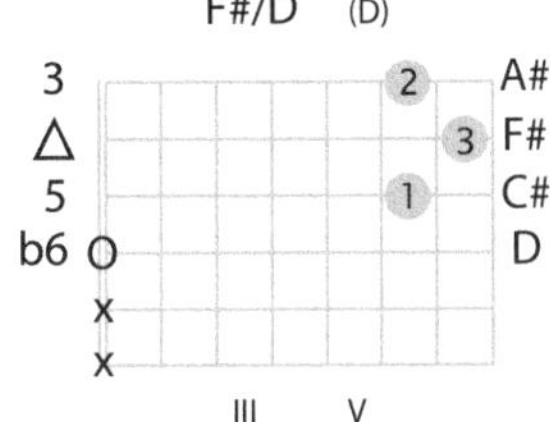

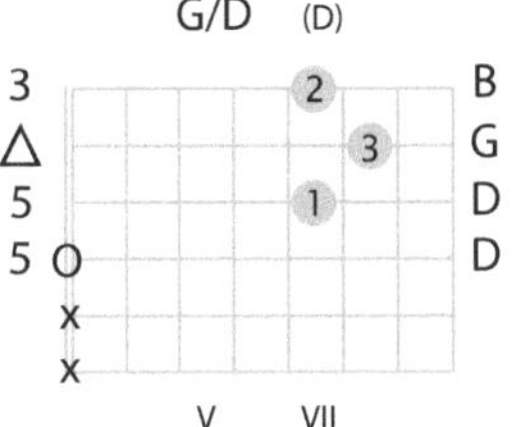

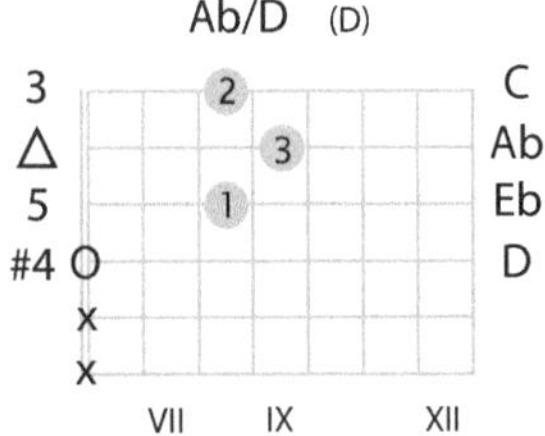

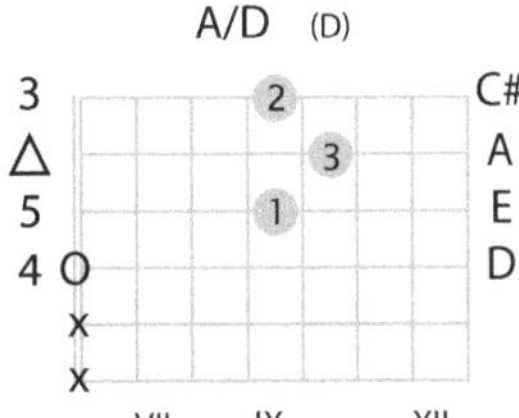

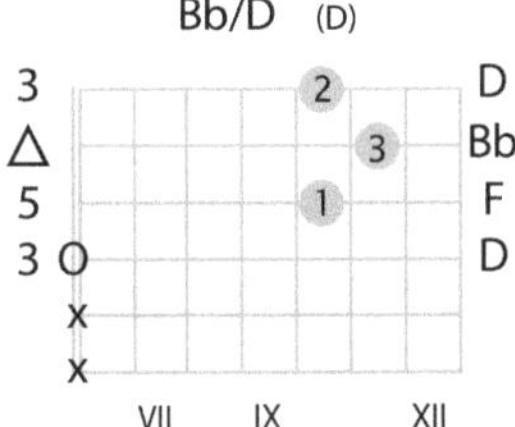

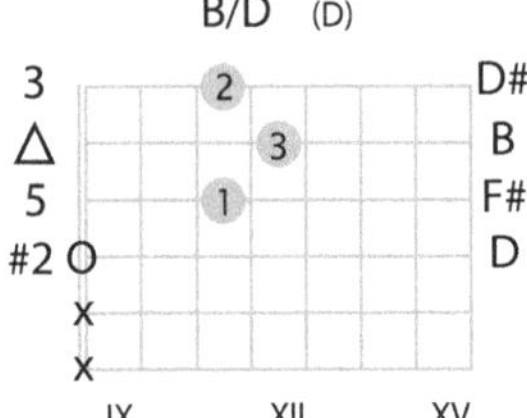

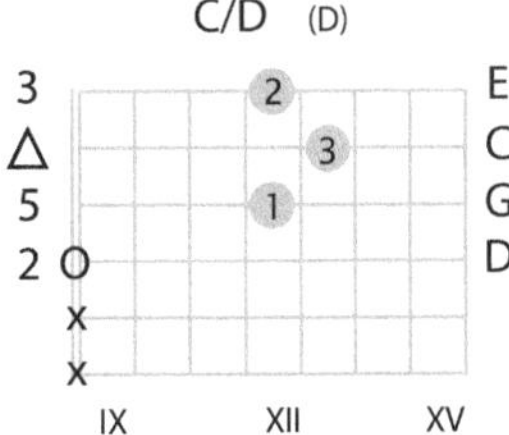

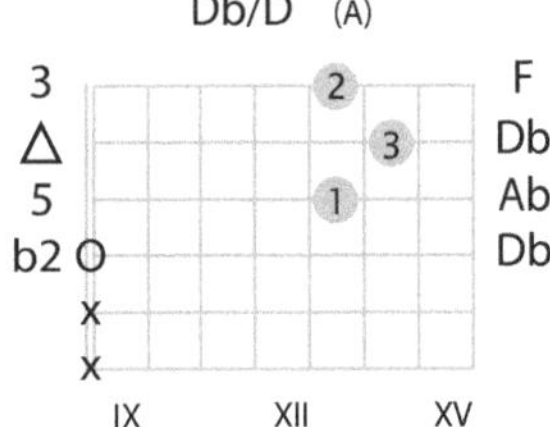

4. Shapes verschieben – Barré Akkorde

C-Shape verschieben – Barré Akkord – Fingersatz I

C-Dur Akkord – Fingersatz I

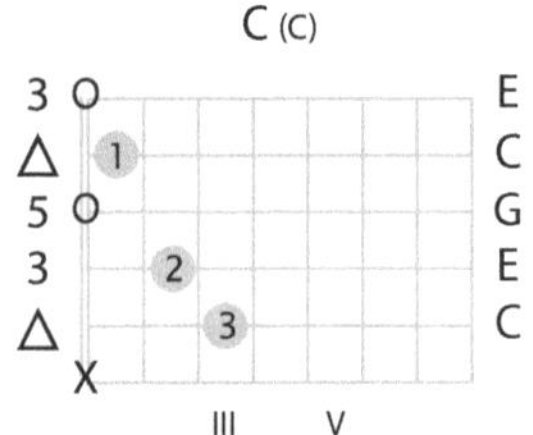

Finger tauschen

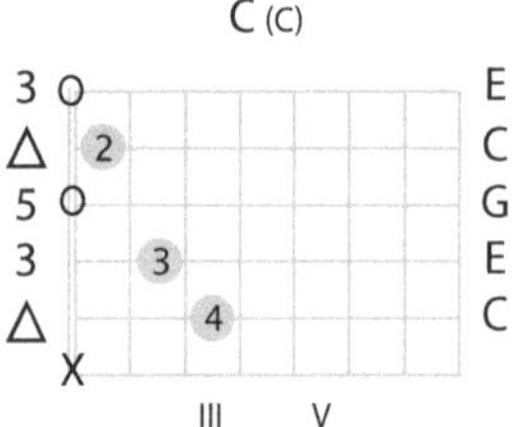

Verschieben des Griffs

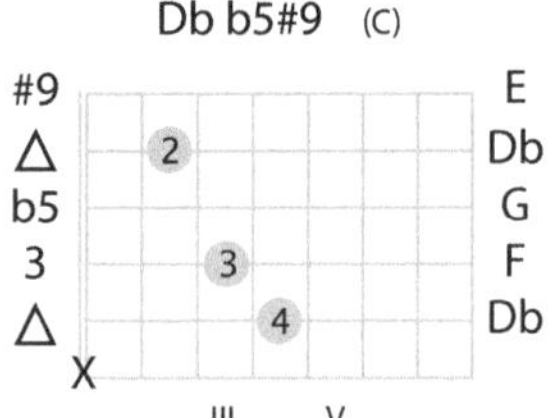

Zuerst den Basic Griff/ Shape greifen.

Um eine verschiebbare Form zu erhalten, müssen die Finger getauscht werden (siehe Grafik). Der Zeigefinger kann später den Sattel ersetzen.

verschiebbarer Shape

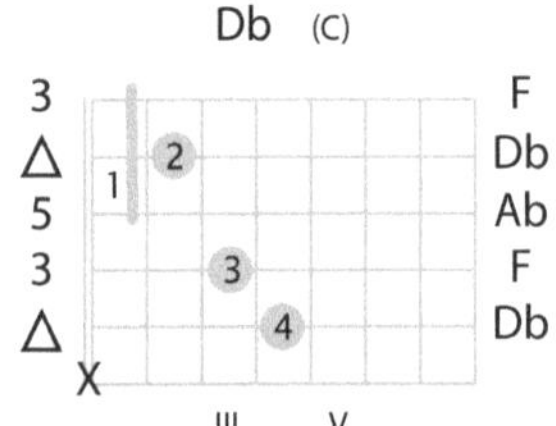

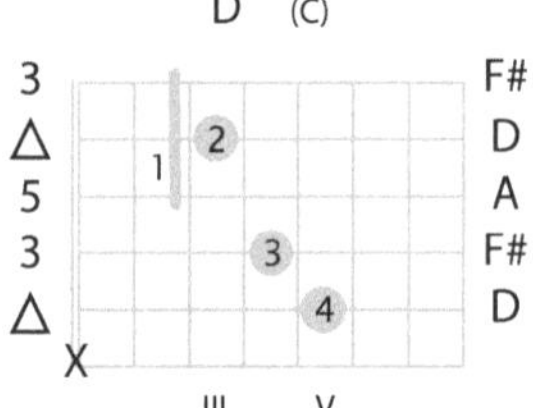

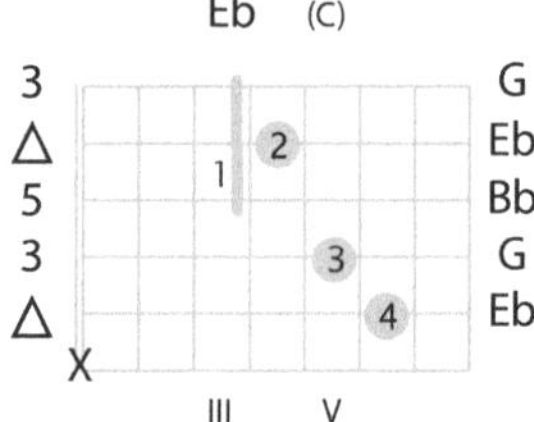

Der Zeigefinger ersetzt nun den Sattel und greift am 1. Bund. Hier muss man den Zeigefinger nicht über alle 6 Saiten legen.

/: C / C :/ wechseln der Finger (siehe oben Graphik 1 und 2)

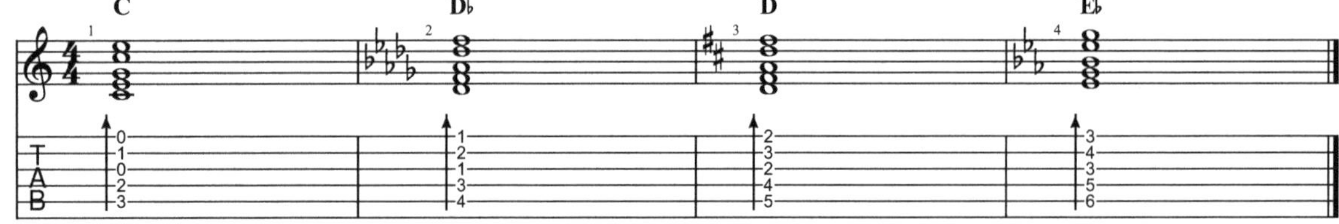

Lernen der B-Saite

Die Orientierung des C-Shapes ist die A-Saite oder die B-Saite. Da die A-Saite dem A-Shape zugeordnet ist, orientiert man sich an der B-Saite.

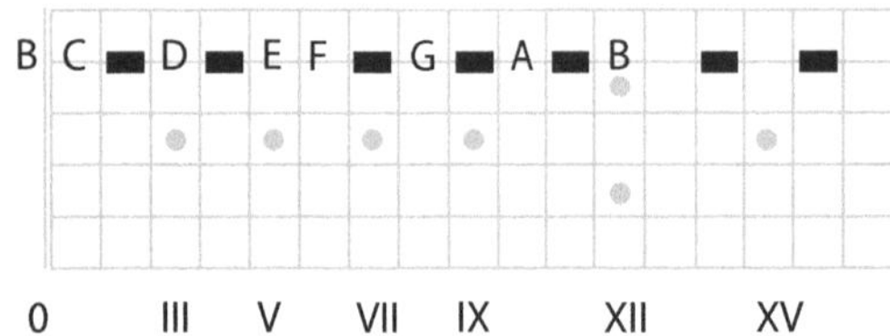

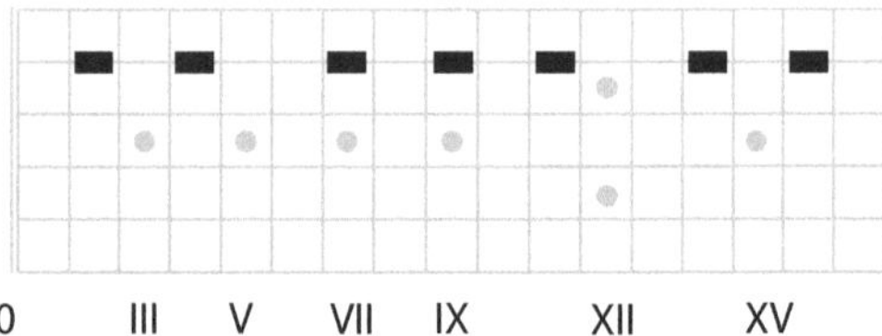

C-Shape verschieben Barré – Fingersatz II

Der C-Shape wird nun ohne A-Saite gespielt. Der kleine Finger greift die Quinte des Akkords.
Deswegen ist die genauere Bezeichnung nun C/E, C mit E im Bass.

C-Dur Akkord – Fingersatz II

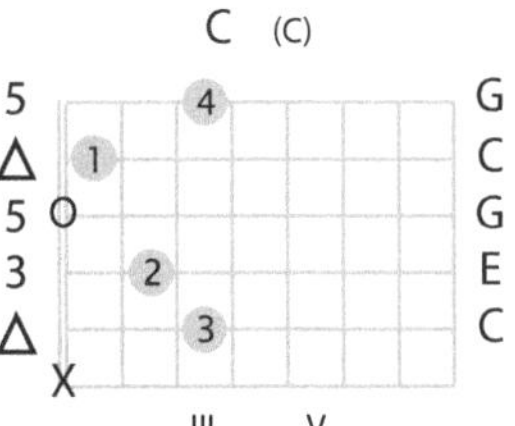

Fingersatz II mit Quinte auf der hohen E-Saite greifen.

Grundton weglassen

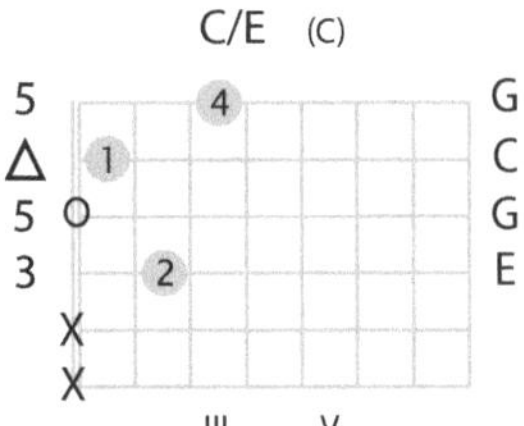

„Finger tauschen"

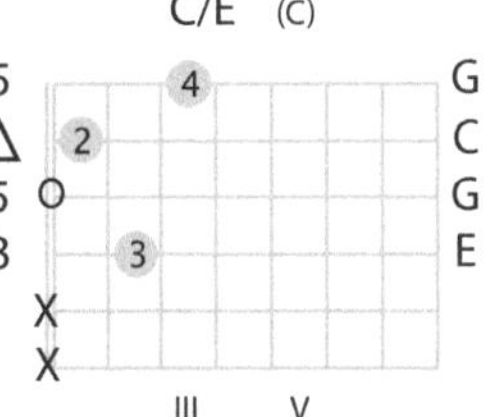

Verschieben des Griffs um einen Bund/Halbton

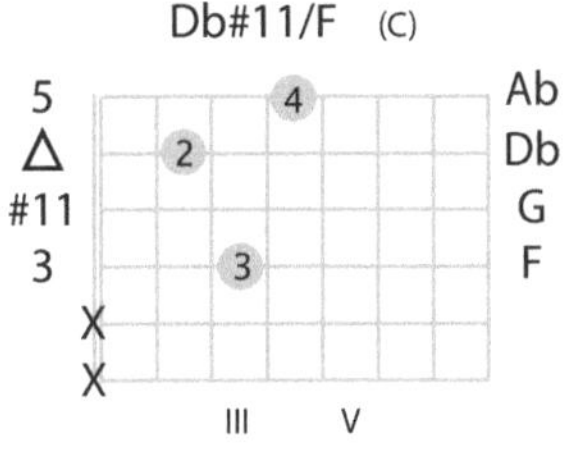

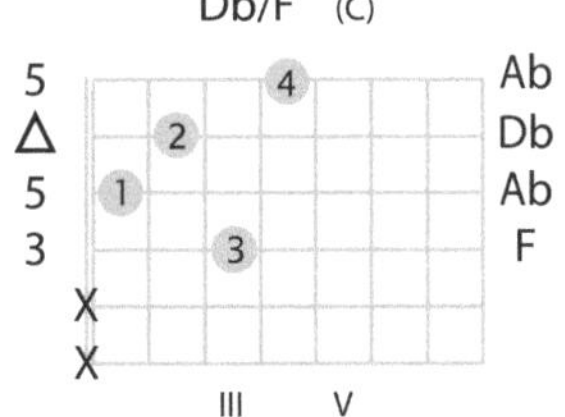

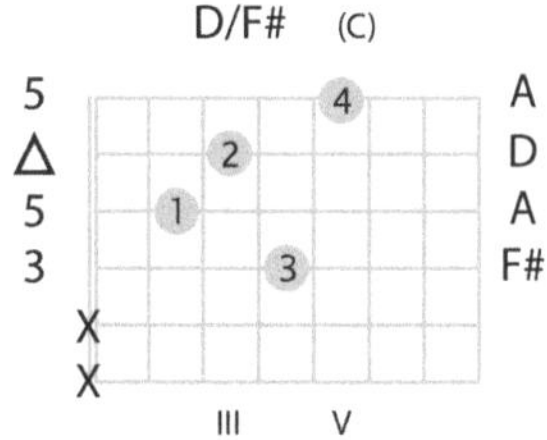

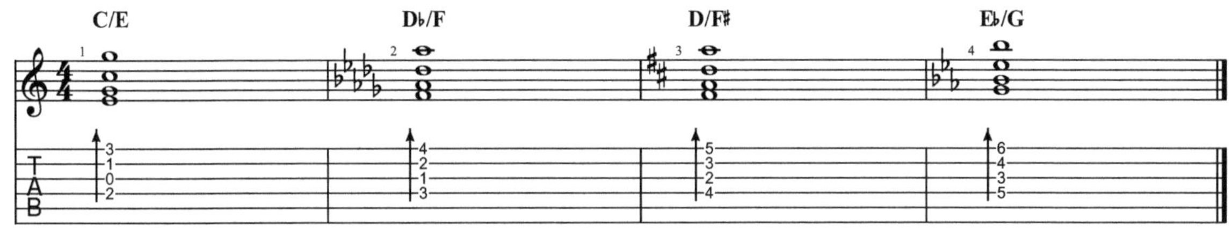

Crazy Train – Randy Rhoads (Ozzy Osbourne)

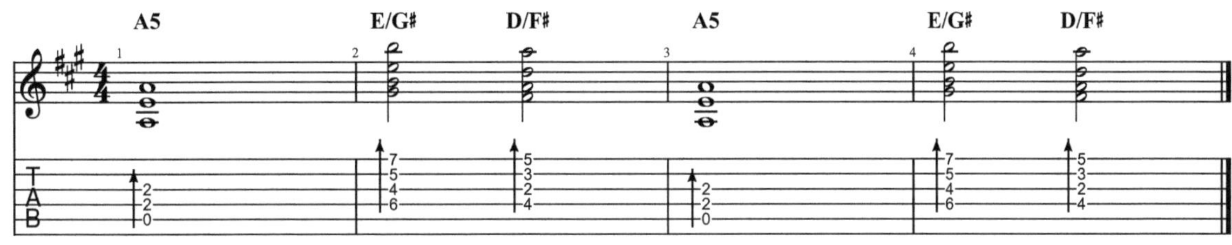

C-Shape verschieben Barré – Fingersatz II

C-Dur-Shape auf den Saiten G D und B. Die A-Saite und beide E-Saiten werden nicht gespielt.

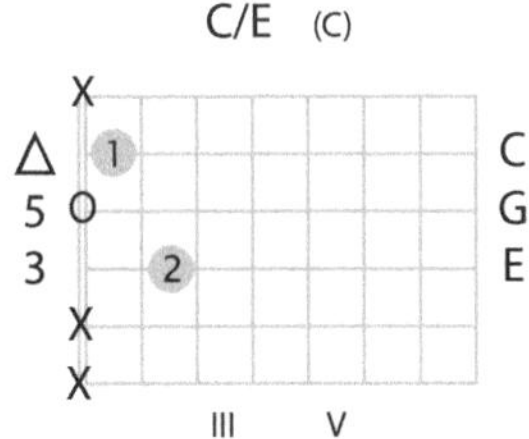

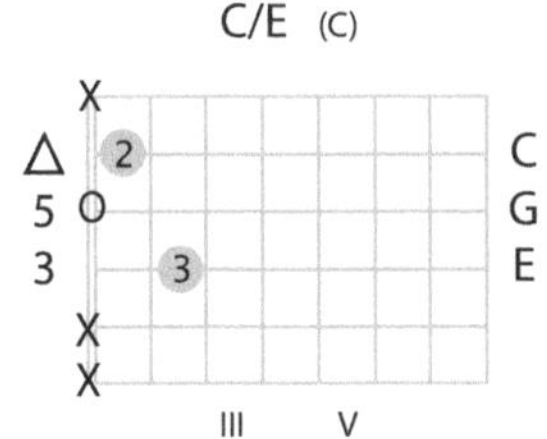

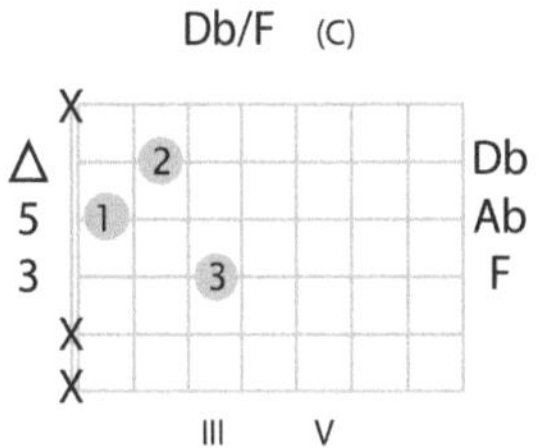

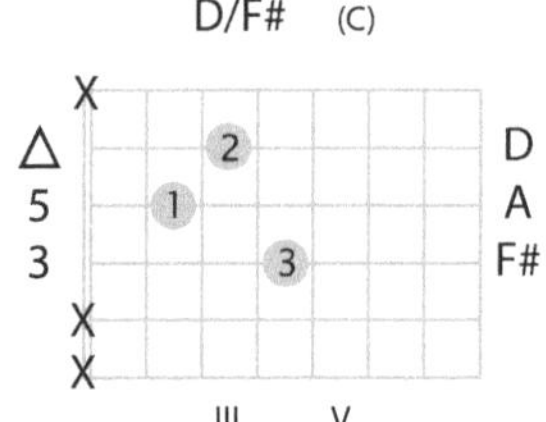

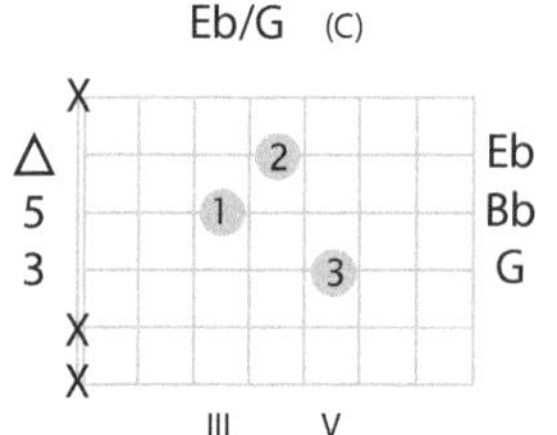

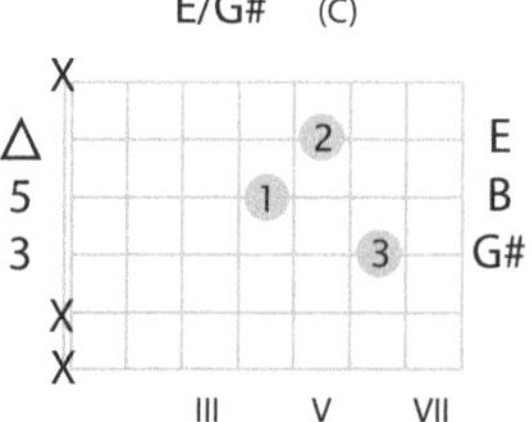

„And The Wind Cries Mary" – Jimi Hendrix

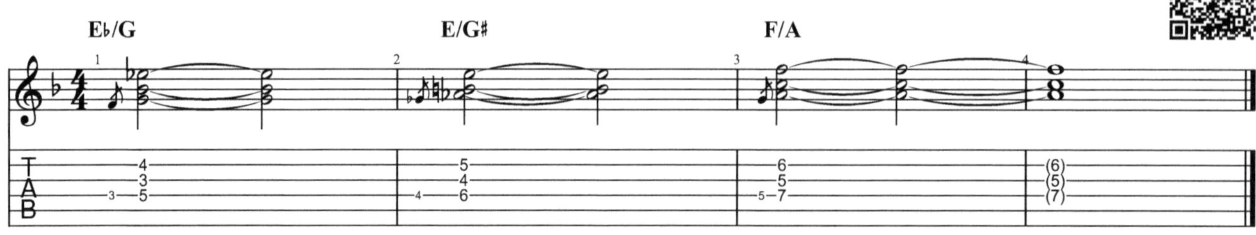

C-Shape Barré – Fingersatz IV - Quinte im Bass

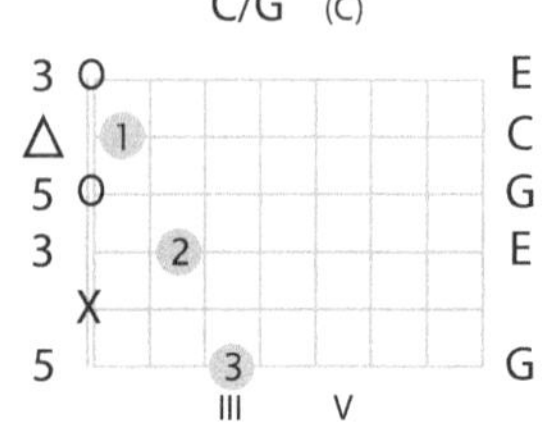

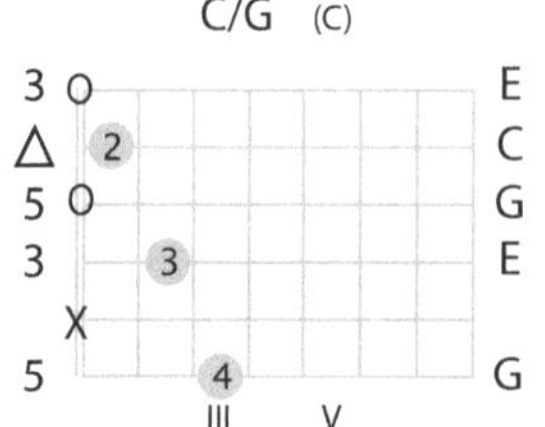

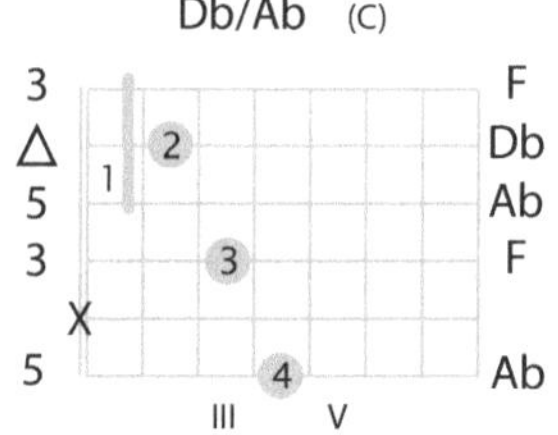

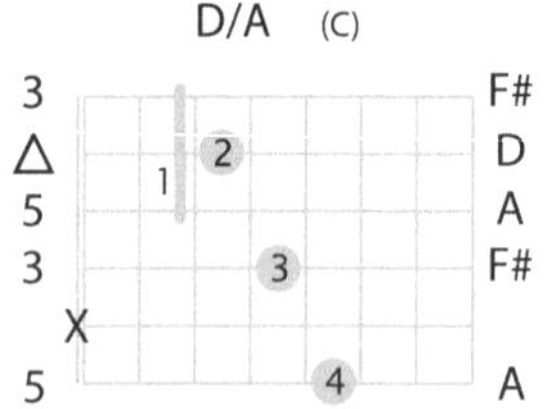

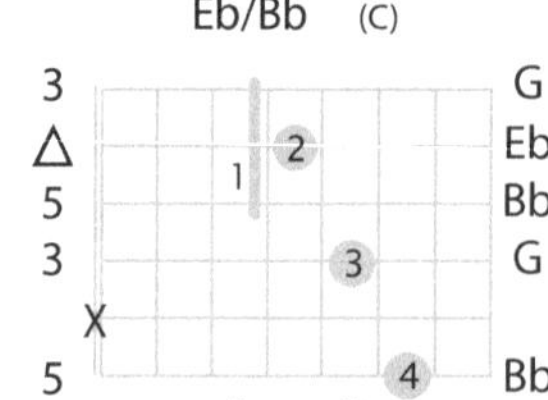

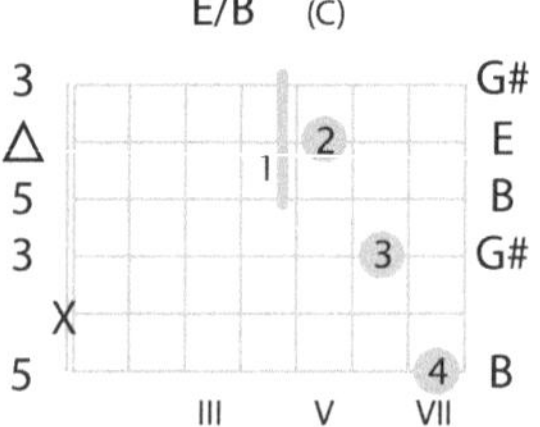

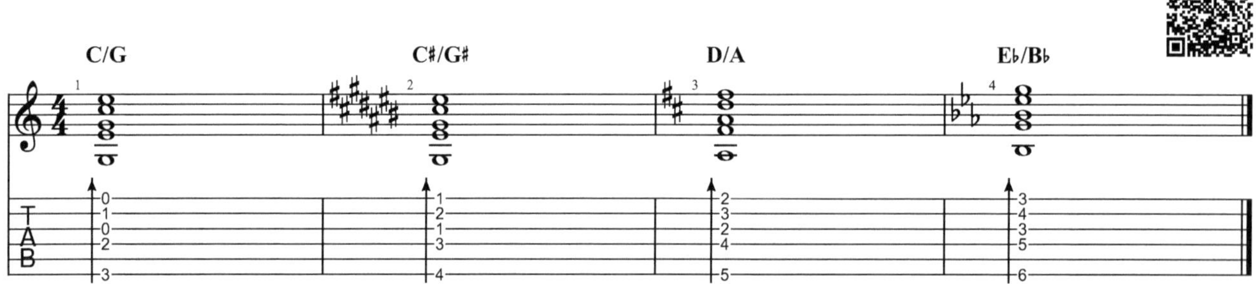

C-Shape verschieben – Barré – Fingersatz I

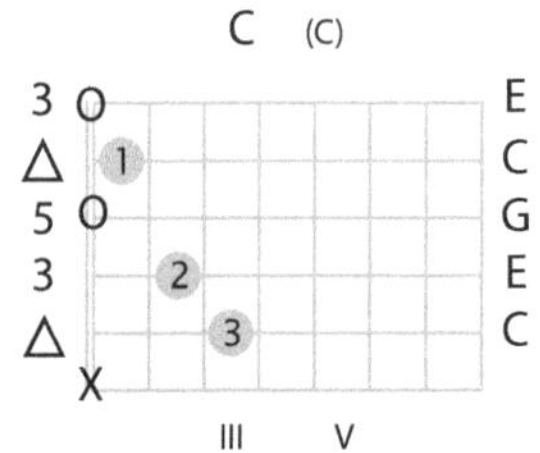

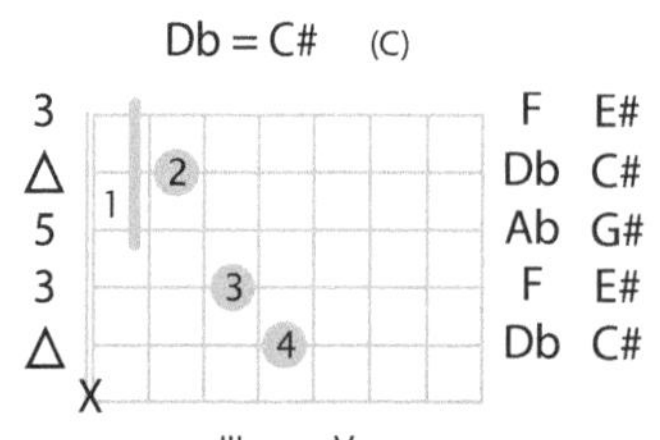

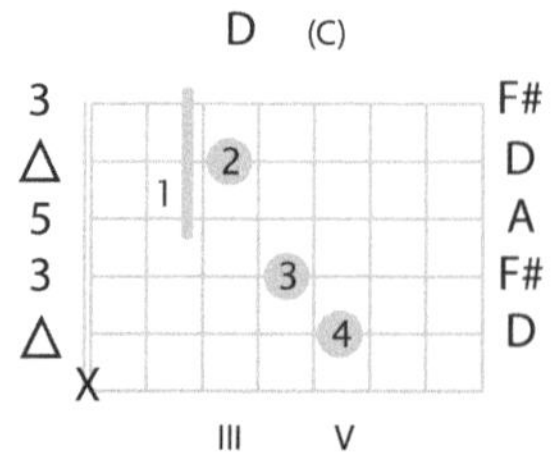

Eb (C)

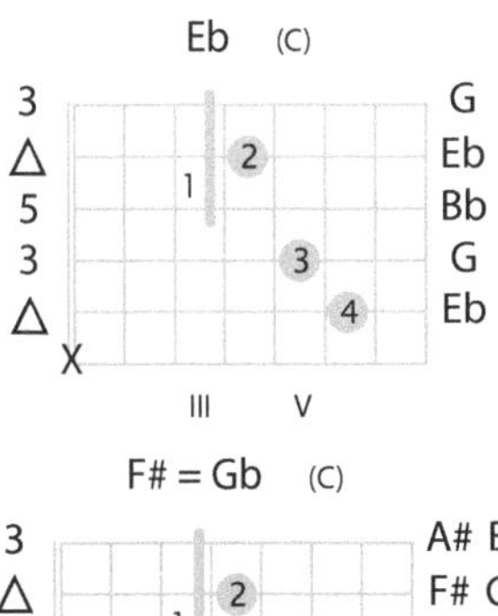

E (C)

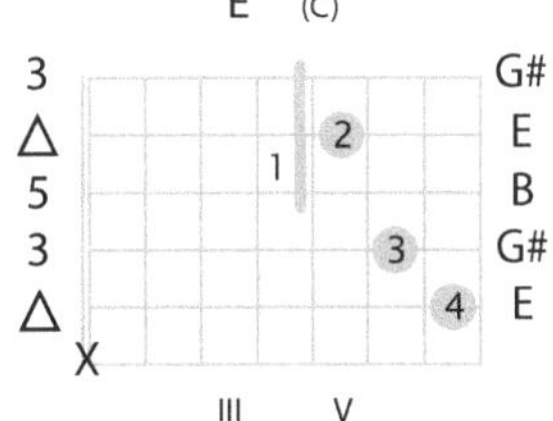

F (C)

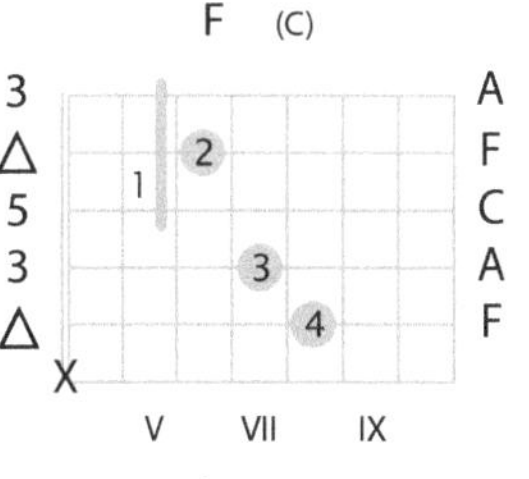

F# = Gb (C)

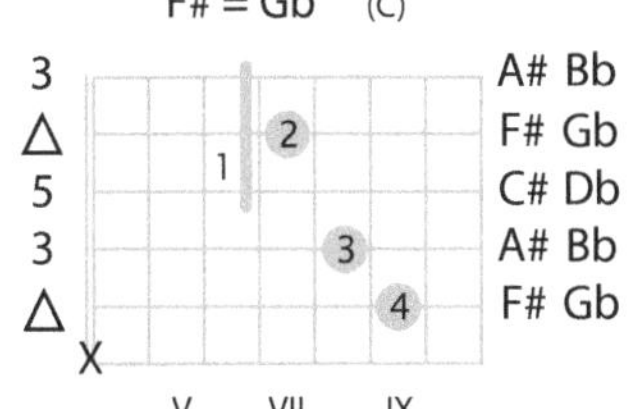

G (C)

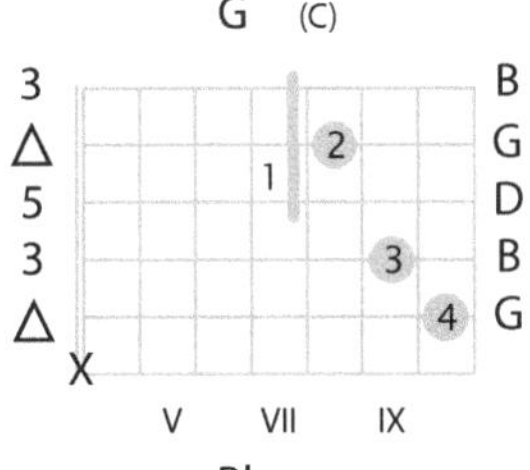

Ab (C)

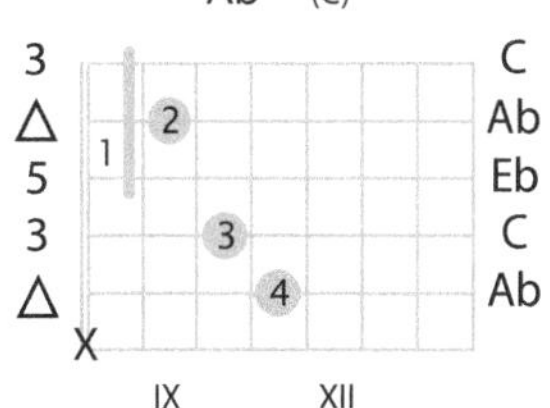

A (C)

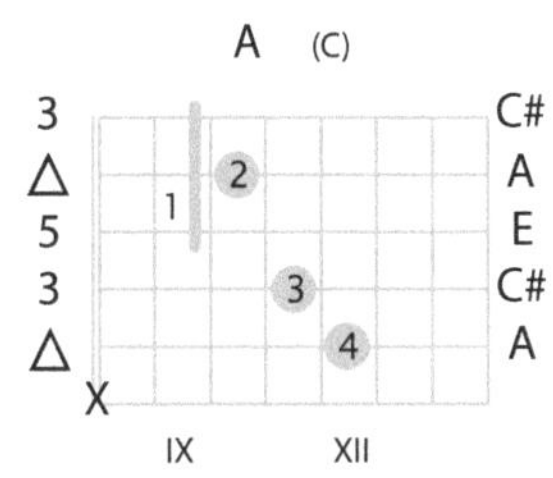

Bb (C)

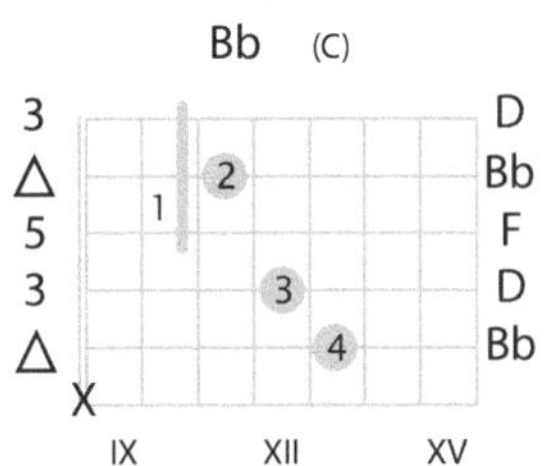

B (C)

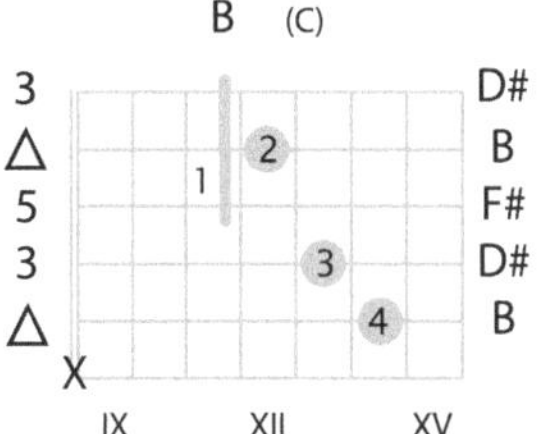

C-Shape verschieben – Barré – Fingersatz II

C (C)

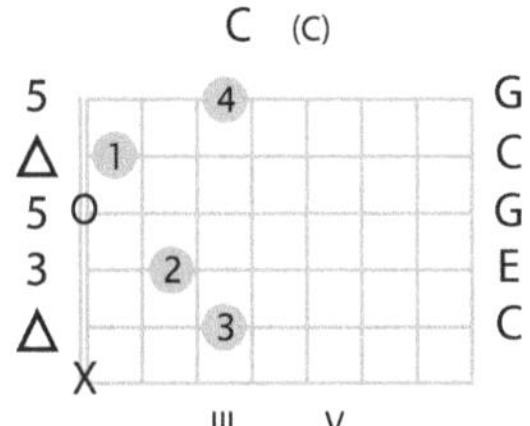

C/E (C)

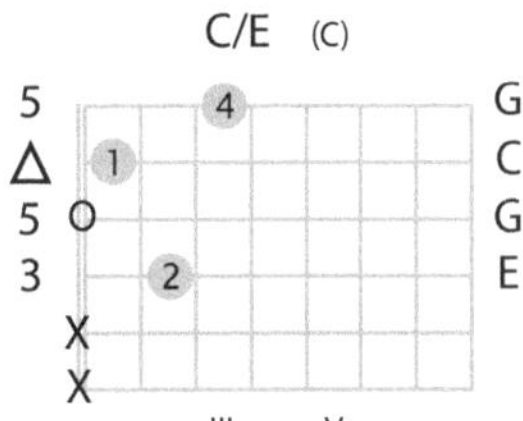

C/E (C)

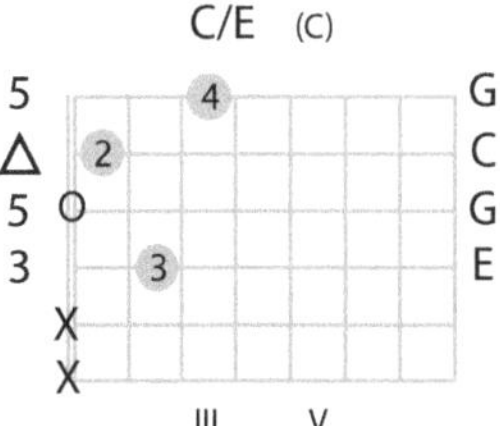

Db#11/F (C)

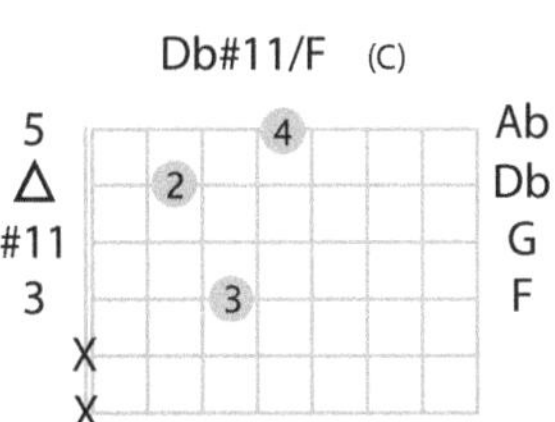

Db/F (C)

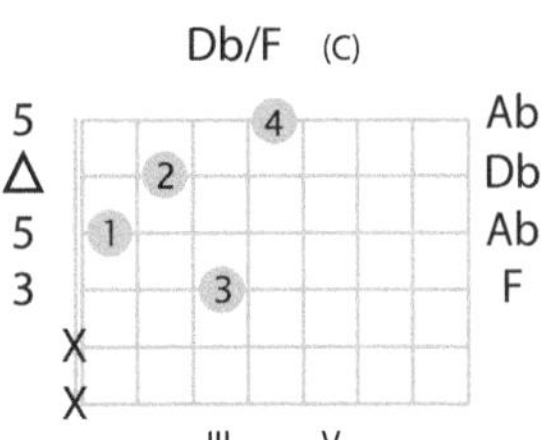

D/F# (C)

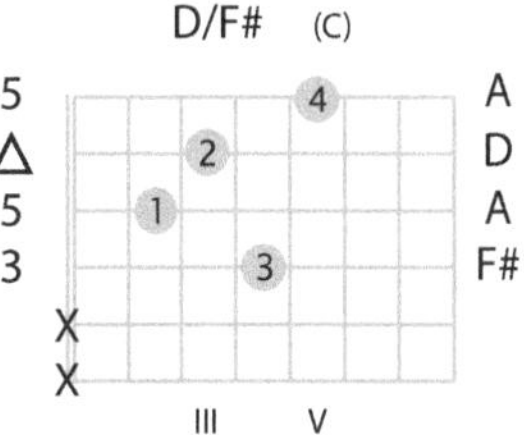

C-Shape verschieben – Barré – Fingersatz III

C/E (C)

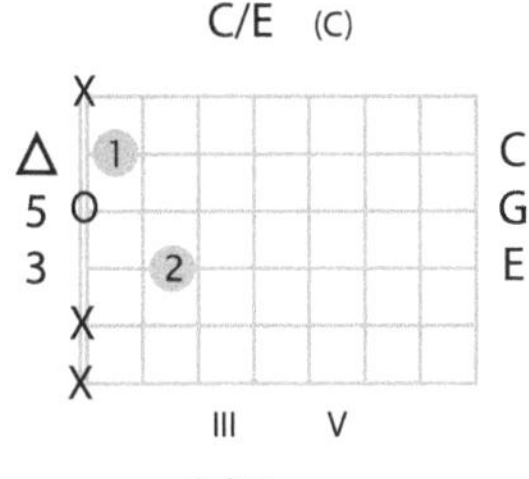

C/E (C)

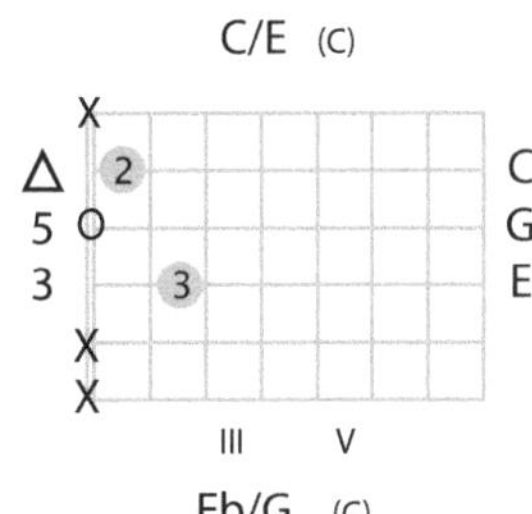

Db/F (C)

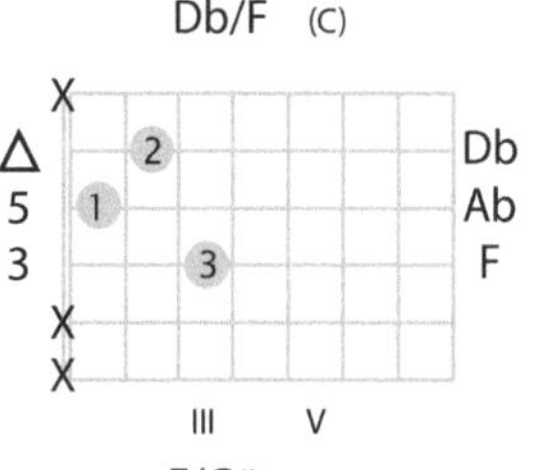

D/F# (C)

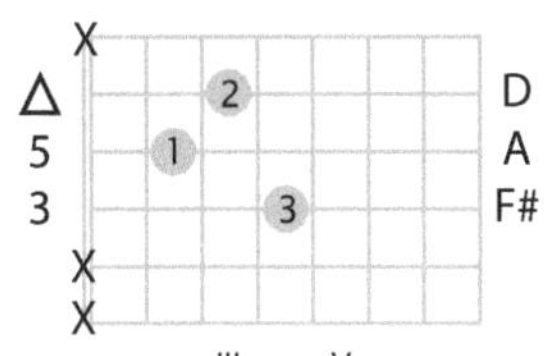

Eb/G (C)

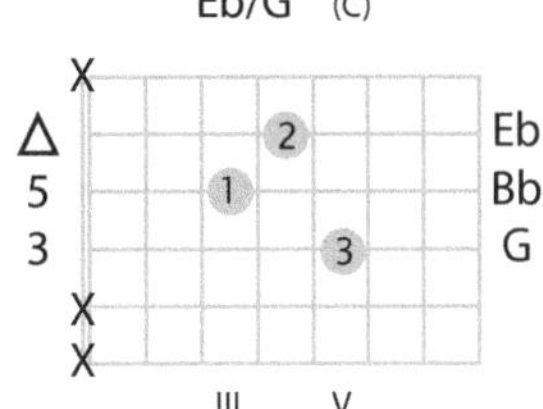

E/G# (C)

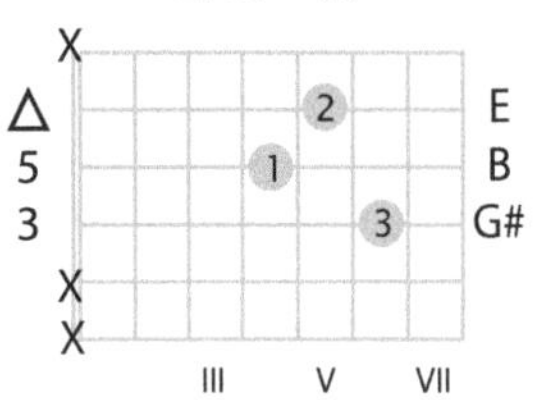

C-Shape – Fingersatz IV – Quinte im Bass

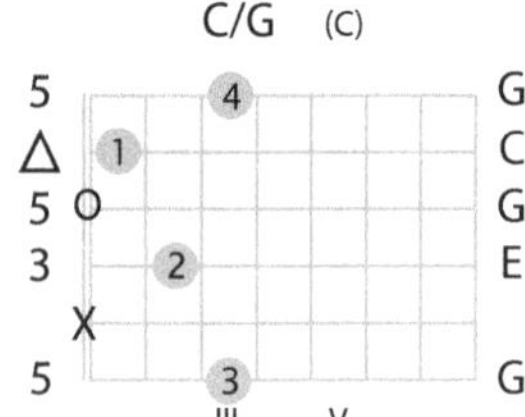

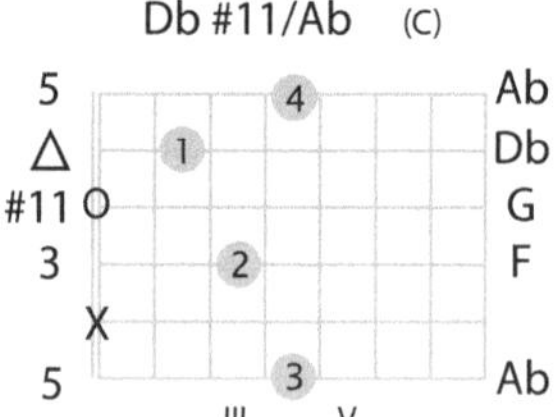

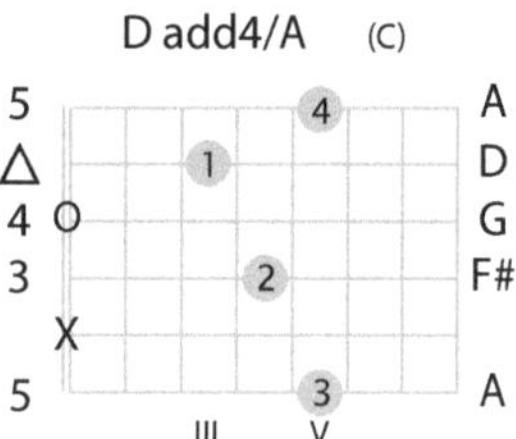

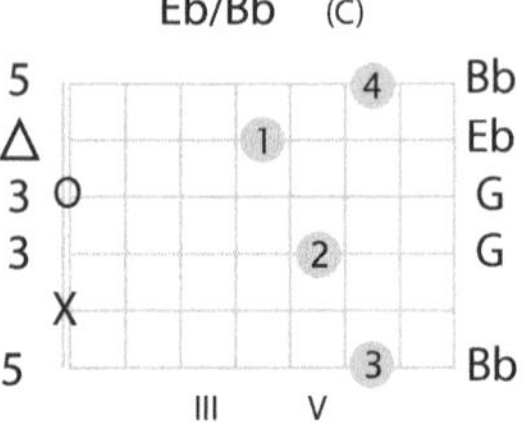

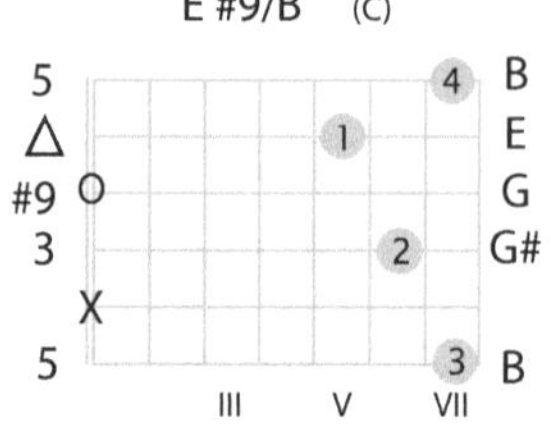

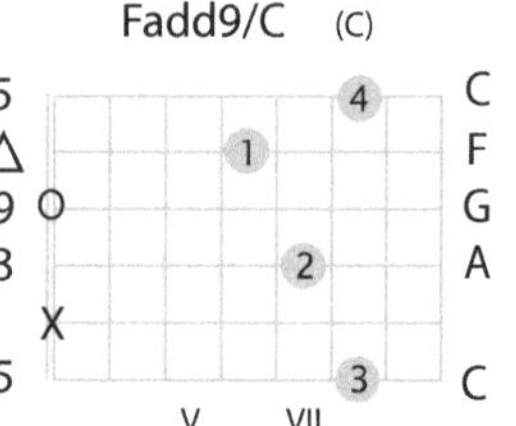

A-Shape verschieben – Barré-Akkord – Fingersatz I

A Basic Shape

A (A)

5 3 △ 5 △ X

E C# A E A

III V

A Shape

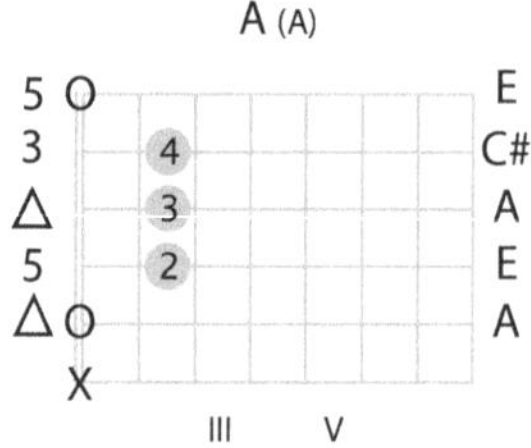

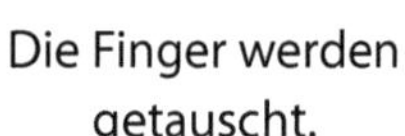

Die Finger werden getauscht.

Bb (A)

5 3 △ 5 △ X

F D Bb F Bb

III V

Der Zeigefinger ersetzt den Sattel und greift am 1. Bund den Grundton Bb. Man kann mit dem Zeigefinger die tiefe E-Saite dämpfen.

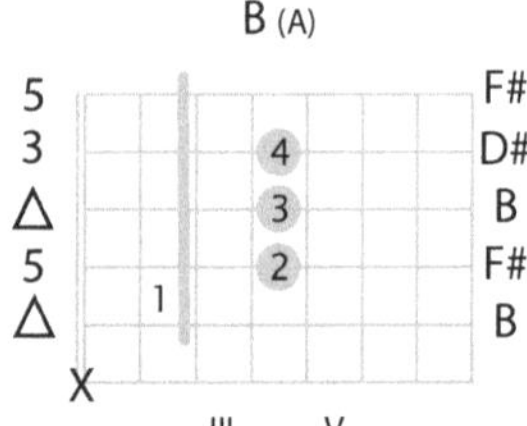

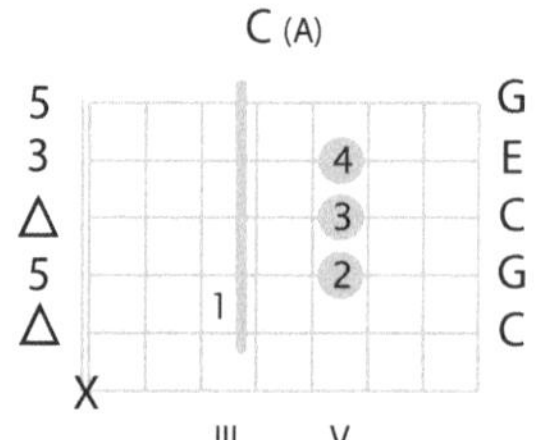

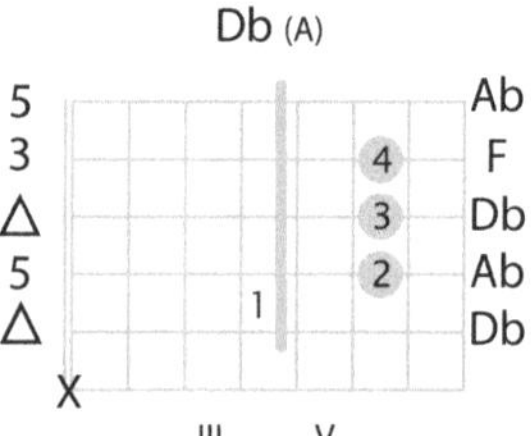

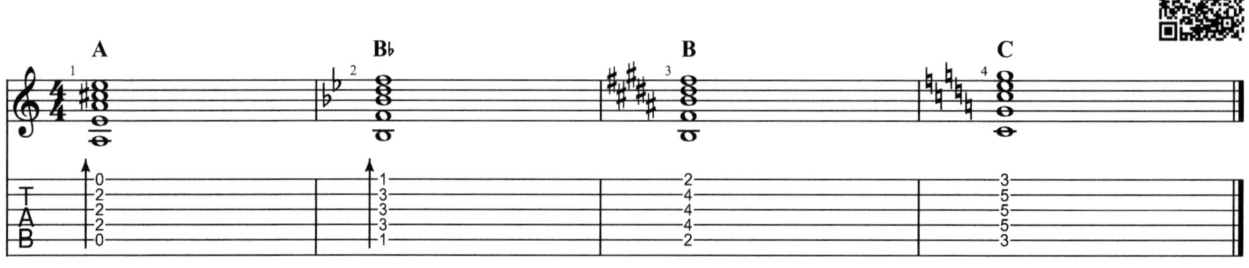

Lernen der A-Saite

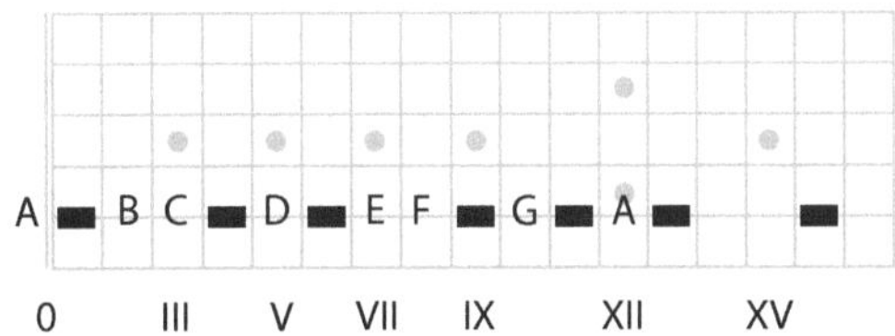

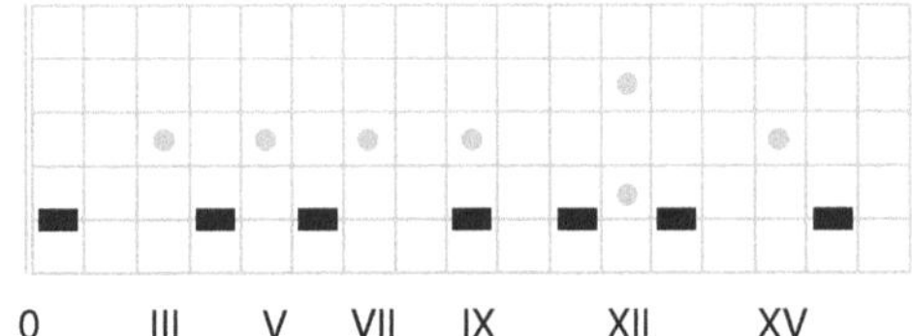

A-Shape verschieben Barré – Fingersatz II

A Basic Shape

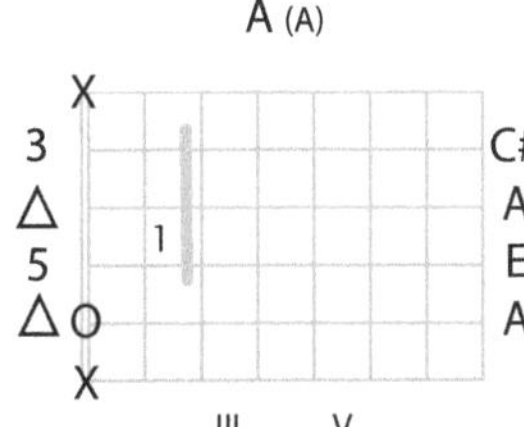

Greife die Töne des Akkords mit dem Zeigefinger. Die tiefe E-Saite wird mit dem Daumen gedämpft, die hohe E-Saite mit dem Zeigefinger.

Verschiebbarer Shape

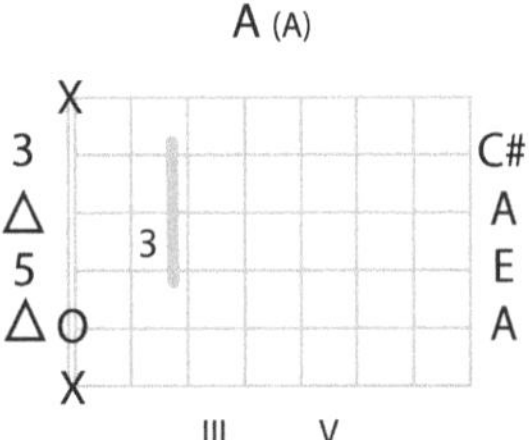

Der Finger wird ausgetauscht. Der Zeigefinger wird vom Ringfinger ersetzt. Jetzt kann der Zeigefinger beim Verschieben den Sattel ersetzen.

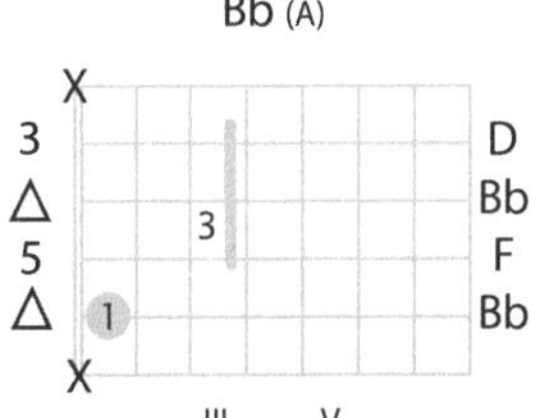

Der Zeigefinger ersetzt den 0-Bund und greift am 1. Bund den Grundton. Die hohe E-Saite wird mit dem Ringfinger gedämpft.

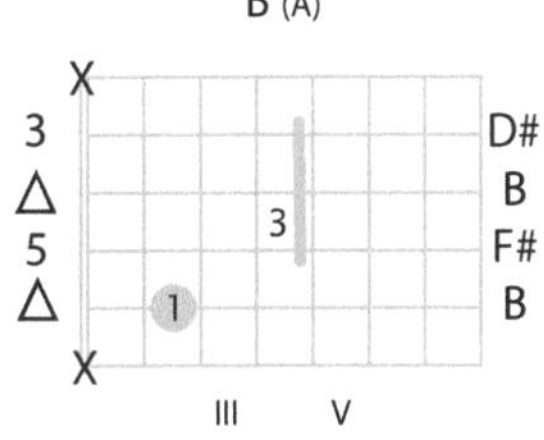

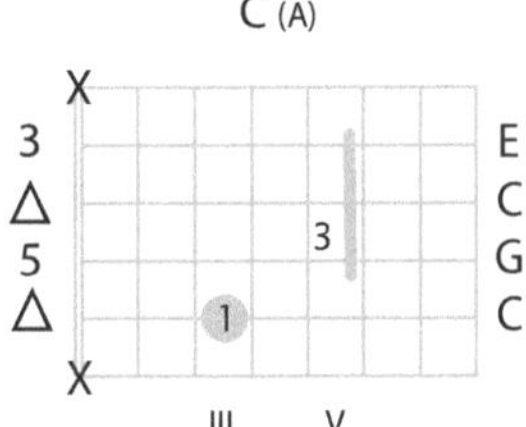

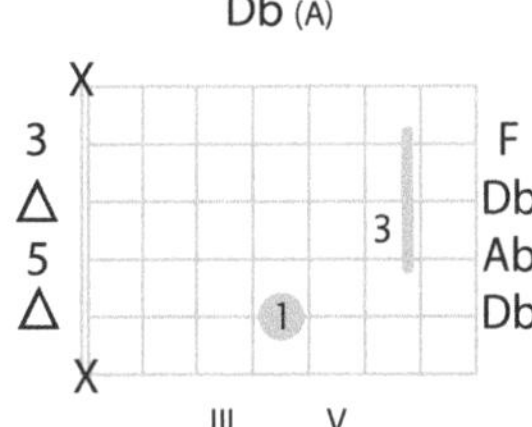

A5-Shape verschieben Barré – Fingersatz III

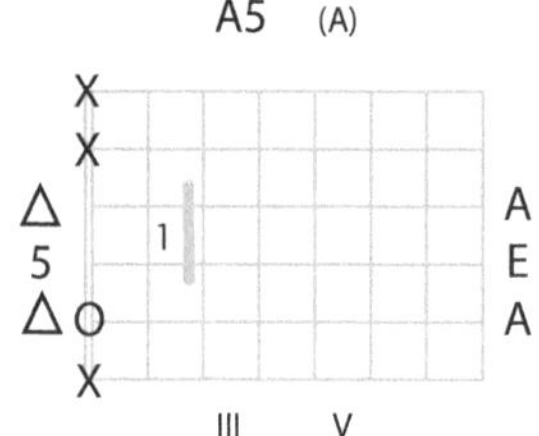

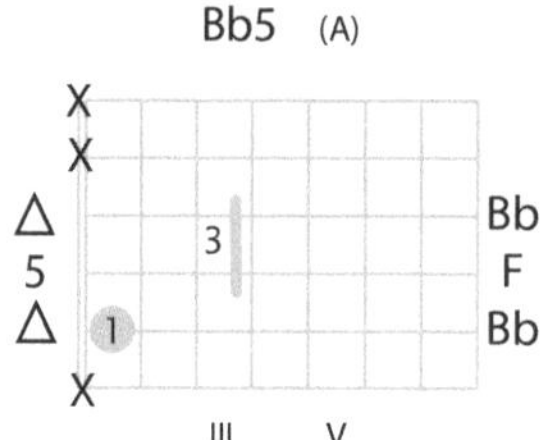

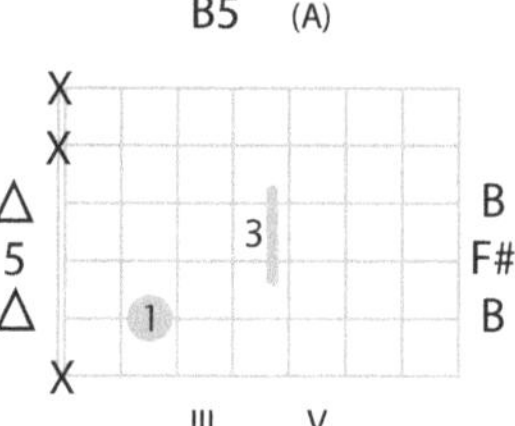

Der A-Shape/Powerchord wird oft im Rock, Metal, Hard Rock verwendet. Beherrscht man das Dämpfen der nicht klingenden Saiten gut, kann man alle Saiten anschlagen. Man erhält einen sehr satten Klang des Akkords.

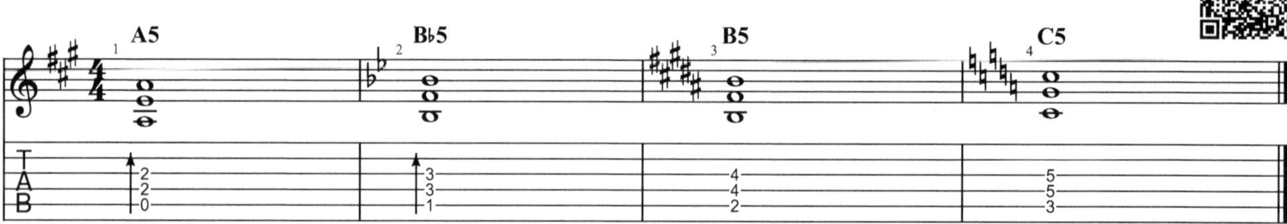

A5-Shape verschieben Barré – Fingersatz IV – Quinte im Bass

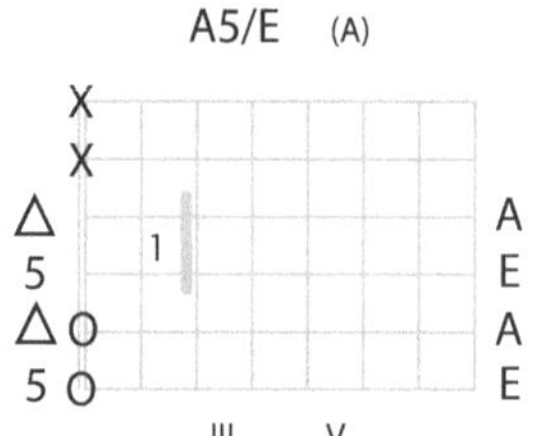

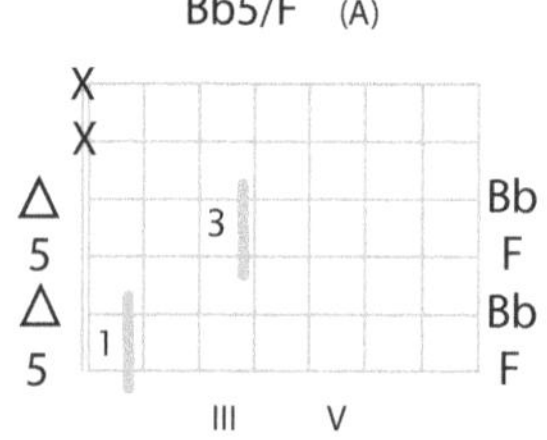

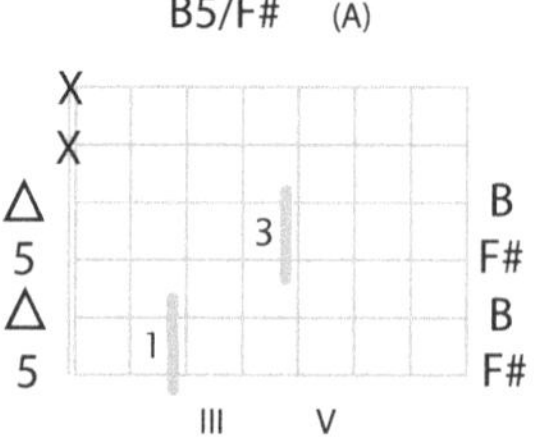

Hier wird die Quinte auf der tiefen E-Saite mitgespielt. Der Sound wird fetter.

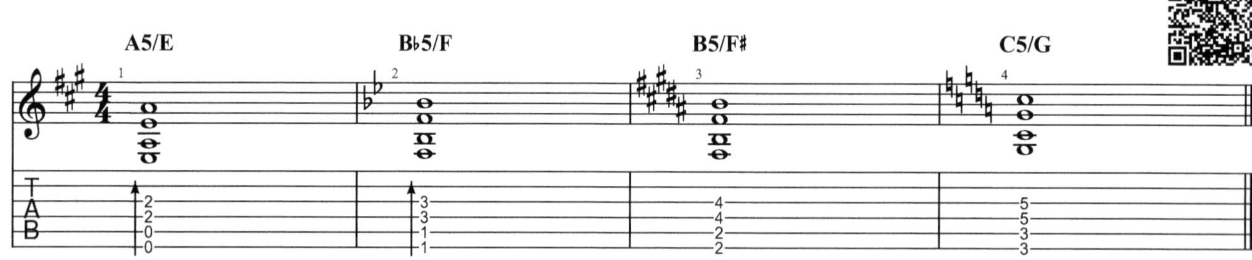

Soundbeispiel: „And the wind cries Mary" – Jimi Hendrix

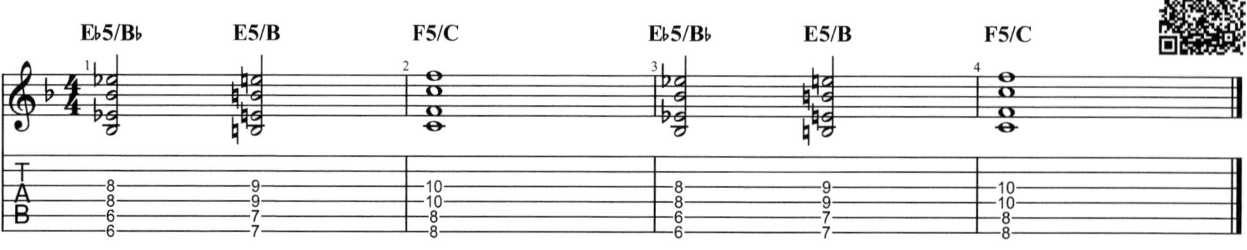

A-Shape Barré – Fingersatz I

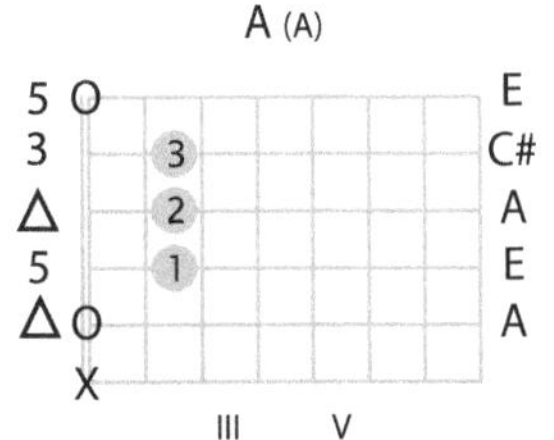

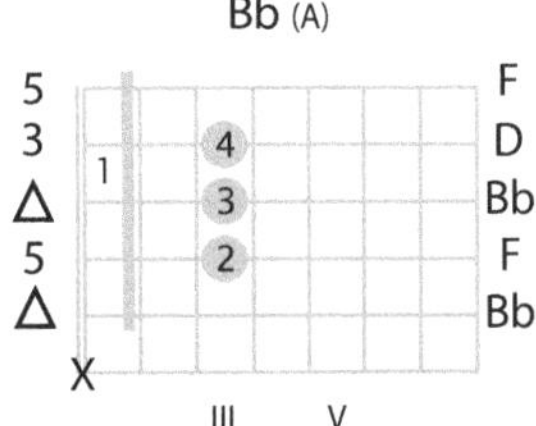

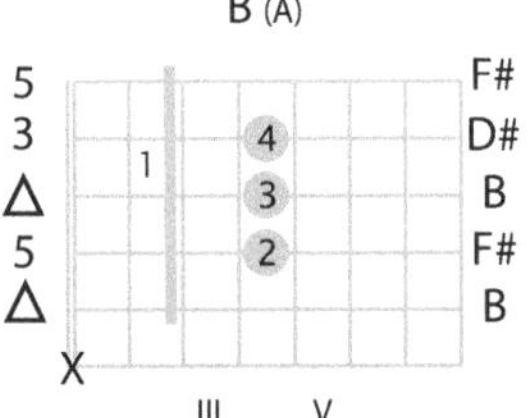

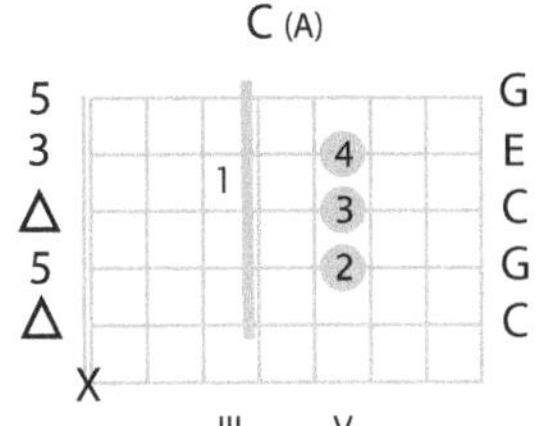

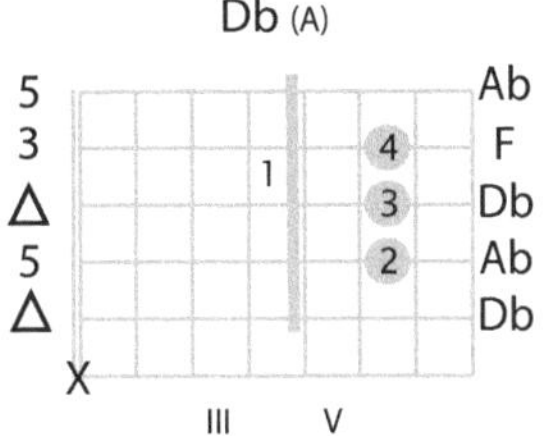

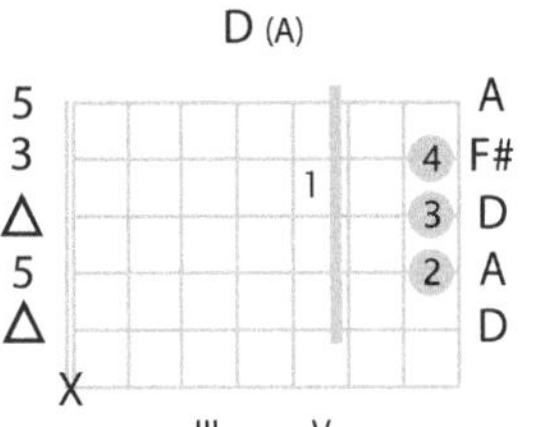

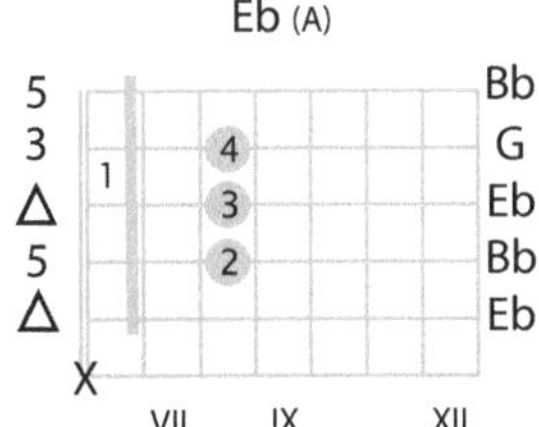

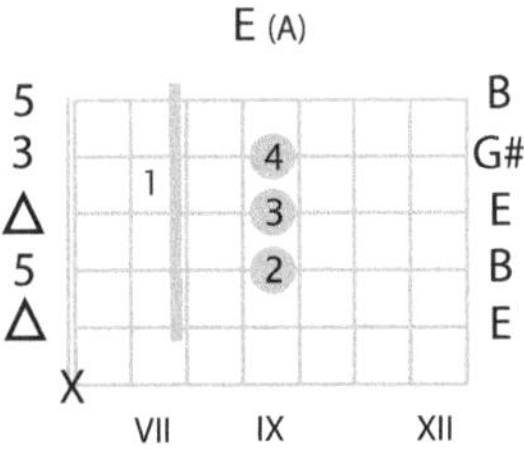

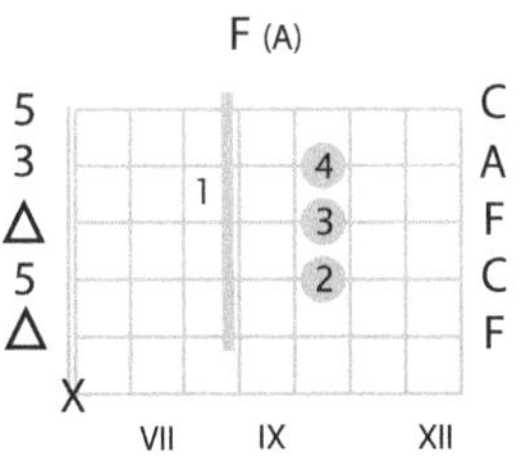

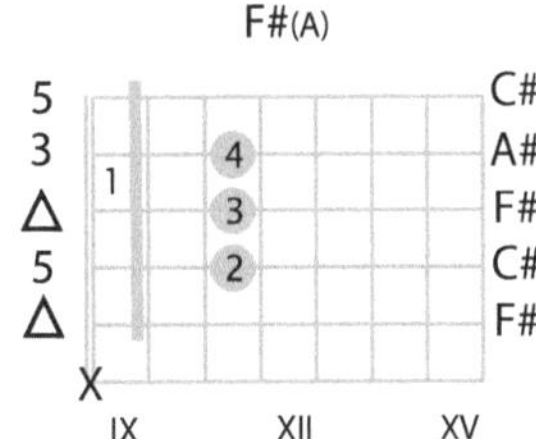

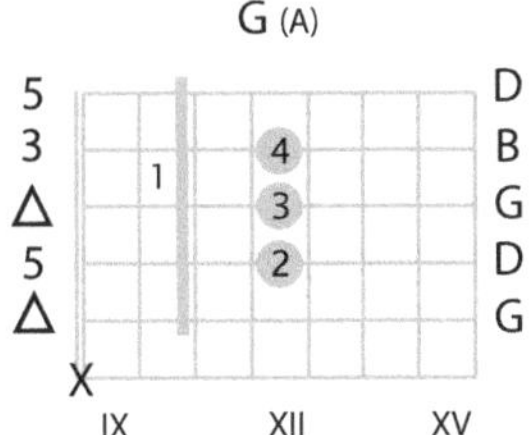

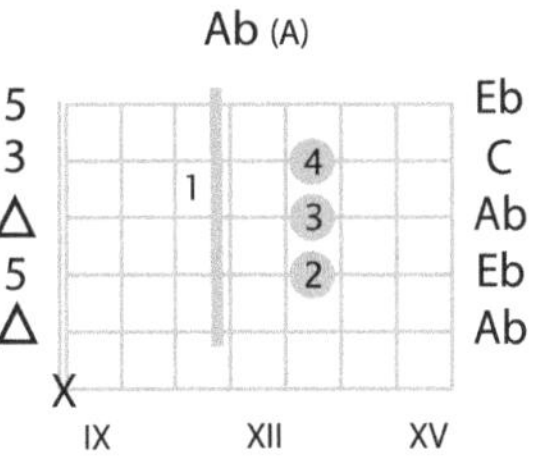

A Shape Barré – Fingersatz II

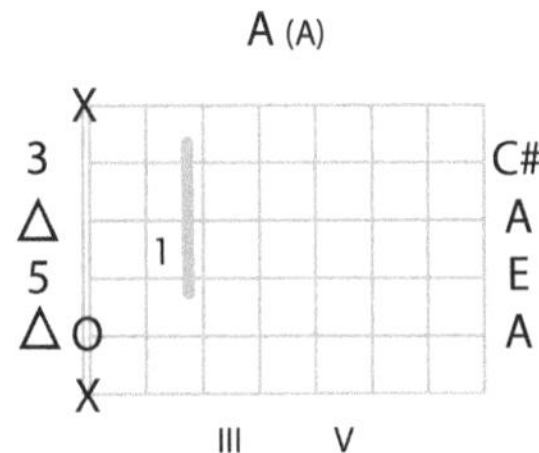

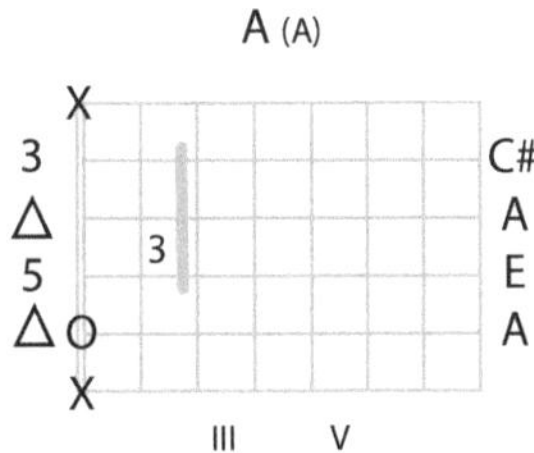

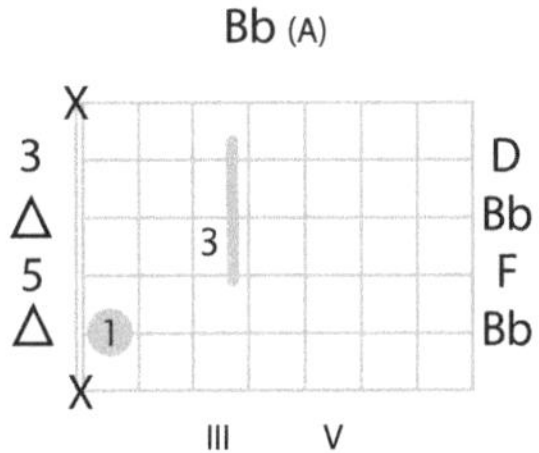

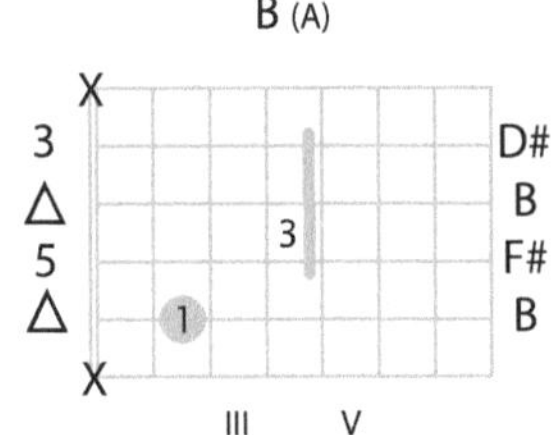

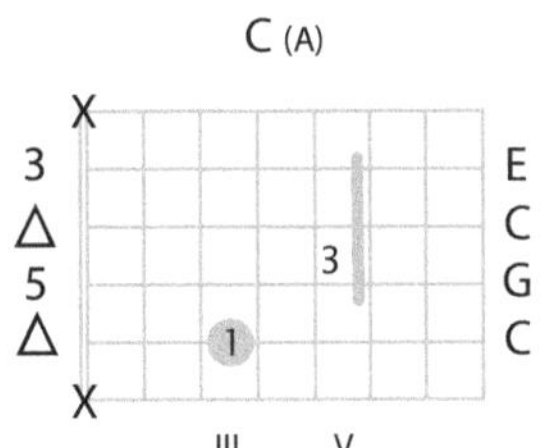

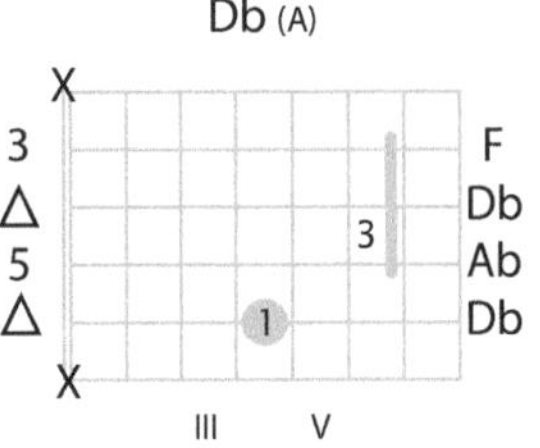

A5 Shape Barré – Fingersatz III

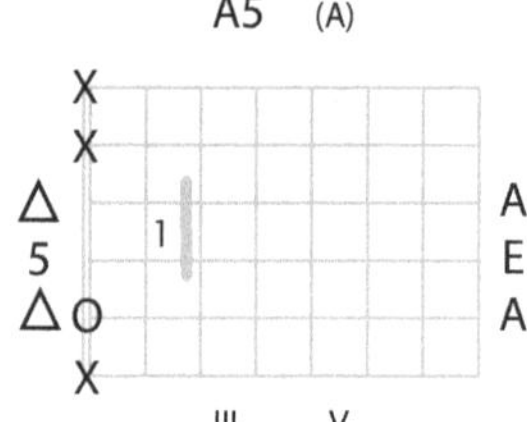

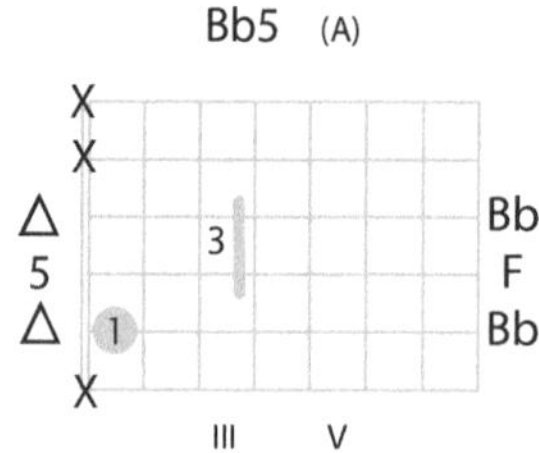

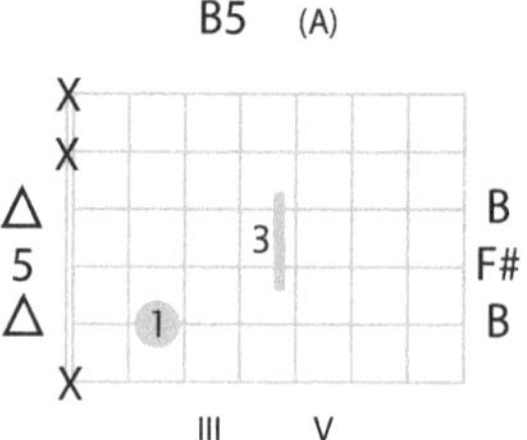

A5 Shape Barré – Fingersatz IV Quinte im Bass

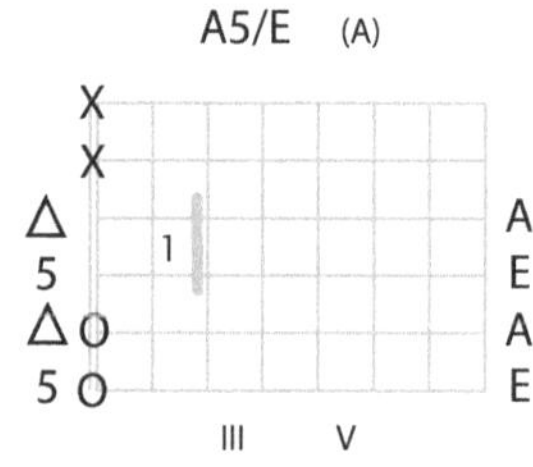

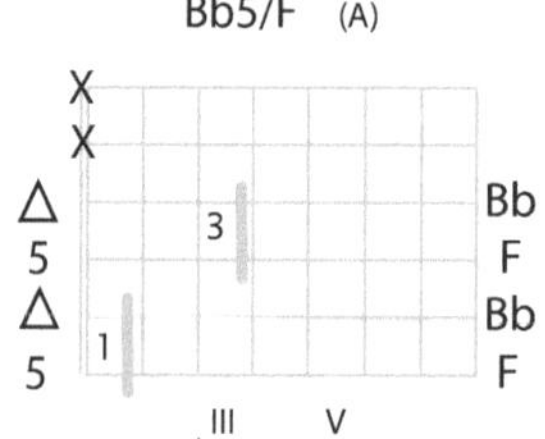

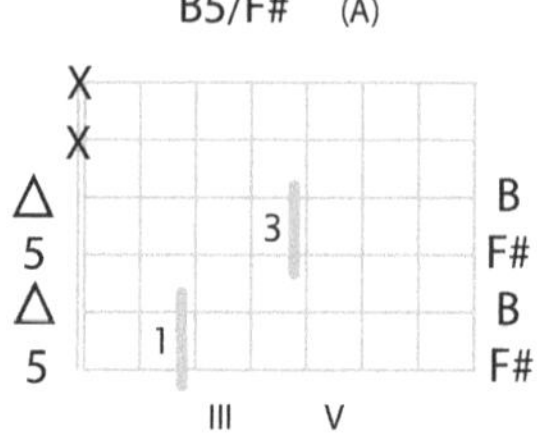

G-Shape verschieben – Barré – Fingersatz I

G-Shape - Fingersatz I

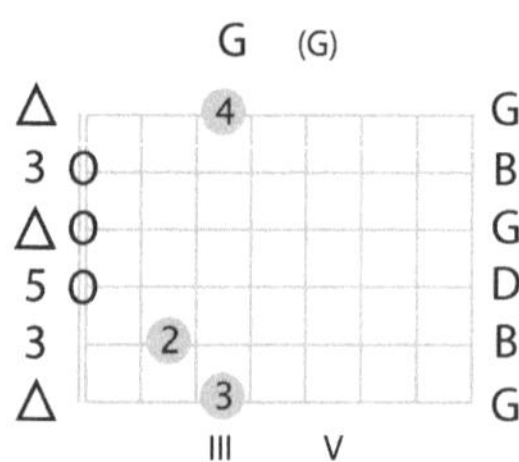

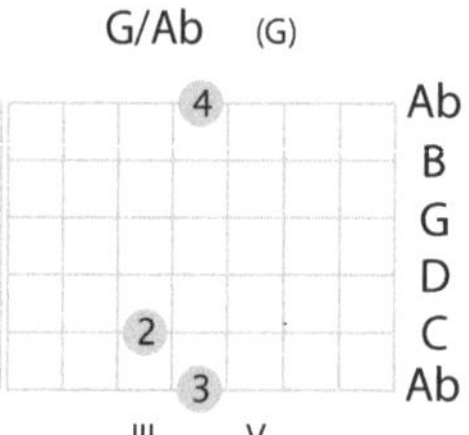

Verschiebbarer Shape

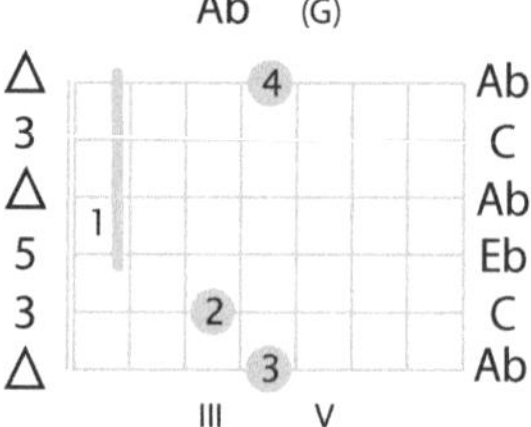

Rechtes Bild oben: Der Zeigefinger greift am 1. Bund von der D-Saite bis zur hohen E-Saite und ersetzt den Sattel. Nun erhält man den Ab-Dur Akkord im G-Shape.

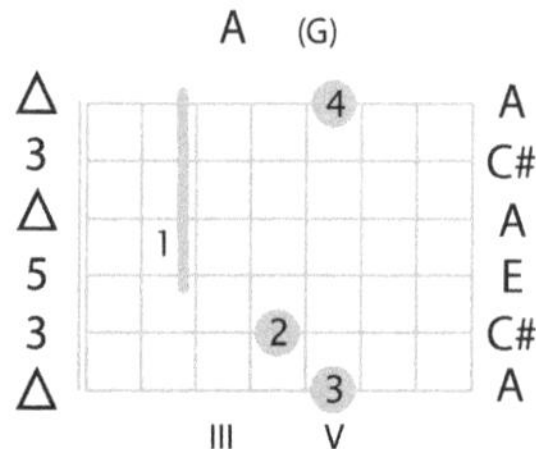

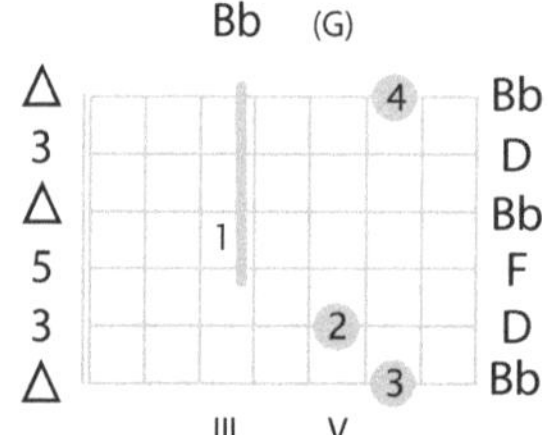

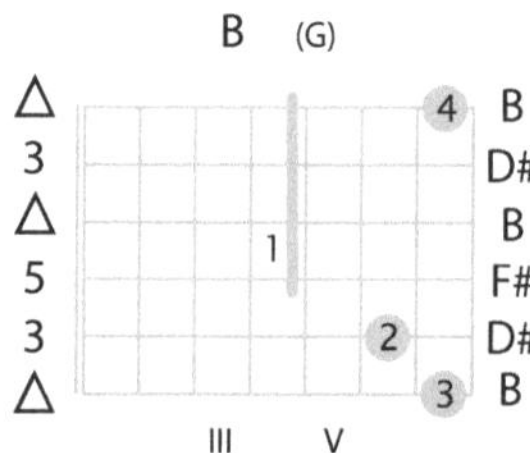

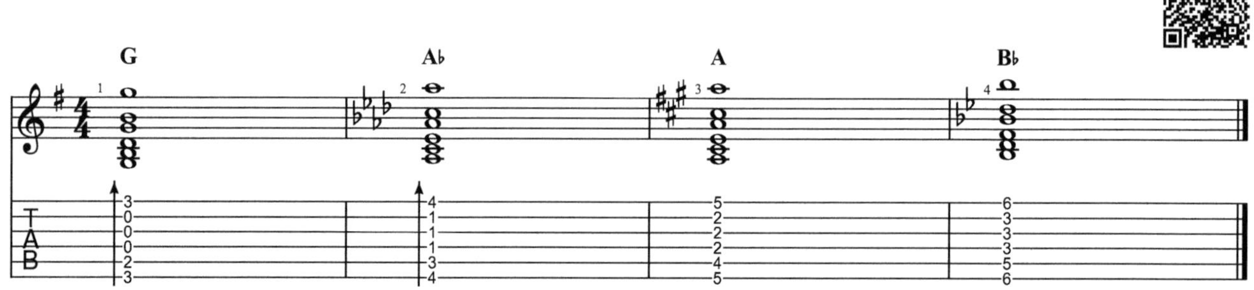

Lernen der G-Saite

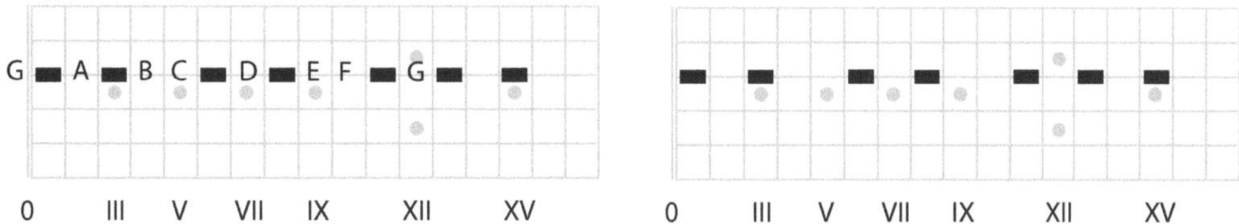

Die Orientierung für den G Shape gibt uns die G- und die E-Saite. Die E-Saite findest Du auf Seite 62.

G5 Shape Barré – Fingersatz II

Der G5 Fingersatz entsteht, wenn man mit dem kleinen Finger einen Barré greift und damit die Quinte anstatt der Terz spielt. Diese Form findet man auch bei den Beatles, Tom Petty oder auch generell im Rock und Rock'n'Roll.

Verschieben um einen Bund

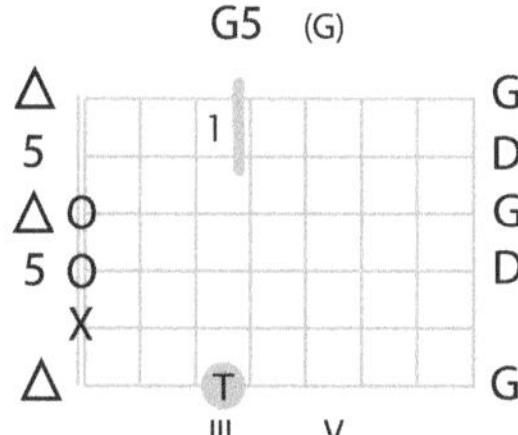

Der Grundton auf der E-Saite wird vom Daumen gegriffen. Der Daumen dämpft zugleich die A-Saite. Alternativ kann man den Grundton auch mit einem der anderen Finger greifen. Dieser muss wiederum die A-Saite dämpfen. Der „Gary Moore G" Griff.

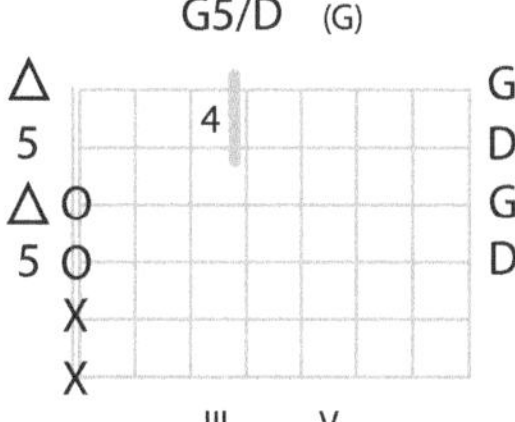

Der Grundton auf der tiefen E-Saite wird weggelassen. E- und A-Saite werden nicht gespielt oder gedämpft.

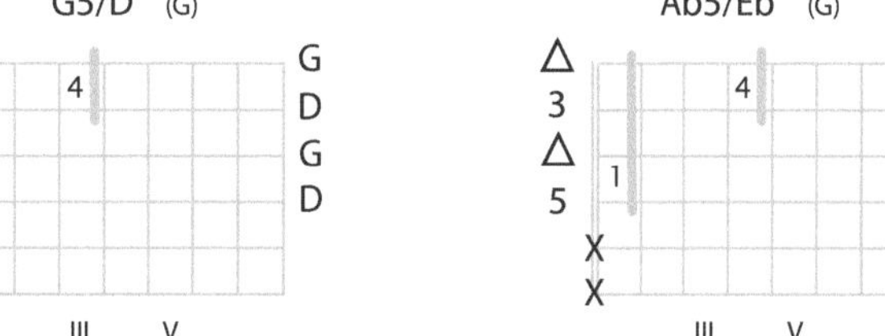

Der Grundton Ab ist auf der G-Saite am 1. Bund und auf der E-Saite 4. Bund. Der Zeigefinger greift am 1. Bund die D-, G-Saite und dämpft die A-Saite. Die E-Saite wird mit dem Daumen gedämpft.

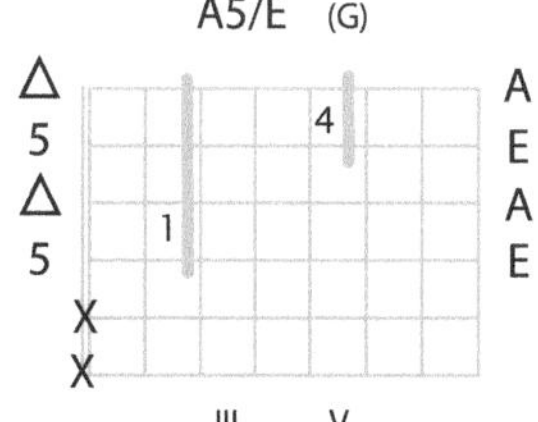

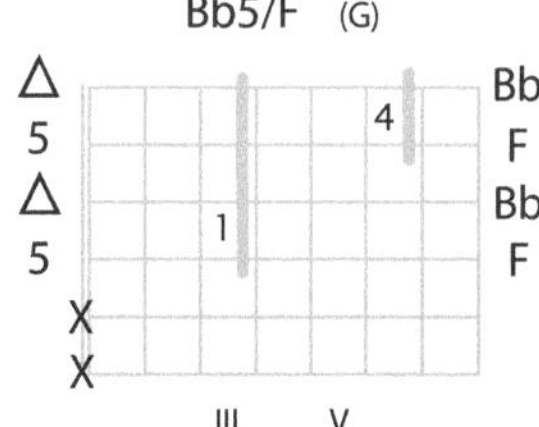

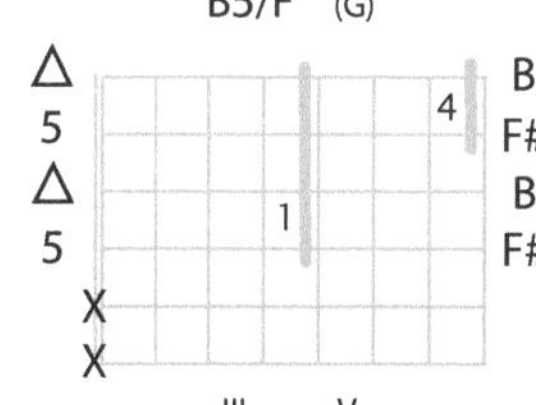

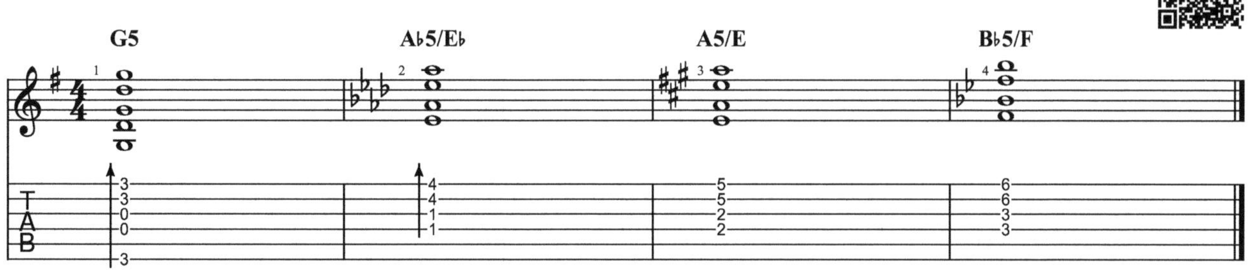

G5-Shape verschieben – Barré – Fingersatz III

Alternative Greifweise: Alle Töne sind exakt wie Fingersatz II. Es kommt darauf an, was besser in der Hand liegt. Übungen siehe Fingersatz II.

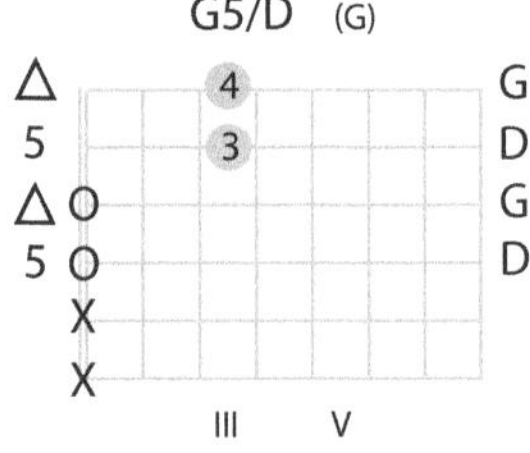

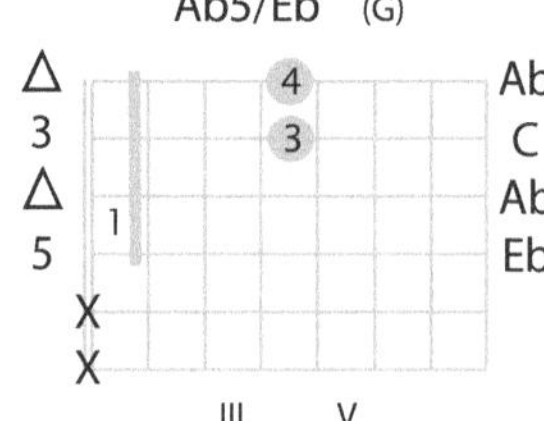

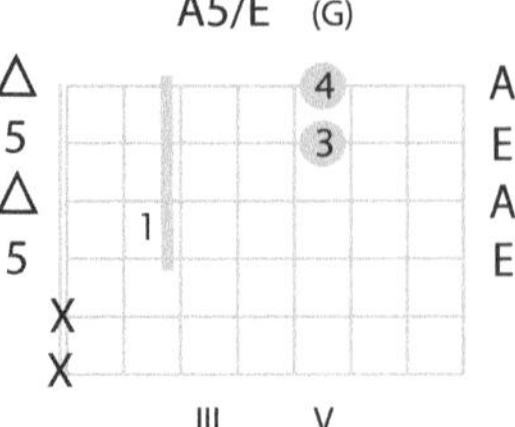

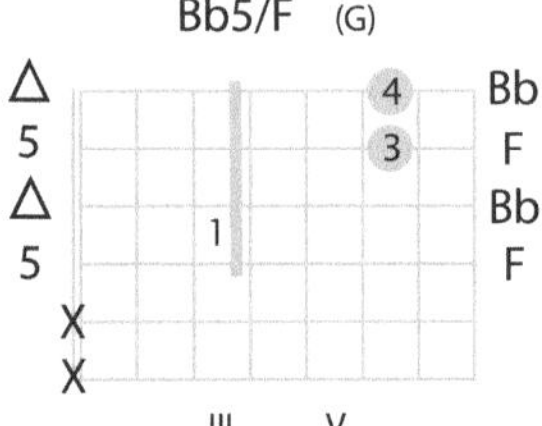

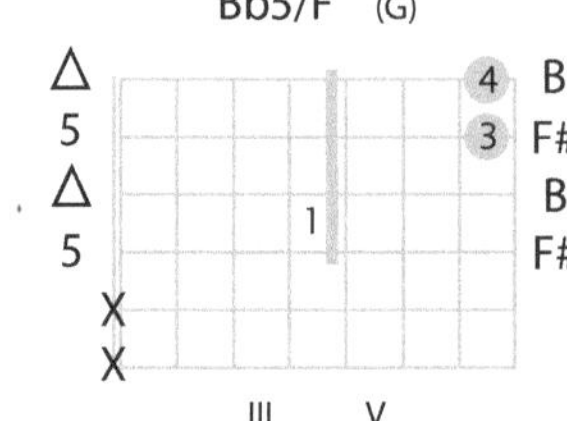

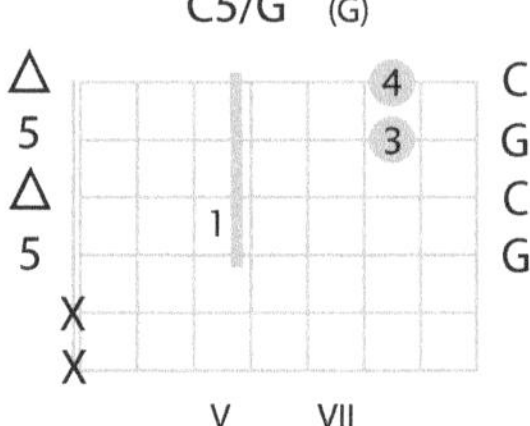

G-Shape verschieben – Barré – Fingersatz IV

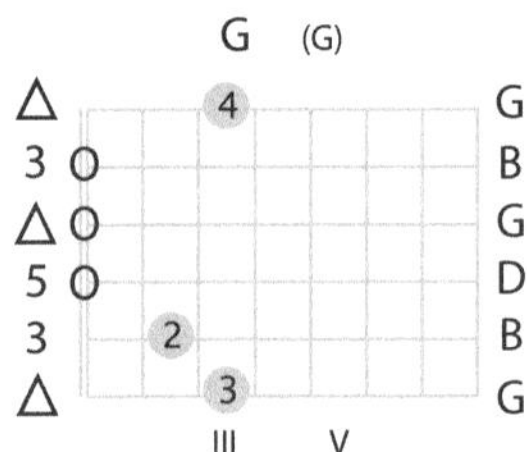

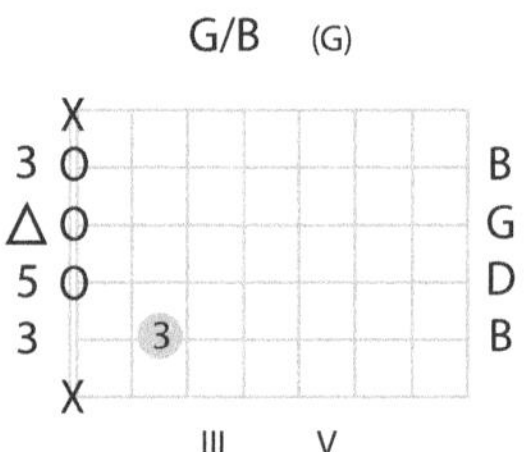

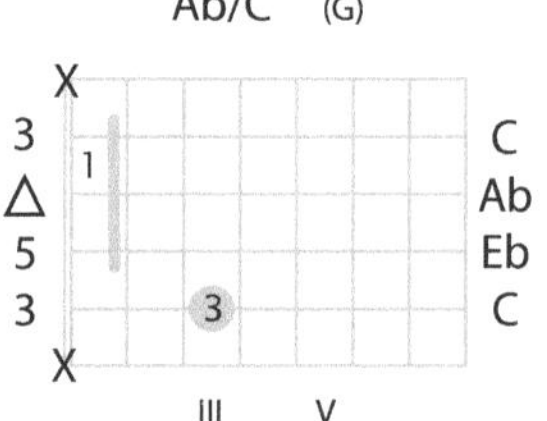

Die beiden Grundtöne auf den E-Saiten werden gemuted. Der tiefste Ton ist nun die Terz.

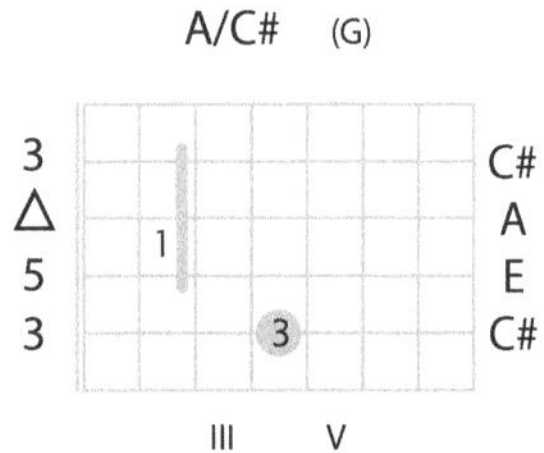

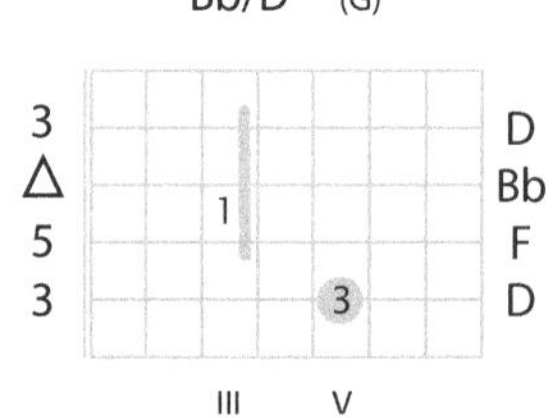

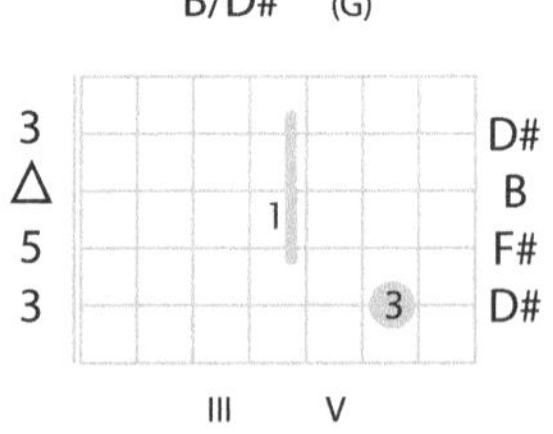

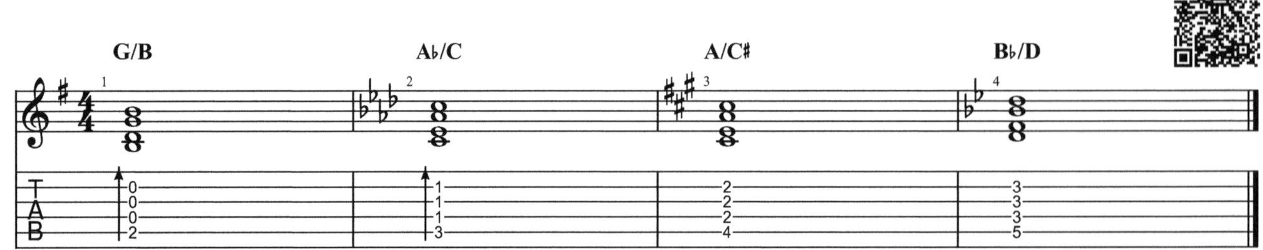

„And The wind cries Mary" – Jimi Hendrix

Der Eb/G -Shape wird als Barré Akkord gegriffen. Der Zeigefinger greift am 8. Bund von der A- bis zur B-Saite. Beide E-Saiten werden durch leichtes Berühren mit dem Zeigefinger abgedämpft. Der Ringfinger hämmert auf den 10. Bund zur Terz. Nun ist der Eb/G Dreiklang komplett. Das geschieht auch mit den beiden Akkorden E/G# und F/A, jeweils um einen Halbton verschoben. Den ersten Teil dieses Intros findest du beim A-Shape.

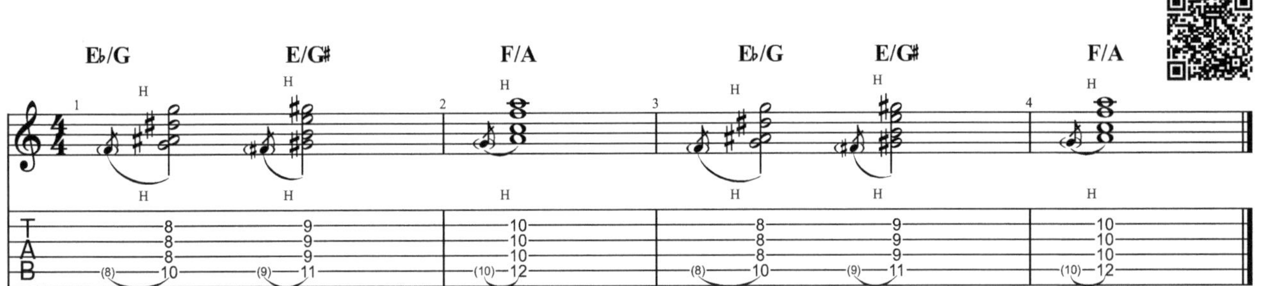

G-Shape verschieben – Barré – Fingersatz V

G (G)

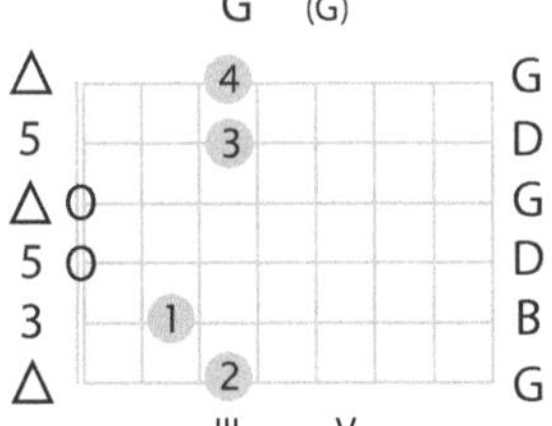

G/B (G)

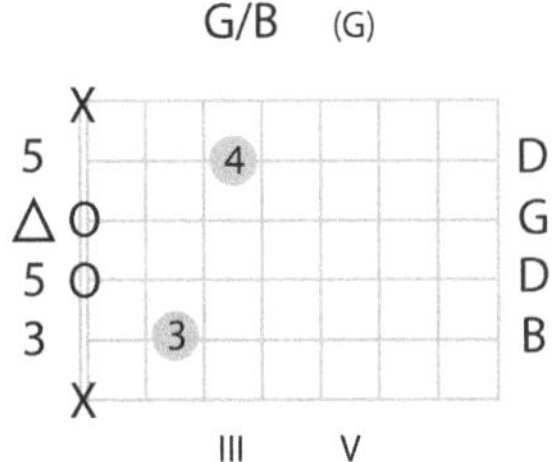

Ab/C (G)

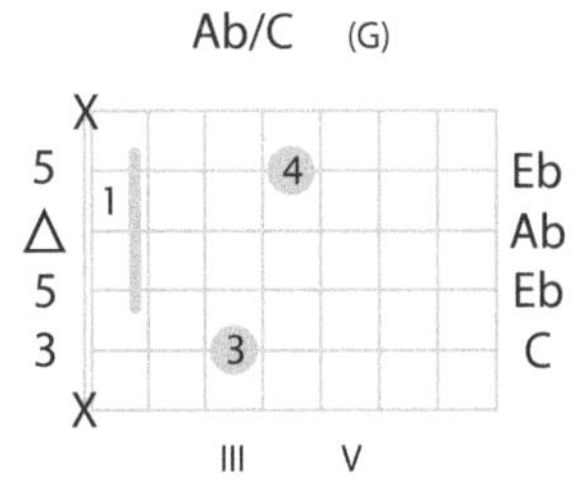

Bei dieser Greifform wird im Gegensatz zur vorherigen Greifform die Quinte auf der B-Saite gespielt.

A/C# (G)

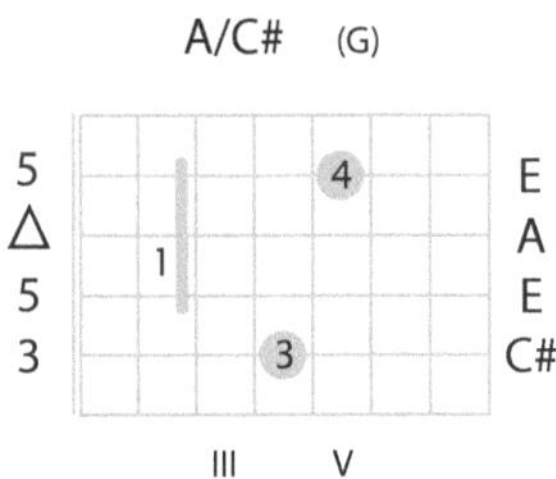

Bb/D (G)

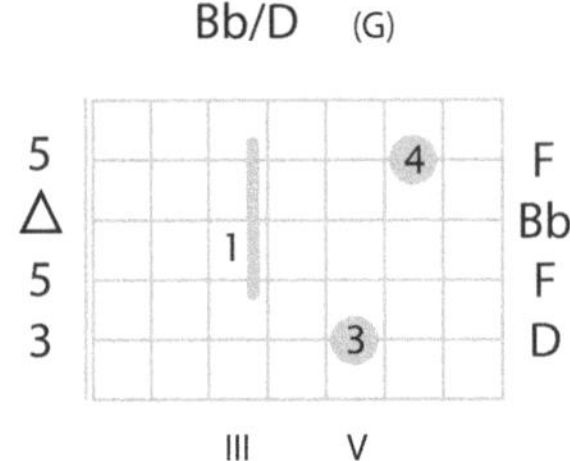

B/D# (G)

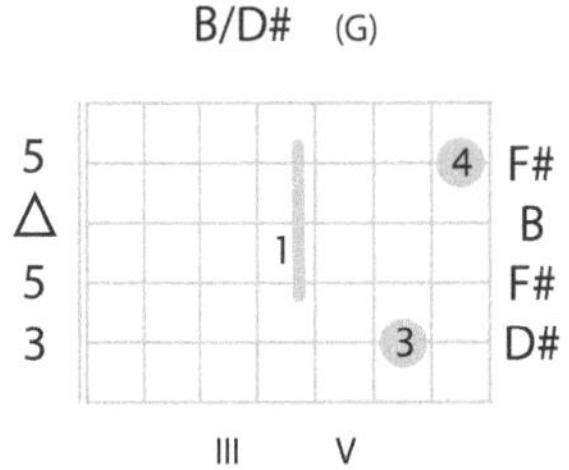

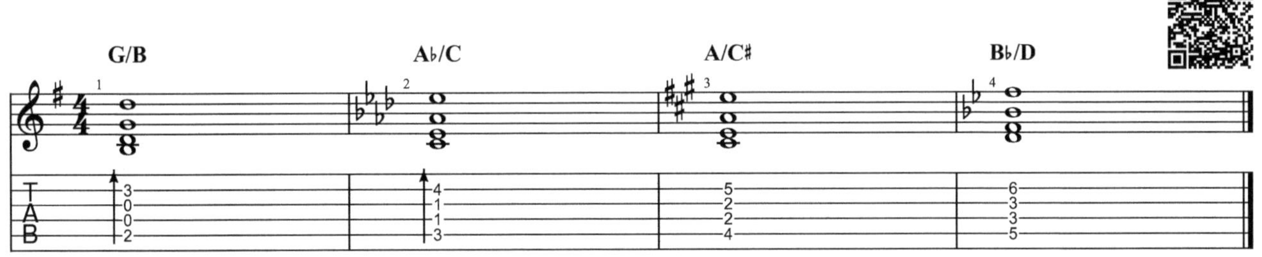

E-Shape verschieben – Barré – Fingersatz I – klassische Griffweise

E-Shape

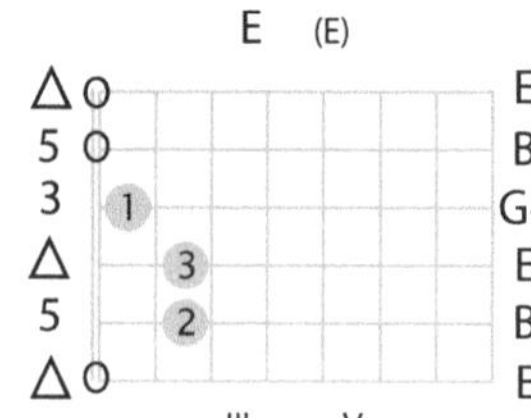

Der Grundton E ist auf der offenen E-Saite oder D-Saite 2. Bund.

Finger tauschen

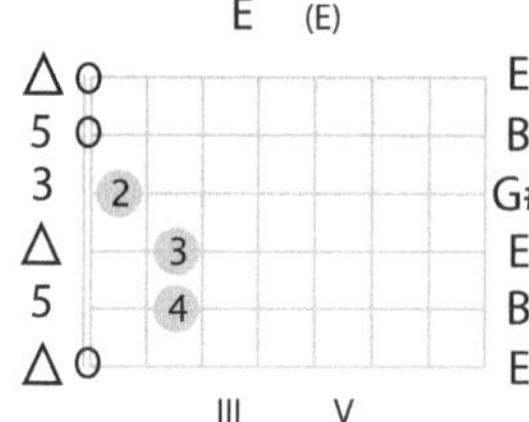

Um diesen Akkord verschieben zu können, muss man die Finger tauschen.

Verschieben um einen Bund

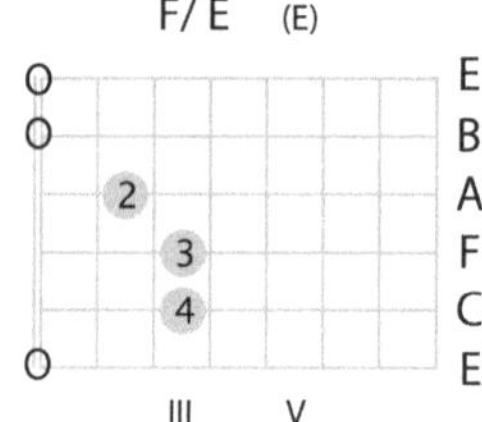

F/E: Dieser Akkord ist ein wunderschöner Akkord den man oft in der spanischen Musik verwendet.

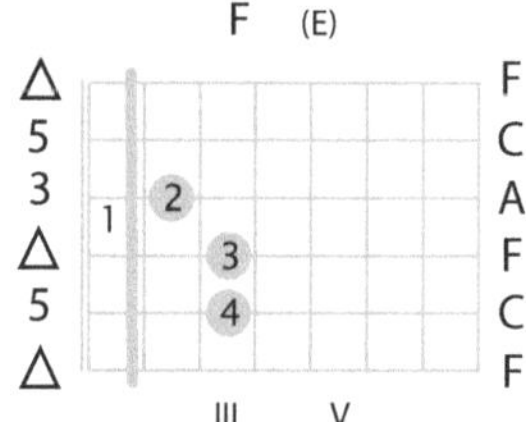

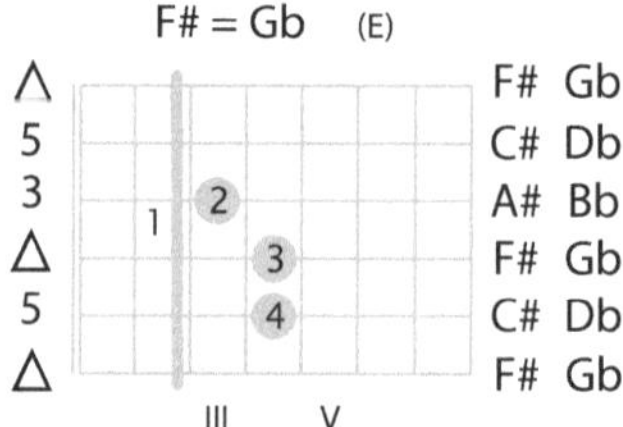

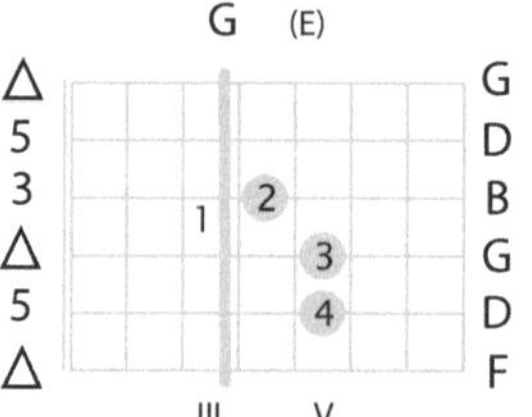

Der Zeigefinger greift nun alle Saiten und ersetzt den Sattel.

Übung:

/: E / E :/ Umgreifen üben – Griff 1 und 2 oder oberen Grafik

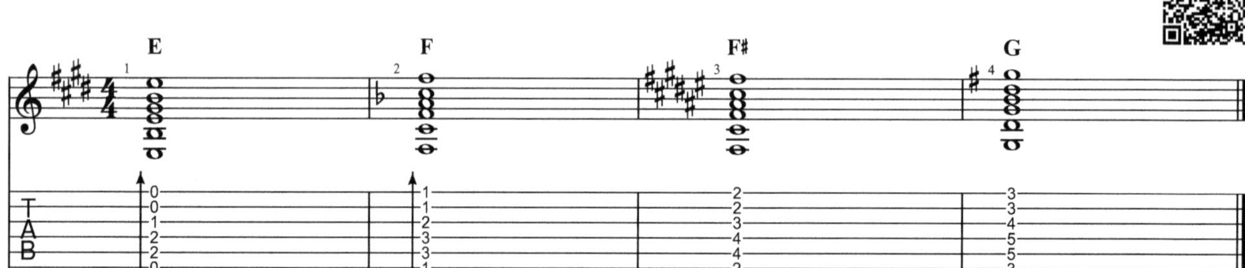

Lernen der E-Saite

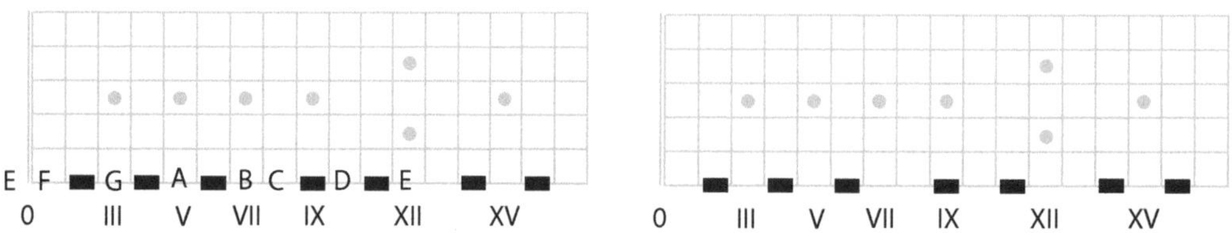

Die Orientierung für den E-Shape gibt uns die E-Saite.

E-Shape verschieben – Barré – Fingersatz II

Diese Art des Greifens findet man bei der Western- oder der E-Gitarre.
Auf der klassischen Gitarre funktioniert dies nur, wenn man große Hände und lange Finger hat.

E-Shape – Fingersatz II | **Verschiebbarer Fingersatz**

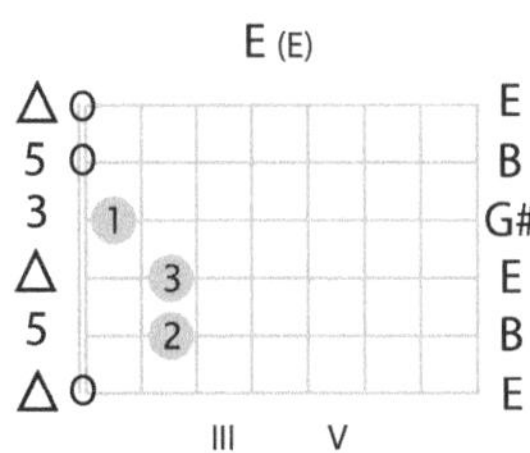

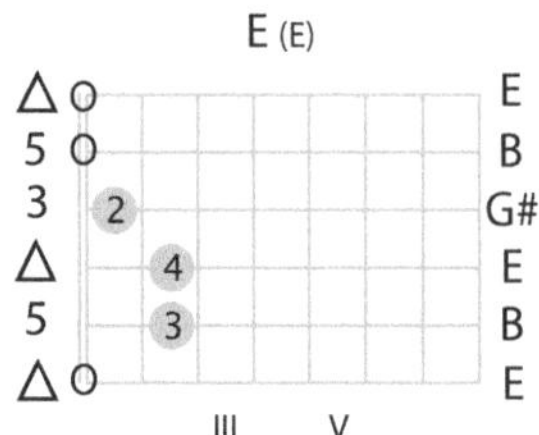

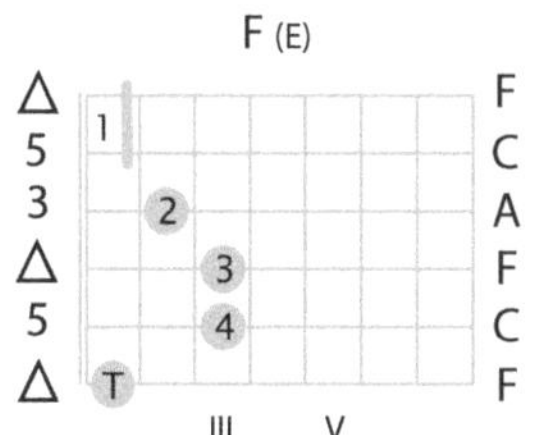

Der Daumen greift den Grundton auf der tiefen E-Saite.

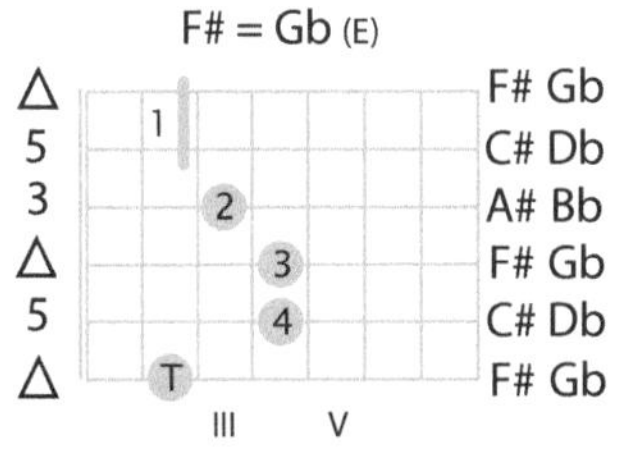

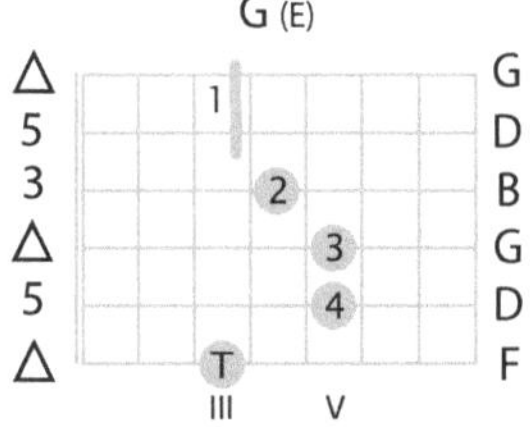

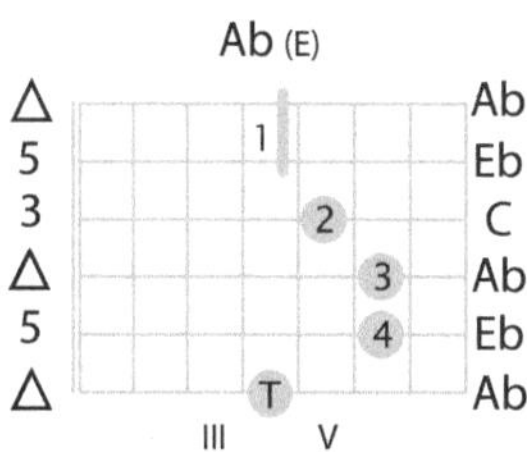

Übungen:

/: E / E :/ Umgreifen – Übung siehe Fingersatz 1 mit Daumen auf der E Saite.

E-Shape verschieben – Barré – Fingersatz III – gedämpfte A-Saite

E-Shape – Fingersatz II | **Verschiebbarer Fingersatz** | **Verschieben um einen Bund**

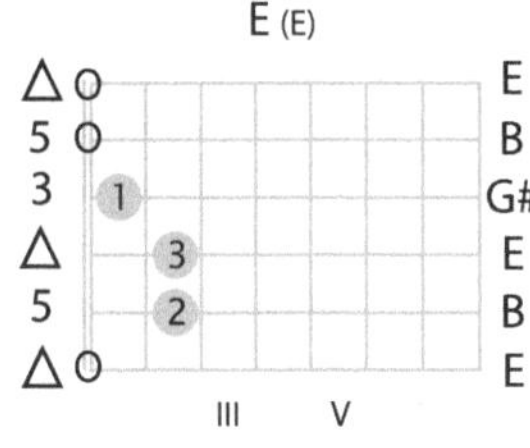

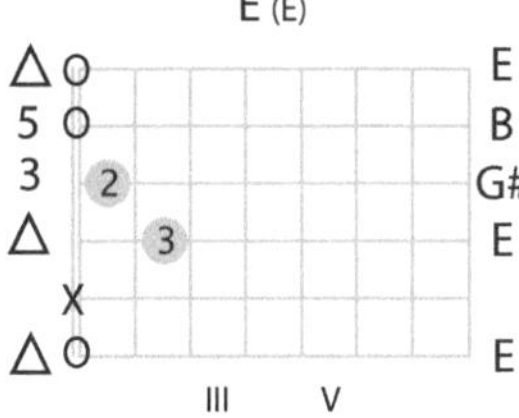

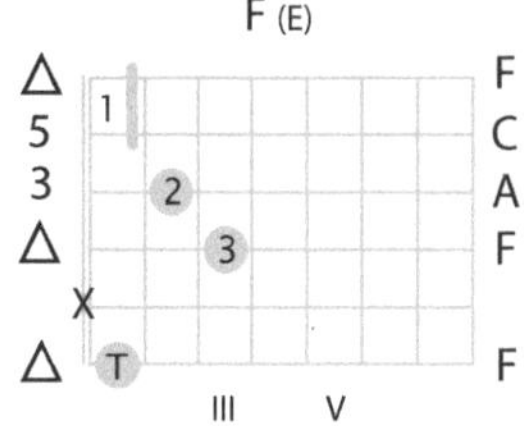

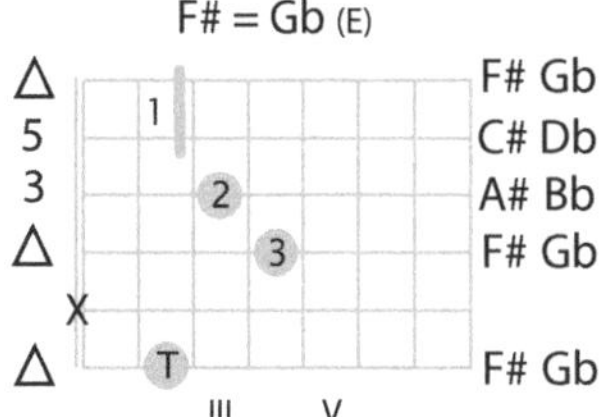

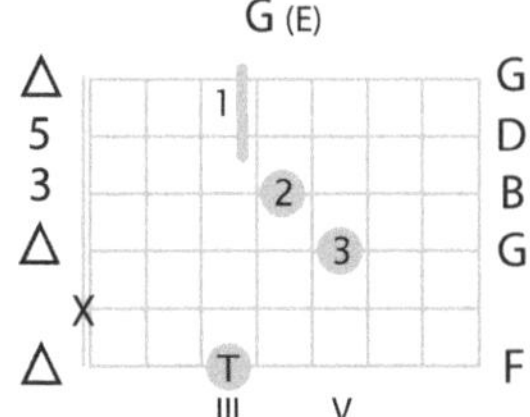

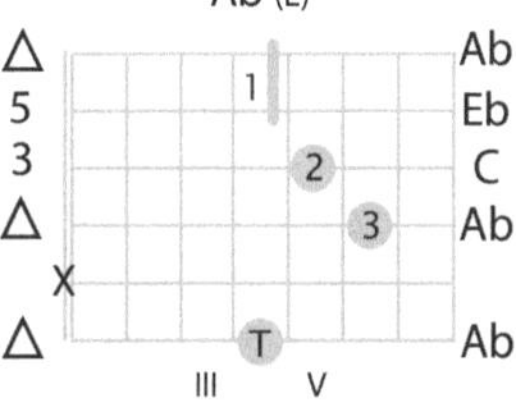

Diese Griffweise ist eine modifizierte Griffweise von Fingersatz II. Mit dem kleinen Finger kann man jetzt Akkorderweiterungen spielen. Jimi Hendrix, John Frusciante, viele Blues und Rockgitarristen spielen die E-Form auf diese Art. Der Daumen und/oder der Mittelfinger, der die D-Saite greift, dämpft die A-Saite. Dämpft man die A-Saite mit 2 Fingern, kann man Flageolette-Töne vermeiden. Mit dem Fehlen der Quinte auf der A-Saite wird der Akkord transparenter.

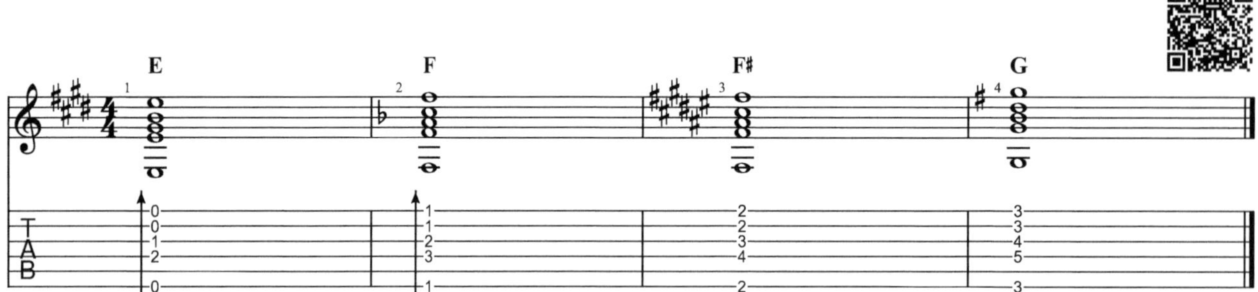

E5-Shape verschieben – Barré – Fingersatz IV – Metal, Rock

Bei Rock und Metal wird oft der Powerchord verwendet. Je mehr Distortion oder Overdrive beim Amp oder Effekt eingestellt wird, desto weniger Saiten sollte man spielen. Da ein Powerchord keine Terz enthält, kann man den Shape sowohl bei Moll und Dur Akkorden verwenden. Wenn man sich also nicht sicher ist, ob der Akkord Dur oder Moll ist, bietet sich der Powerchord an. Es ist egal, ob man den Powerchord mit 2 oder 3 Fingern greift. Mit 3 Fingern ist es etwas einfacher, den Akkord mit Vibrato zu verzieren.

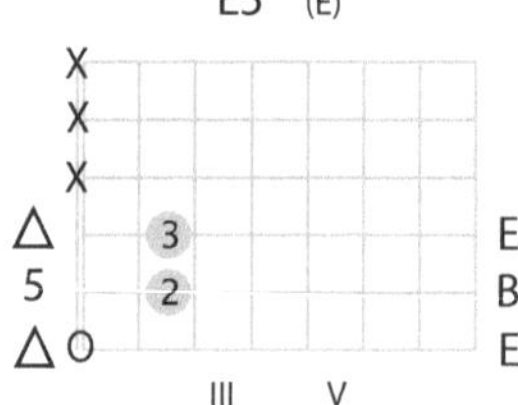

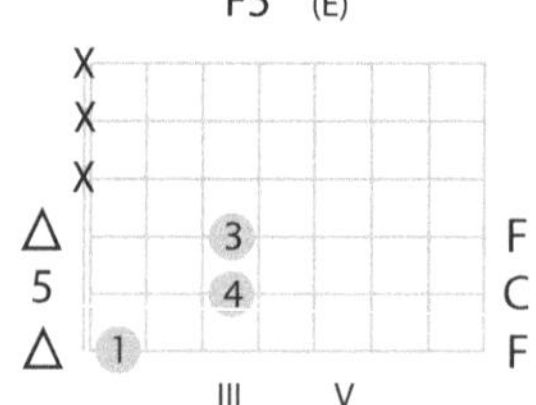

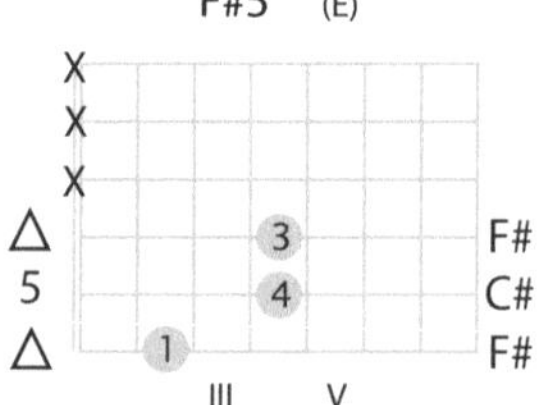

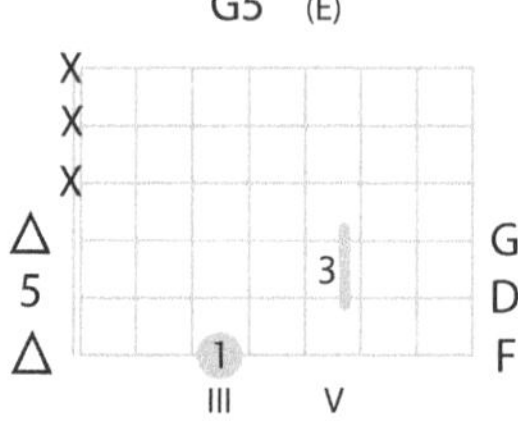

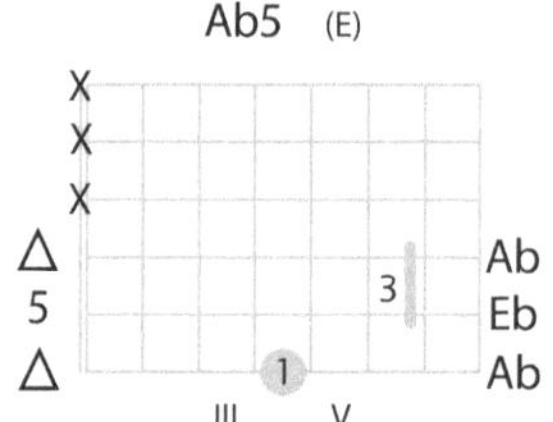

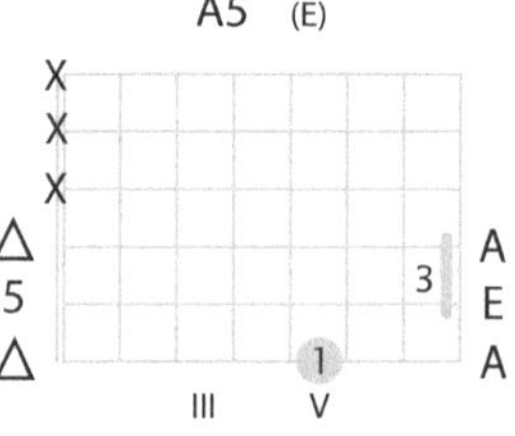

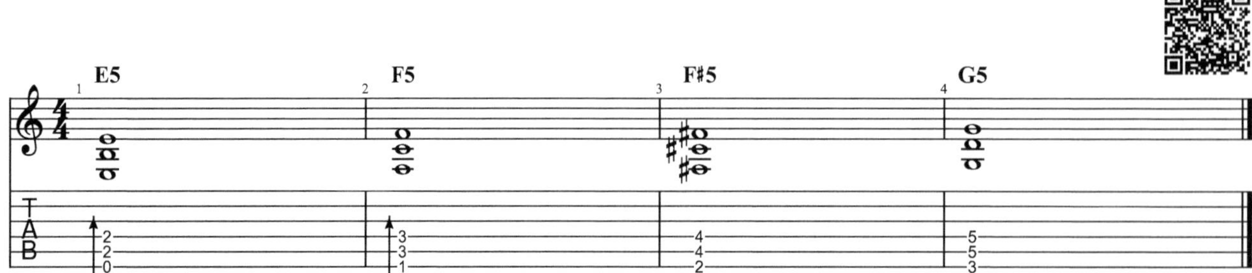

E-Shape – Barré – Fingersatz I – klassische Greifweise

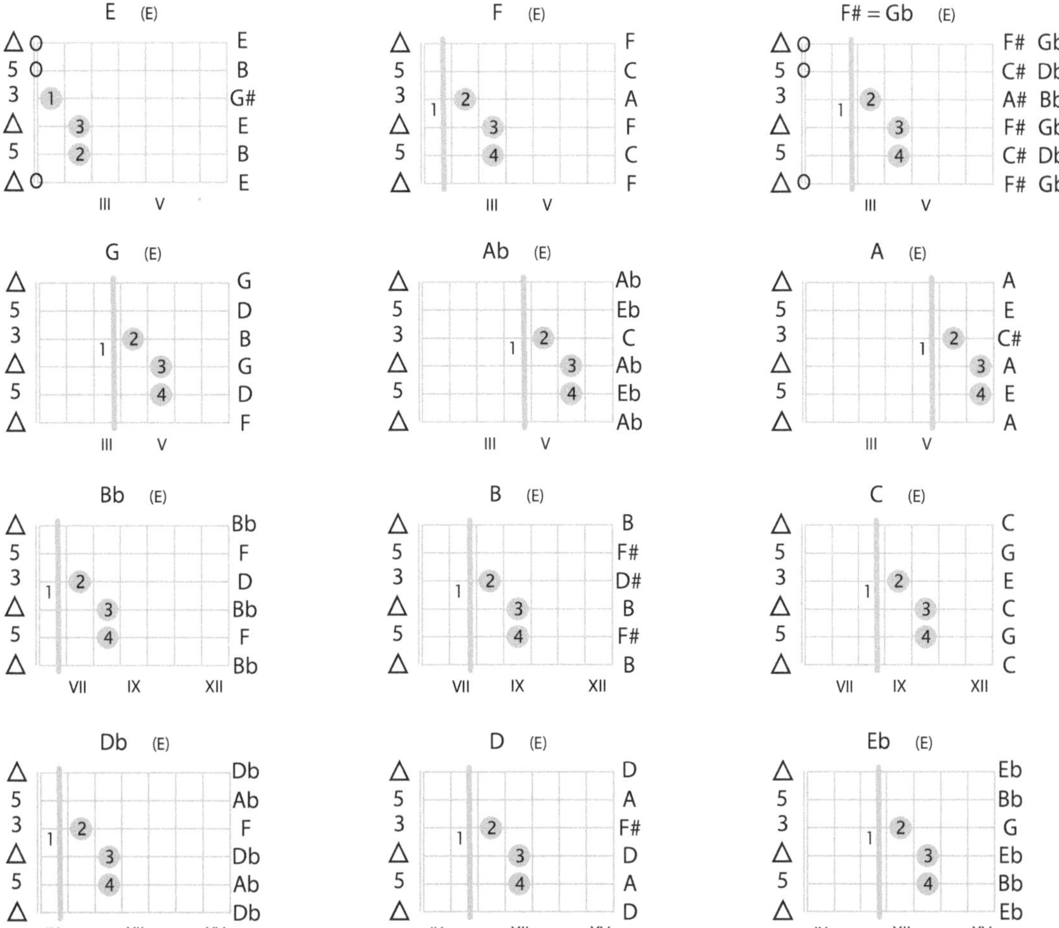

E-Shape – Barré – Fingersatz II – mit Daumen auf tiefer E-Saite

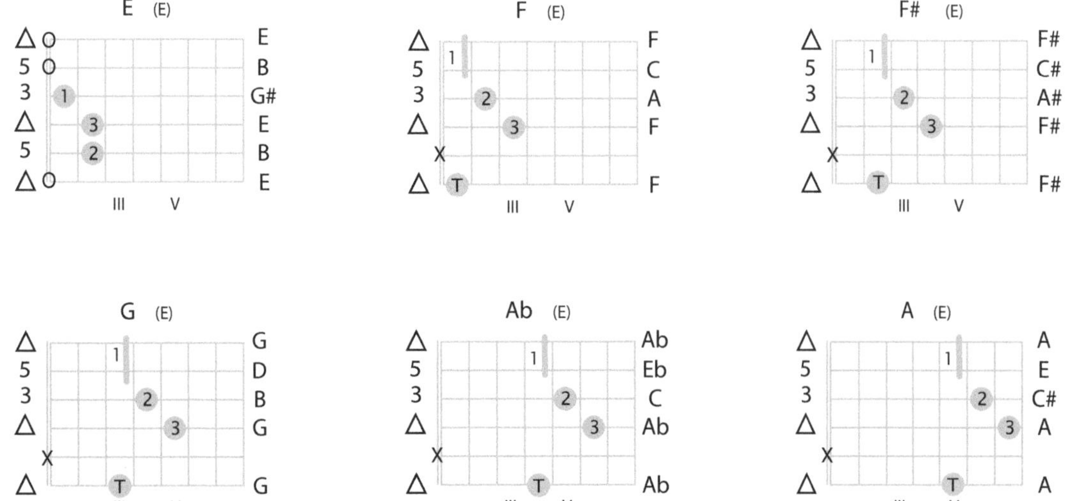

E-Shape – Barré – Fingersatz III – Daumen auf tiefer E-Saite, gedämpfte A-Saite

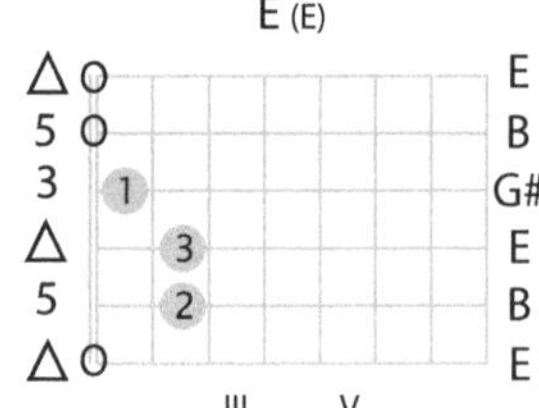

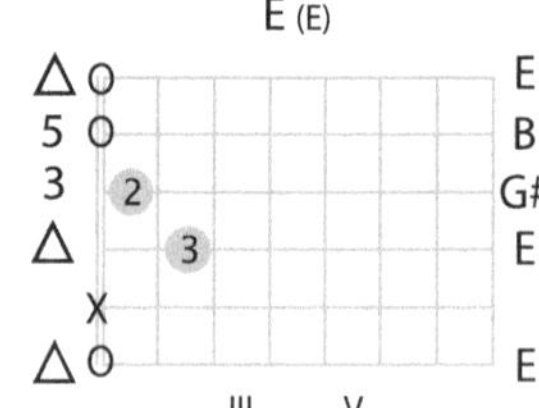

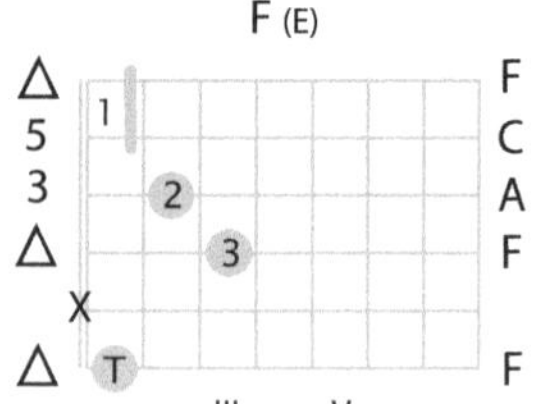

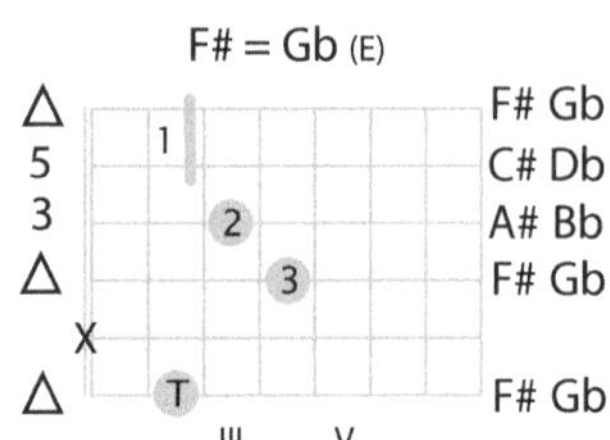

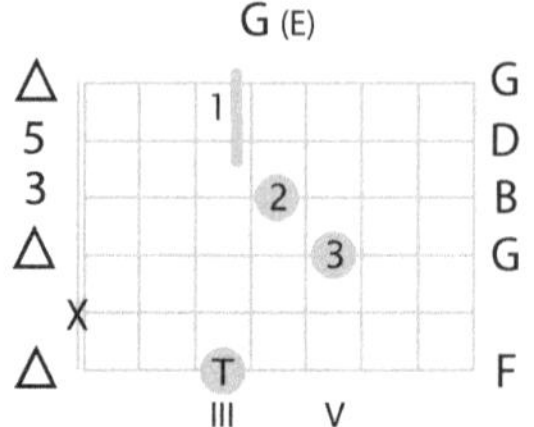

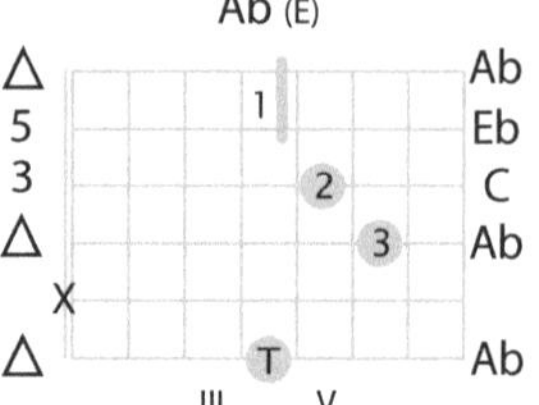

E5-Shape – Barré – Griff mit 2 oder 3 Fingern

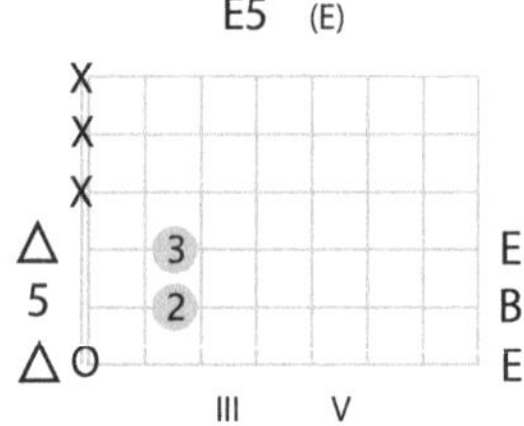

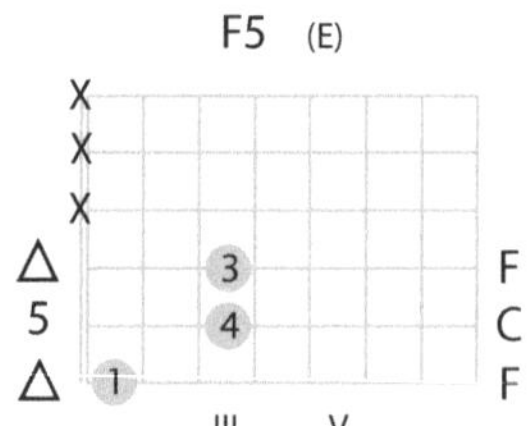

F#5 (E)

F# C# F#

III V

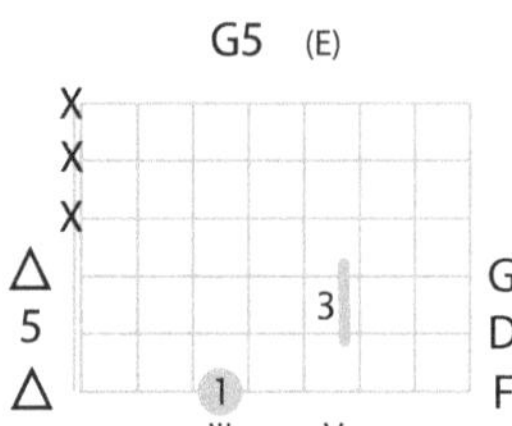

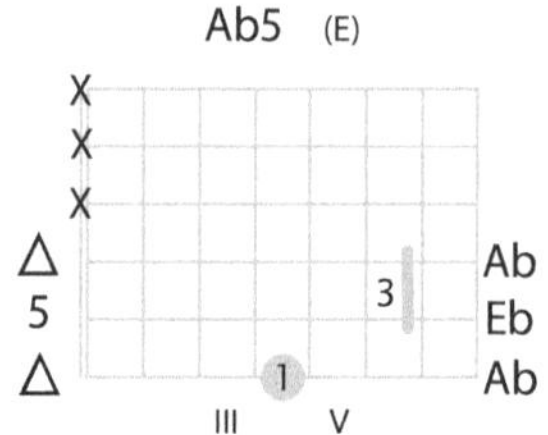

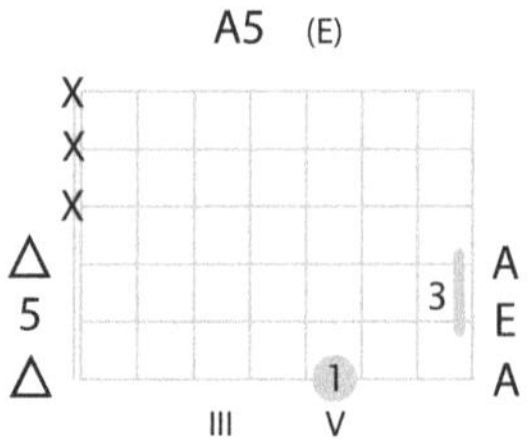

D-Shape verschieben – Barré - Fingersatz I

D-Shape – Fingersatz I

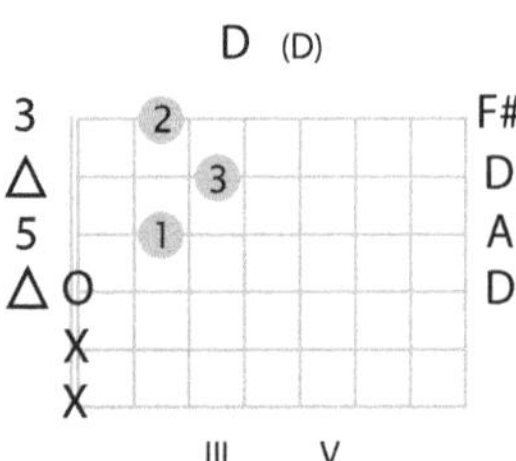

Tauschen der Finger

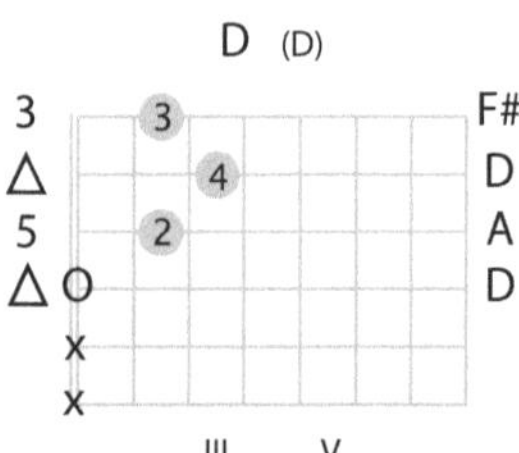

Verschieben um einen Bund

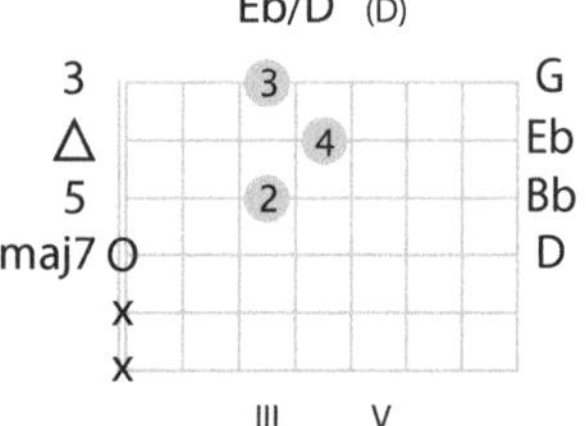

Damit haben wir wieder den Zeigefinger zur Verfügung, um den Sattel zu ersetzen.

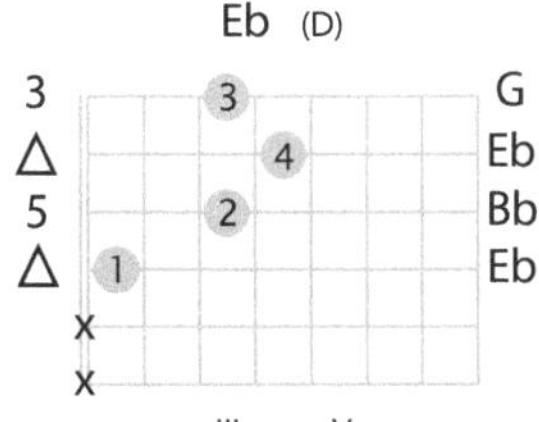

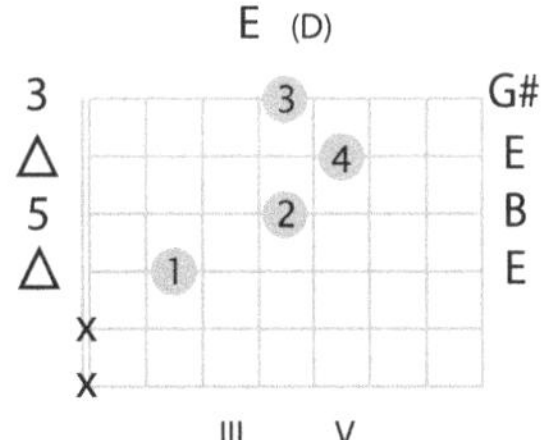

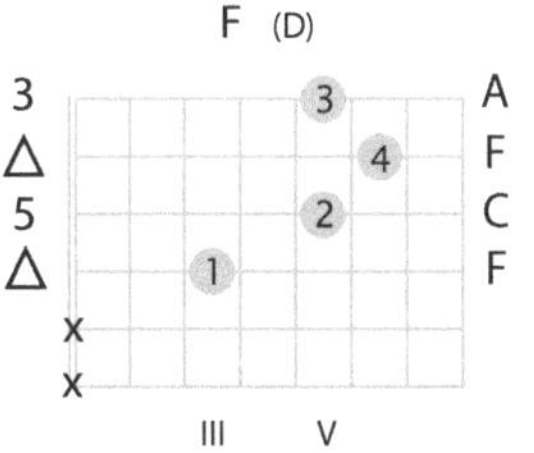

Der Zeigefinger ersetzt den Sattel. Jetzt erhalten wir einen Griff, den man verschieben kann.

/: D / D :/ Umgreif Übung - Grafik 1und 2 der oberen Tabelle

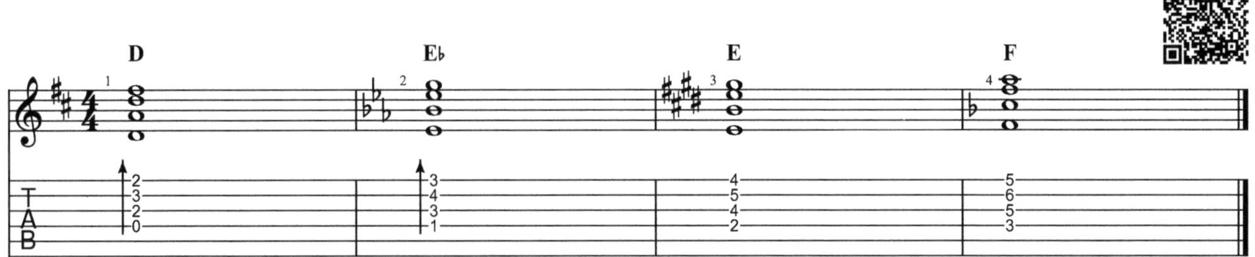

Lernen der D-Saite

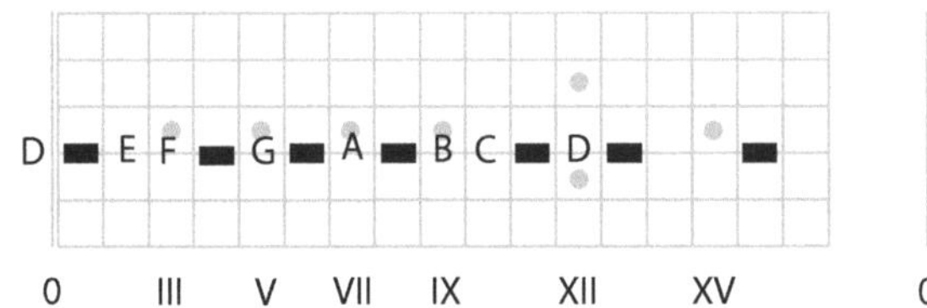

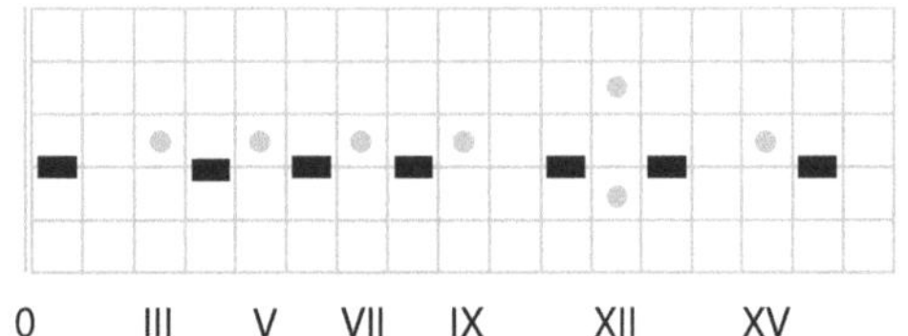

Die Orientierung des D-Shapes ist die D-Saite.

D-Shape verschieben – Barré - Fingersatz II

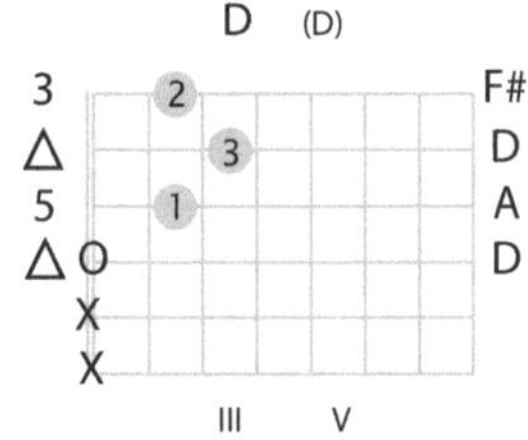

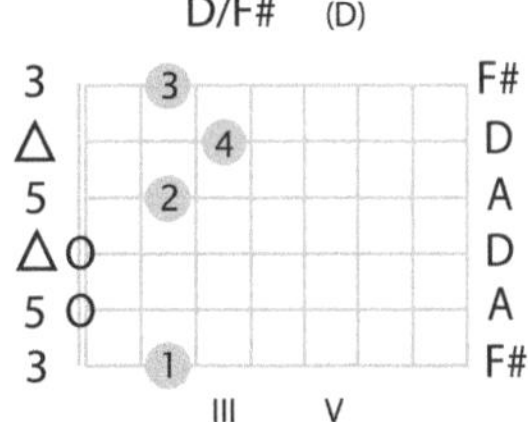

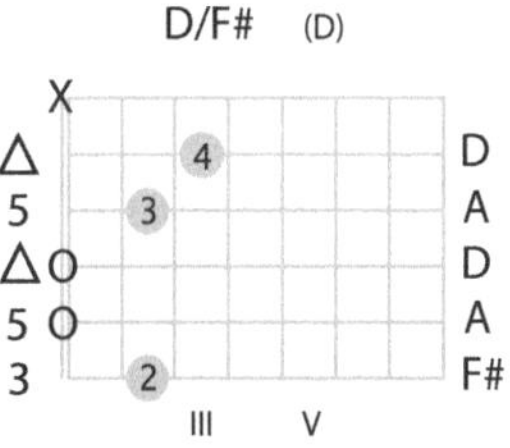

Die Terz F# wandert von der hohen E-Saite auf die tiefe E-Saite. Die hohe E-Saite wird gemuted.

Zeigefinger ersetzt den Sattel

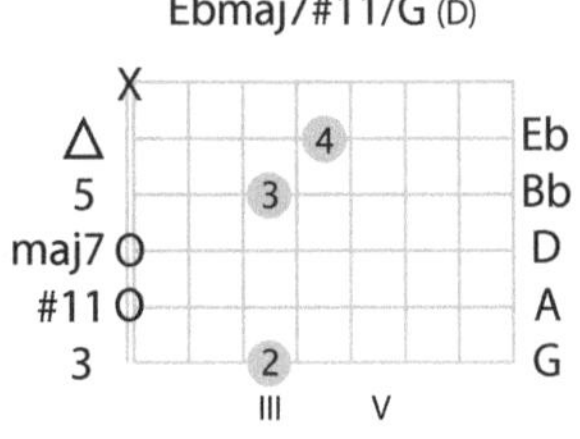

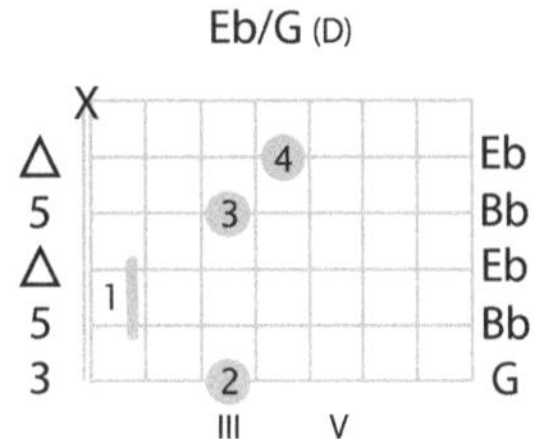

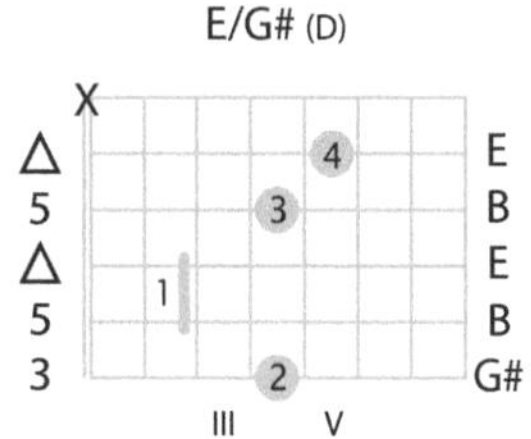

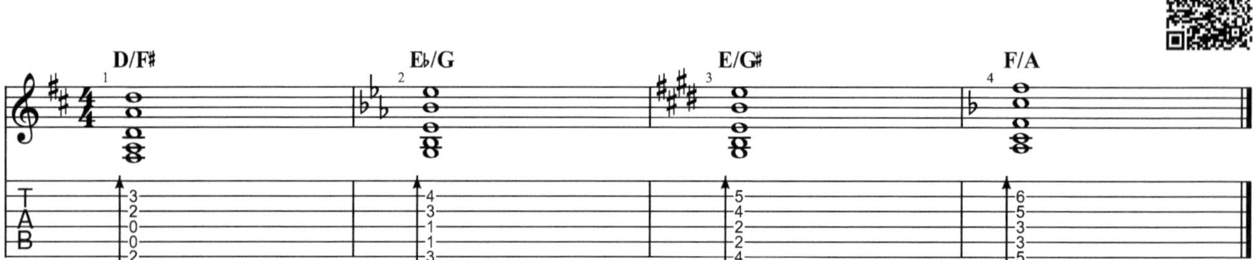

D-Shape verschieben – Barré - Fingersatz III

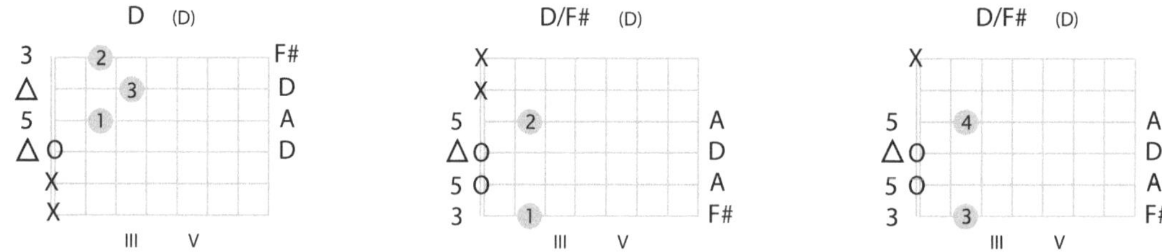

Die Terz F# wandert von der hohen E-Saite auf die tiefe E-Saite. Die hohe E-Saite und D-Saite werden gemuted.

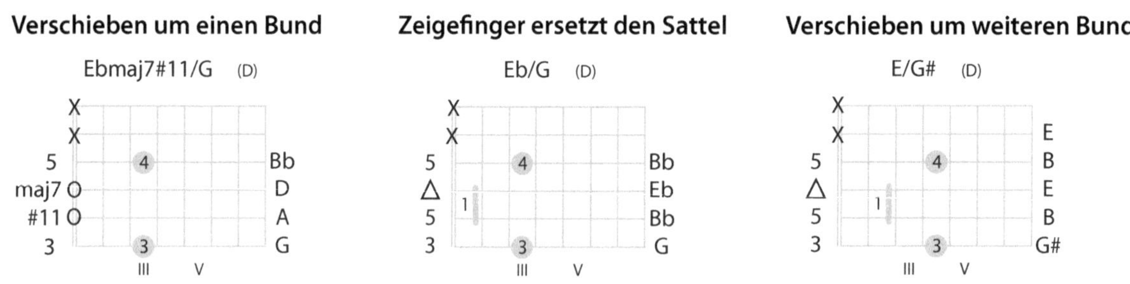

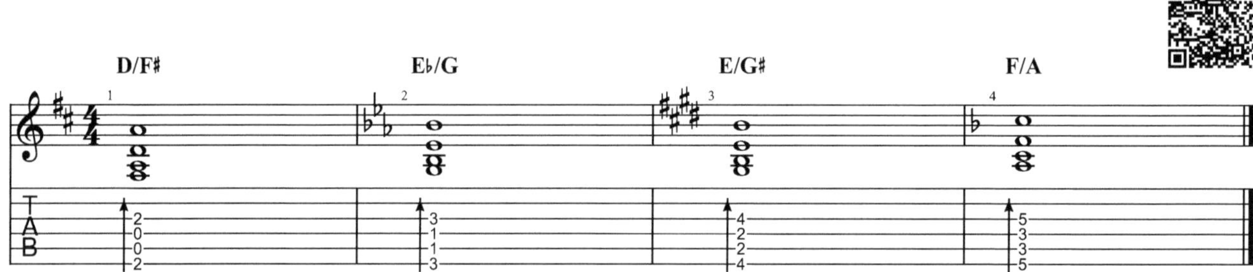

D-Shape – Fingersatz I

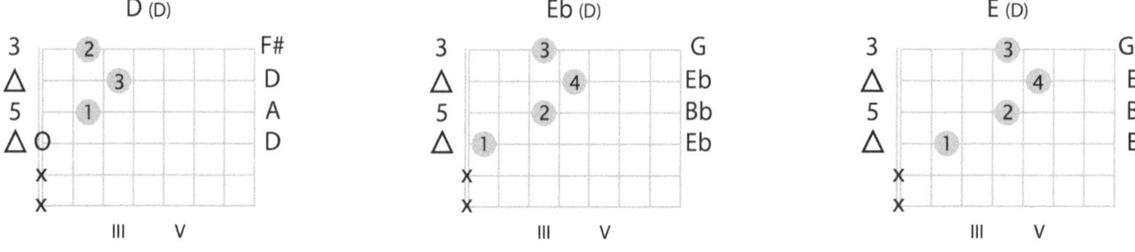

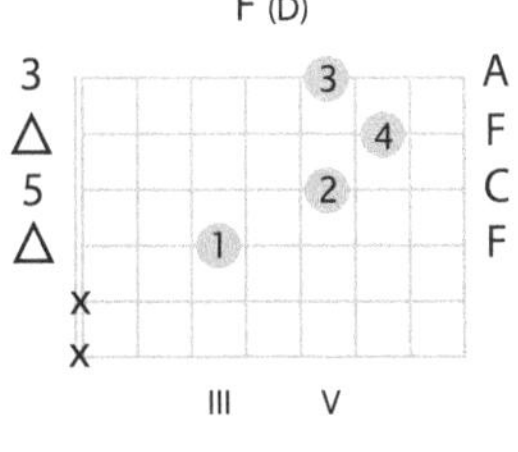

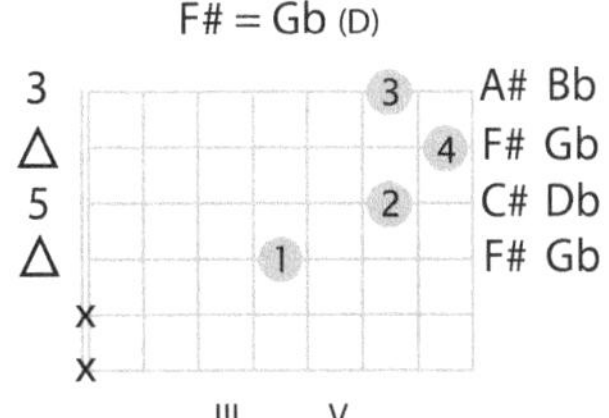

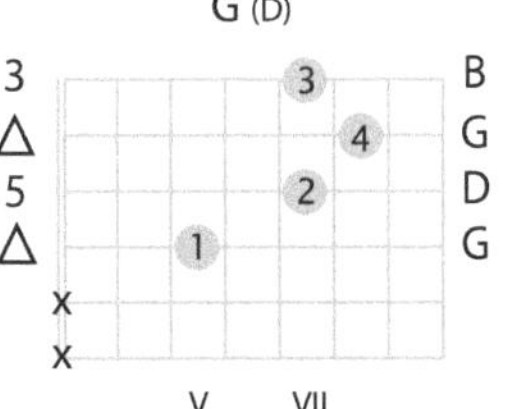

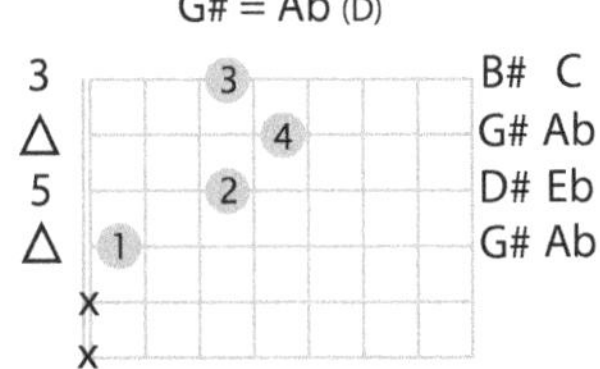

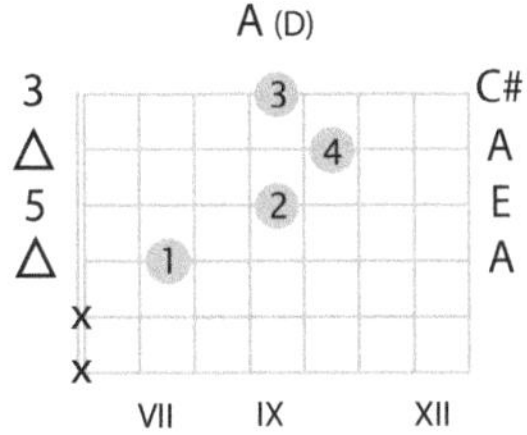

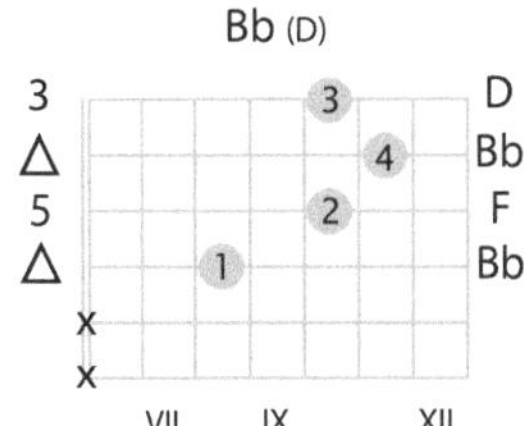

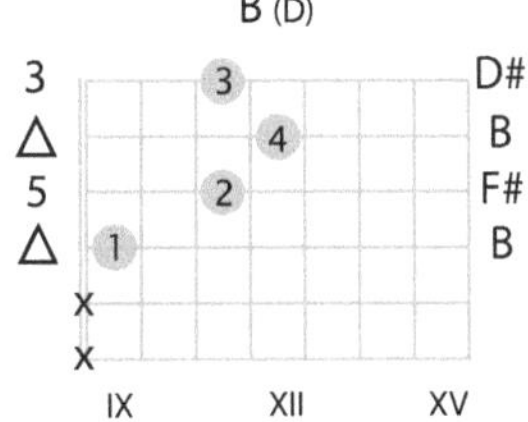

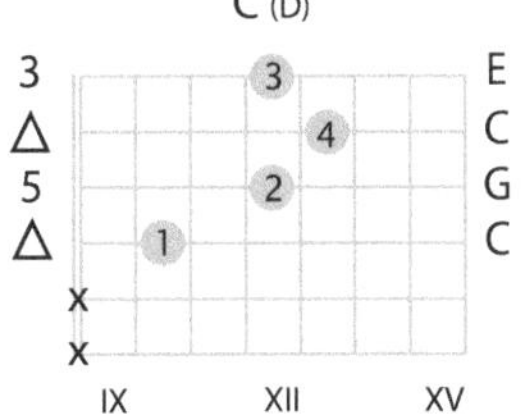

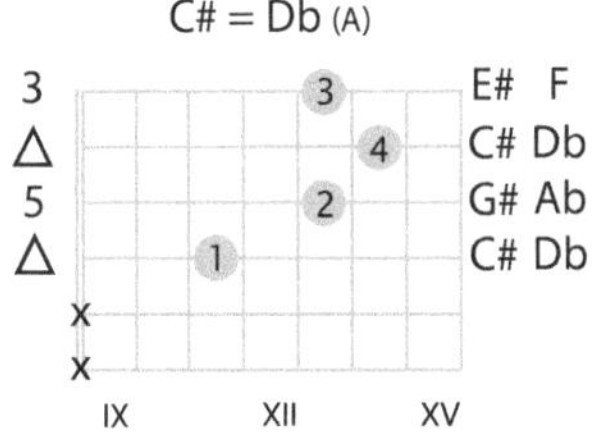

D-Shape – Fingersatz II

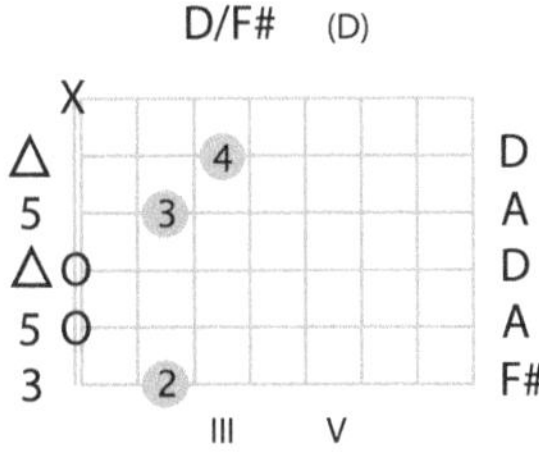

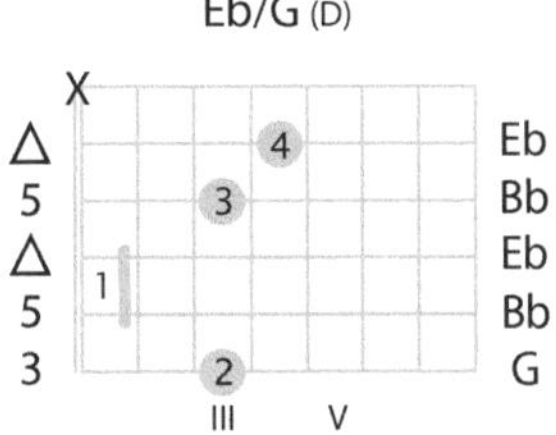

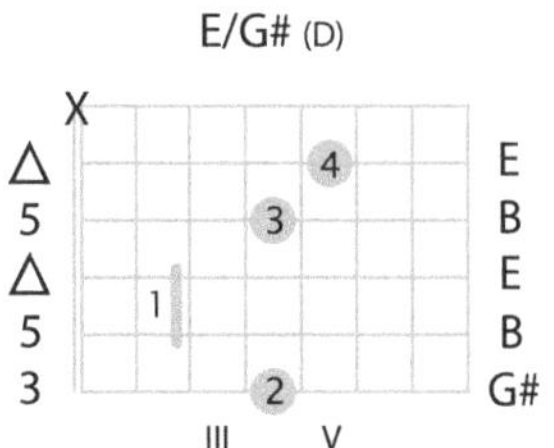

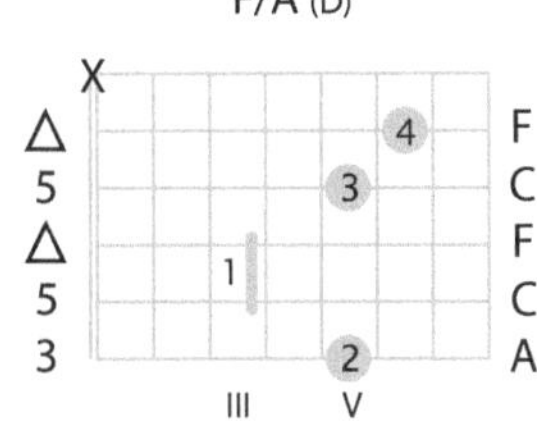

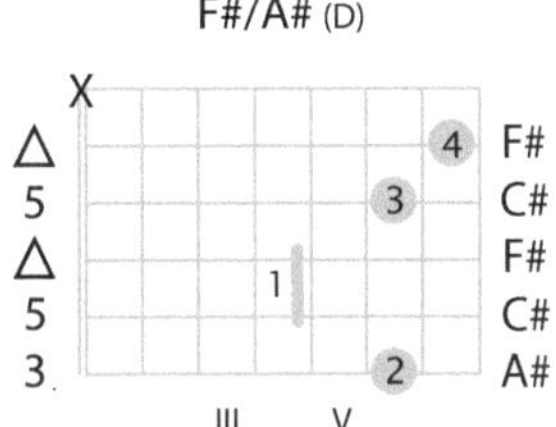

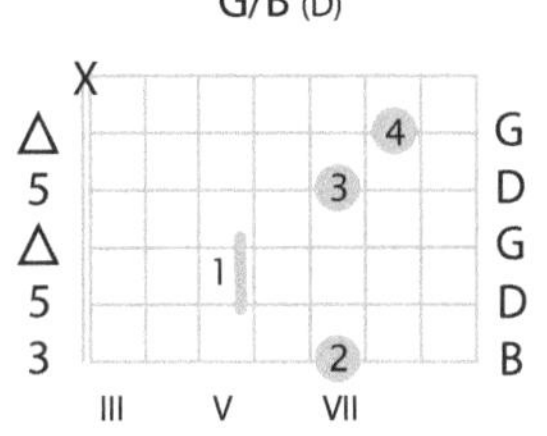

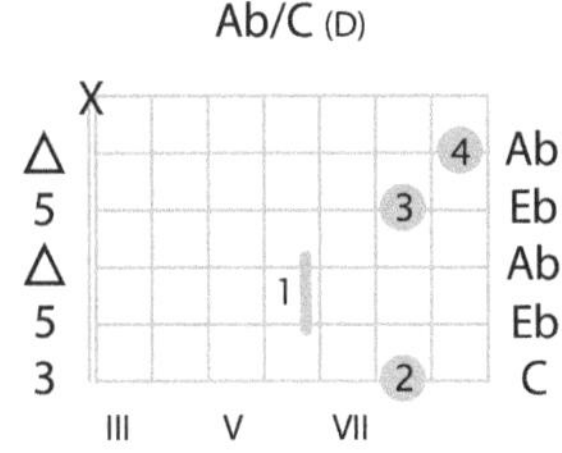

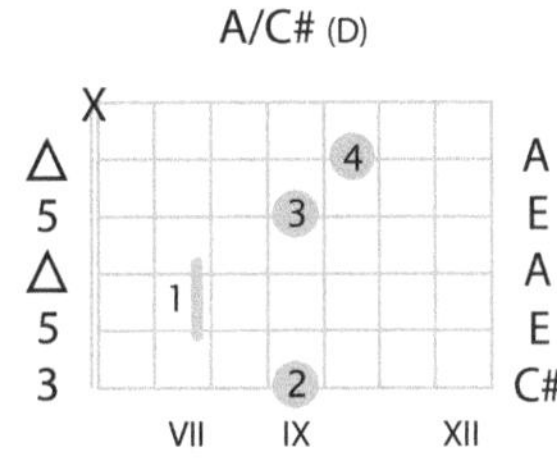

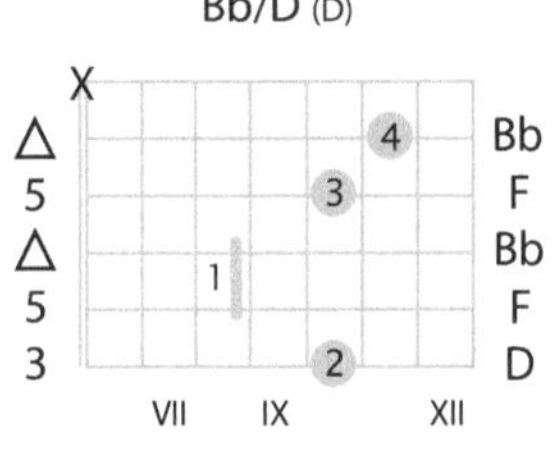

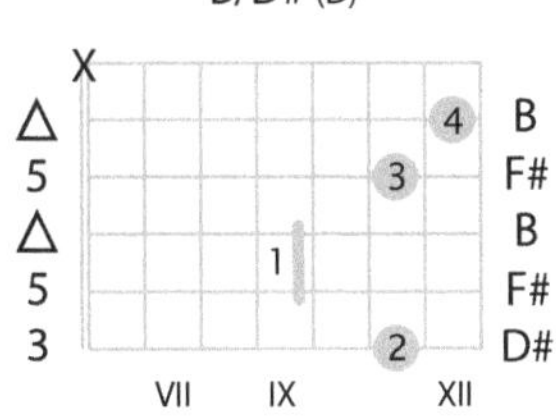

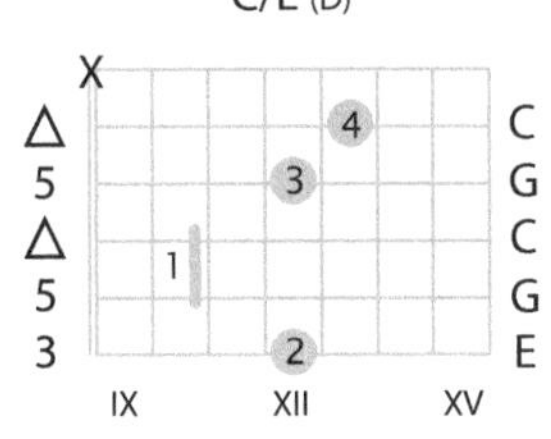

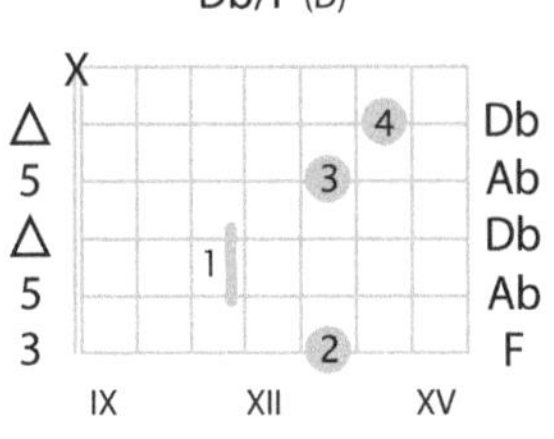

D-Shape – Fingersatz III

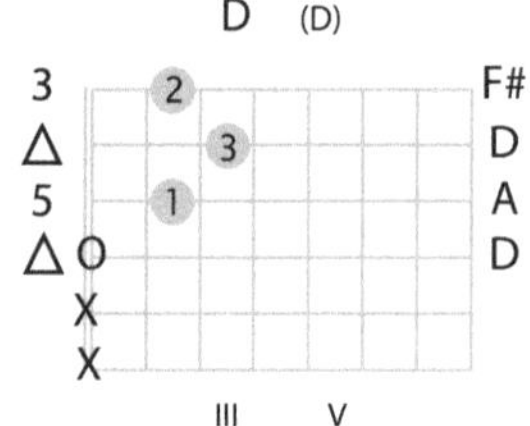

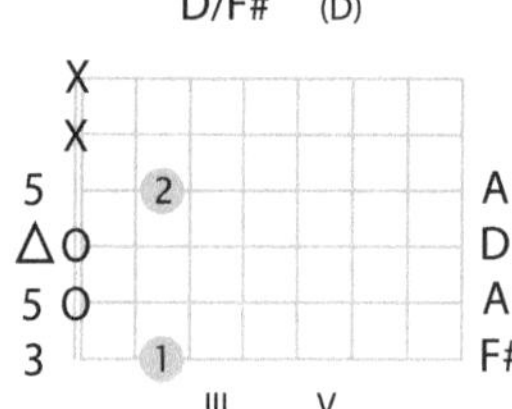

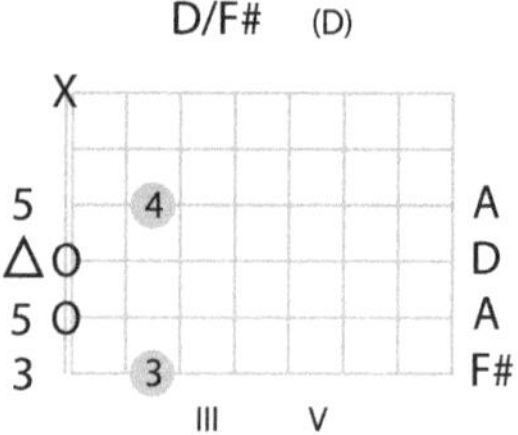

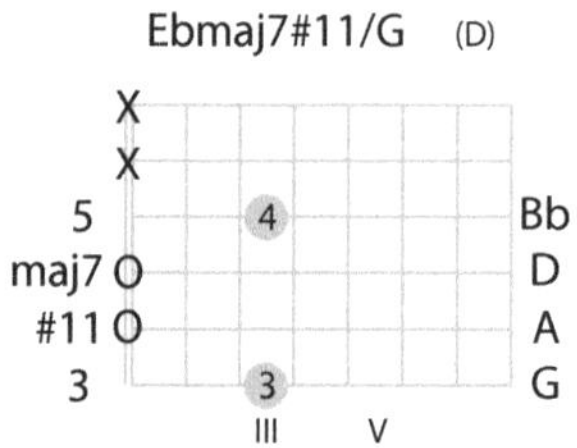

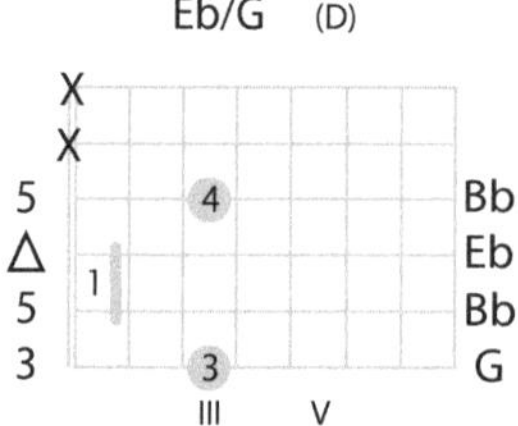

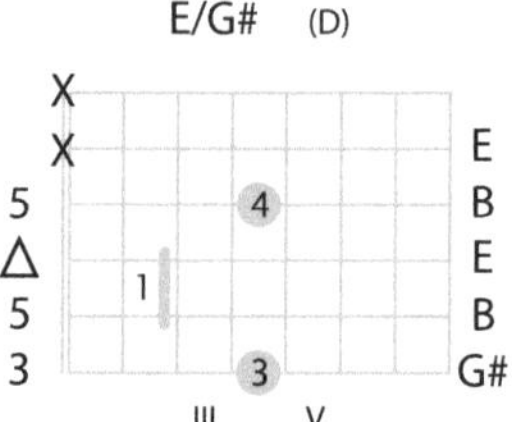

CAGED für alle C A G E D Basic Akkorde

C-Dur

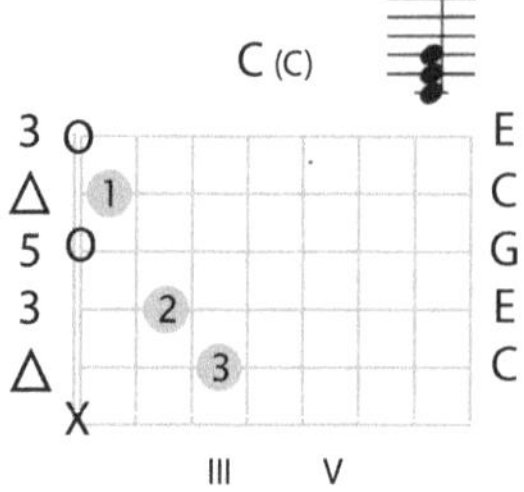

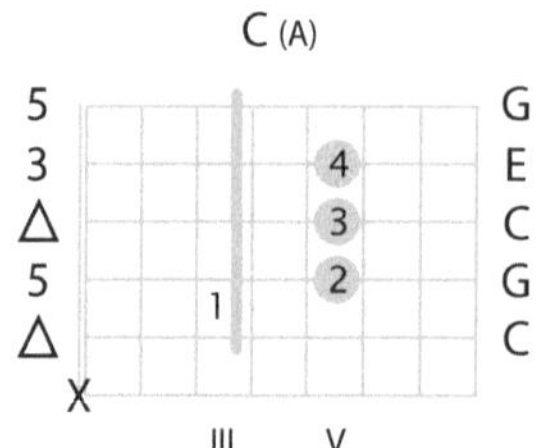

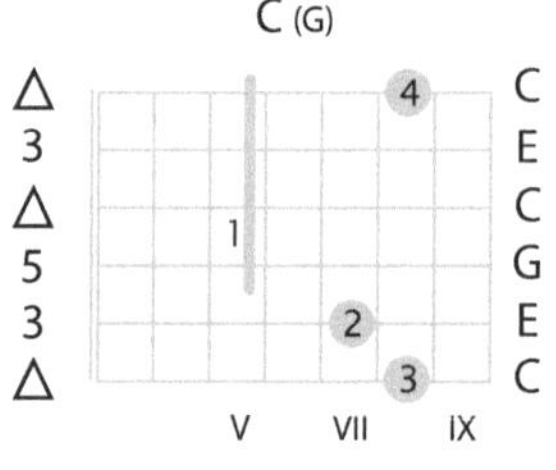

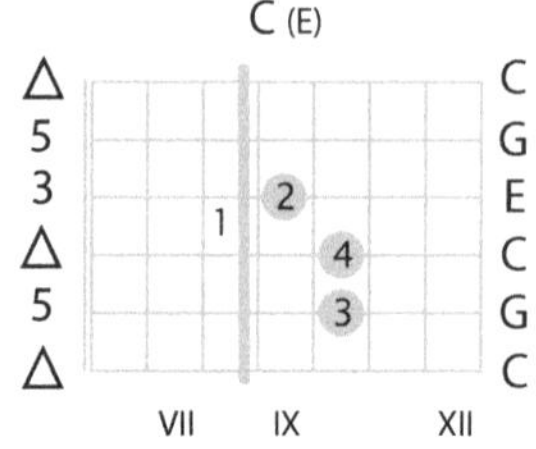

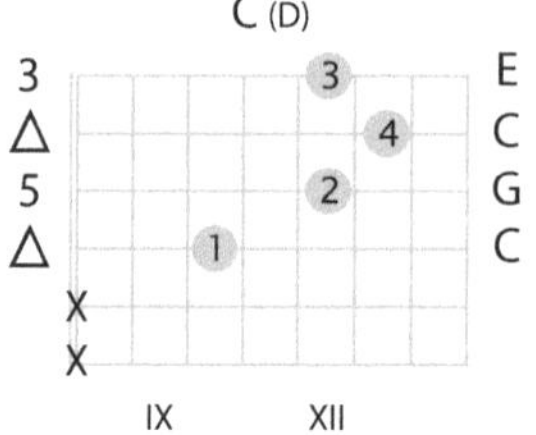

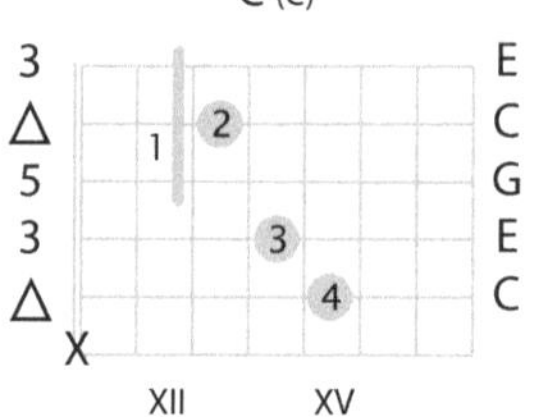

A-Dur

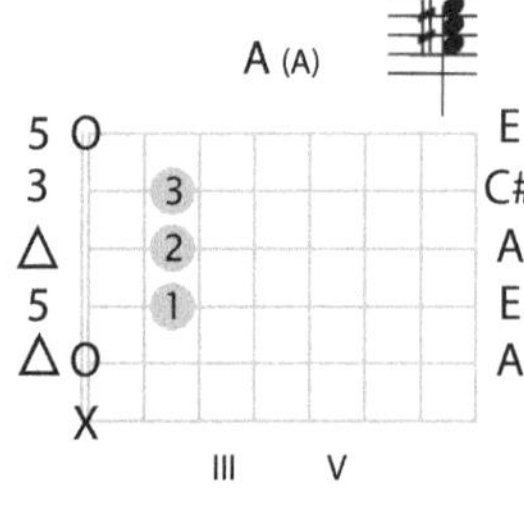

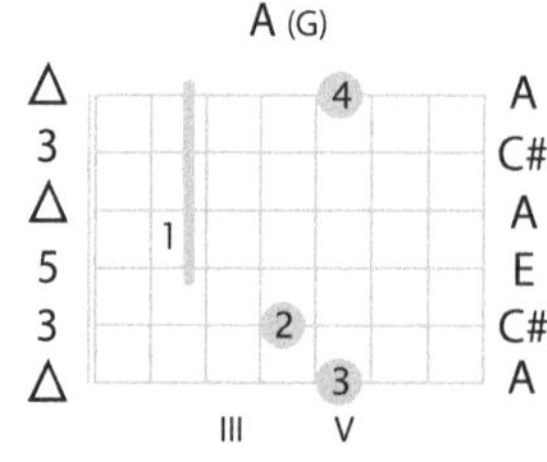

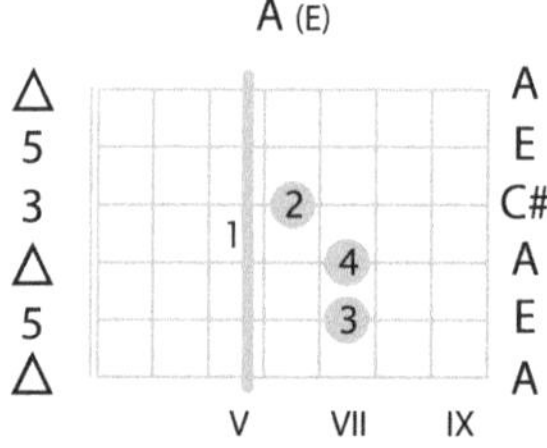

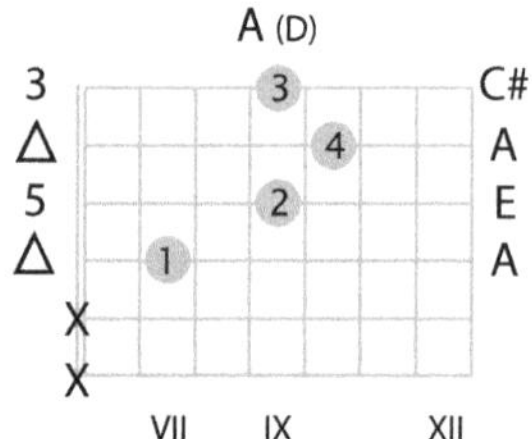

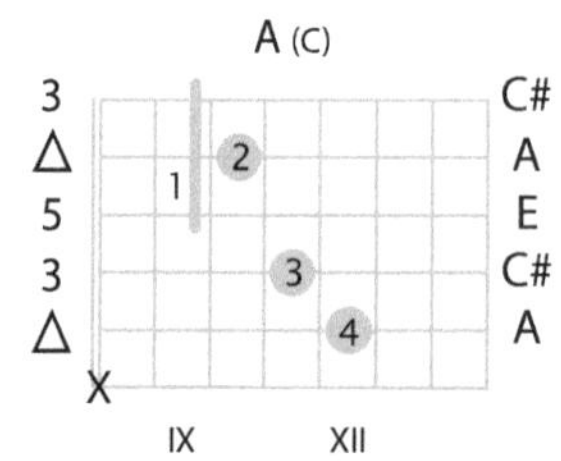

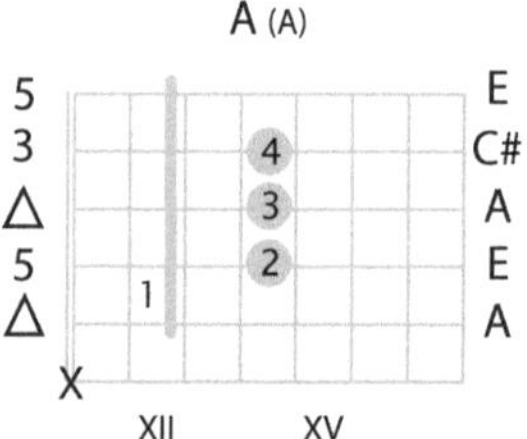

G-Dur

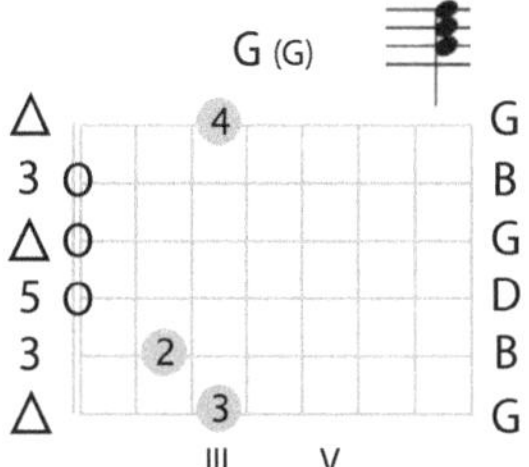

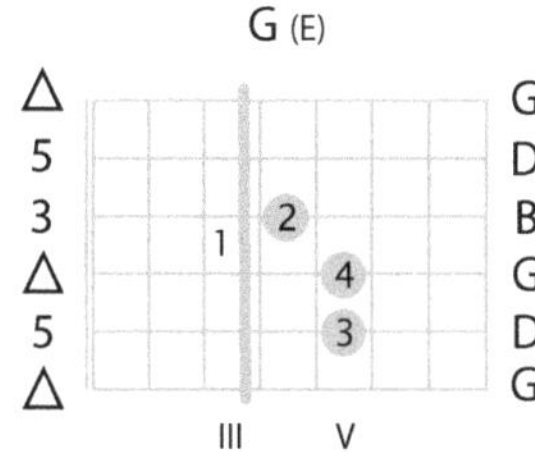

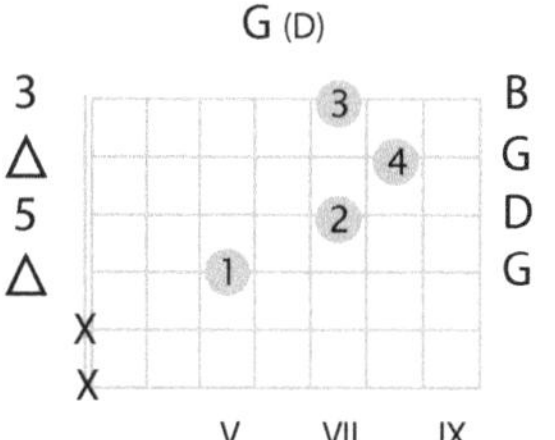

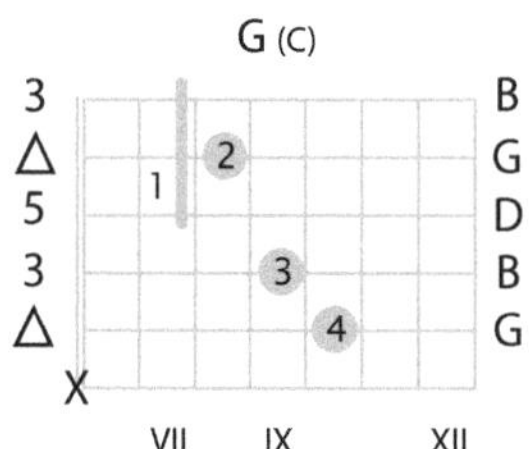

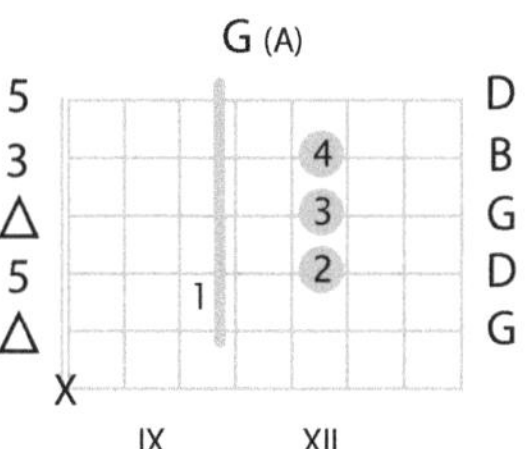

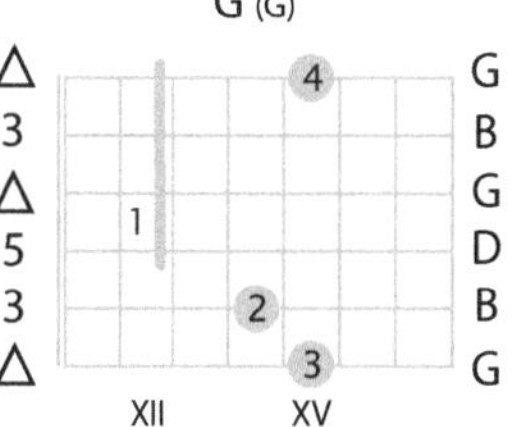

E-Dur

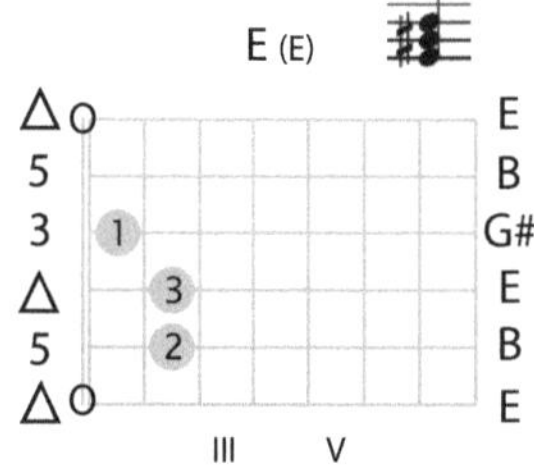

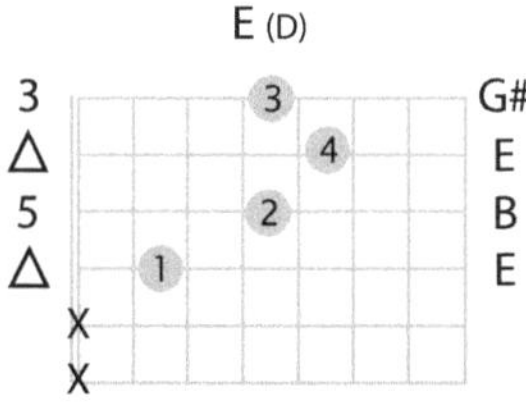

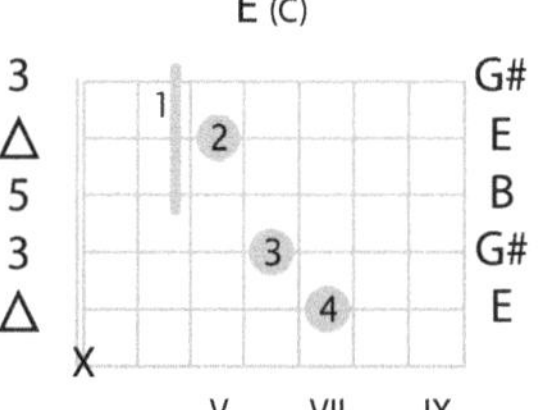

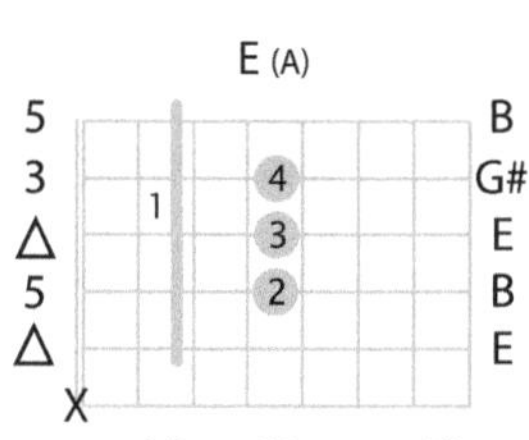

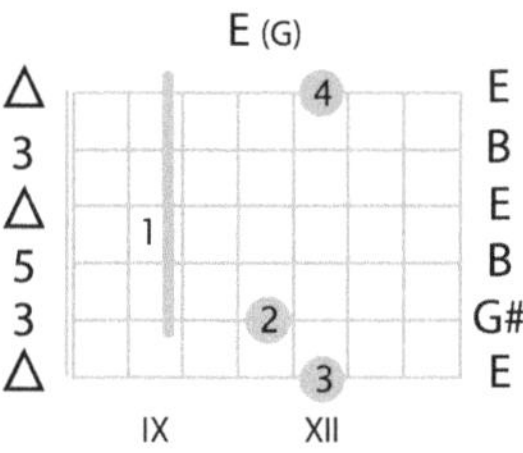

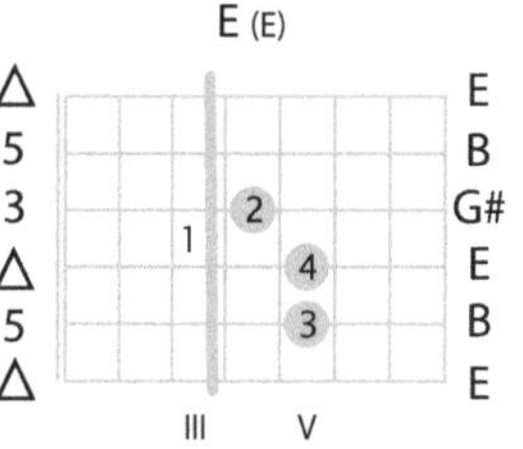

D-Dur

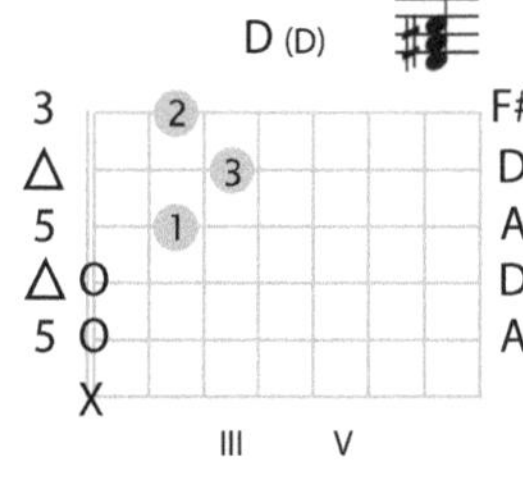

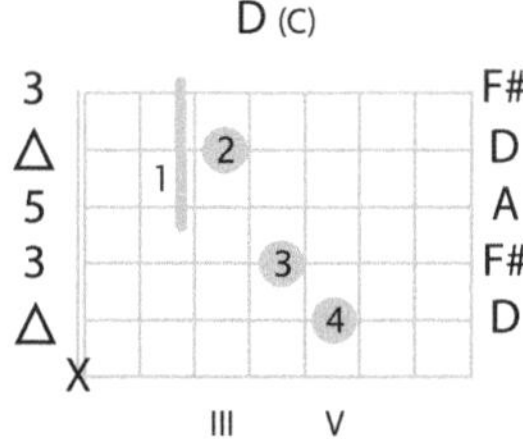

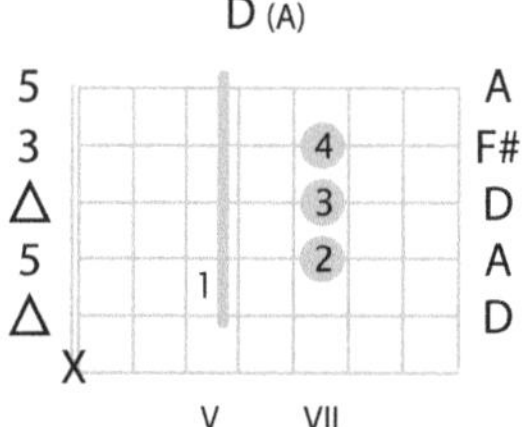

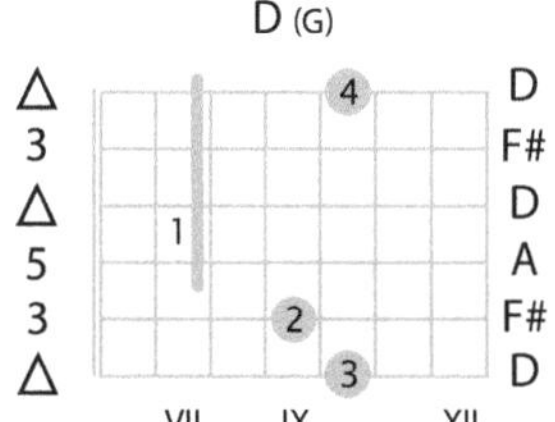

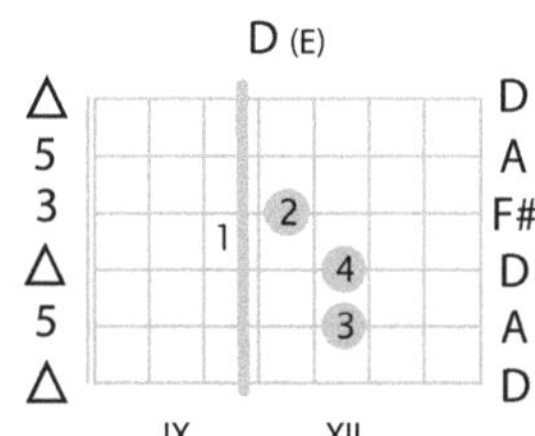

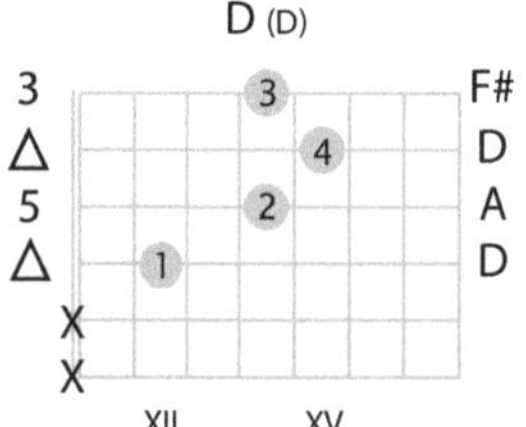

5. Verbinden der Shapes – Üben benachbarter Shapes

Die Shapes sind nur eine Hilfe das Griffbrett zu lernen. Deswegen teilt man das Griffbrett auf die 5 Shapes auf. Damit man aber schließlich frei auf dem Griffbrett spielen kann, verbindet man die Shapes wieder. Benachbarte Shapes haben einen oder mehrere Töne gemeinsam.

Gemeinsamkeiten der Shapes:

C- und A-Shape: Grundton auf der A-Saite
A- und G-Shape: Dreiklang auf der D-, G- und B-Saite
G- und E-Shape: Beide E-Saiten
E- und D-Shape: Grundton auf der D-Saite
D- und C-Shape: Dreiklang auf der G-, B- und hohen E-Saite

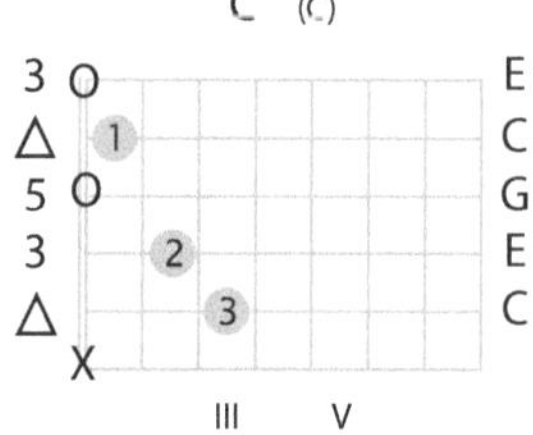

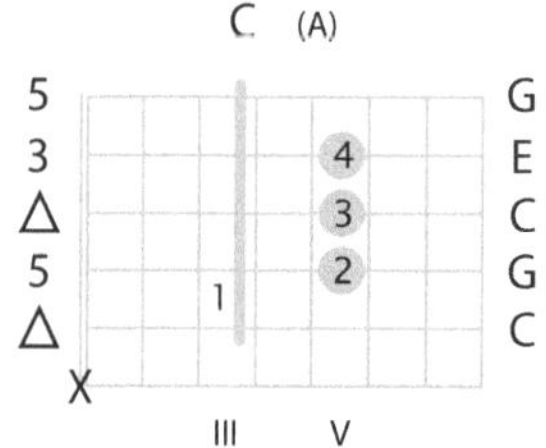

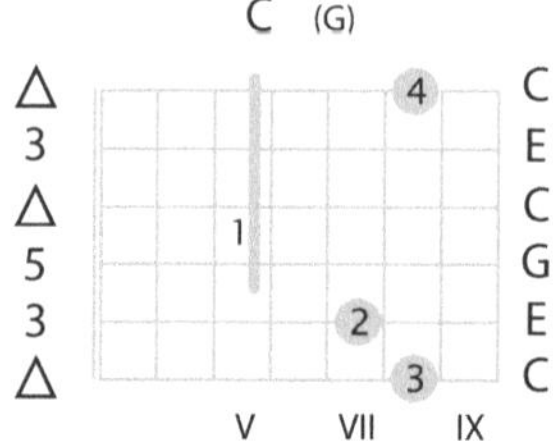

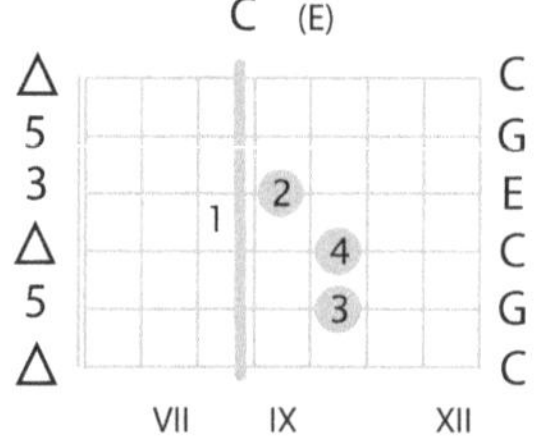

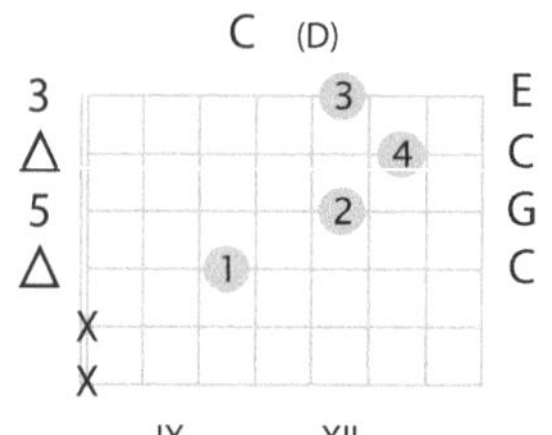

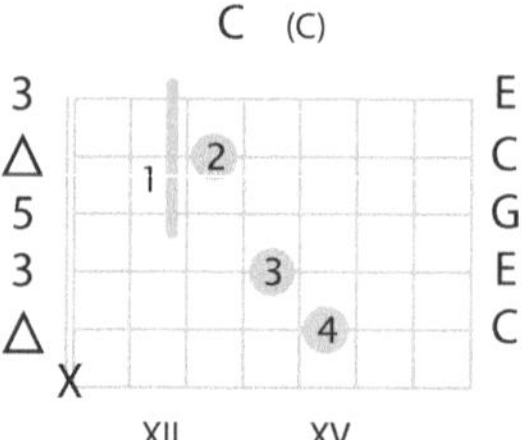

Mache folgende Übungen mit dem Metronom (beginne bei 45 Bpm), zuerst ganze Noten, dann Halbe und Viertel. Egal wie viele Töne eines Shapes man spielt, man sollte den Basic Shape immer erkennen. Steigere dann die Geschwindigkeit. Die Akkorde/Shapes werden auf dem Griffbrett im Lauf der Zeit immer sichtbarer.

1) Wechsle 2 Shapes ab.

C- und A-Shape

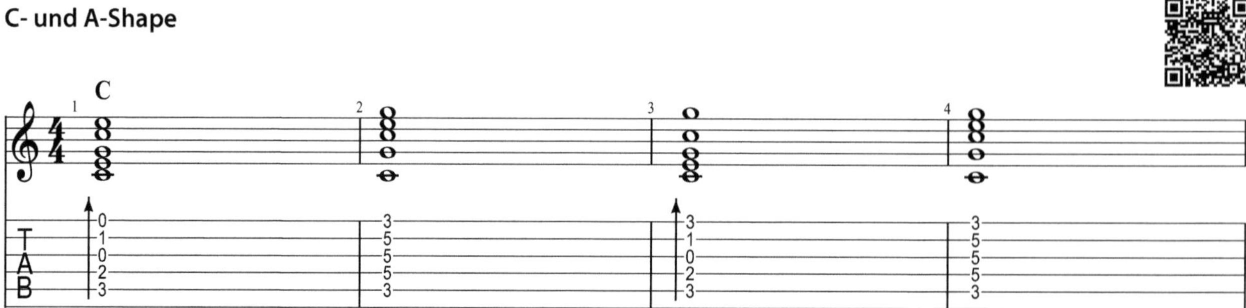

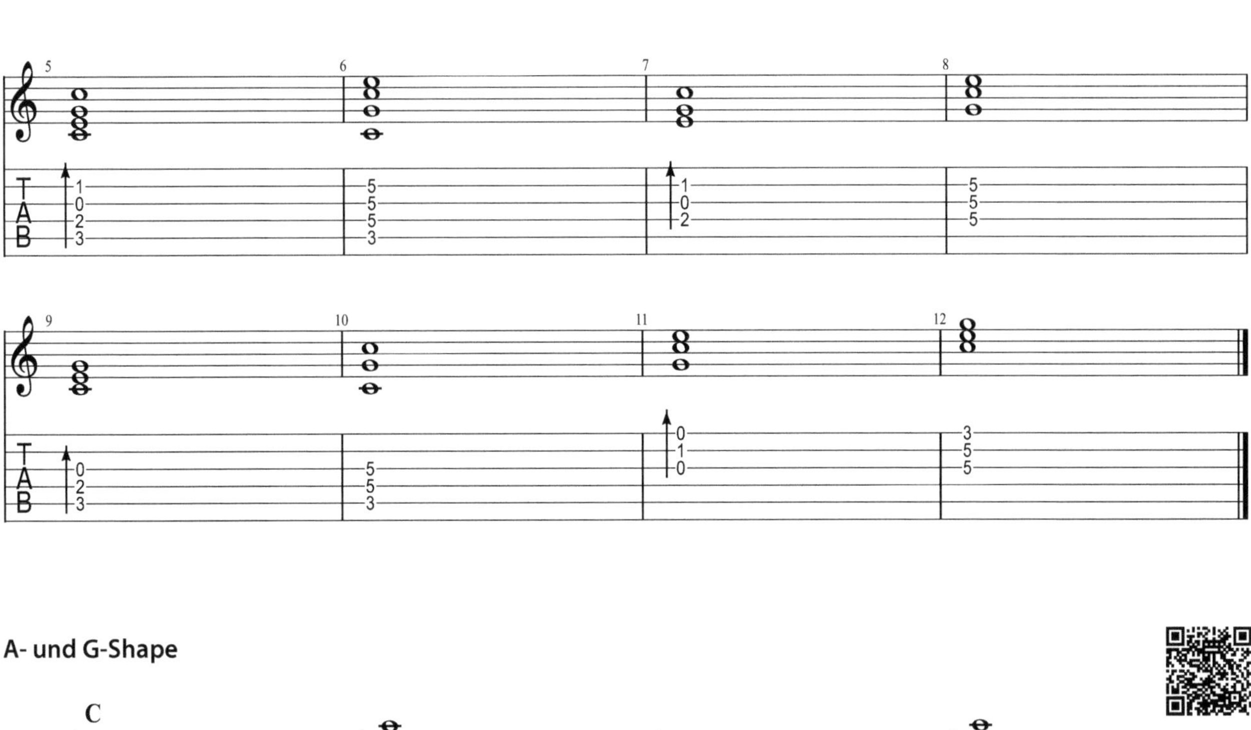

A- und G-Shape

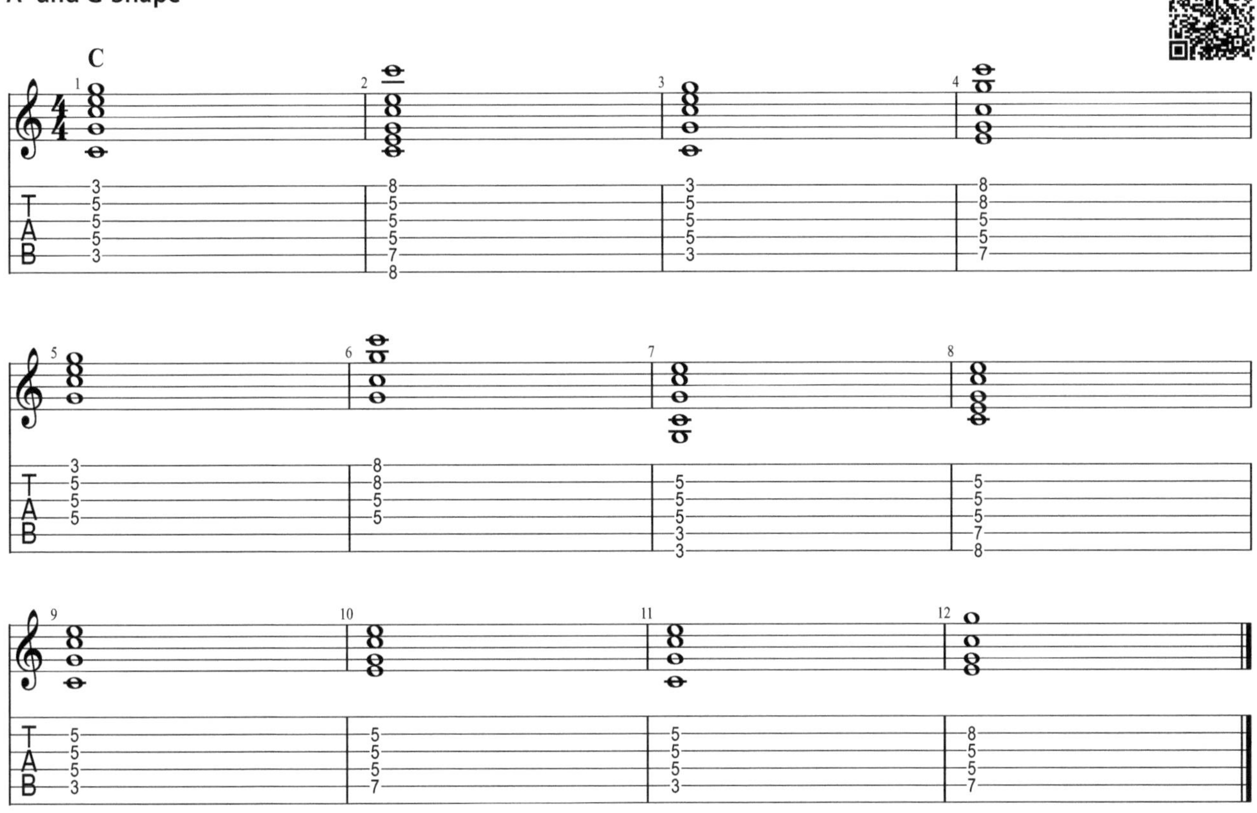

G- und E-Shape

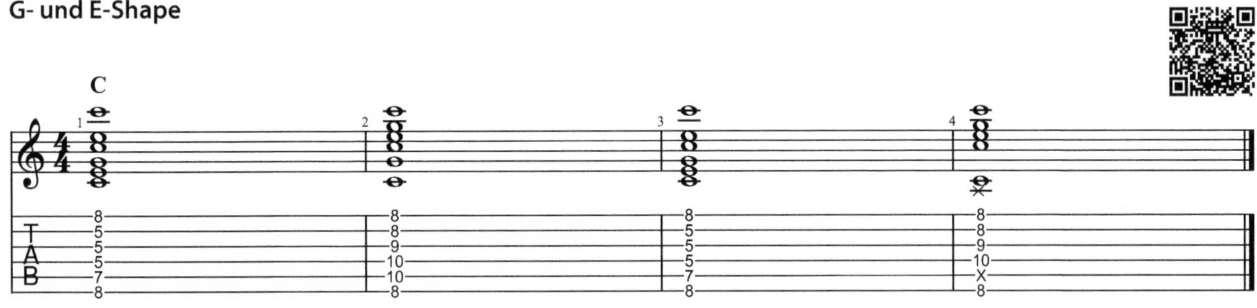

E- und D-Shape

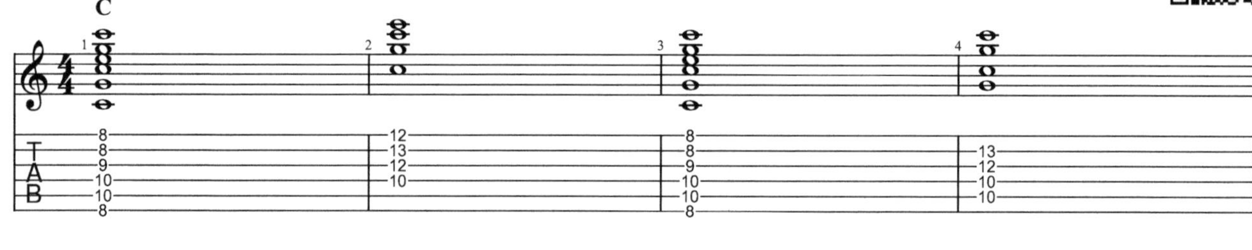

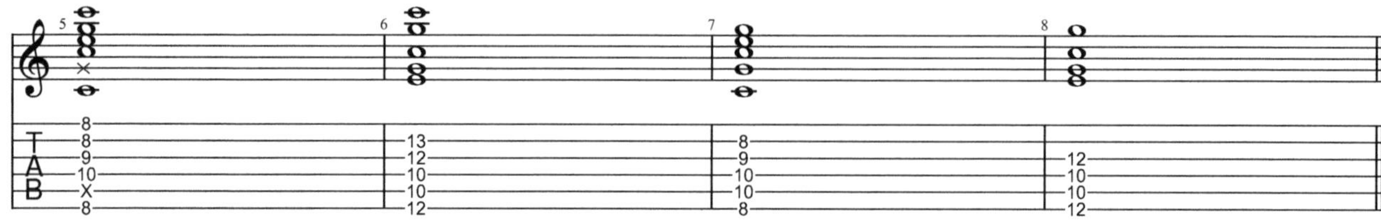

D- und C-Shape

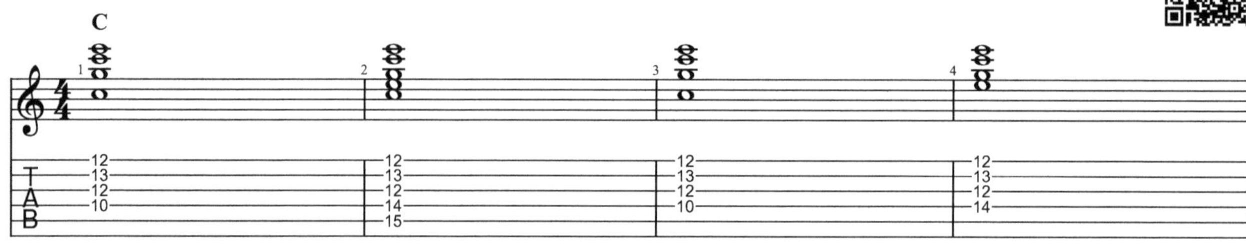

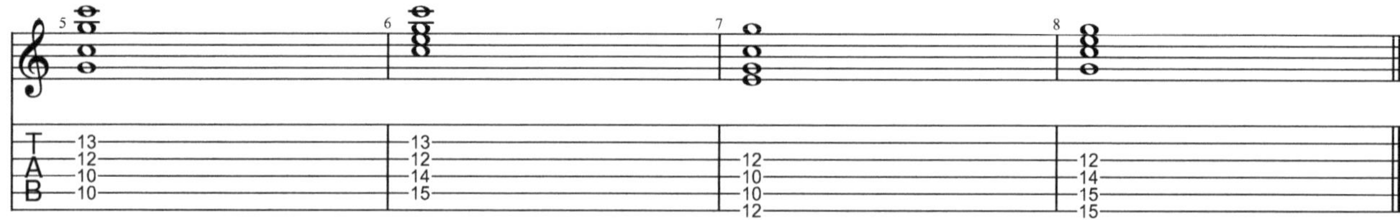

2) Wechsle 3 Shapes ab.

1. C-, A- und G-Shape

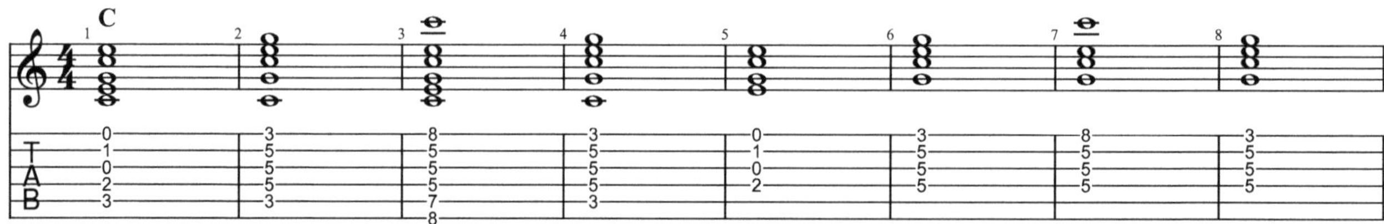

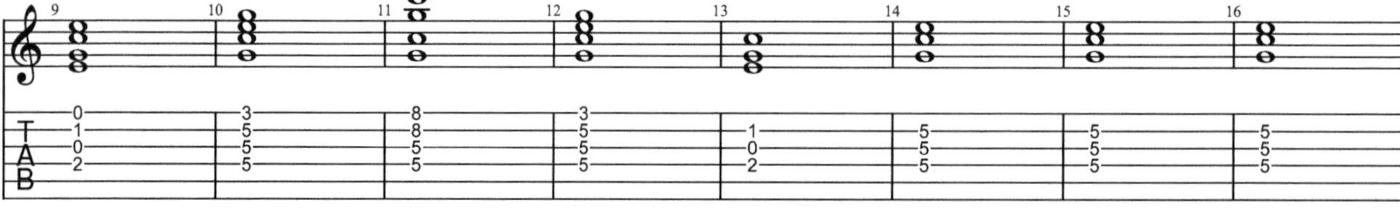

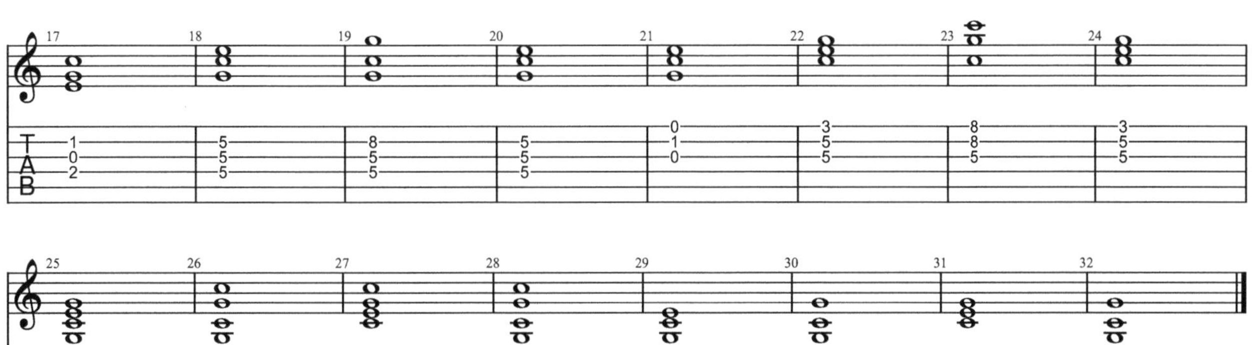

2. A-, G- und E-Shape
3. G-, E- und D-Shape
4. E-, D- und C-Shape
5. D-, C- und A-Shape

3) Wechsle alle Shapes durch vom C 1. Bund bis zum C-Shape 12. Bund
4) Sind diese C-Dur-Akkorde und die verschiedenen Griffarten verinnerlicht und auf dem Griffbrett sichtbar, spiele die Dur Akkorde G, D, A etc.

6. Übungen

Üben in zwei Richtungen – 1. Lage mit offenen Akkorden

1. C A G E D

Dies ist die klassische C A G E D Richtung

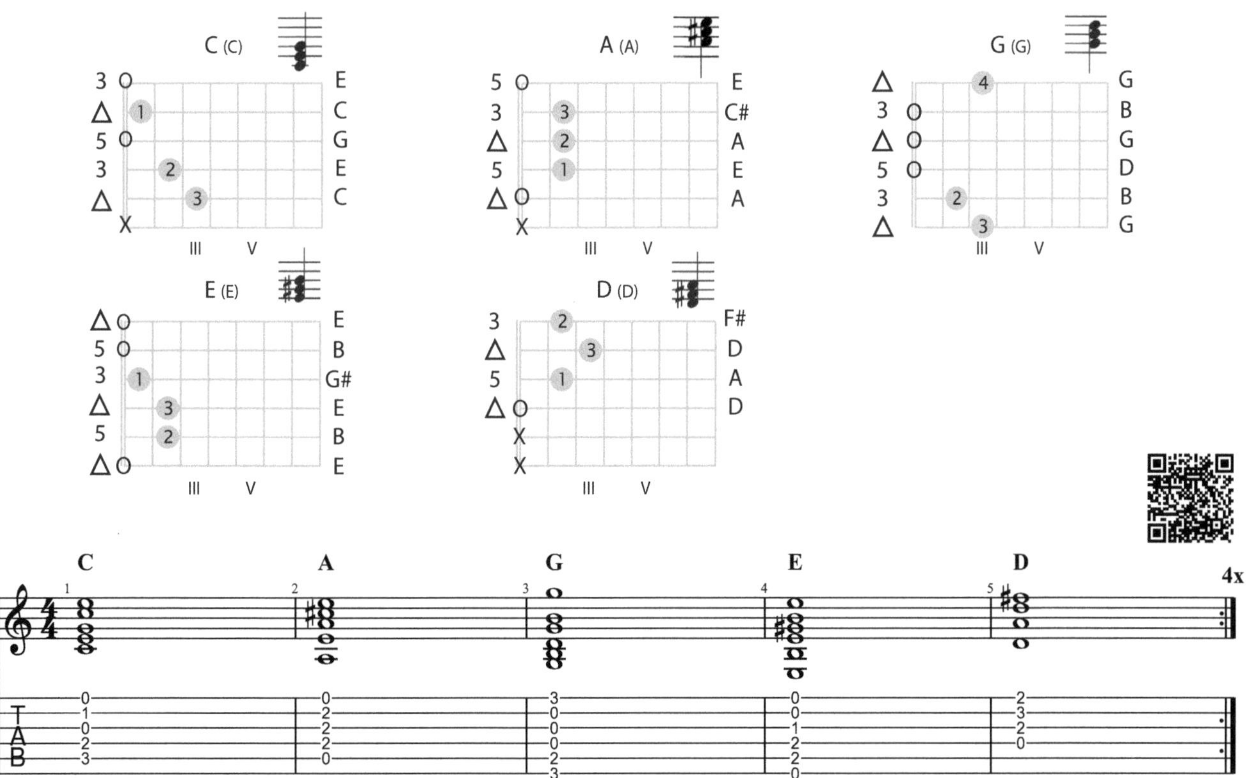

2. E A D G C

Eine gute Übung für alle Shapes ist die Richtung E A D G C. Hier gehen wir mit dem Grundton von der tiefen E Saite zur B-Saite. Die Gitarre ist in Quarten gestimmt. Der Grundton wandert im Quartenzirkel von der tiefen E-Saite zur B-Saite.

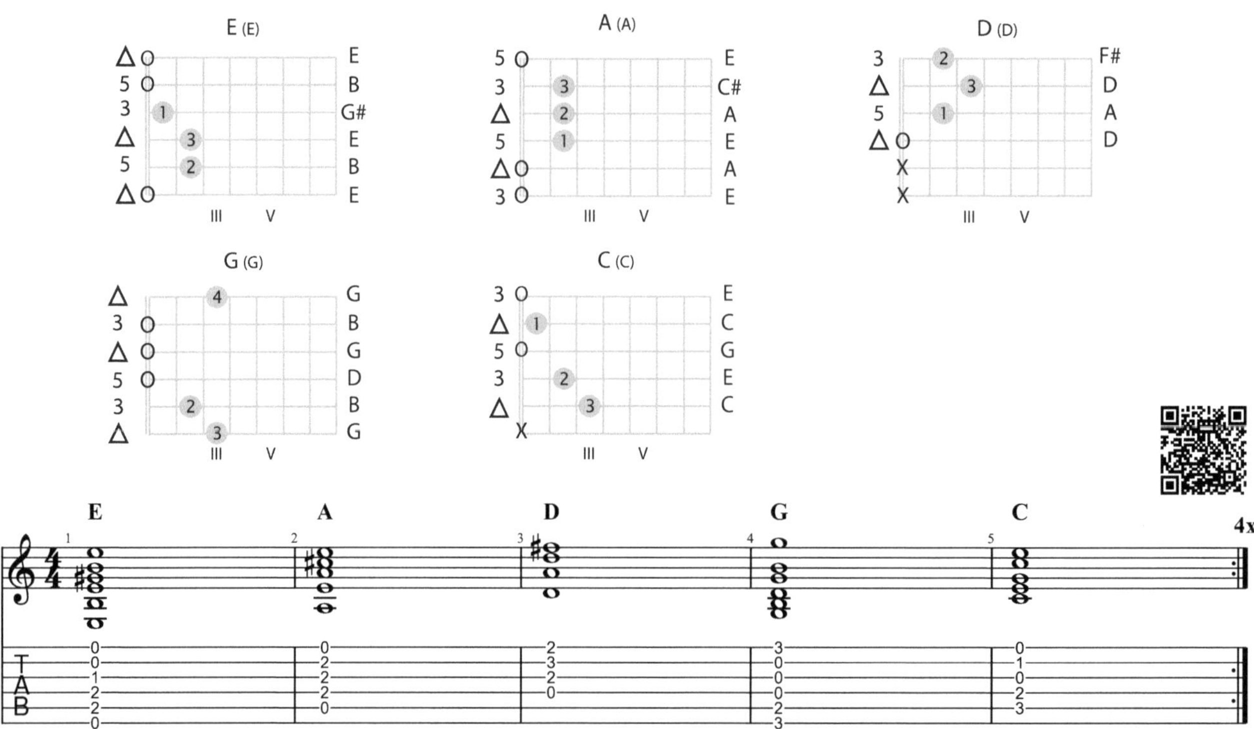

Üben in zwei Richtungen – 1. Lage Barré Akkorde

1. C A G E D

Die Akkorde/Griffe mit offenen Saiten sind Grundrepertoire des Gitarristen. Anders sieht es schon aus, wenn man die Akkorde in der 1. Lage spielt, als Barré Akkord.

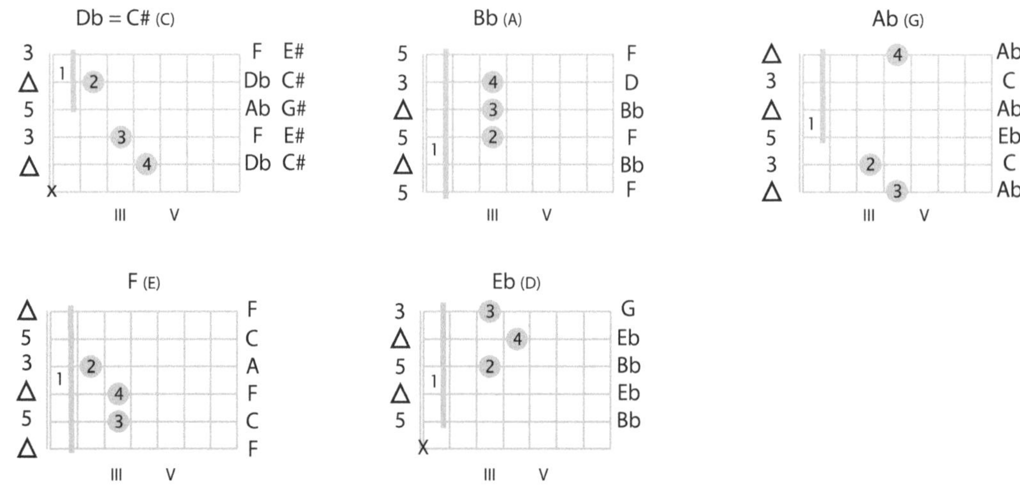

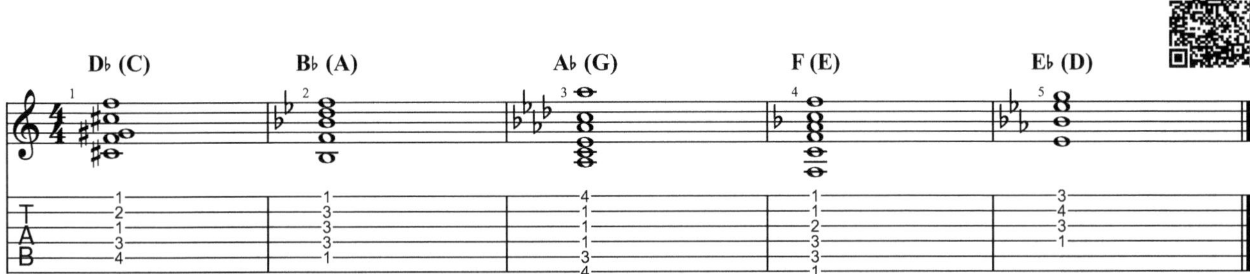

2. E A D G C

Übung im Quartenzirkel. Der Grundton wandert von der tiefen E-Saite zur B-Saite.

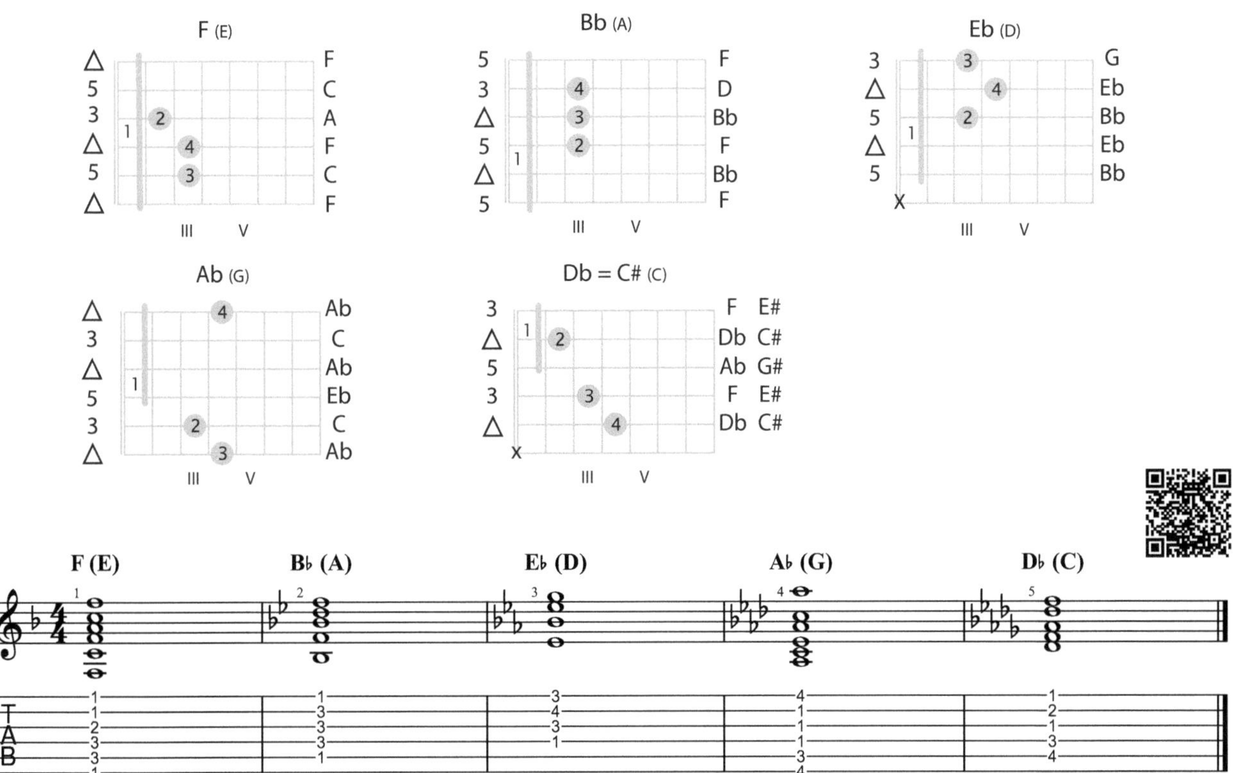

Übungen aller Dur-Akkorde im Quartenzirkel

Spielt man die Akkorde im Quartenzirkel, wandert der Grundton des Akkords auf die nächsthöhere Saite, z. B. von der E- zur A-Saite, von der A- zur D-Saite, etc. Die Gitarre ist in Quarten gestimmt und eignet sich hervorragend zum Erlernen der Shapes im Quartenzirkel bzw. Quintenzirkel. Lediglich beim Wechsel von der G- zur B-Saite wandert der Grundton nicht nur eine Saite nach oben, sondern auch um einen Bund Richtung Body.

Auf der hohen E-Saite angekommen wechselt man den Grundton auf die tiefe E-Saite. Und man kann die Quarten wieder von der tiefen zur hohen E-Saite spielen.

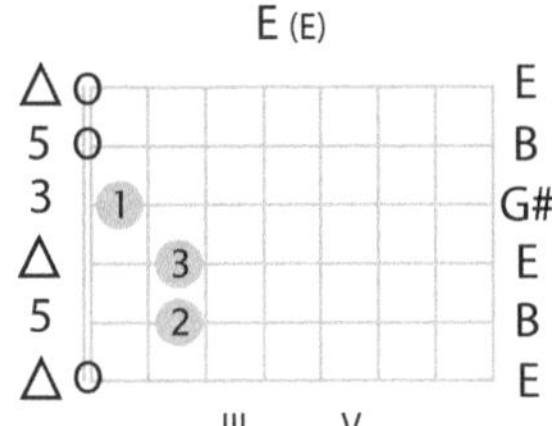

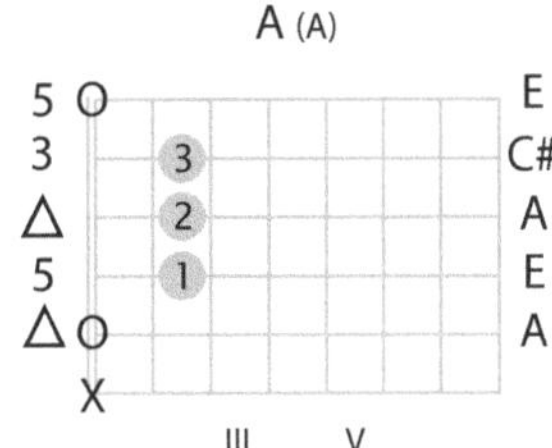

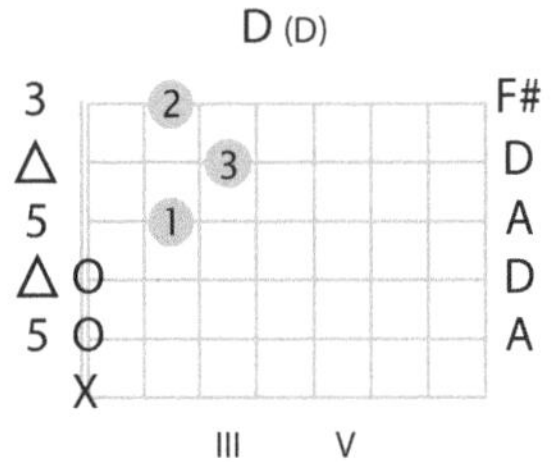

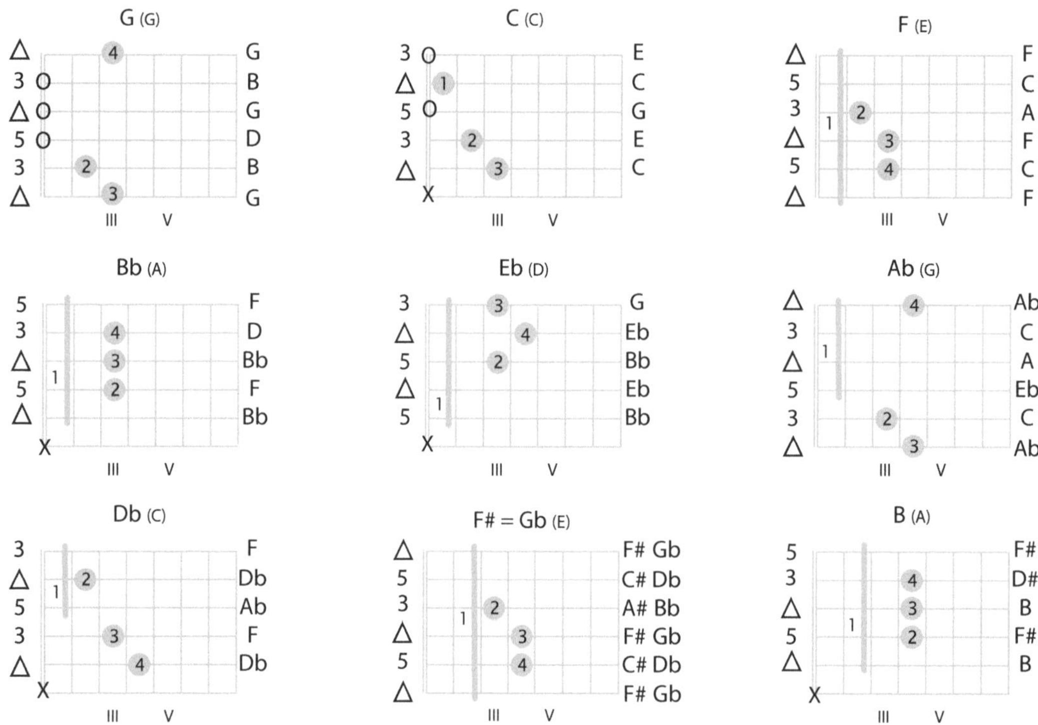

Spiele die Akkorde im Quartenzirkel das Griffbrett hoch bis zum 12. Bund. Am besten machst du die Übung so lange, bis das Griffbrett dir die Akkorde und Grundtöne zeigt. Ist man oben angekommen, spielt man die Übung von den hohen Bünden wieder zurück im Quintenzirkel.

Dur Shapes im Quartenzirkel aufwärts:

E (E) A (A) D (D) G (G)

C (C) F (E) A♯ (A) = B♭ D♯ (D) = E♭

G♯ (G) C♯ (C) = D♭ F♯ (E) B (A)

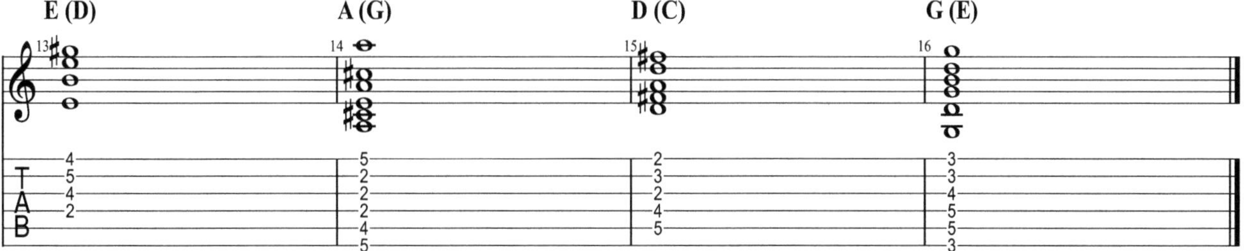

Üben aller Dur-Akkorde chromatisch bis zum 4. Bund

Spiele alle Dur-Akkorde chromatisch vom tiefst möglichen Griff/Akkord bis maximal zum 4. Bund. Dabei bist Du gezwungen, die Shapes zu wechseln. Die Tabelle gibt Dir eine Hilfe.

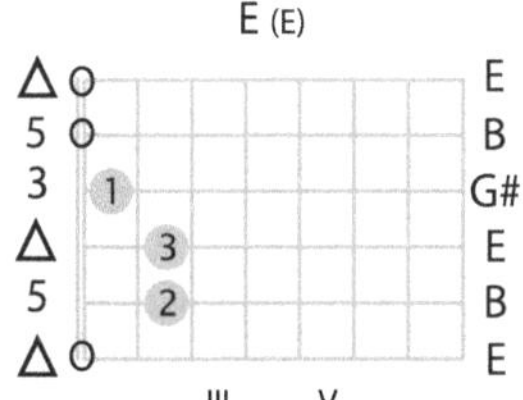

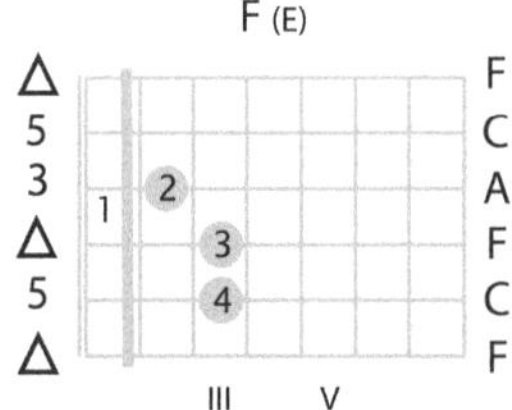

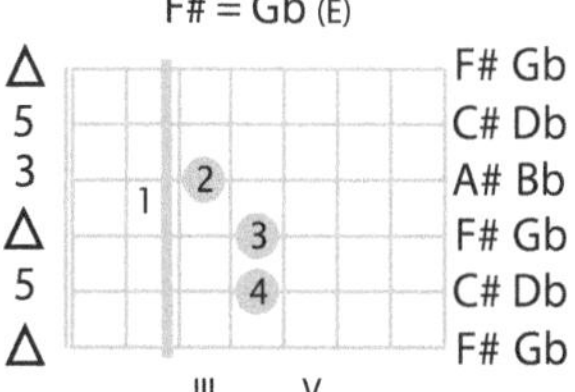

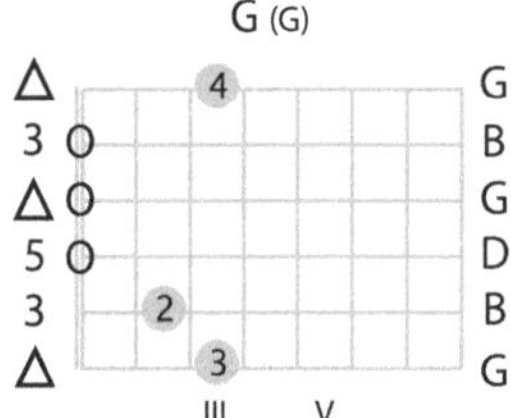

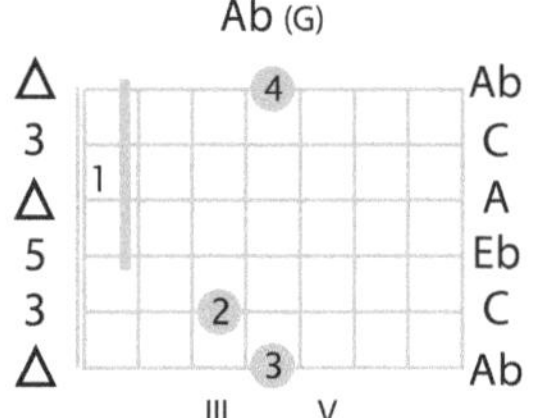

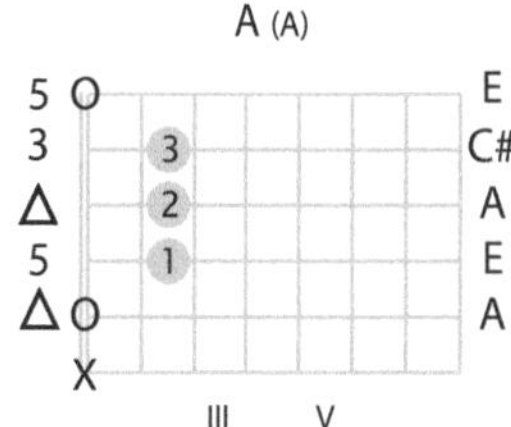

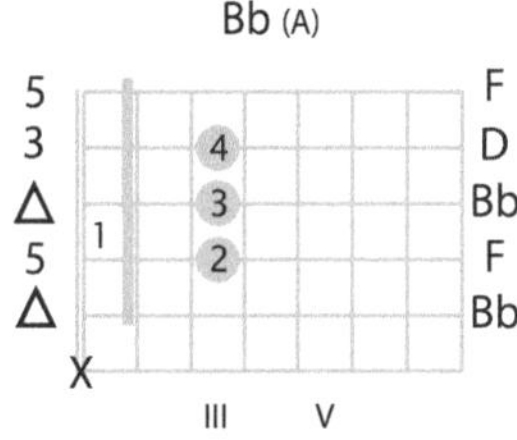

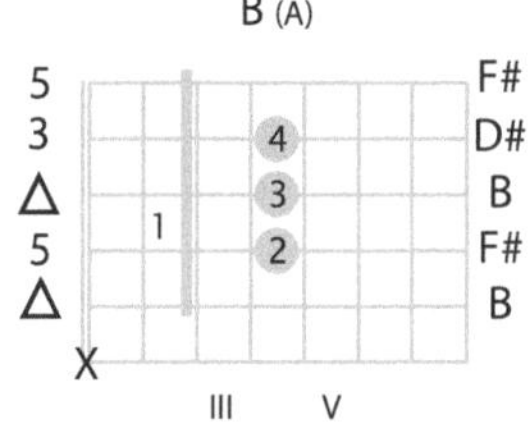

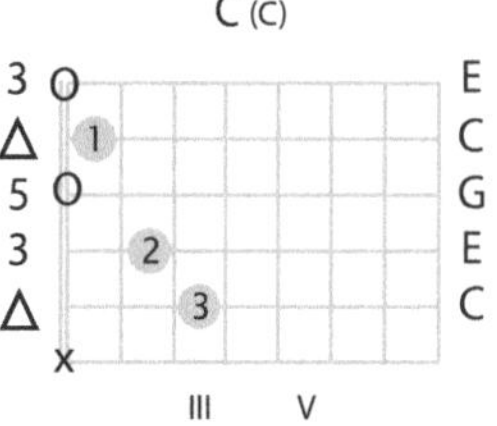

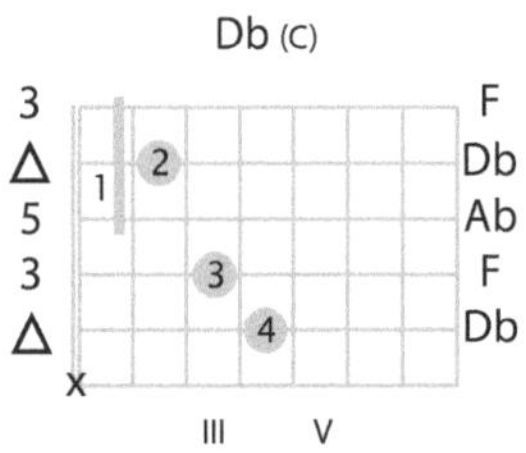

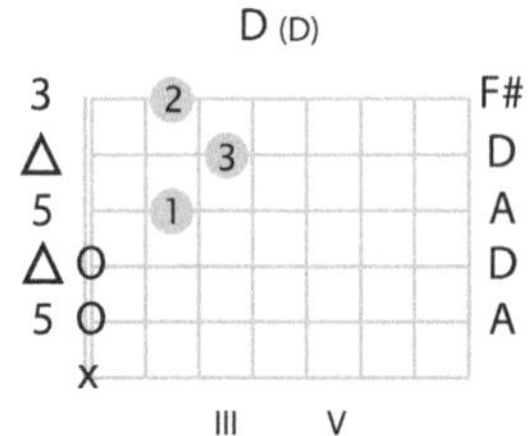

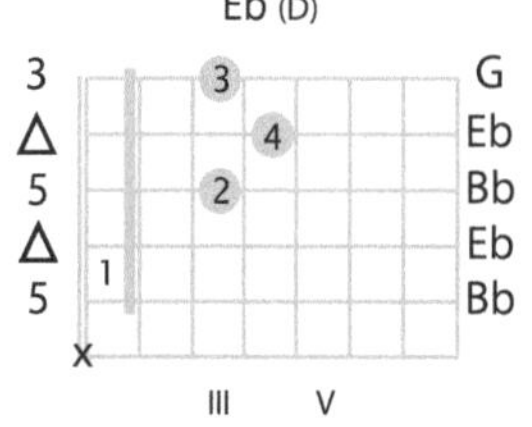

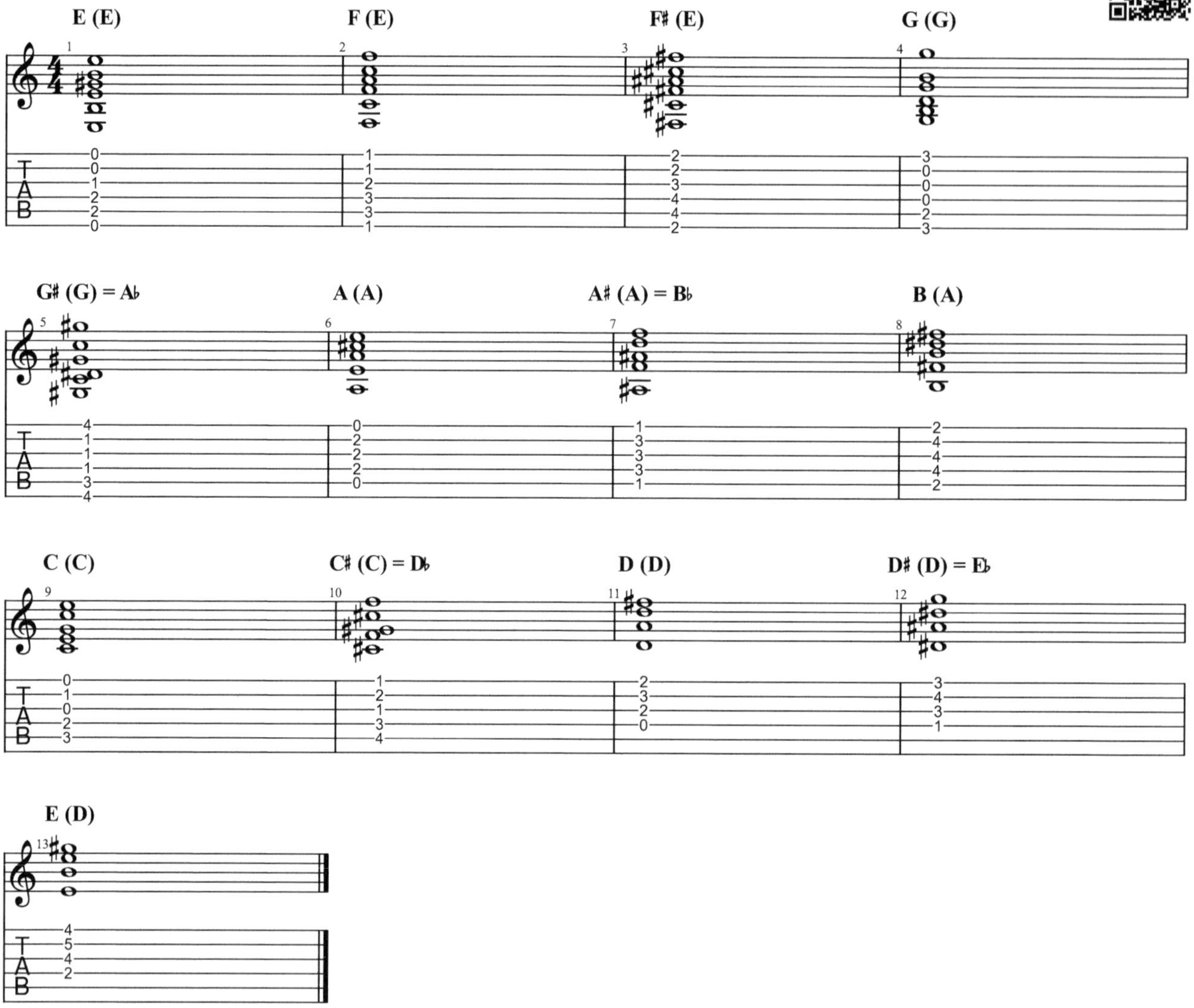

E (E) | F (E) | F♯ (E) | G (G)

G♯ (G) = A♭ | A (A) | A♯ (A) = B♭ | B (A)

C (C) | C♯ (C) = D♭ | D (D) | D♯ (D) = E♭

E (D)

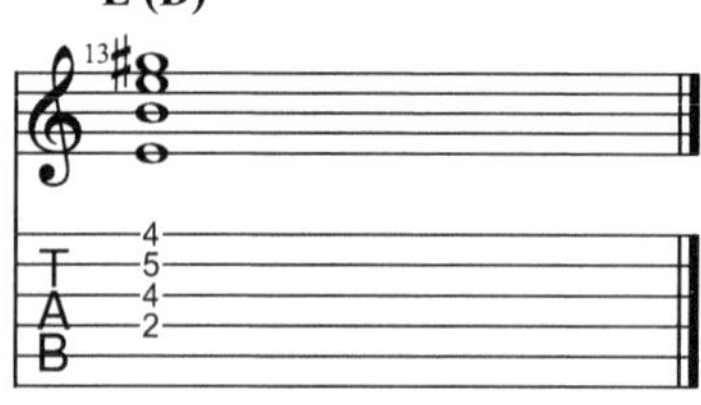

Üben aller Dur-Akkorde in Sekundenabstand bis zum 4. Bund

Hilfreich hierfür sind die Ganztonzirkel.

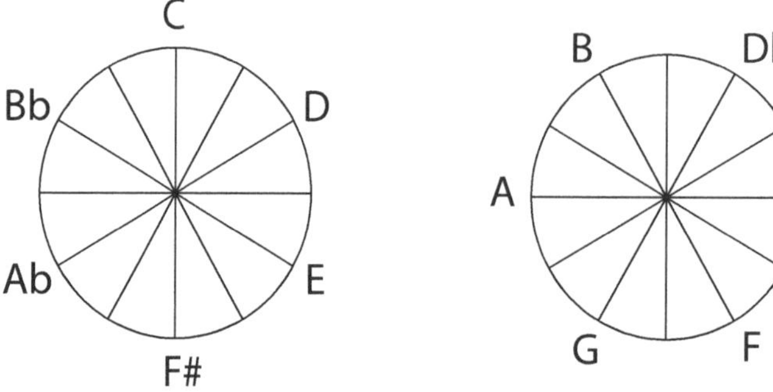

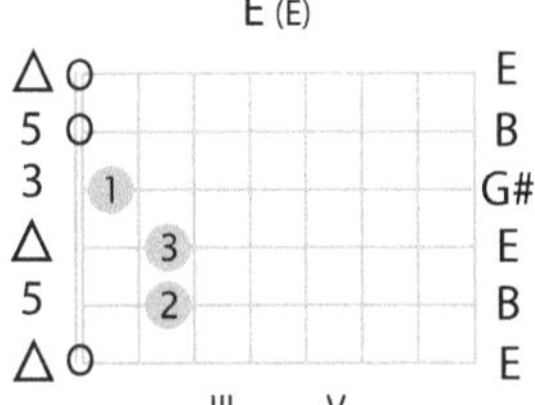
E (E)
E B G# E B E
III V

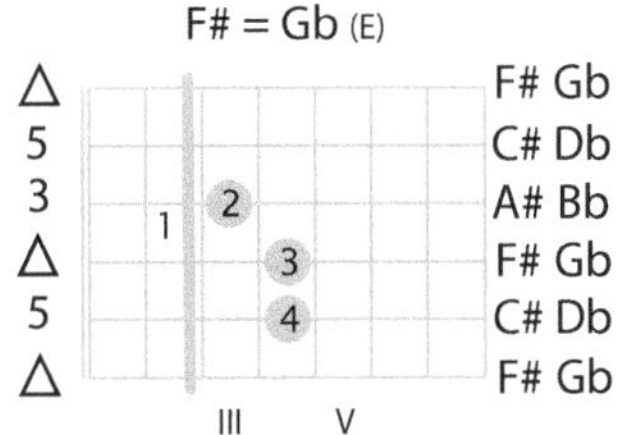
F# = Gb (E)
F# Gb
C# Db
A# Bb
F# Gb
C# Db
F# Gb
III V

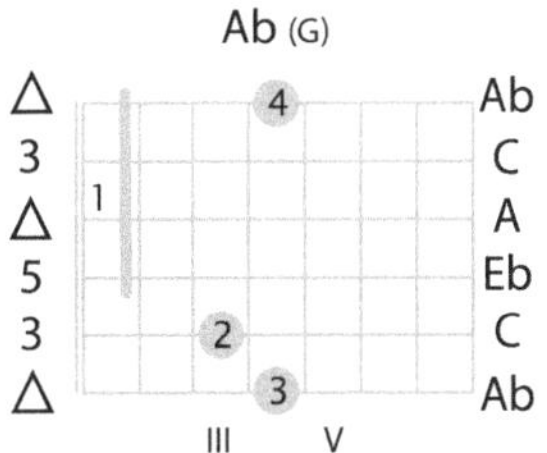
Ab (G)
Ab C A Eb C Ab
III V

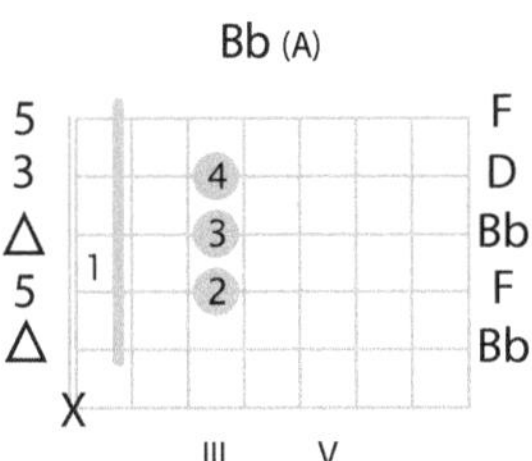
Bb (A)
F D Bb F Bb
III V

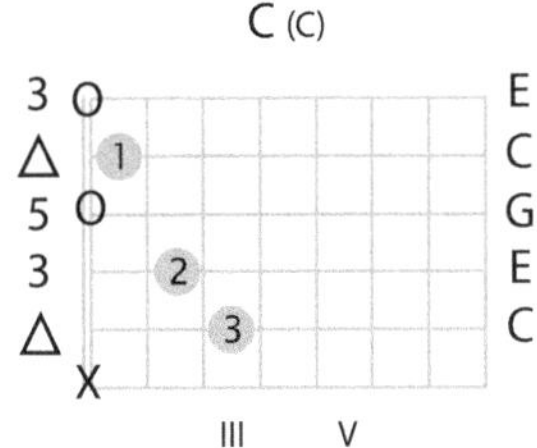
C (C)
E C G E C
III V

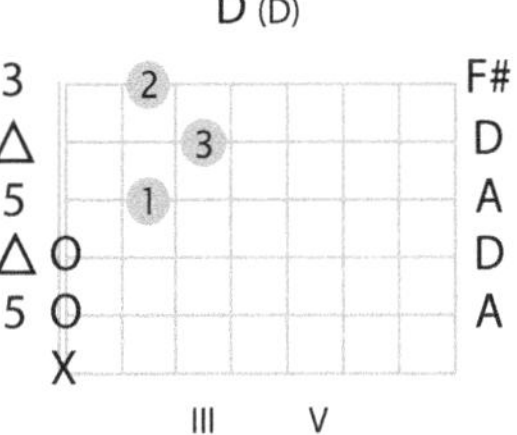
D (D)
F# D A D A
III V

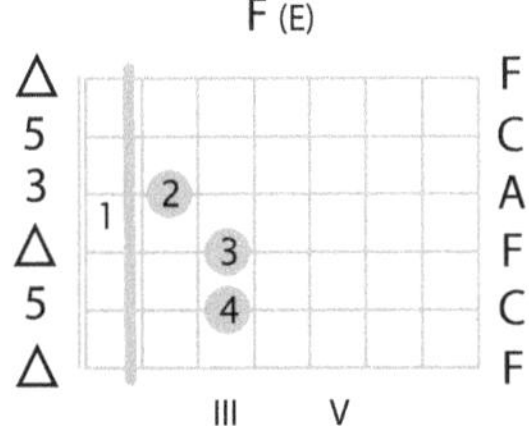
F (E)
F C A F C F
III V

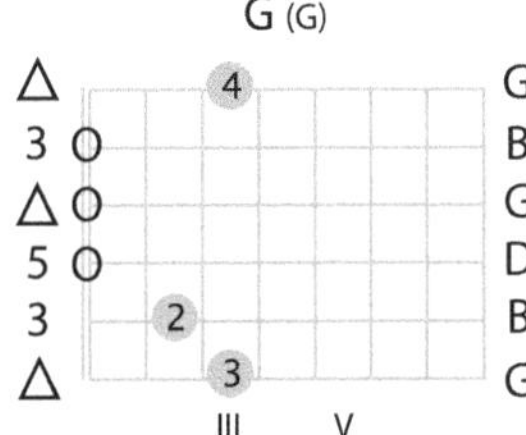
G (G)
G B G D B G
III V

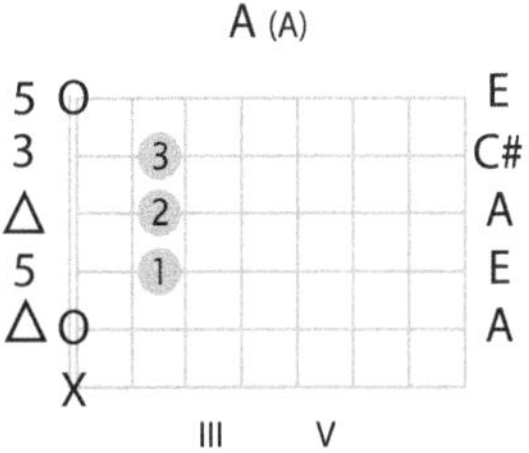
A (A)
E C# A E A
III V

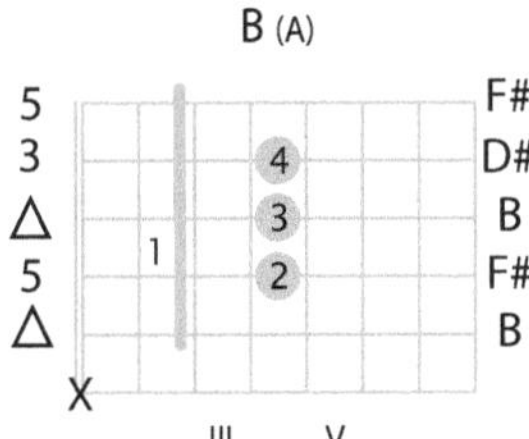
B (A)
F# D# B F# B
III V

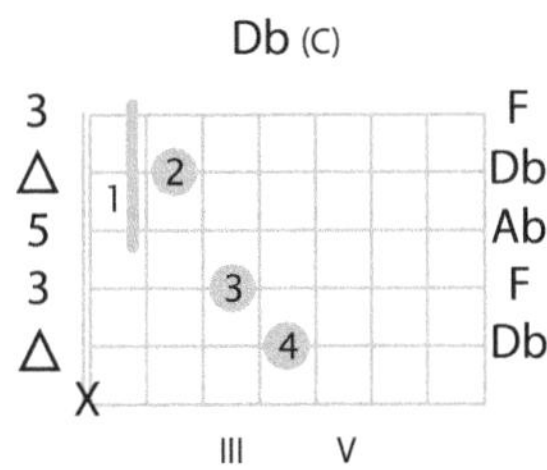
Db (C)
F Db Ab F Db
III V

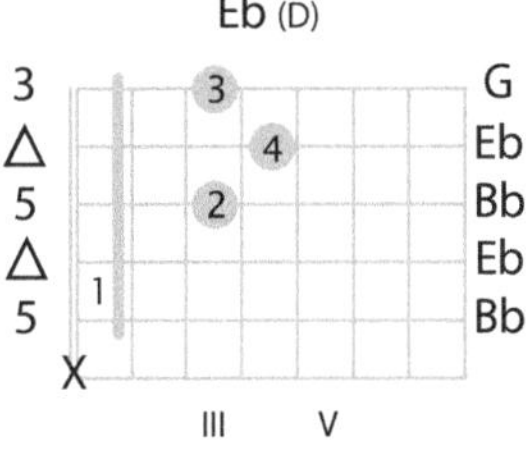
Eb (D)
G Eb Bb Eb Bb
III V

7. Dur Arpeggios

Vom Basic Shape zum Dreiklangs Arpeggio

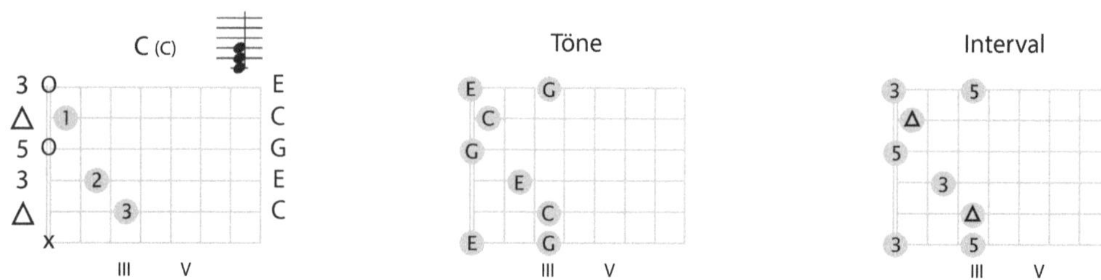

Die Töne des C-Akkords und des C-Dur Arpeggio sind C E G. Betrachtet man die hohe E-Saite, stellt man fest, dass die Terz E und die Quinte G auf der gleichen Saite vorkommen. Es ist völlig unmöglich, beide Töne gleichzeitig zu spielen, aber nacheinander arpeggiert können sie gespielt werden. Addiert man zum Basic Shape die noch fehlenden, im Griff nicht enthaltenen Akkordtöne, ergibt sich das Arpeggio von selbst.

C-Dur-Akkord, C-Dur Arpeggio in der 1. Lage:

Nützlich sind die Arpeggio aus mehreren Gründen:

- jede Pentatonik/Tonleiter wird mit zwei oder mehreren Tönen ergänzt und schon ergibt sich der Fingersatz der Tonleiter,
- Flitzefinger Akrobatik wie von Django Reinhardt, Joe Satriani, Paganini, Steve Vai etc. kann einfacher umgesetzt werden.
- Akkorderweiterungen z. B. Joe Pass, Jimi Hendrix können einfach ergänzt werden.
- Egal, was man macht: Grundlage ist immer der Basic Shape des Akkords,

C-Dur Akkord/Shape

Die Griffdiagramme findest Du oben auf dieser Seite.

C-Dur Arpeggio zuerst in aufsteigenden 3er Gruppen aufwärts, danach in absteigenden 3er Gruppen bis zum tiefsten Ton in der 1. Lage gespielt.

C-Dur Arpeggio in absteigenden 3er Gruppen aufwärts, danach in aufsteigenden 3er Gruppen bis zum tiefsten Ton in der 1. Lage gespielt.

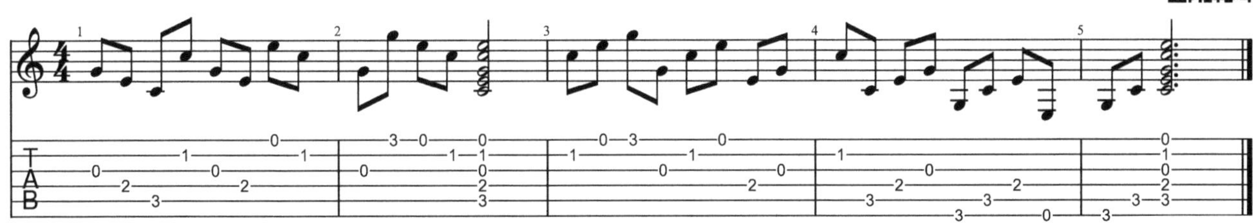

A-Dur Akkord/Shape

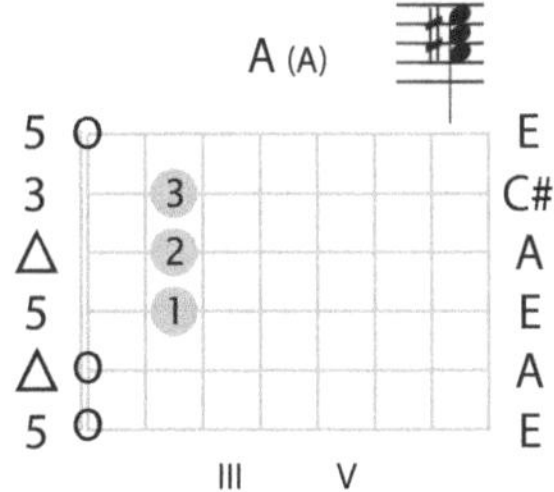

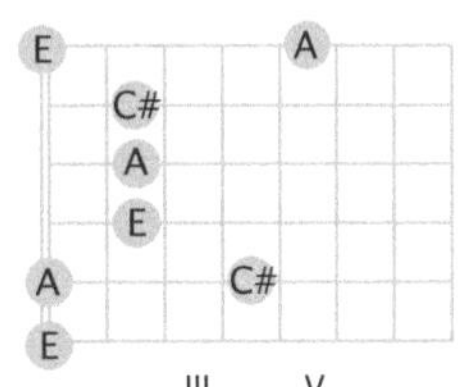

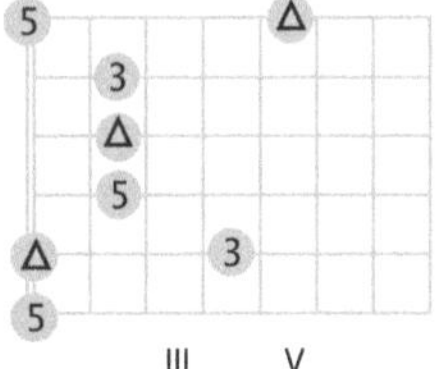

A-Dur Akkord – A-Dur Arpeggio

Das A-Dur Arpeggio wird zuerst in aufsteigenden 4er Gruppen aufwärts, danach in absteigenden 4er-Gruppen bis zum tiefsten Ton in der 1. Lage gespielt.

Das A-Dur Arpeggio wird zuerst in absteigenden 4er Gruppen aufwärts, danach in absteigenden 4er Gruppen bis zum tiefsten Ton in der 1. Lage gespielt.

G-Dur Akkord/Shape

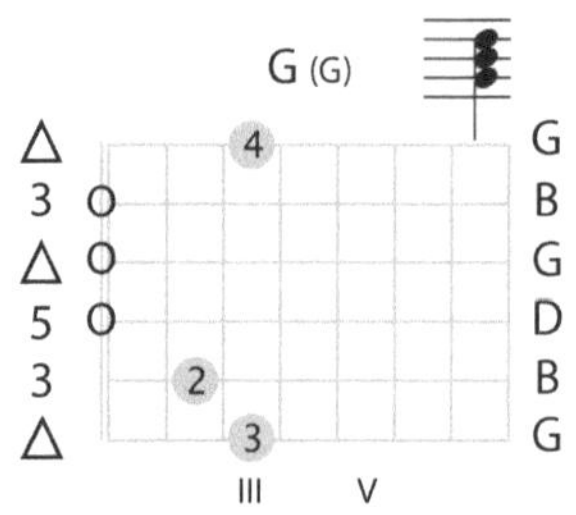

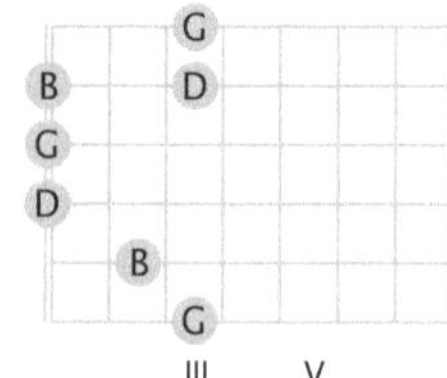

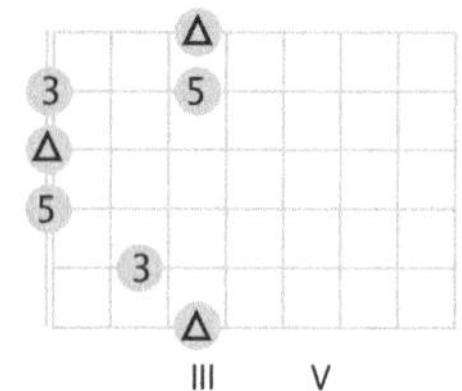

G-Dur Akkord – G-Dur Arpeggio

G-Dur Arpeggio aufwärts und abwärts in Quinten

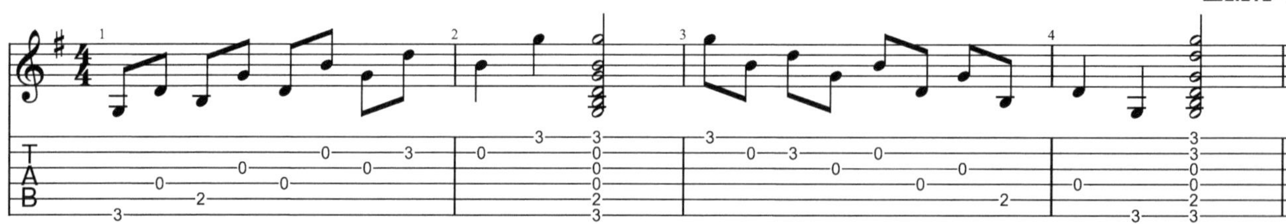

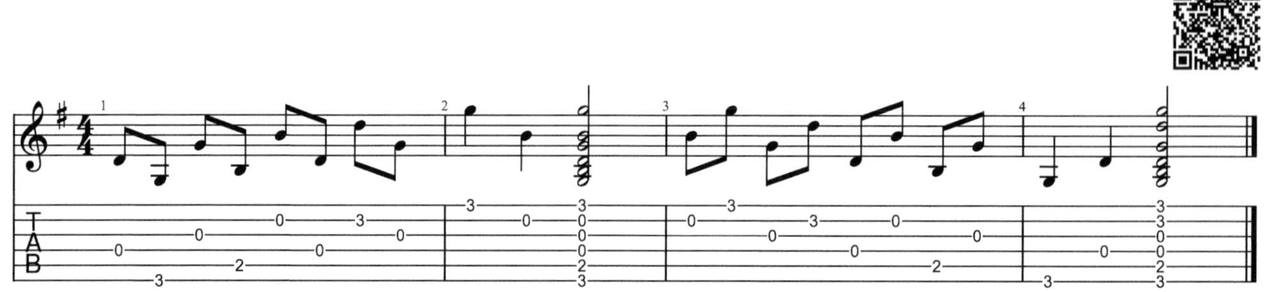

II

E-Dur Akkord/Arpeggio

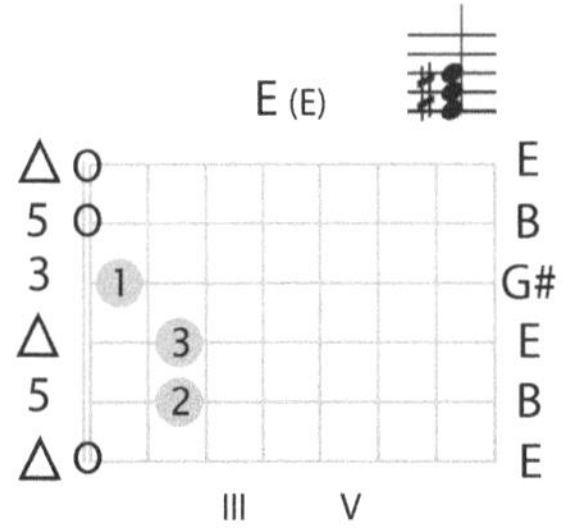

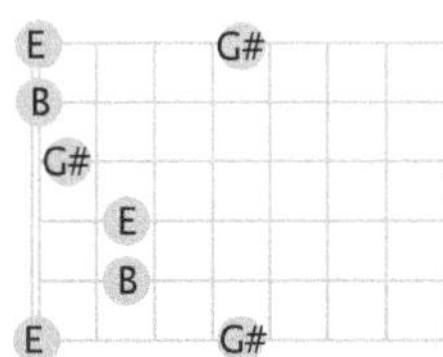

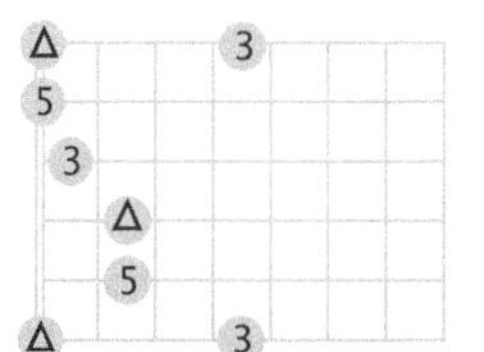

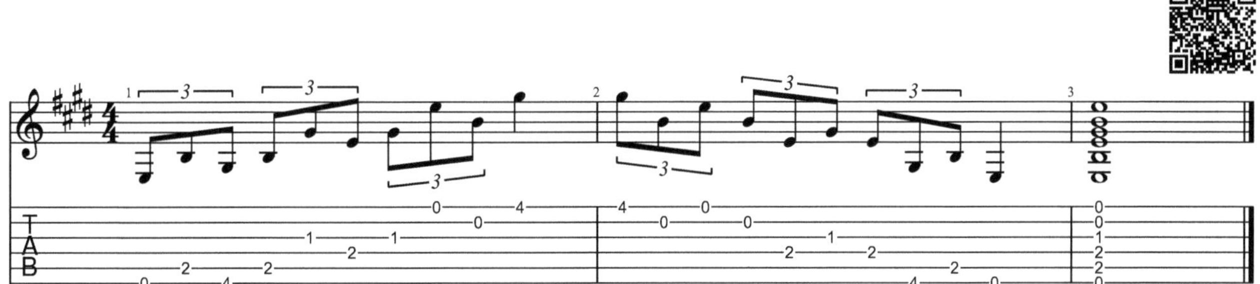

D-Dur Akkord/Arpeggio

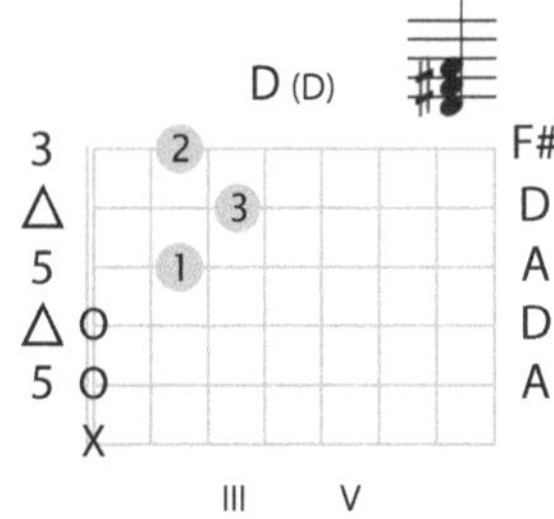

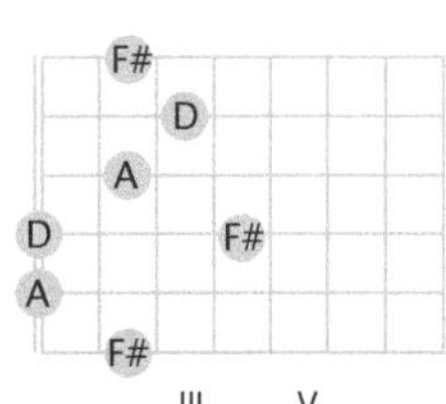

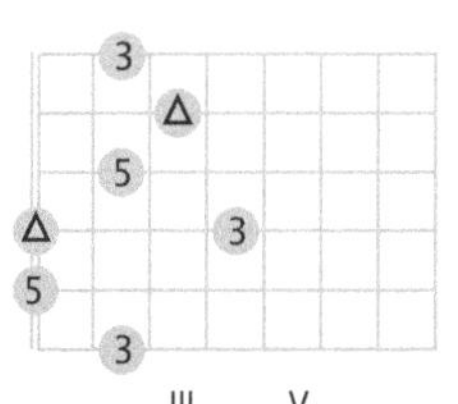

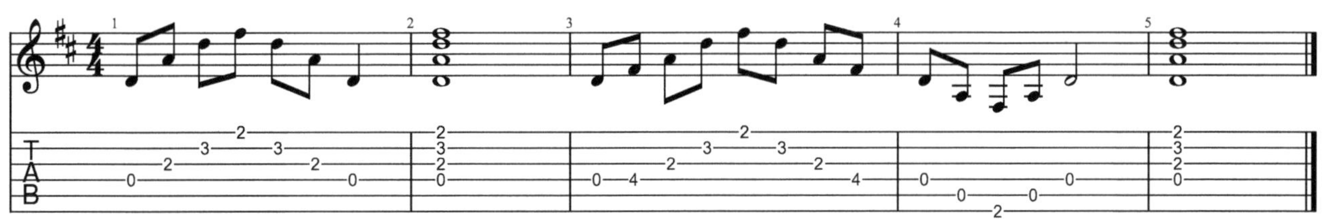

C-Dur Arpeggio – alle Shapes

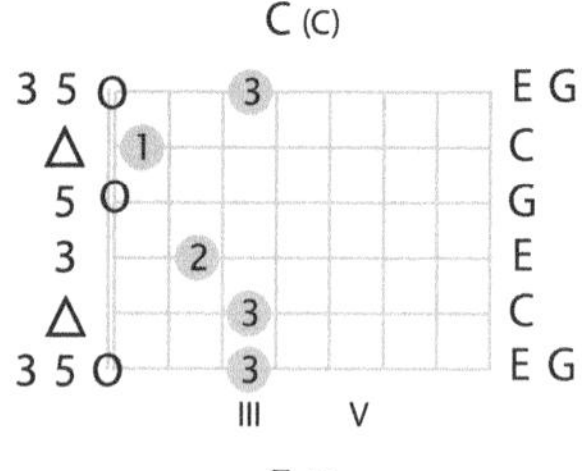

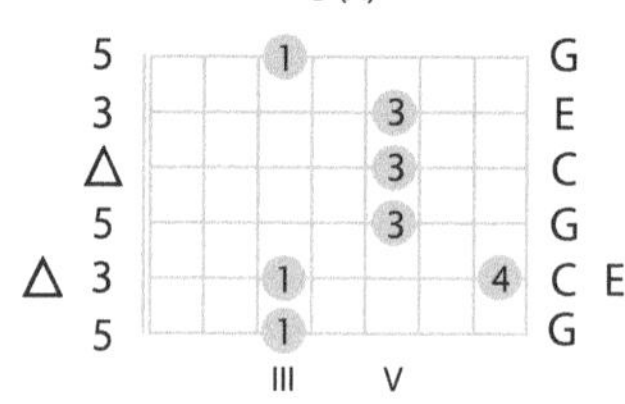

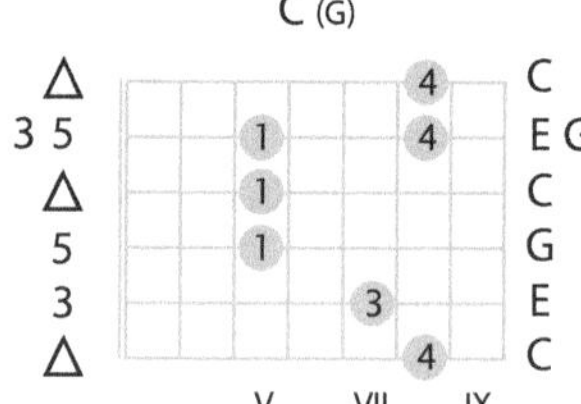

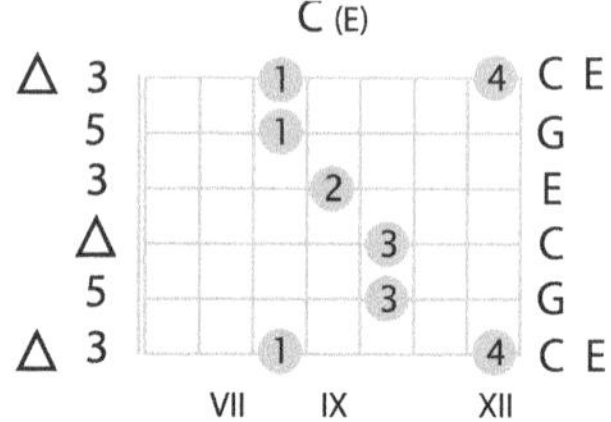

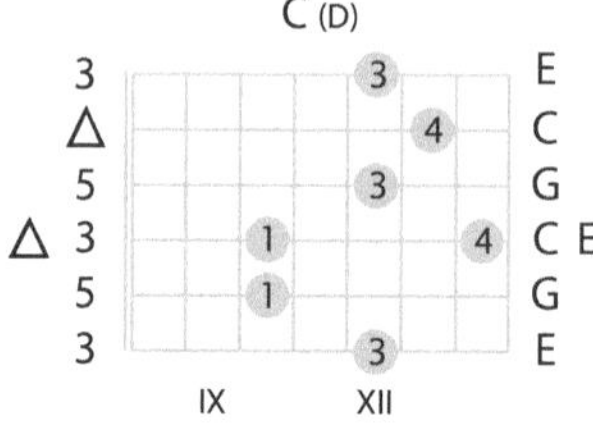

Alternative Fingersätze

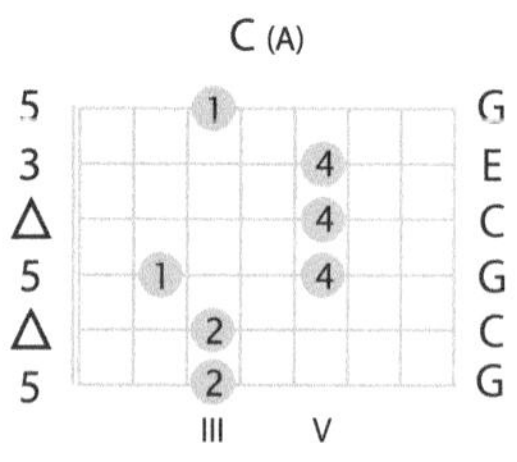

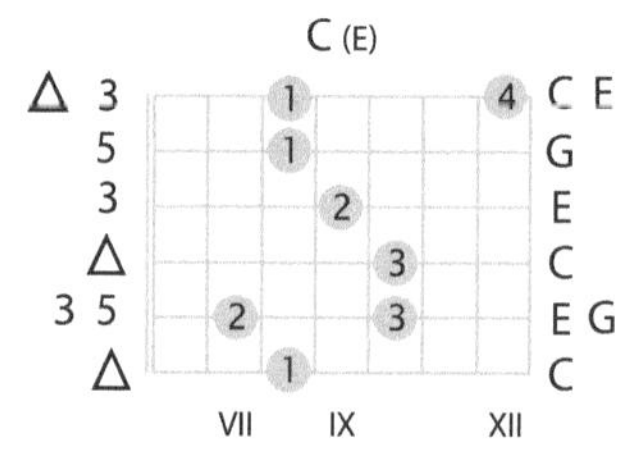

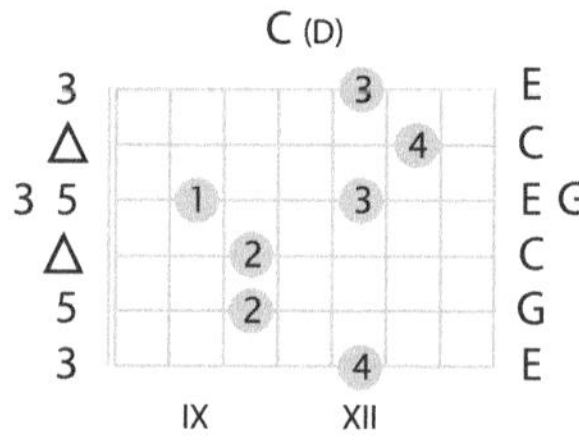

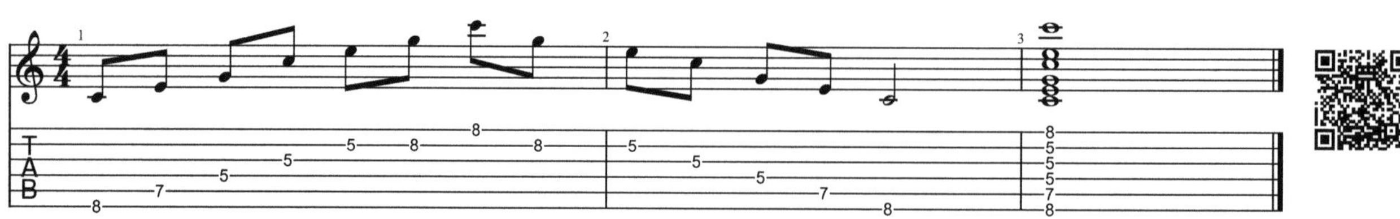

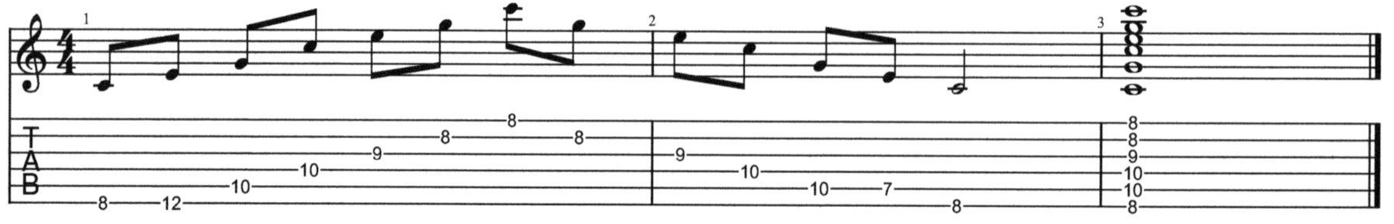

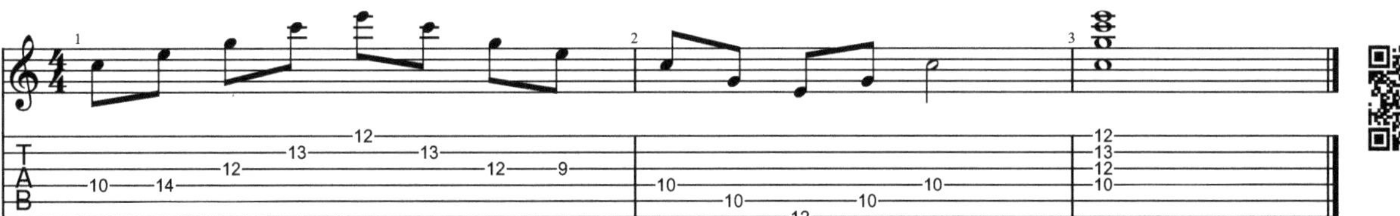

G-Dur Arpeggio – alle Shapes

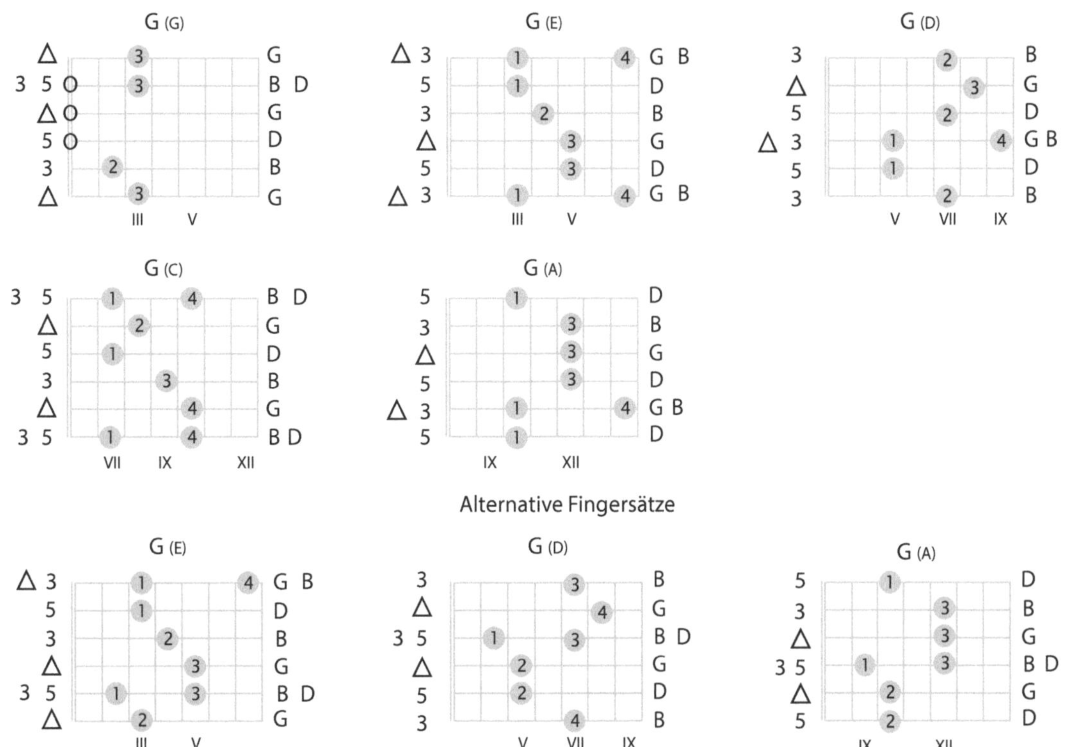

8. Lernen von Tonleitern - Fill-me-up!

Viele Bücher und Tutorials listen eine Vielzahl von Fingersätzen auf, die dann auswendig gelernt werden. Fingersätze werden meistens mit Punkten dargestellt. Leider hat ein Punkt keine musikalische Information wie Ton oder Intervall. Man weiß lediglich, wo man auf dem Griffbrett irgendeinen Finger auf die jeweilige Saite auf dem jeweiligen Bund drückt.

Die C-Dur Pentatonik wie sie in vielen Büchern dargestellt wird:

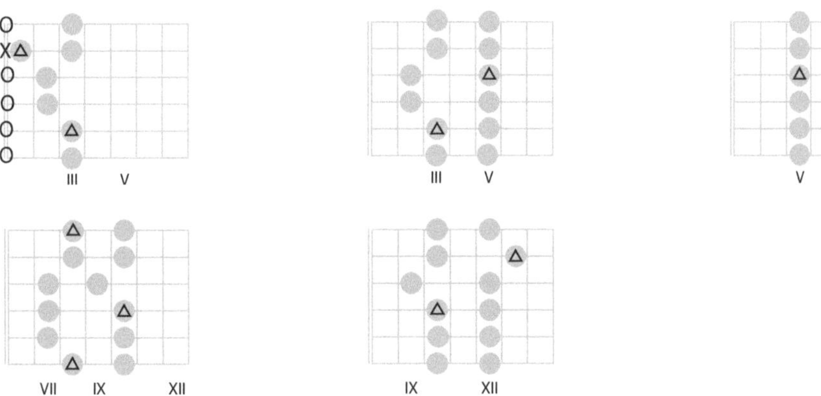

Der Schüler lernt somit einen Fingersatz auswendig. Am bekanntesten ist sicher der rechte Fingersatz in der oberen Zeile. Dass Akkord und Fingersatz einen Bezug haben, darauf kommt der Schüler leider nicht. Und So bleibt es dann beim immerwährenden Üben und Spielen von ein und demselben Fingersatz. Und dieser Fingersatz macht ja auch gehörig Spaß und ist in vielen Melodien und Soli zu finden.

JEDE Tonleiter hat jedoch diverse Beziehungen zu ein oder mehreren Akkorden. Tonleiter und Akkord getrennt zu betrachten, ist leider kein sehr komfortabler Weg.

Fill-me-up! – Tonleitern lernen mit Bezug zum Akkord

Die FILL-ME-UP Methode ist leicht zu erklären:

Ein Dur Akkord enthält drei Töne	Root (1)		Terz (3)	Quinte (5)	
Die Dur Pentatonik enthält 5 Töne					
Der Dur Akkord wird um 2 Töne ergänzt		Sekunde (2)			Sexte (6)
Die Dur Tonleiter enthält 7 Töne					
Die Dur Pentatonik wird um 2 Töne ergänzt			Quarte (4)		Septime (7)

Diese Methode funktioniert bei allen Tonleitern. Somit bleibt dem Spielen und Üben der Tonleiter immer der Blick auf den Akkord und die Akkordtöne erhalten. Musikalisch sinnvolle und schöne Melodien haben immer einen Bezug zu den Akkorden und damit zu den Akkordtönen.

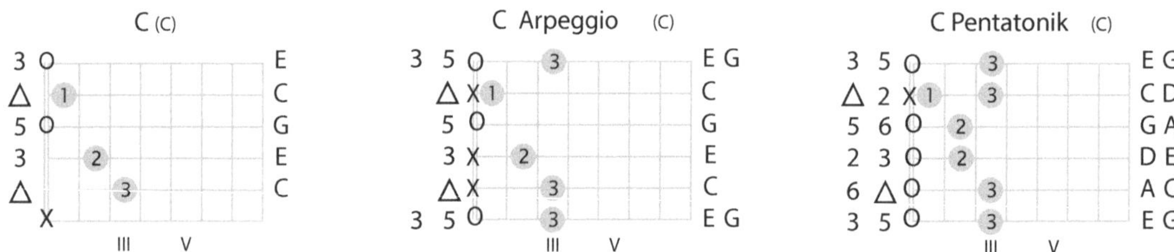

9. Dur Pentatonik

Die Pentatonik ist eine sehr alte Tonleiter. Sie kommt in vielen Kulturen in aller Welt vor. Sie besteht aus 5 Tönen. Penta kommt aus dem Griechischen und bedeutet 5. Die Dur Pentatonik besteht aus den ersten fünf Quinten einer Tonart. z. B. C-Dur Pentatonik: C G D A E. Zum C-Dur Akkord C E G kommen also die Töne D und A hinzu. Die C-Dur Pentatonik enthält keine Halbtonschritte. Sie wird u. a. in der Country Musik, im Blues oder in der 60er Soul Musik verwendet. Anspieltipp: „My Girl" – Otis Redding.

Der C-Dur Dreiklang wird zur C-Dur Pentatonik aufgefüllt:

C-Dur Akkord

Töne:	C	E	G
Intervalle:	1	3	5
Intervalle:	Root	Terz	Quinte

C-Dur Pentatonik

Töne:	C	D	E	G	A
Intervalle:	1	2	3	5	6
Intervalle:	Root	Sekunde	Terz	Quinte	Sexte

Der C-Dur Akkord auf der B-Saite:

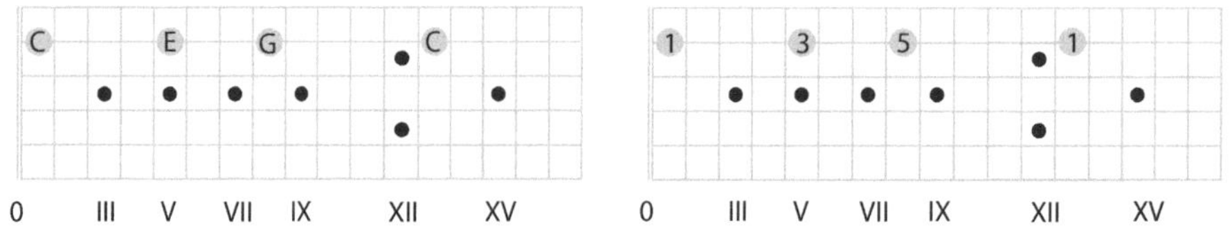

Die C-Dur Pentatonik auf der B-Saite:

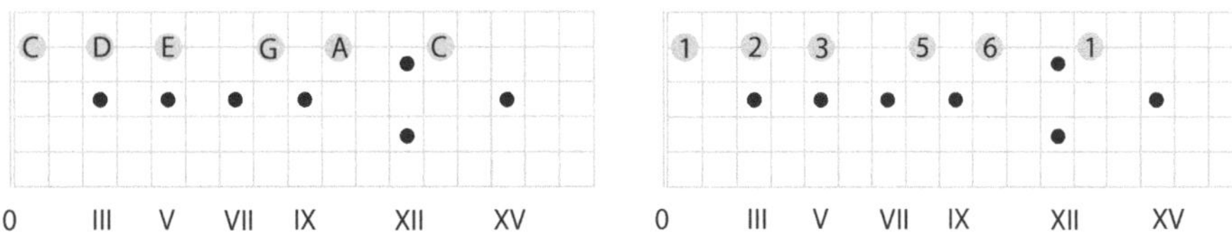

Die C-Dur Pentatonik wird akkordisch C69 benannt. Es ein C-Dur Dreiklang C E G plus D (Sekunde 2, auch None 9 genannt) und A (Sexte 6, auch Tredezime 13 genannt). Die Töne F (4) und B (7), die in der C-Dur Tonleiter enthalten sind, sind in der Pentatonik nicht enthalten.

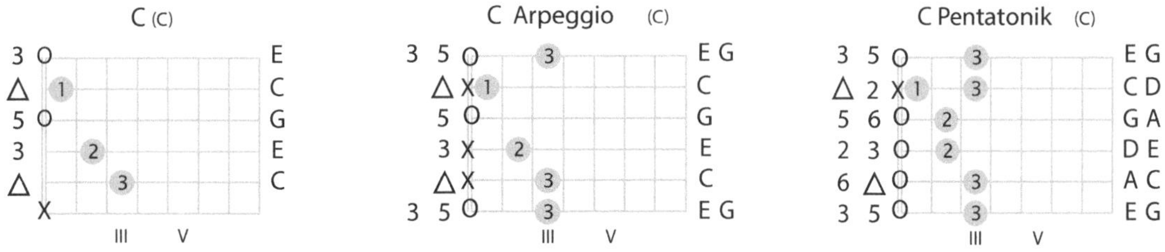

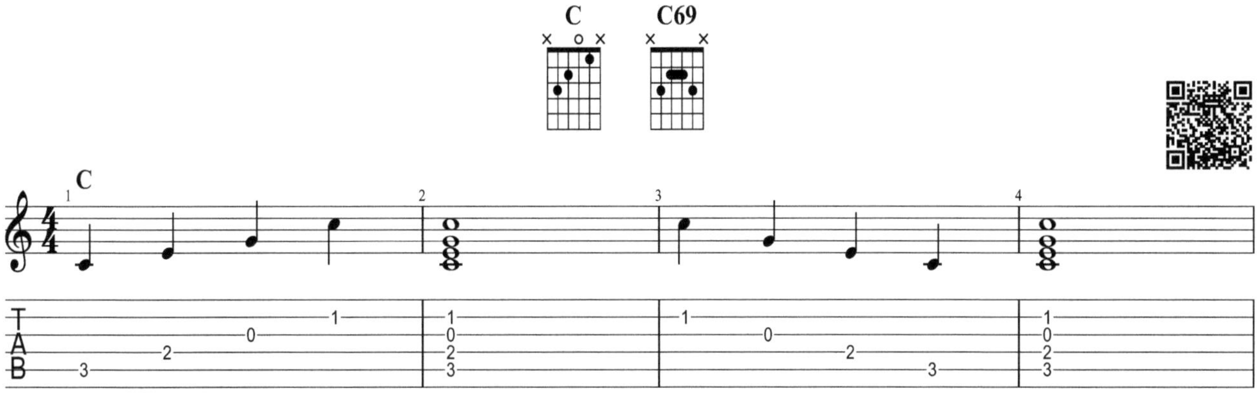

C (C) — C Arpeggio (C) — C Pentatonik (C)

Hier der C-Dur Akkord/Arpeggio verglichen mit der C-Dur Pentatonik und dem pentatonischen Akkord C69.

Die C-Dur Pentatonik ist auf der Gitarre eine 2-Notes-Per-String (2-Noten-pro-Saite) Tonleiter. Viele Licks aus dem Blues, Bluegrass oder Country bestehen oft nur aus Tönen der Dur Pentatonik. Gerne auch mit chromatischen Durchgangstönen.

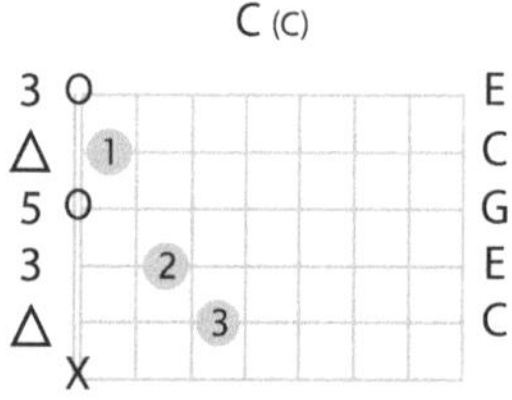

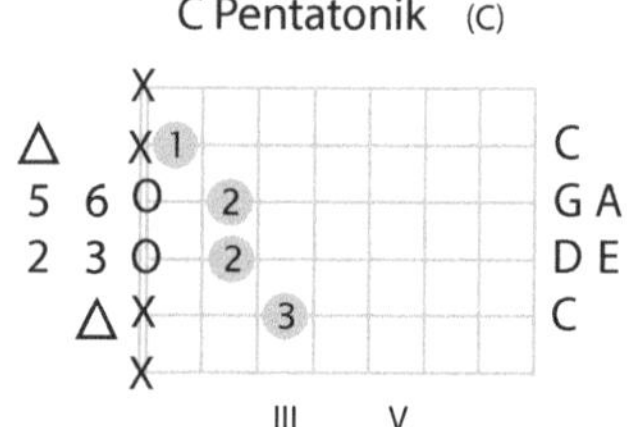

- Spiele den C-Dur Akkord auf- und abwärts.
- Spiele die Pentatonik vom Grundton zur Oktave und wieder zurück.
- Den Griff/Akkord und das Pentatonik Pattern so gut üben, dass man beides gleichzeitig auf dem Griffbrett sieht, dann das ganze Pattern lernen.

Melodie-Beispiele

„Amazing Grace" – C Dur

„Backe, backe, Kuchen"– C Dur

C – C-Shape – C-Dur Arp – C Penta

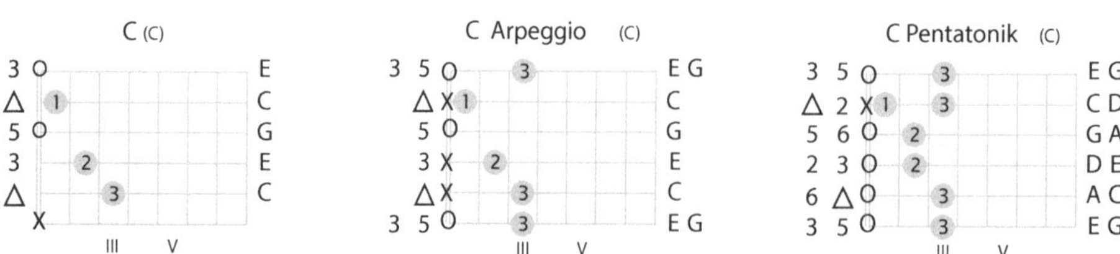

Lick I - mit dem ganzen Fingersatz

Lick II

Country Lick

Country Lick mit Country Blue Note

Rock'n'Roll – Rockabilly

Rock'n'Roll – Rockabilly

C – A-Shape – C-Dur Arp – C Penta

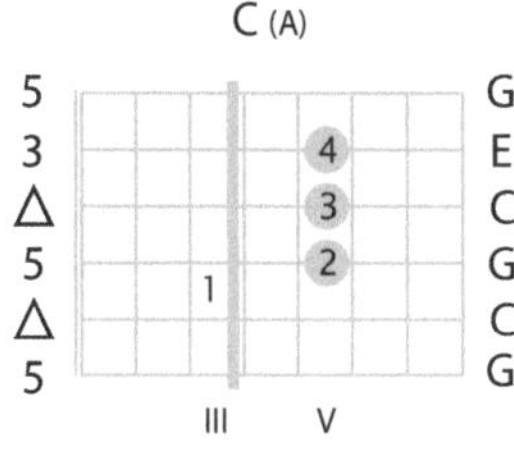

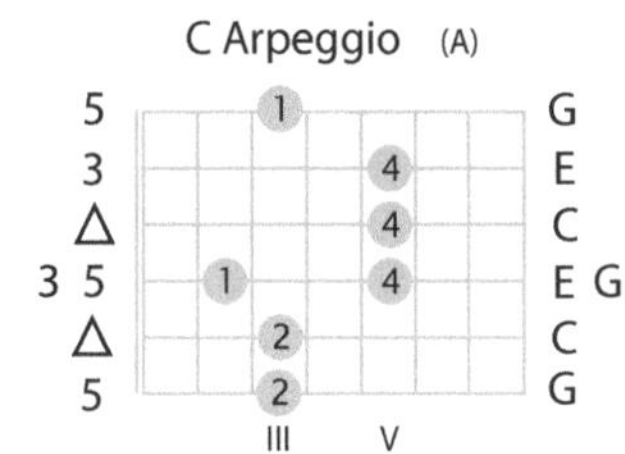

C Pentatonik (A)

5 6 / 2 3 / 6 △ / 3 5 / △ 2 / 5 6

G A / D E / A C / E G / C D / G A

III V

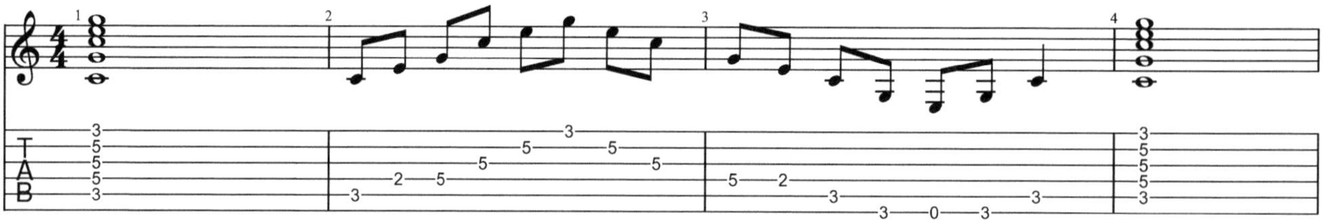

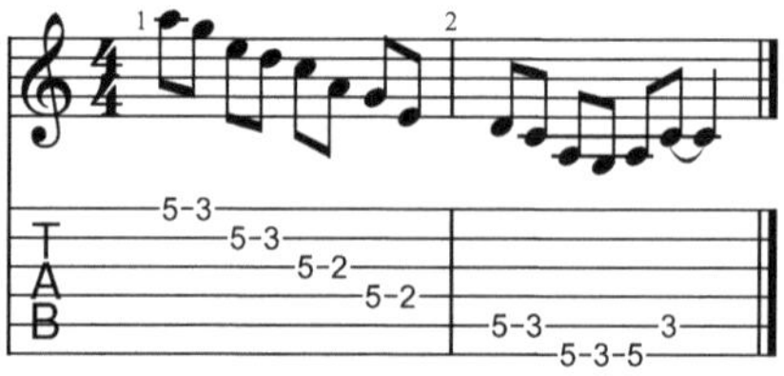

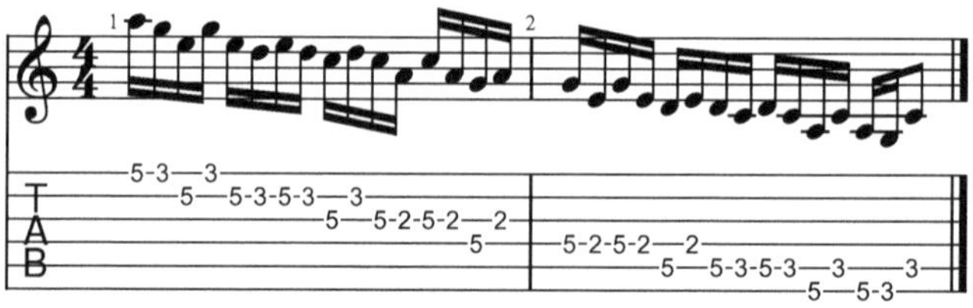

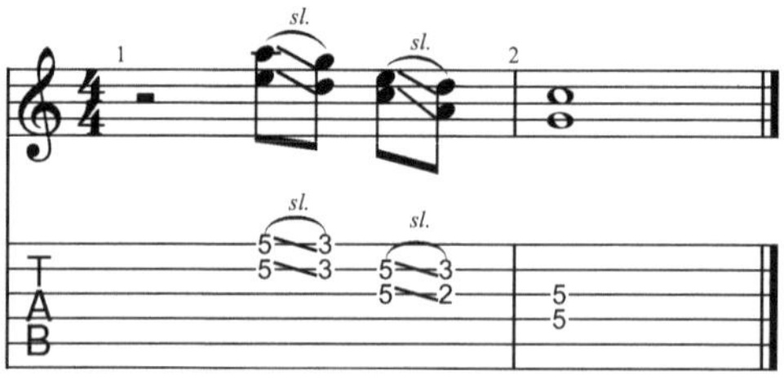

C – G-Shape – C-Dur Arp – C Penta

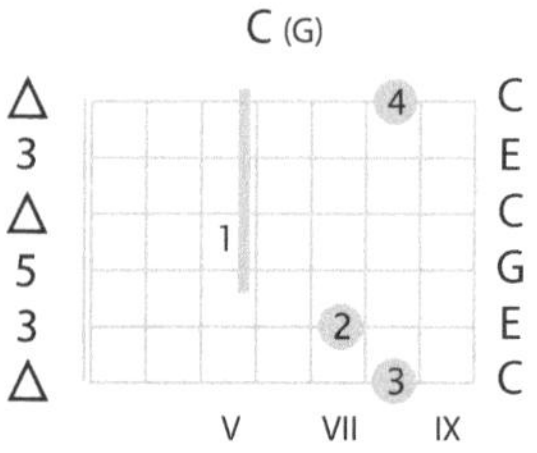

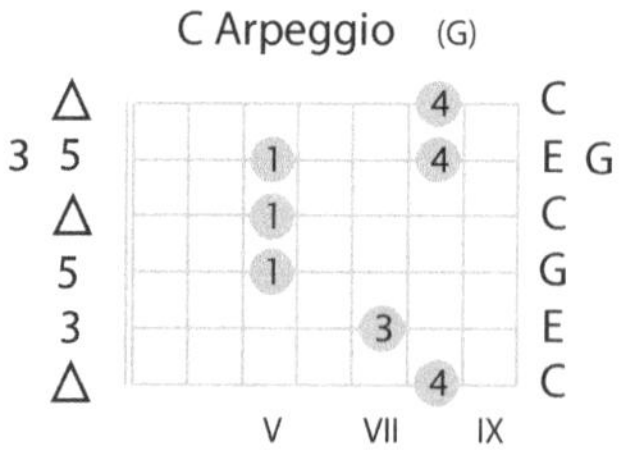

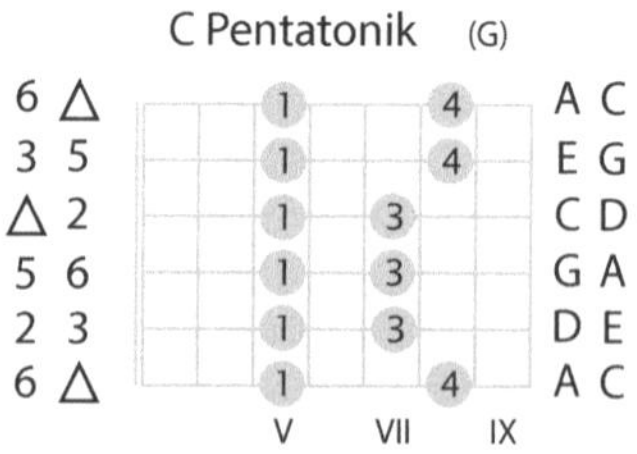

C (G)

Intervall	Finger	Ton
△	4	C
3	1	E
△	1	C
5	1	G
3	2	E
△	3	C

V VII IX

C Arpeggio (G)

Intervall	Finger	Ton
△	4	C
3 5	1 4	E G
△	1	C
5	1	G
3	3	E
△	4	C

V VII IX

C Pentatonik (G)

Intervall	Finger	Ton
6 △	1 4	A C
3 5	1 4	E G
△ 2	1 3	C D
5 6	1 3	G A
2 3	1 3	D E
6 △	1 4	A C

V VII IX

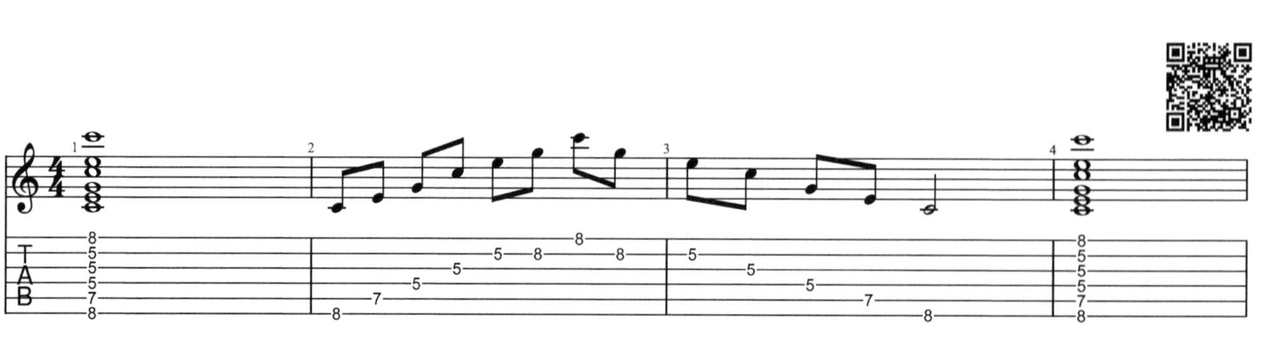

C – E-Shape – C-Dur Arp – C Penta

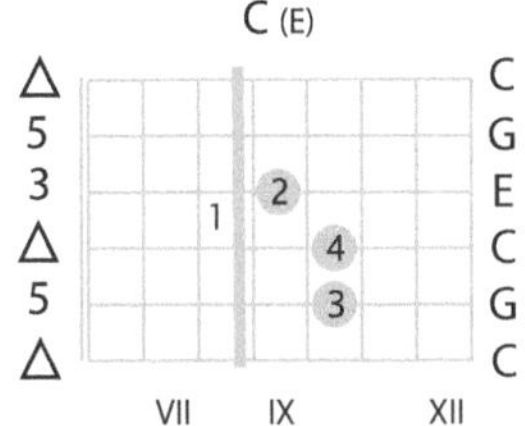

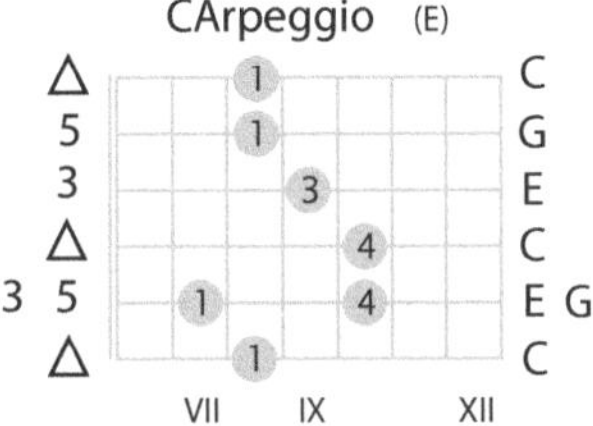

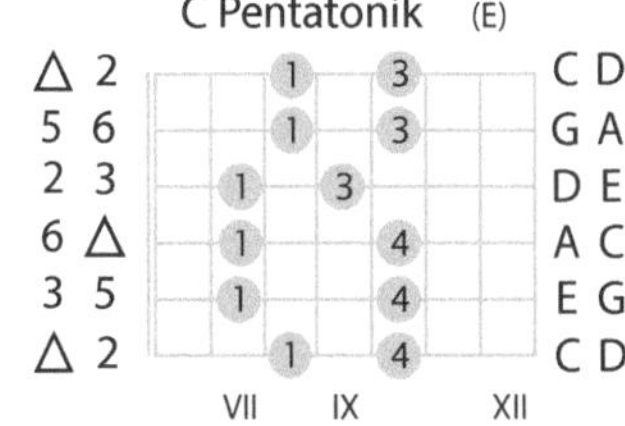

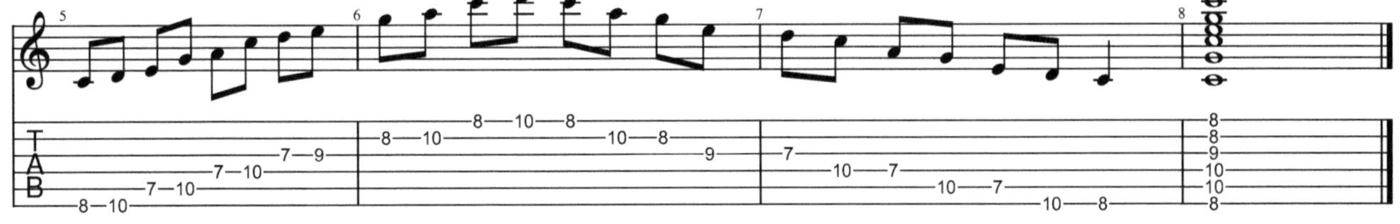

C – D-Shape – C-Dur Arp – C Penta

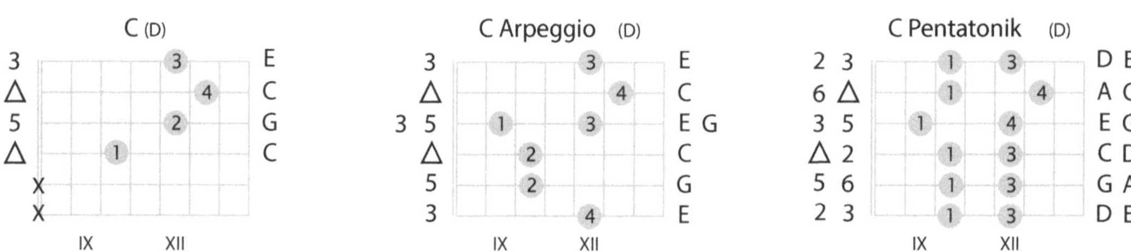

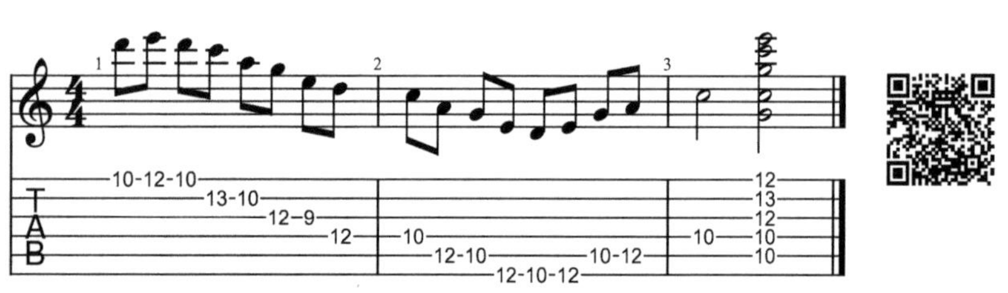

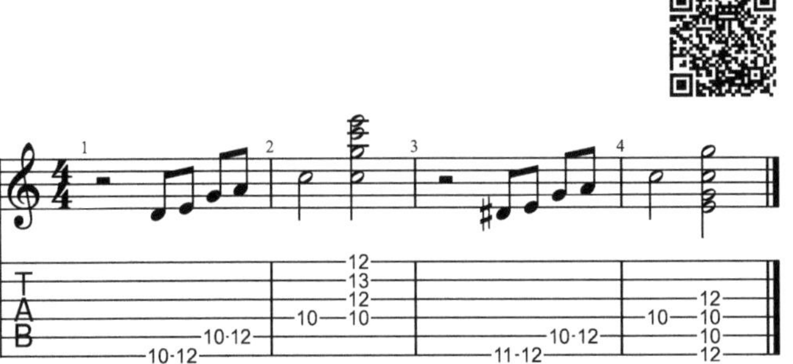

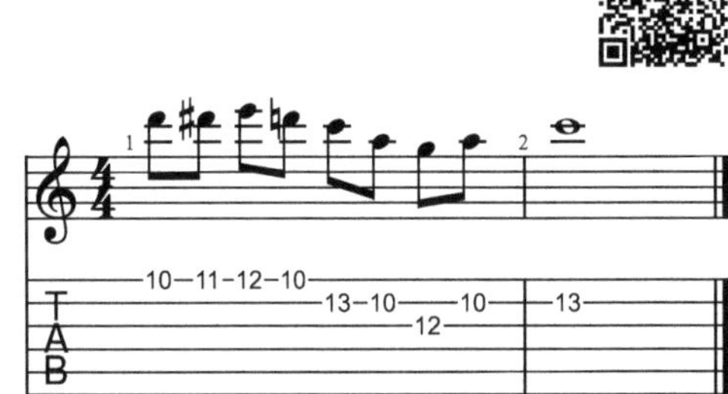

C-Dur Pentatonik über mehrere Shapes

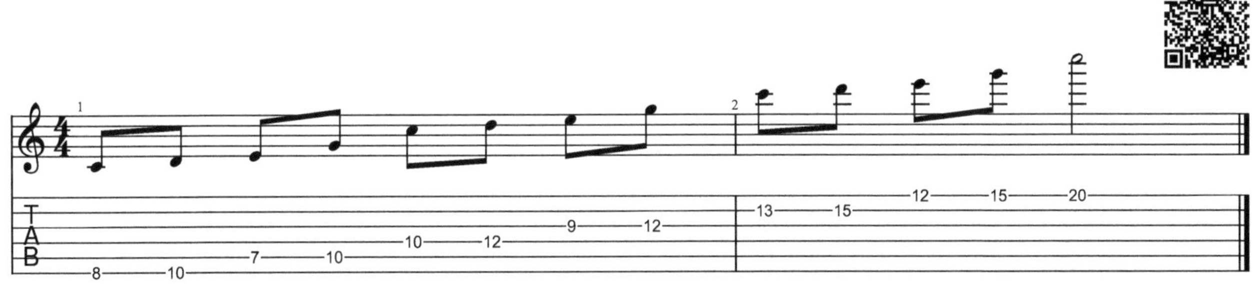

G-Dur Akkord – G-Dur Arpeggio – G-Dur Pentatonik

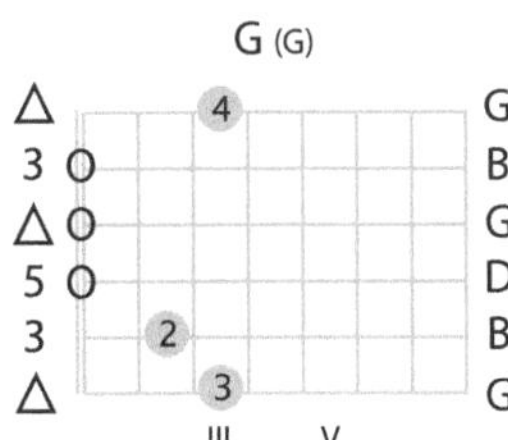

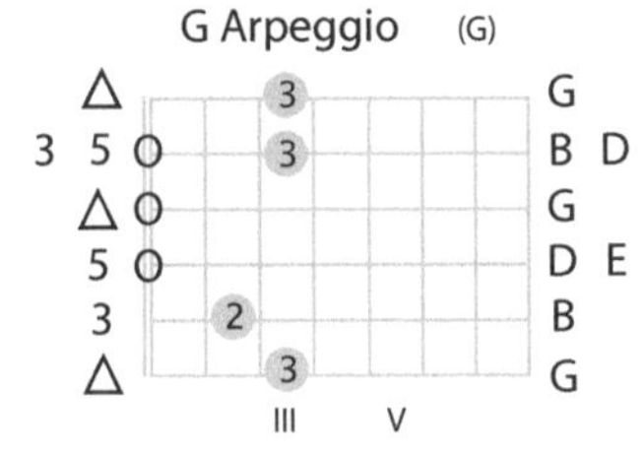

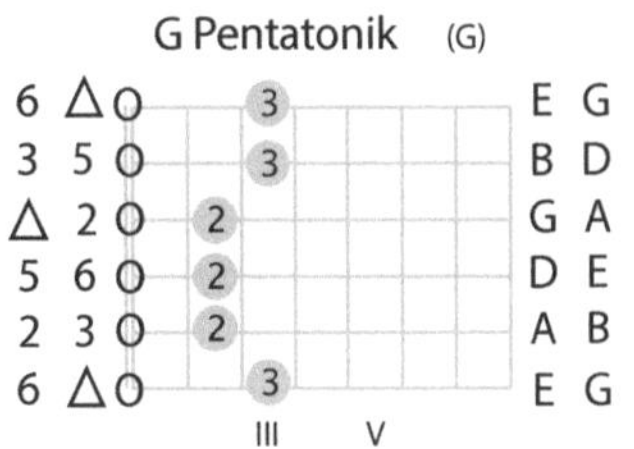

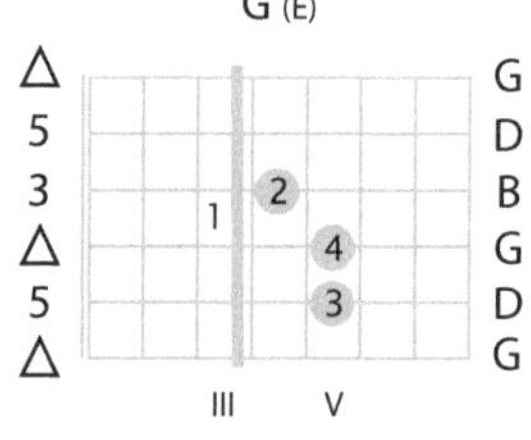

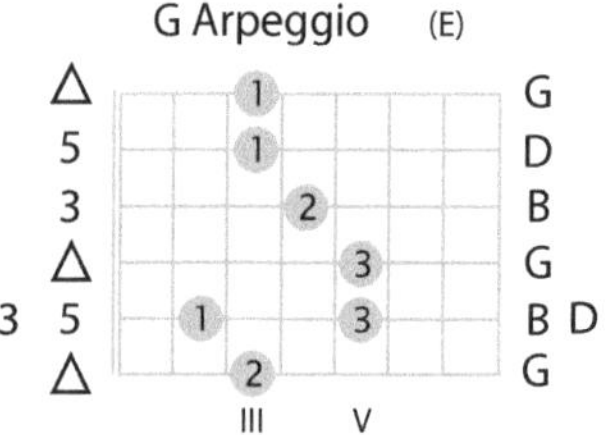

G Pentatonik (E)

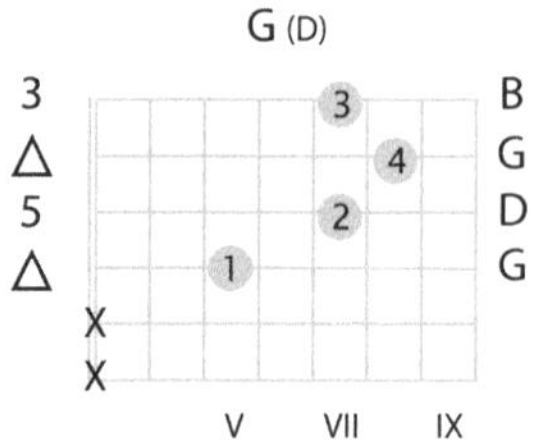

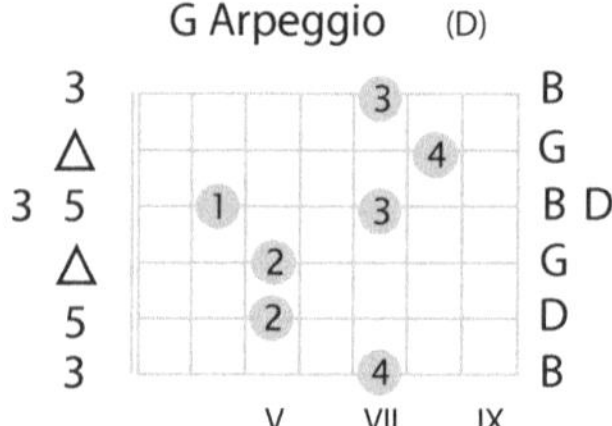

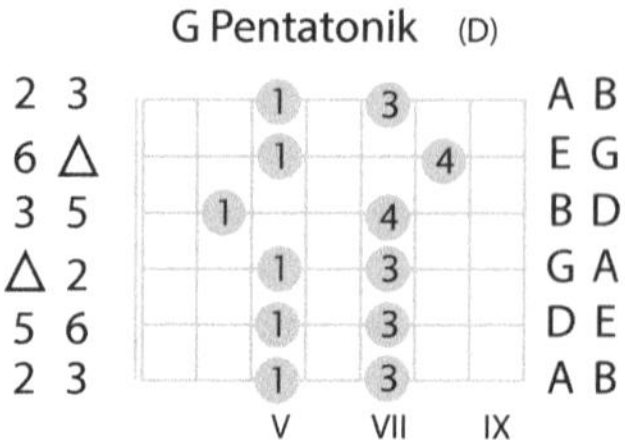

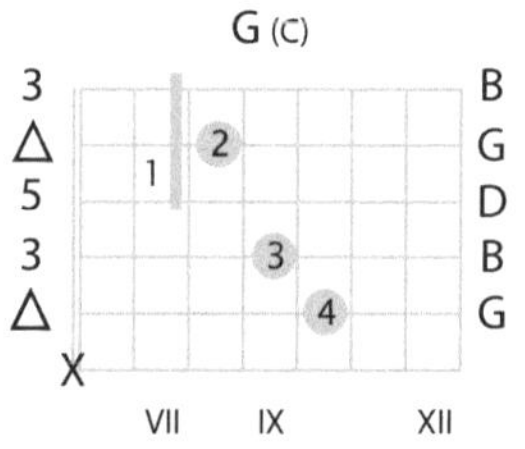

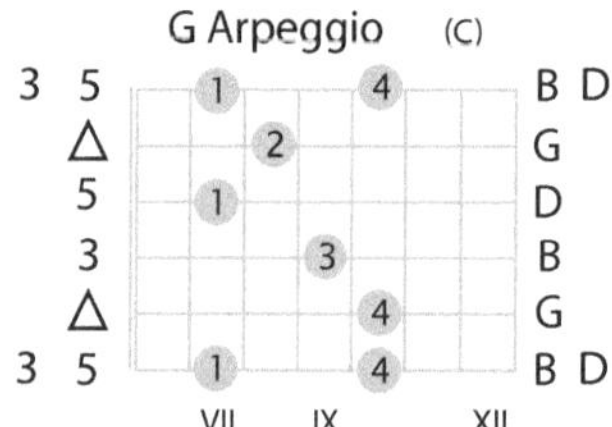

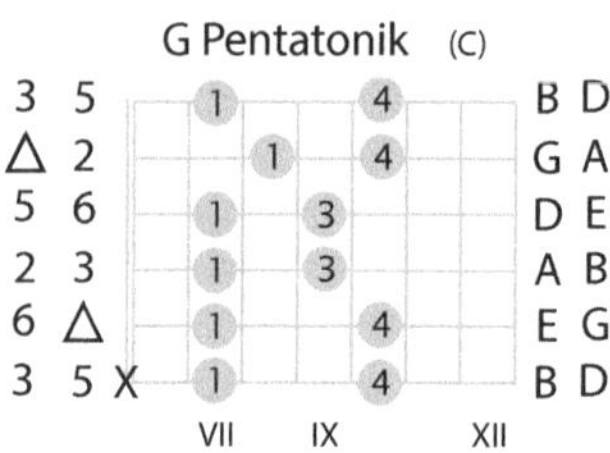

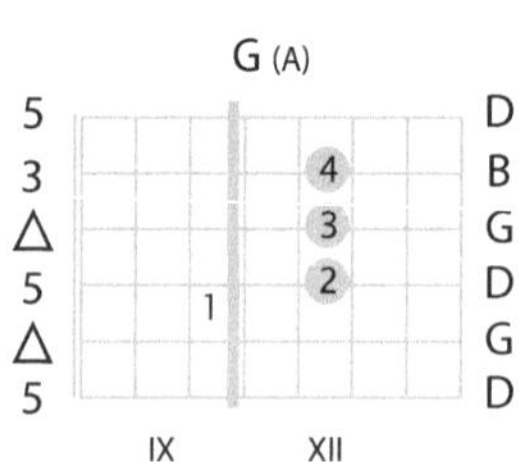

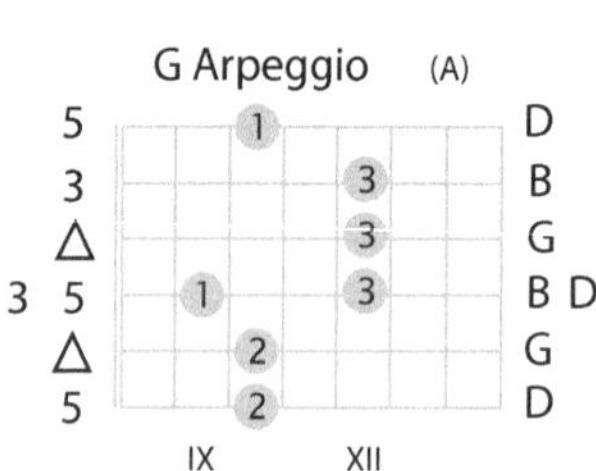

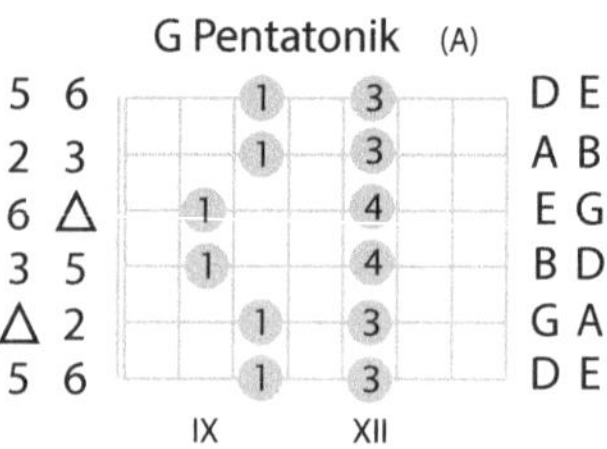

Basic Shapes – Arpeggio – Dur Pentatonik

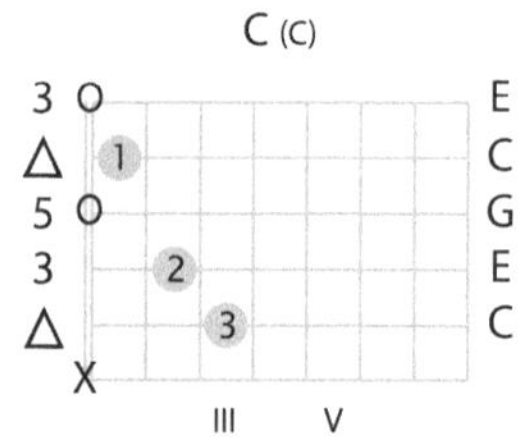

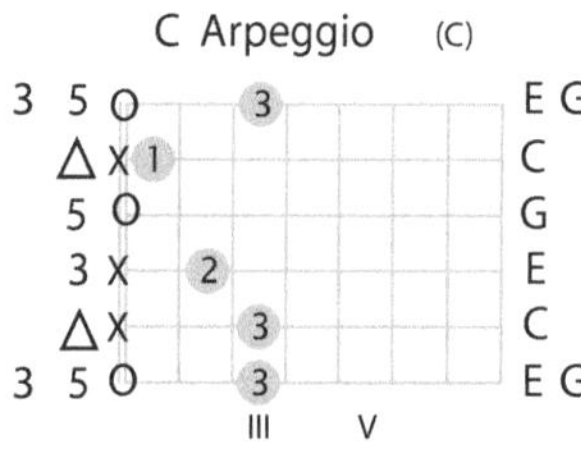

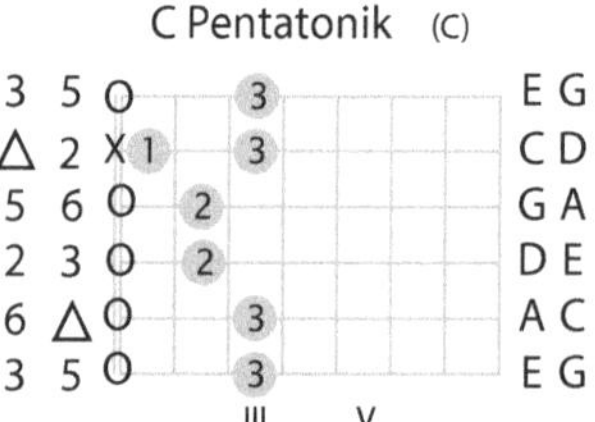

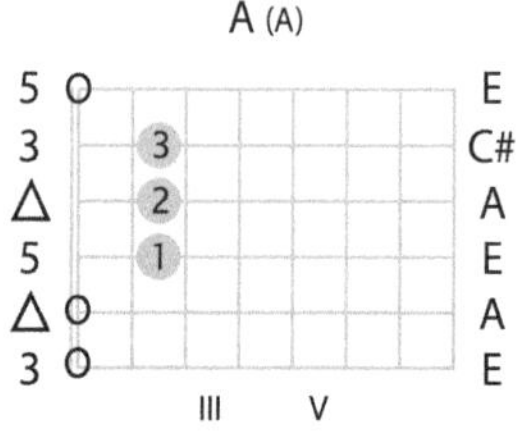

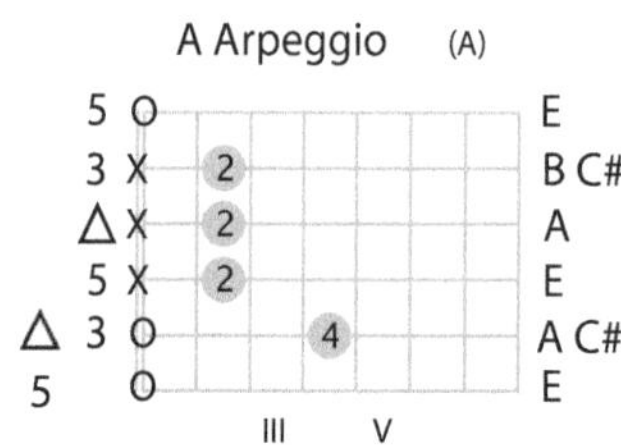

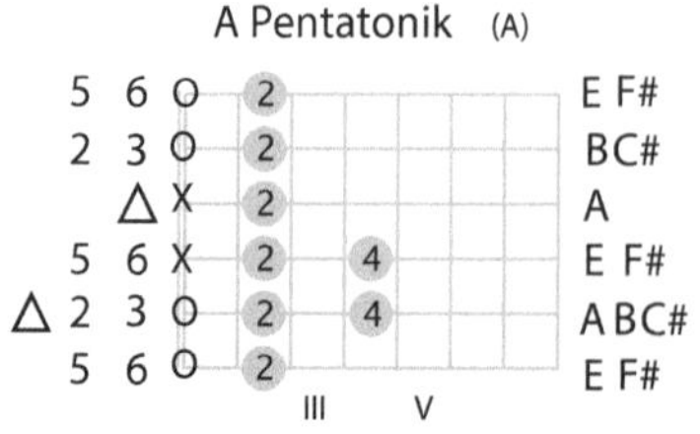

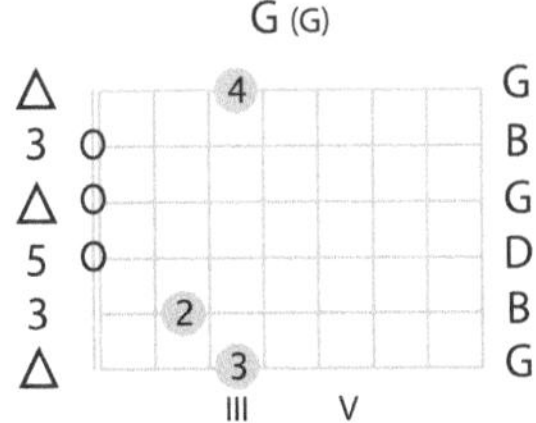

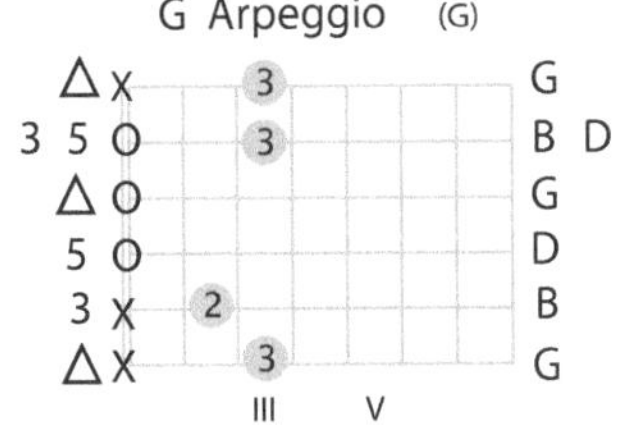

G Pentatonik (G)

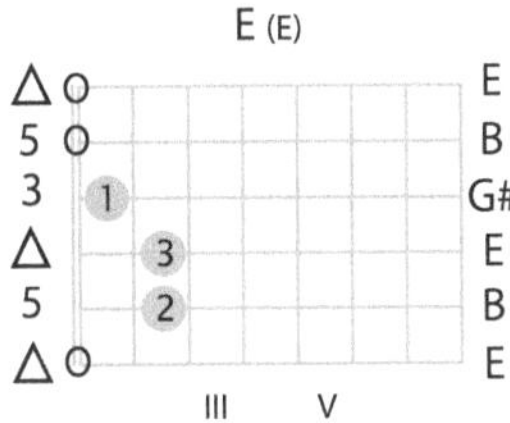

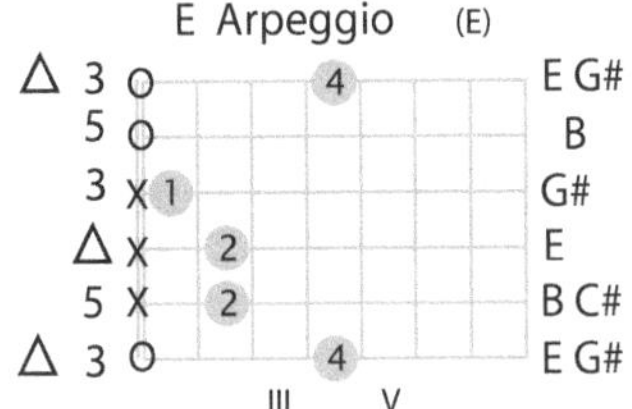

E Pentatonik (E)

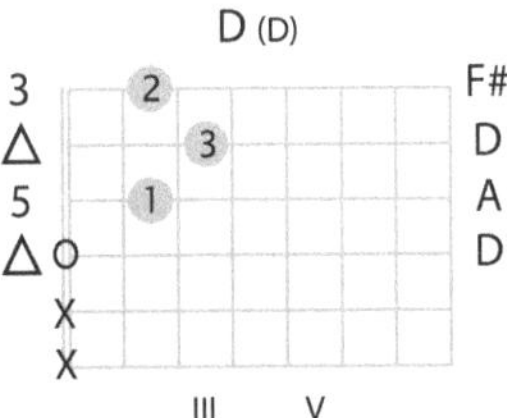

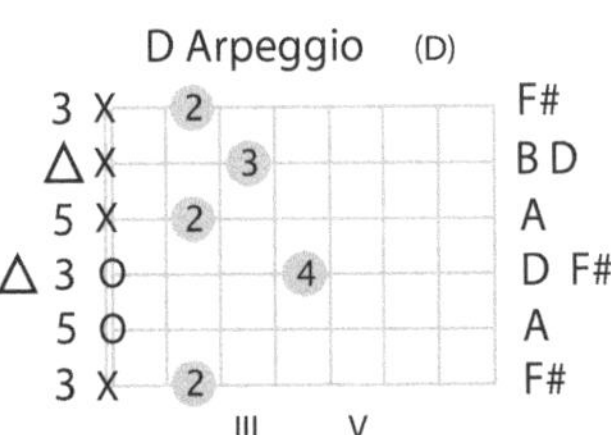

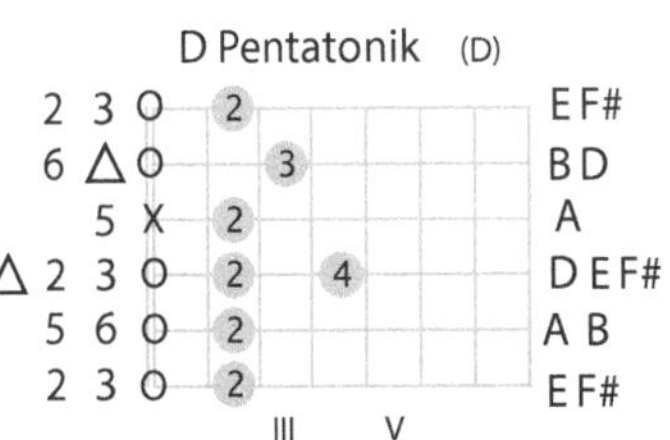

Dur Pentatonik im Quartenzirkel aufwärts

Spielt man die Pentatoniken im Quartenzirkel aufwärts, wandert man von der 1. Lage immer weiter Richtung Korpus (siehe Übung auf folgender Seite). Übungen im Quintenzirkel kann man in einer höheren Lage beginnen. Die Richtung ist hier das Griffbrett abwärts.

Dur Pentatonik im Quartenzirkel aufwärts I:

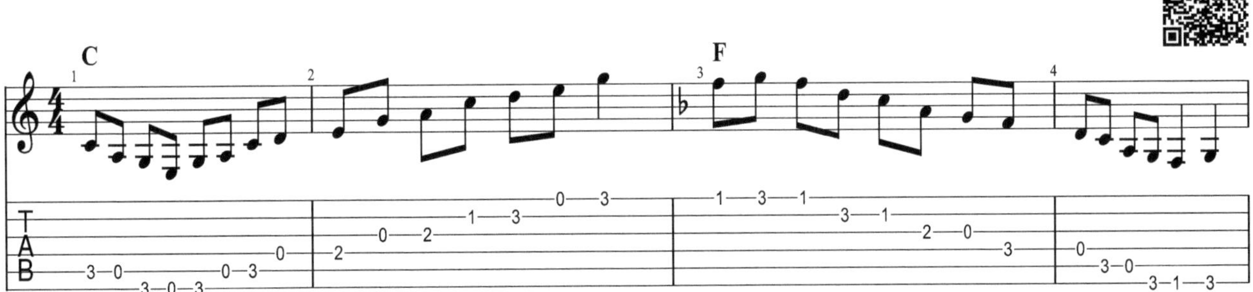

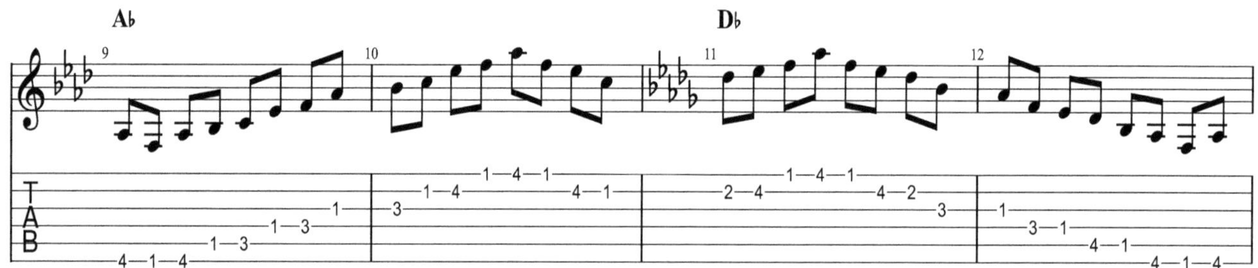

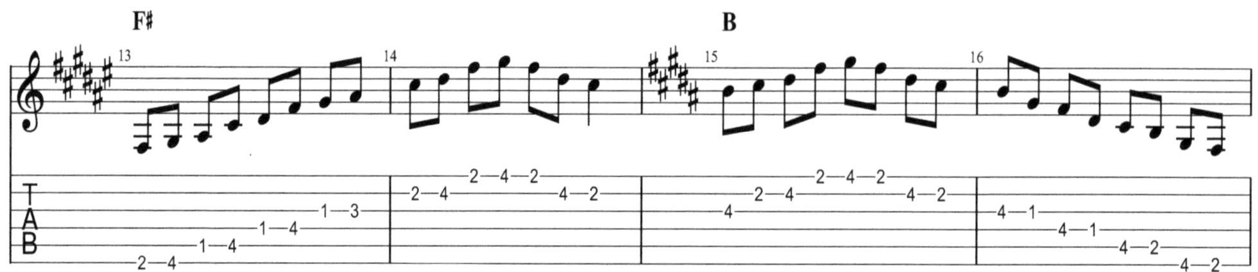

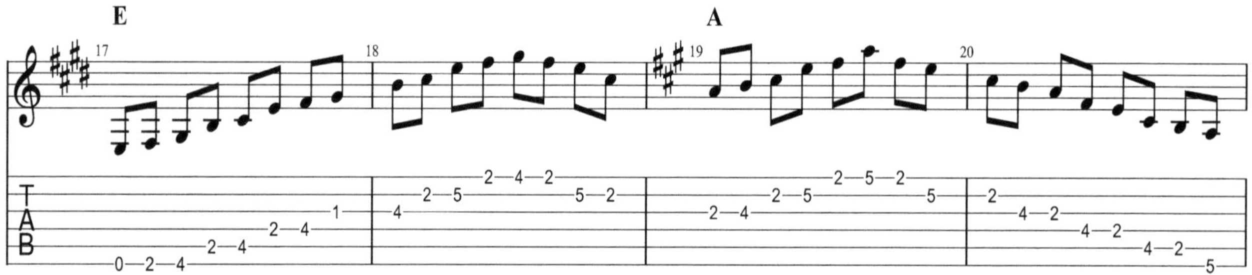

nun weiter mit Bb, Eb, etc.

Dur Pentatonik im Quartenzirkel aufwärts II:

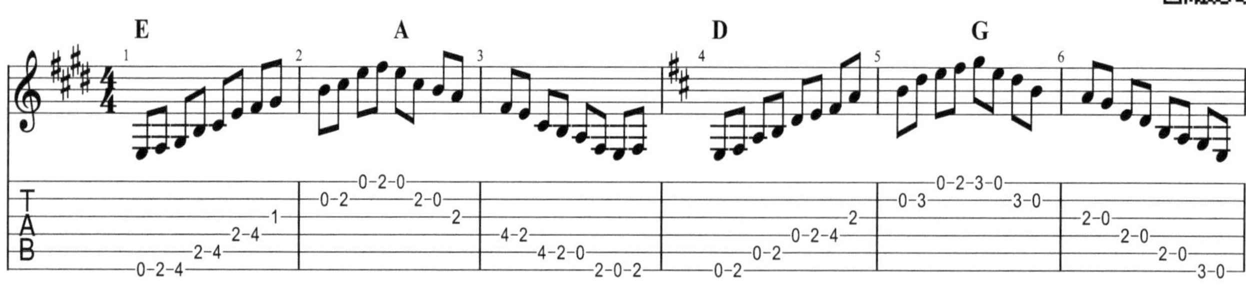

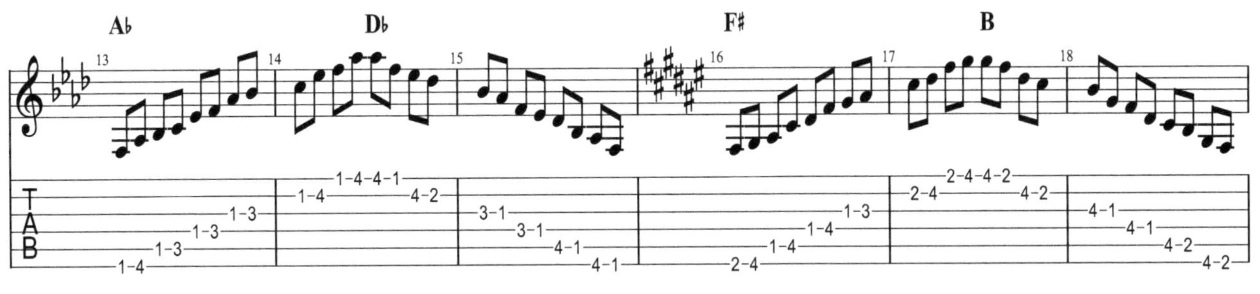

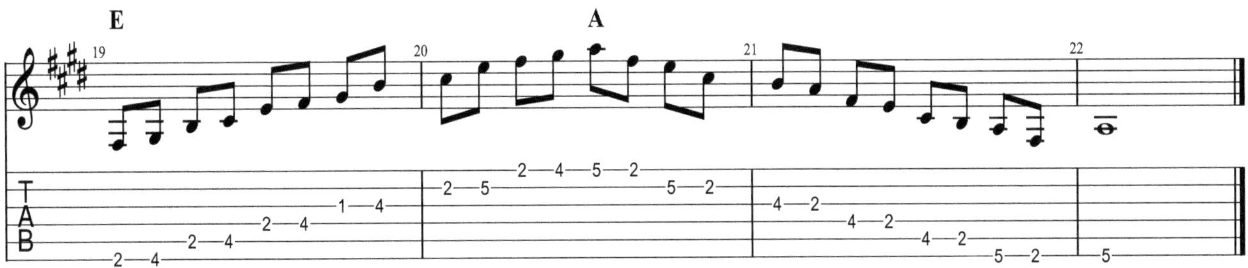

10. Dur Tonleiter

C-Dur Tonleiter auf einer Saite

Spielt man auf dem Klavier/Keyboard die weißen Tasten vom C bis zum C, erhält man die C-Dur Tonleiter. Diese Tonleiter besitzt einen spannungslosen Klang. Sie wird auch ionische Tonleiter genannt und steht im System der Kirchentonleitern auf der 1. Stufe.

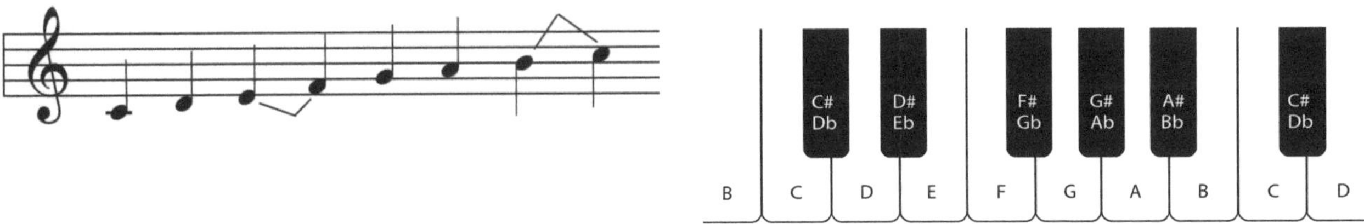

Auf dem Keyboard ist es einfach das C zu finden. Links neben den zwei schwarzen Tasten ist das C, links neben den drei schwarzen Tasten das F. Gewöhnlich sitzen die Keyboarder direkt vor dem C in der mittleren Lage. Das Keyboard macht es den Spielern leicht, Orientierung zu haben und auch noch jeden Ton eines Akkords oder Tonleiter lesen zu können. Keyboarder denken von Oktave zu Oktave.

C-Dur Tonleiter auf der B-Saite

Ein Handicap der Gitarre: Es existiert in der Standardstimmung keine C-Saite. Deswegen wird die B-Saite in eine „Pseudo C-Saite“ umgewandelt.
Spiele die B-Saite ab dem ersten Bund von C (1. Bund) zum C (13. Bund) – und zurück. Übe die anderen Saiten auch von C zum C und zurück.

Die ganze Tonleiter mit 7 bzw. 8 Tönen zu lernen kann ganz schön anstrengend sein. Eine Tonleiter wird deshalb gerne in zwei Teilen gelernt: C D E F (1. Tetrachord – 4 Töne) G A B C (2. Tetrachord).

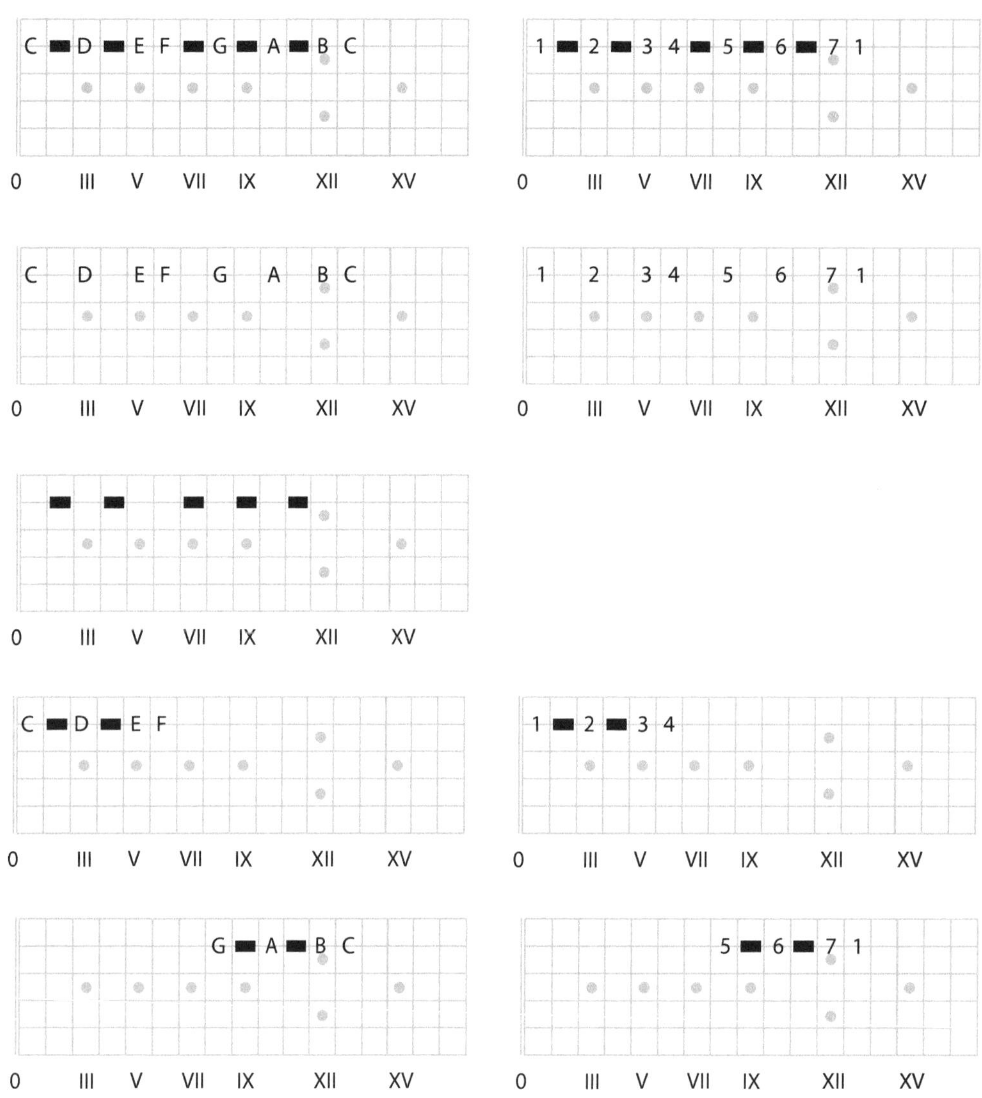

C-Dur Tonleiter E-Saite

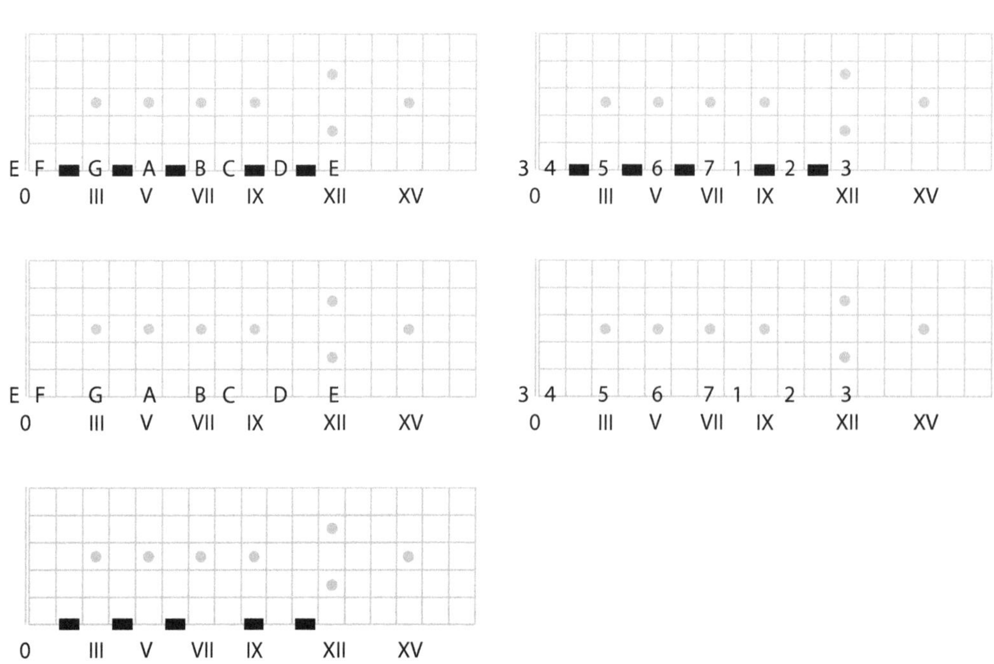

C-Dur Tonleiter A-Saite

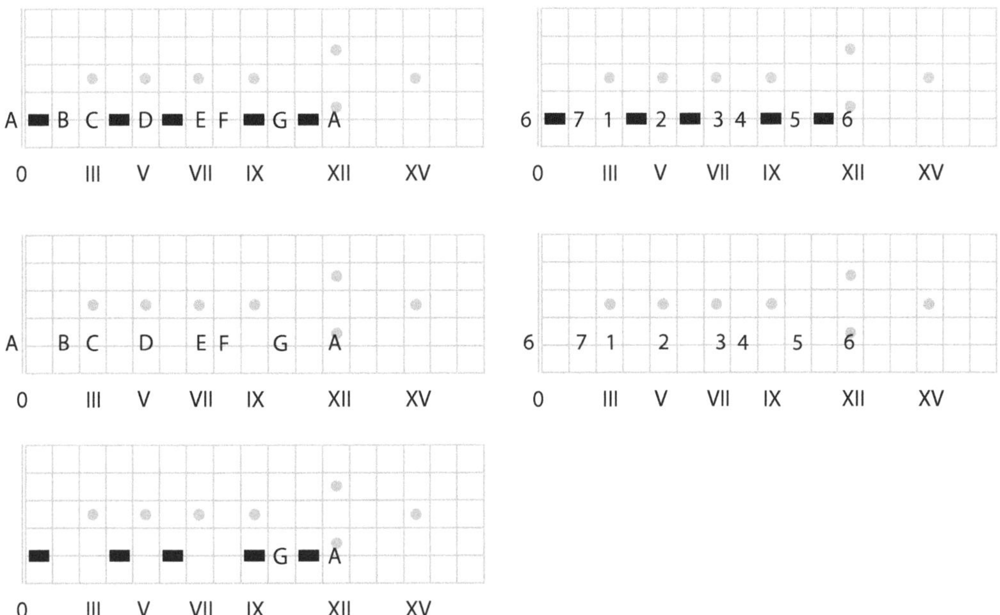

C-Dur Tonleiter D-Saite

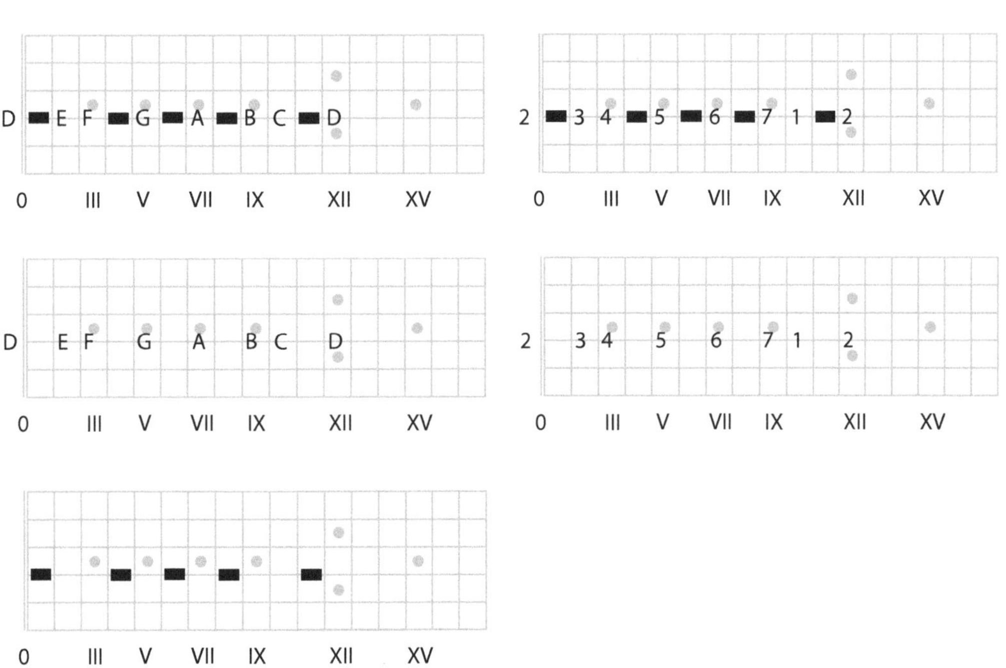

C-Dur Tonleiter G-Saite

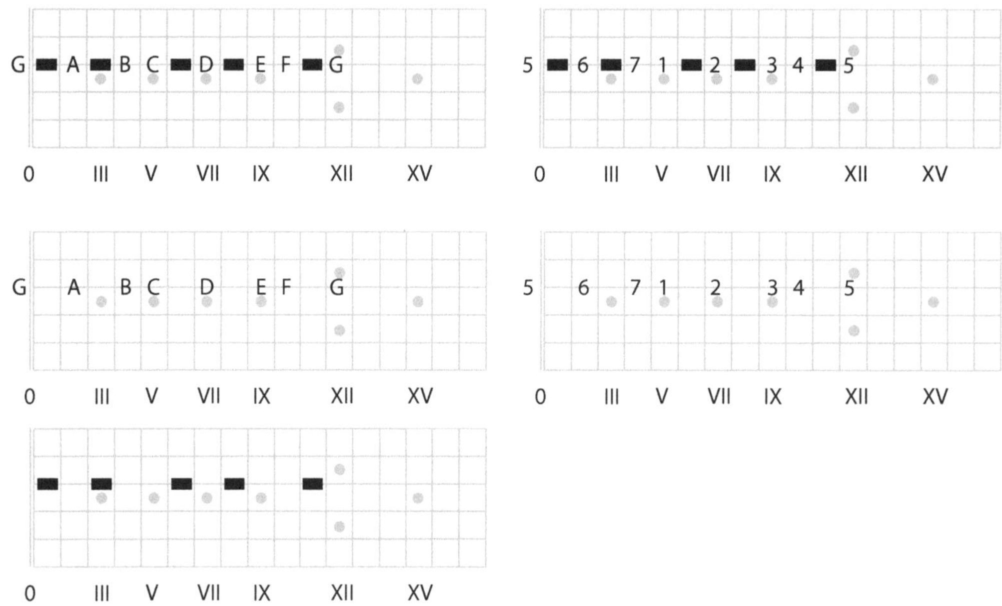

Die Intervalle/Abstände der C-Dur-Tonleiter

C		D		E		F		G		A		B		C
	2		2		1		2		2		2		1	

Die Intervalle 2 2 1 2 2 2 1 gelten für jede Dur Tonleiter. Um sich die C-Dur Tonleiter auf dem Griffbrett zu merken, kann es auch genügen, sich nur die schwarzen Tasten auf dem Griffbrett vorzustellen. Lieder mit der Dur Tonleiter findet man bei Kinderliedern, Weihnachtsliedern und in der Volksmusik.

„Bruder Jakob" (beginnt beim Grundton C)

„Alle meine Entchen" (beginnt beim Grundton C)

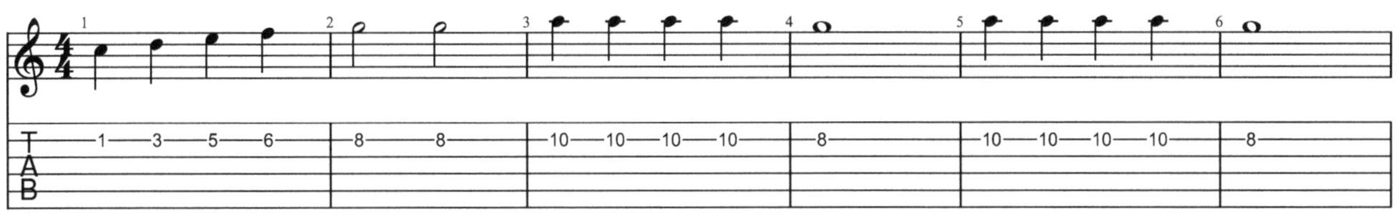

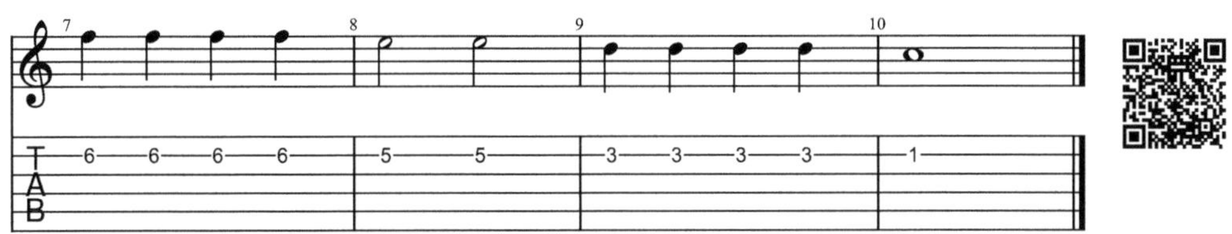

„Hänschen klein" (beginnt beim G, Quinte von C)

Weitere Lieder: O Tannenbaum (beginnt beim G), Stille Nacht (beginnt beim E, Terz von C), deutsche Nationalhymne (beginnt beim Grundton C), Bayerische Hymne (beginnt mit dem C Dreiklang)

Die C-Dur Tonleiter in einer Lage

An den Saiten entlang eine Tonleiter oder Melodie auf- und abwärts spielen, ist nicht sehr komfortabel. Deswegen hat man für die Gitarre das Lagenspiel entwickelt.

Gitarrenschulen für Anfänger bzw. Kinder beginnen oft mit dem Ton G, der offenen G-Saite. Dann werden nach und nach Töne hinzugefügt. Leider ist es dann erst einmal schwieriger, sich einen Notenstrang wie auf dem Klavier vorzustellen. Beginnt man eine Tonleiter in einer Lage zu üben, sollte man sich zuerst immer innerhalb einer Oktave bewegen und die Töne ins Griffbrett „brennen". Die nächsthöhere oder tiefere Oktave hinzuzufügen, ist dann etwas einfacher zu bewältigen.

Der komplette Fingersatz in einer Lage geht über zwei Oktaven und sieht erst einmal chaotisch aus. Deshalb suchen wir uns einen Fingersatz zu einem Shape der von Oktave zu Oktave geht. Die Töne die tiefer oder höher sind als der Fingersatz, werden anschließend separat geübt und dem Fingersatz hinzugefügt.

Beginnen wir mit C-Dur im C Shape:

- C-Dur Akkord im C-Shape – Bild 1
- C-Dur Arpeggio – Bild 2
- C-Dur Pentatonik – Bild 3
- C-Dur-Tonleiter von C bis C– Bild 4
- C-Dur-Tonleiter tiefe und hohe Oktave – Bild 5
- C-Dur-Tonleiter kompletter Fingersatz – Bild 6

C-Dur Tonleiter im C-Shape

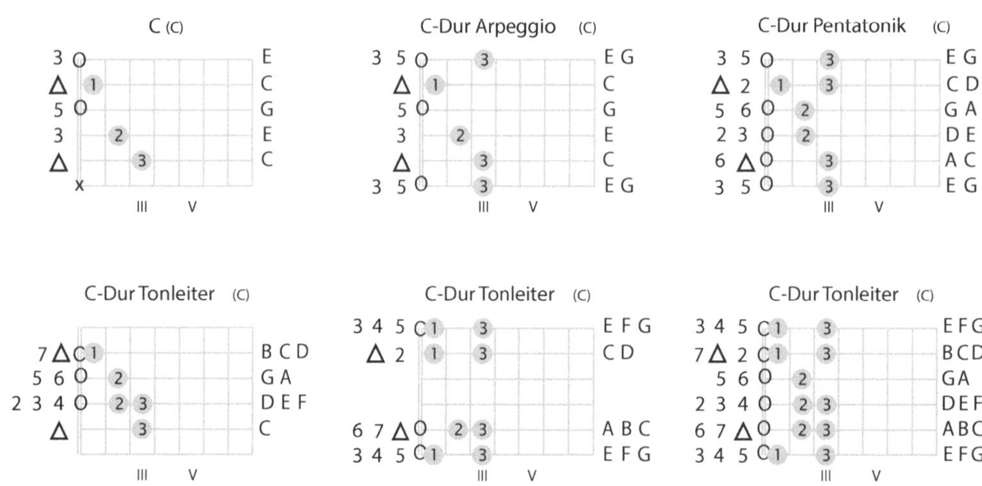

Da die C-Dur-Tonleiter eine der wichtigsten Basic Tonleitern ist, sollte sie so gut geübt sein, dass man die Tonleiter lückenlos grafisch auf dem Griffbrett erkennen kann. Sowohl absolut in Tönen als auch relativ in Intervallen. Je nachdem welche musikalische Aufgabe wir zu bewältigen haben, können wir die für uns sinnvolle Methodik und Visualisierung wählen. Sieben Töne in einer Lage zu merken, ist nicht wenig.

- Merke Dir den Fingersatz immer in Bezug zum Basic Shape und zum Grundton.
- Nutze auch den Zwischenschritt über das Arpeggio. Es enthält nur ein oder zwei Töne mehr als der Basic Shape.
- Nächster Schritt ist die Dur Pentatonik – Dur Akkord plus Sekunde und Sexte.
- Schließlich der ganze C-Dur Tonleiter Fingersatz.
- Ergänze die Pentatonik mit Quarte und Septime.

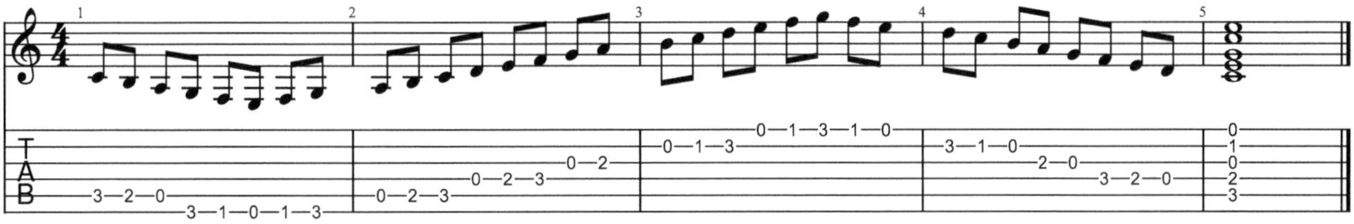

C-Dur Tonleiter im A-Shape

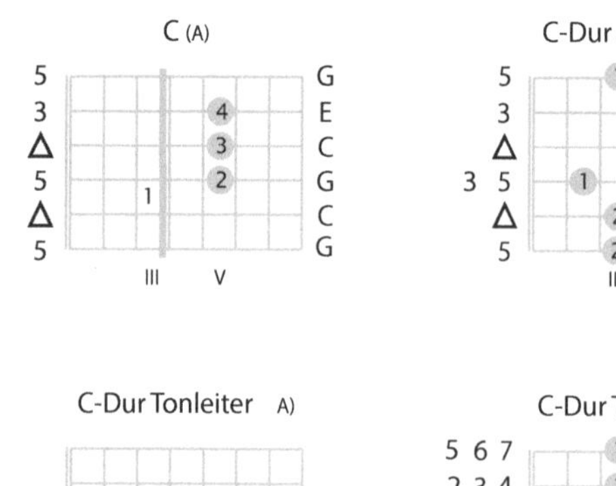

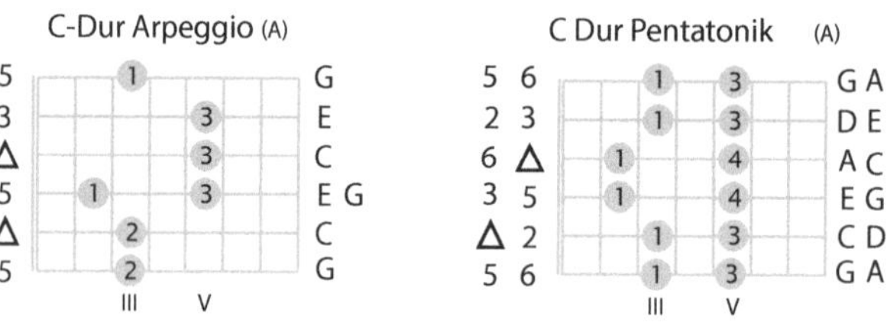

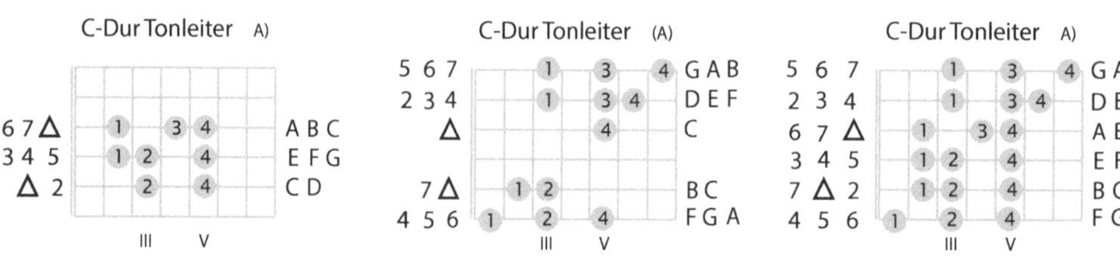

C-Dur Tonleiter im G-Shape

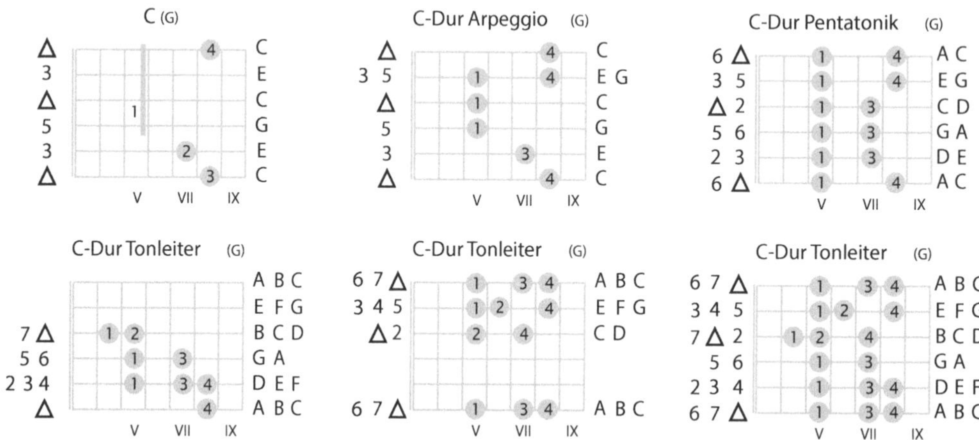

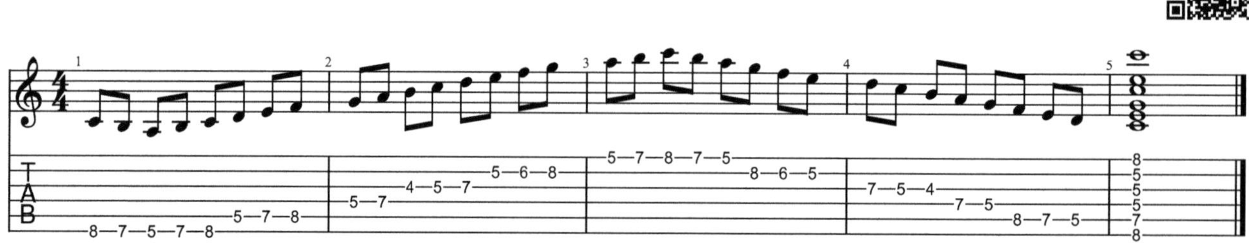

C-Dur-Tonleiter im E-Shape

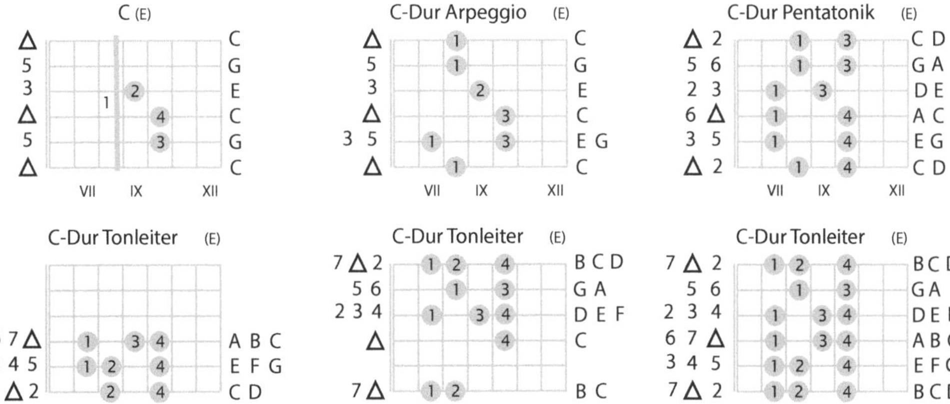

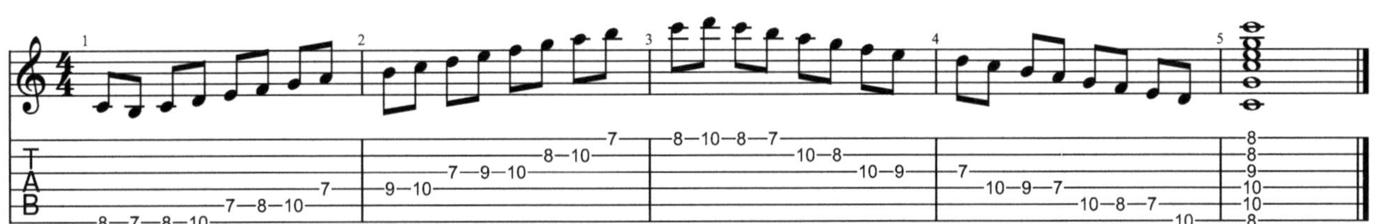

C-Dur Tonleiter im D-Shape

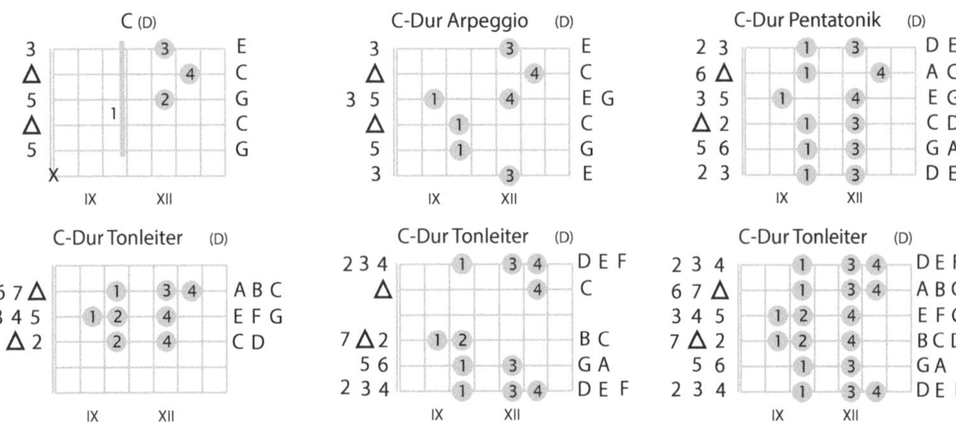

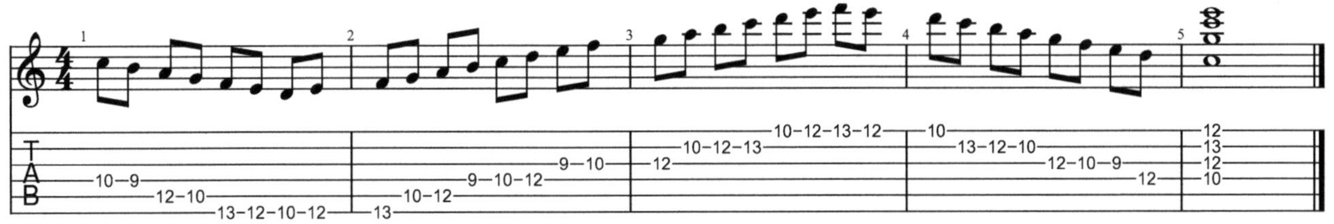

II. Dur Kadenz

Die Dur Kadenz I IV V

Egal ob Volkslieder, Klassik, Pop, Metal, Blues: die Kadenz ist die grundlegende Harmoniefolge der Musik.

C F – Quart aufwärts (eine Saite höher), Quinte abwärts

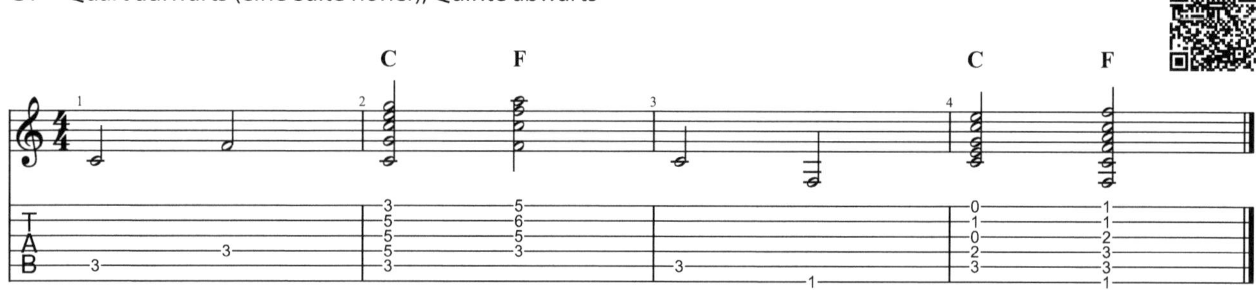

C G - Quinte aufwärts, Quarte abwärts (eine Saite tiefer)

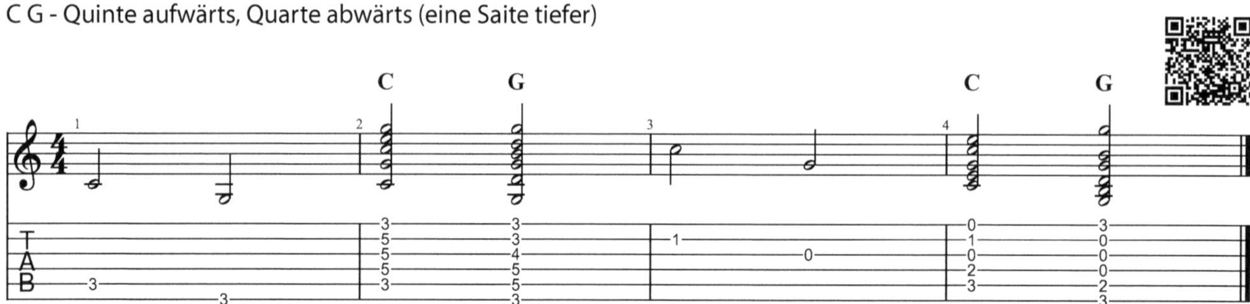

Alle Töne einer Tonleiter sind in den Akkorden der Dur Kadenz vorhanden:

C Dur	C	E	G
F Dur	F	A	C
G Dur	D	G	B

Die Akkorde C und F und die Akkorde C und G sind eine Akkordverwandtschaft 2. Ordnung. Sie haben einen Ton gemeinsam. Die Akkorde F und G haben keinen gemeinsamen Ton.

Kadenz I: Playing in a box

Die Grundtöne des C-Dur und F-Dur Akkords sind auf demselben Bund. F-Dur und G-Dur sind einen Ganzton voneinander entfernt. So entsteht eine Box. Ausnahme G- und B-Saite. Hier ist die Gitarre nicht in Quarten gestimmt.

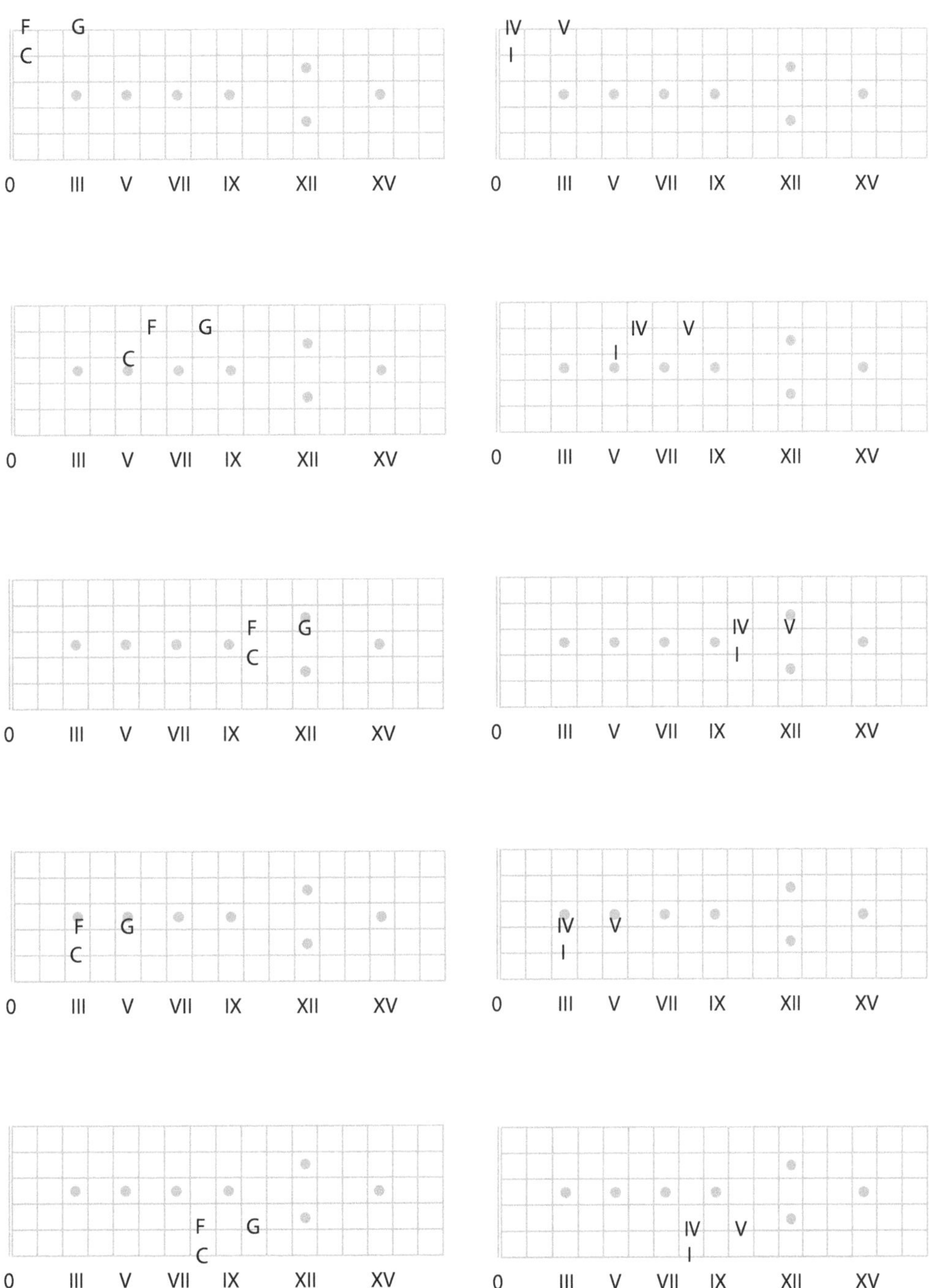

C F G C

C F G C

C F G C

C F G C

C F G C

Kadenz II: Playing in a line

Alle drei Grundtöne der Akkorde sind auf einem Bund in einer Linie. F ist eine Quart aufwärts von C (eine Saite höher als C), G ist eine Quart abwärts von C (eine Saite tiefer als C).

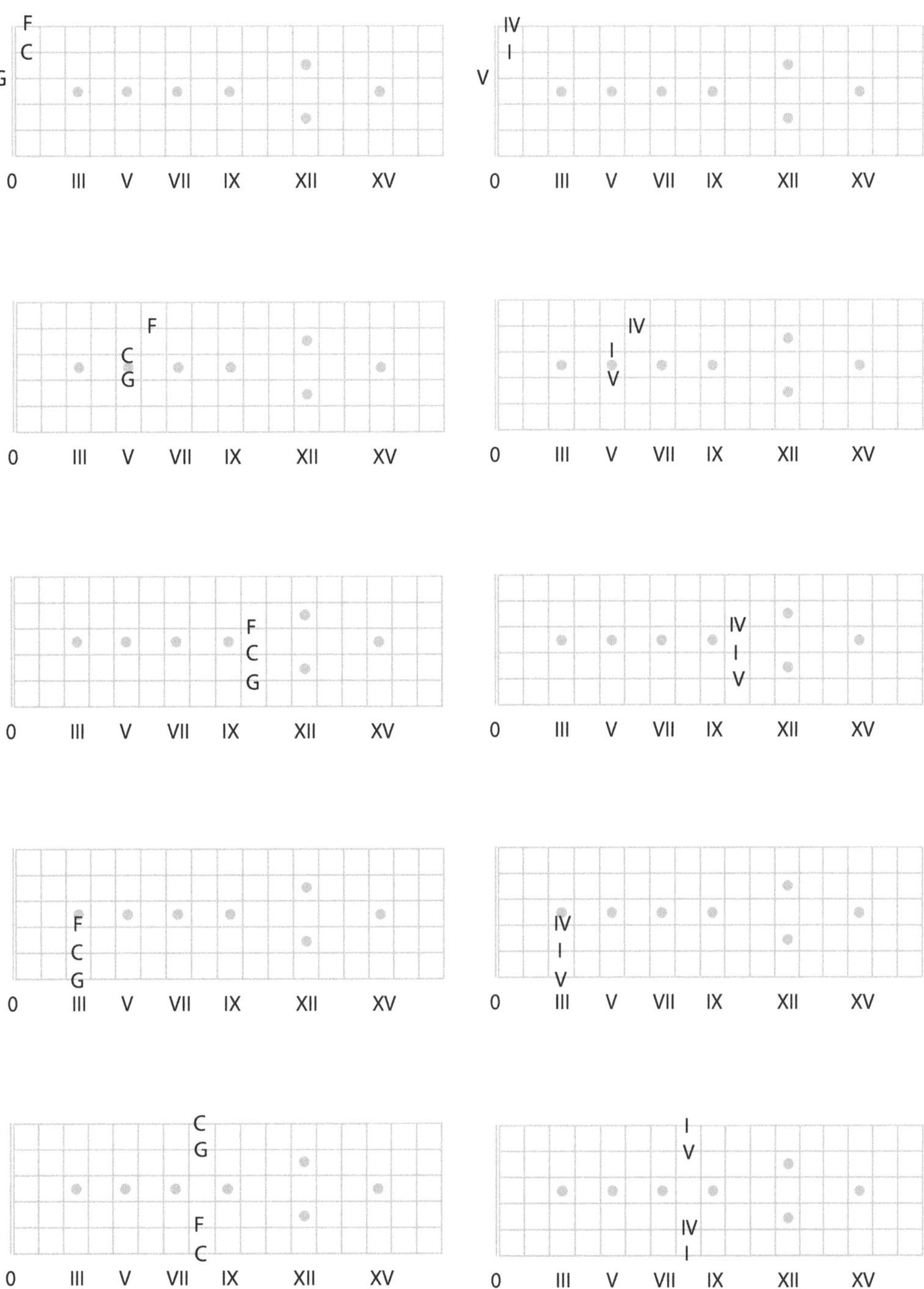

C F G C

C F G C

C F G C

C F G C

C F G C

C-Dur Kadenz

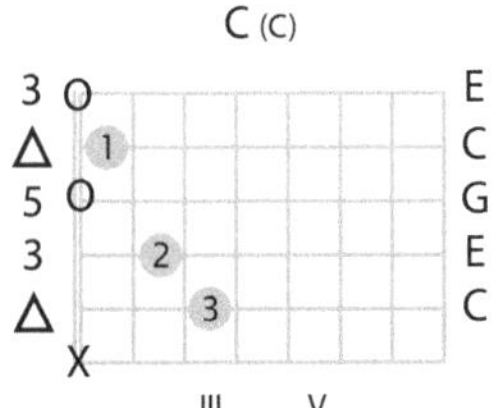
C (C)
E C G E C
III V

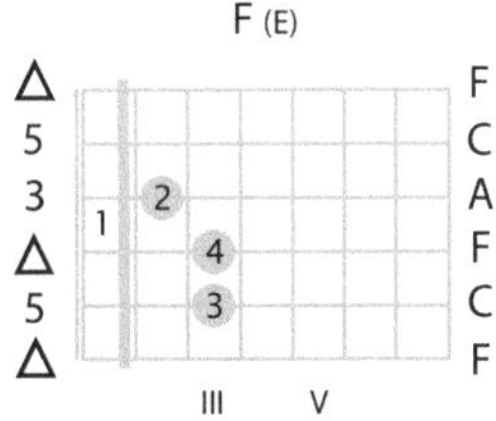
F (E)
F C A F C F
III V

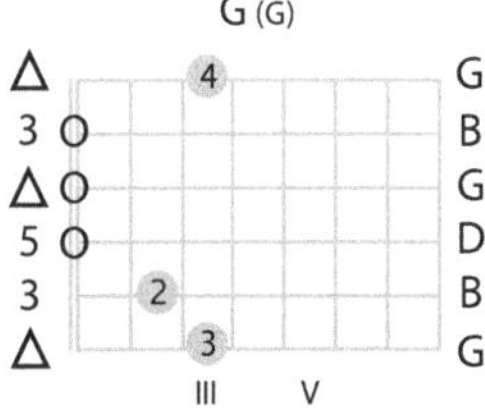
G (G)
G B G D B G
III V

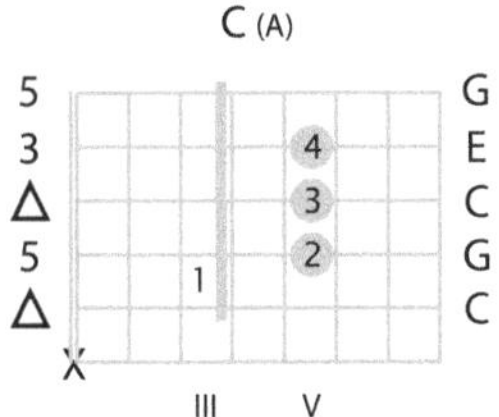
C (A)
G E C G C
III V

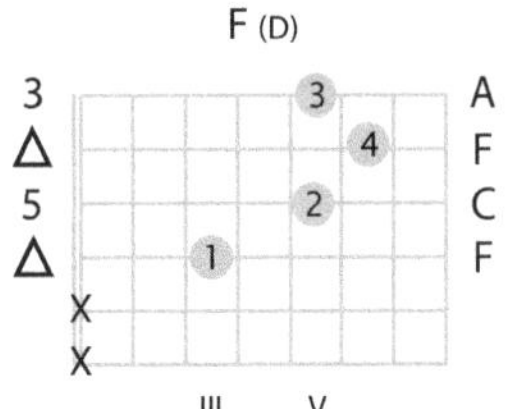
F (D)
A F C F
III V

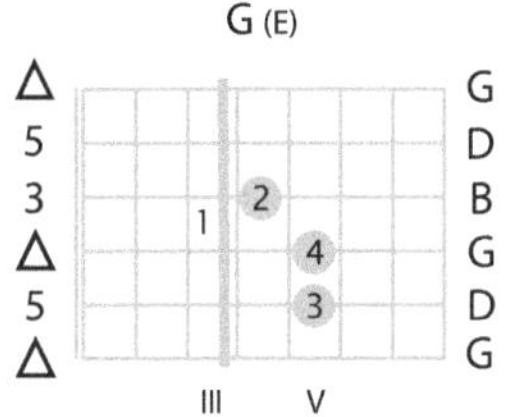
G (E)
G D B G D G
III V

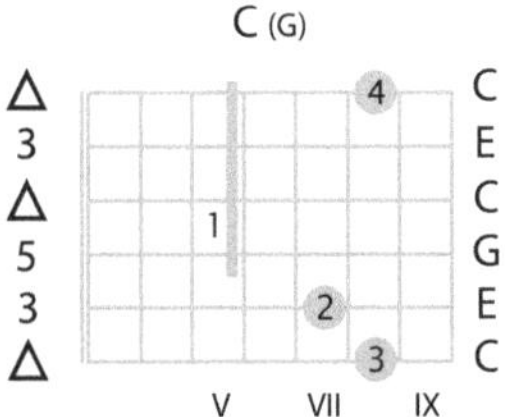
C (G)
C E C G E C
V VII IX

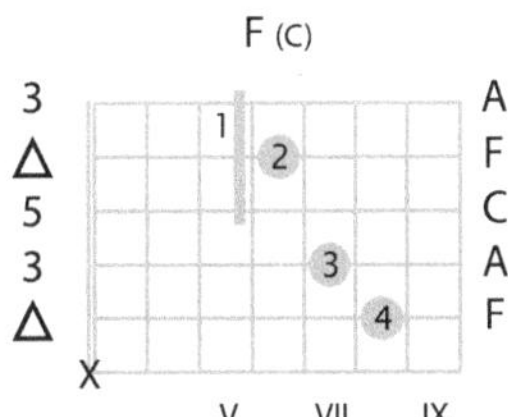
F (C)
A F C A F
V VII IX

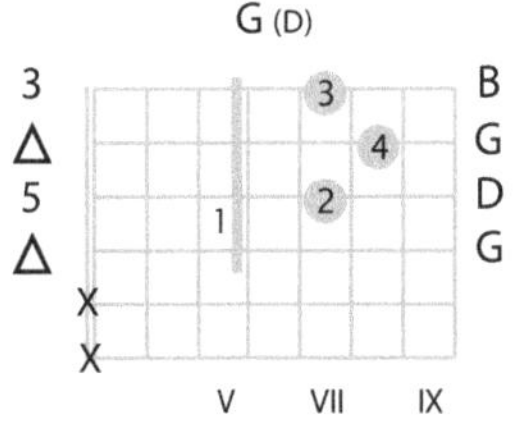
G (D)
B G D G
V VII IX

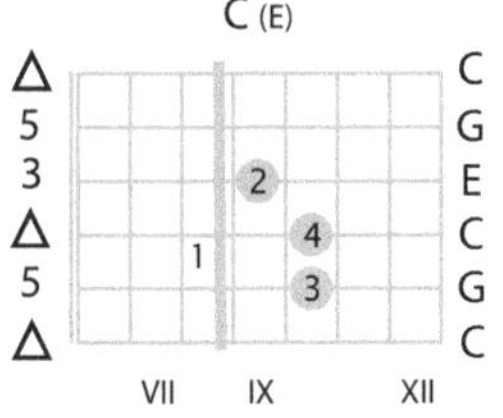
C (E)
C G E C G C
VII IX XII

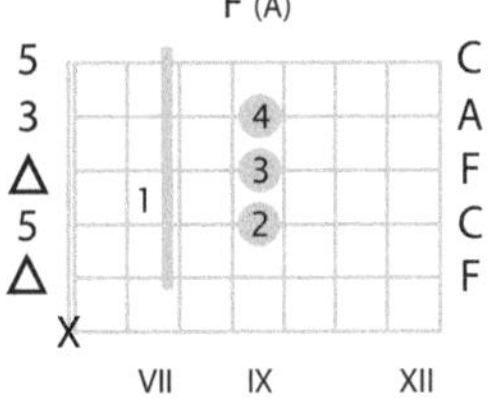
F (A)
C A F C F
VII IX XII

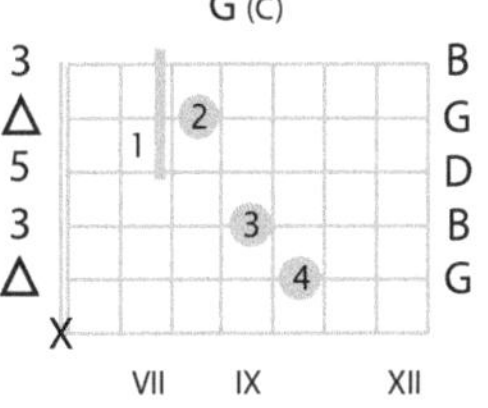
G (C)
B G D B G
VII IX XII

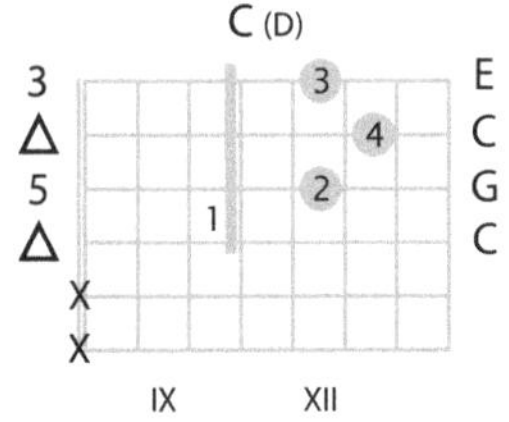
C (D)
E C G C
IX XII

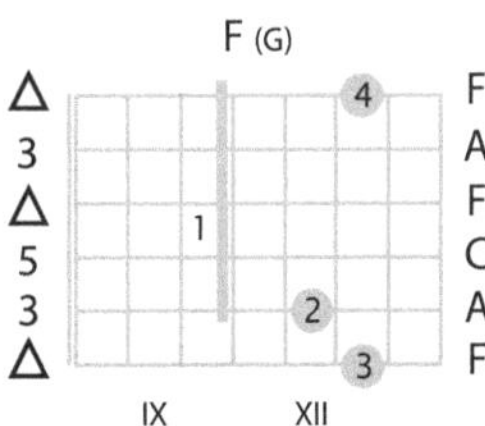
F (G)
F A F C A F
IX XII

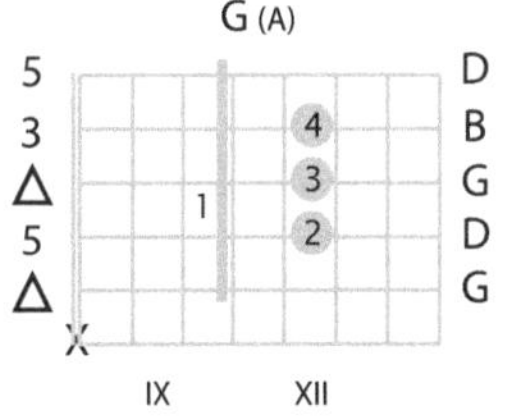
G (A)
D B G D G
IX XII

C-Dur Kadenz – auf der E B G Saite

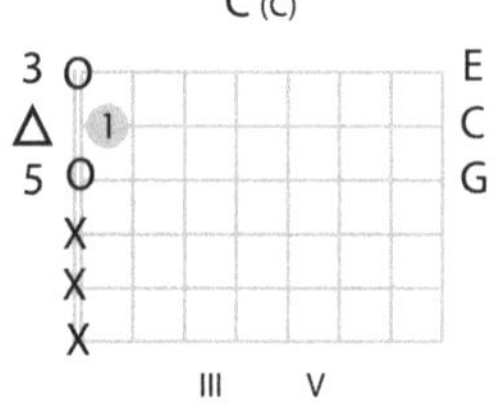

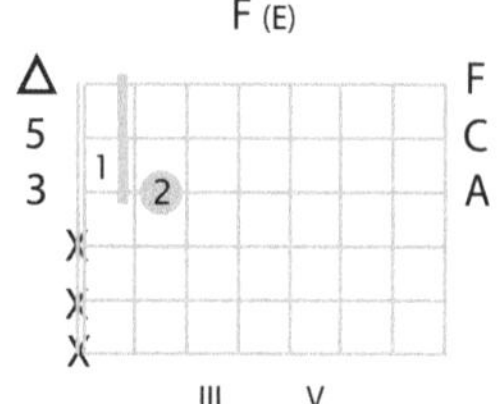

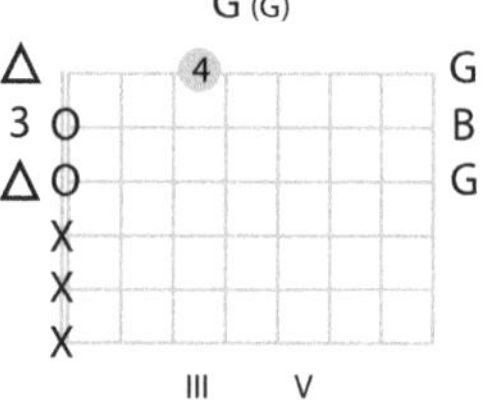

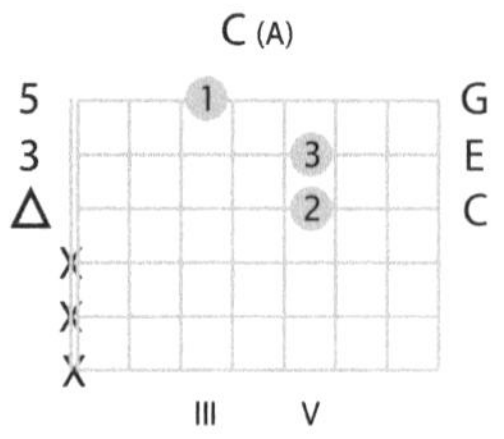

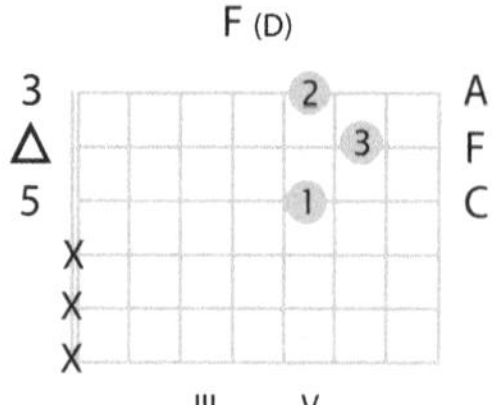

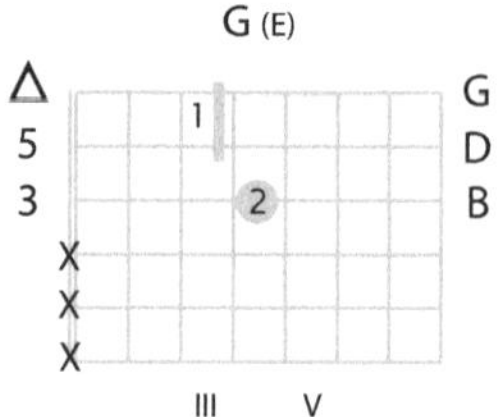

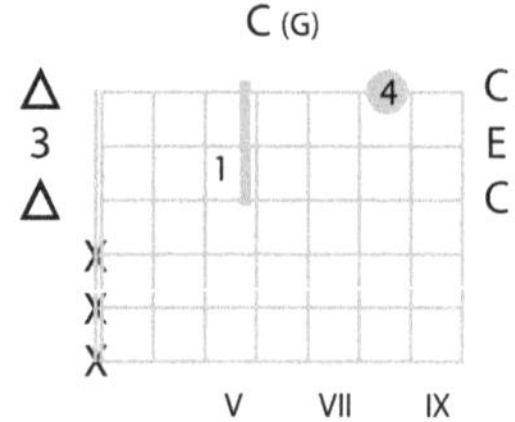

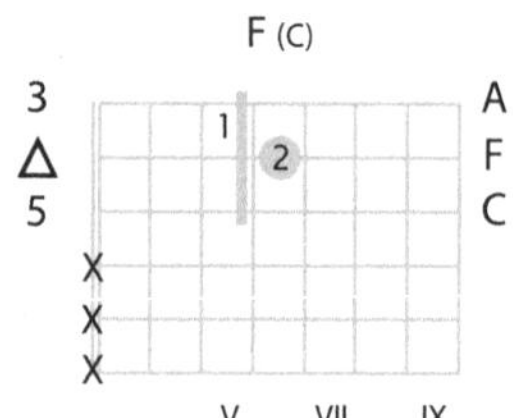

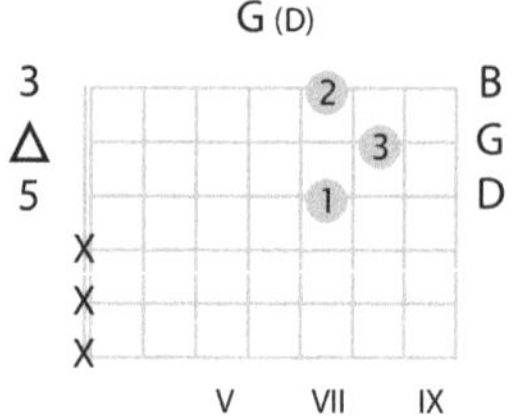

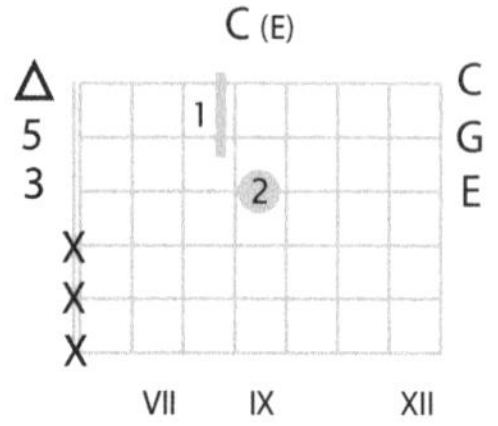

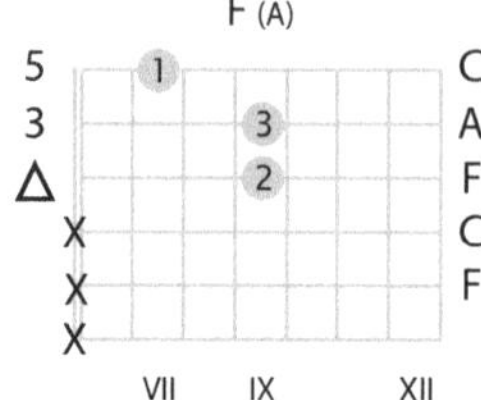

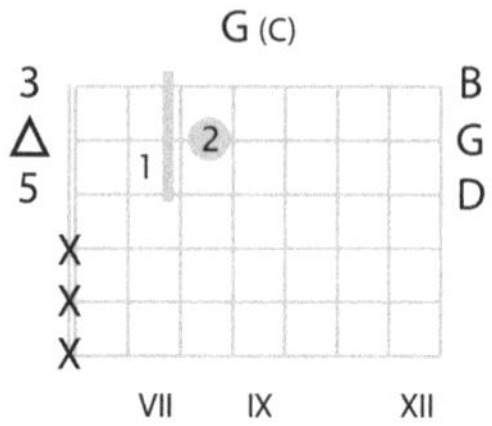

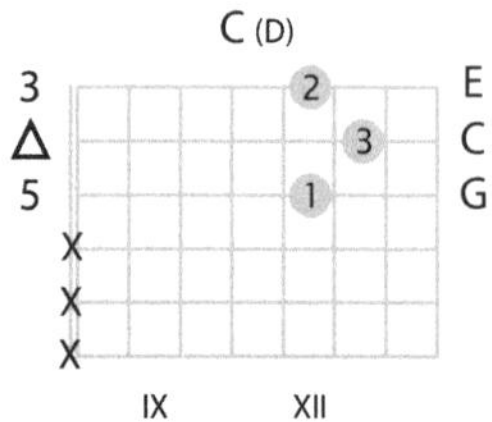

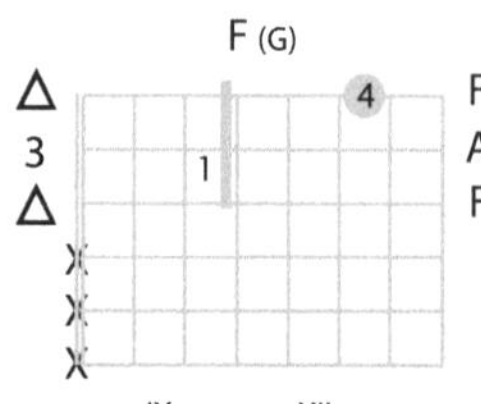

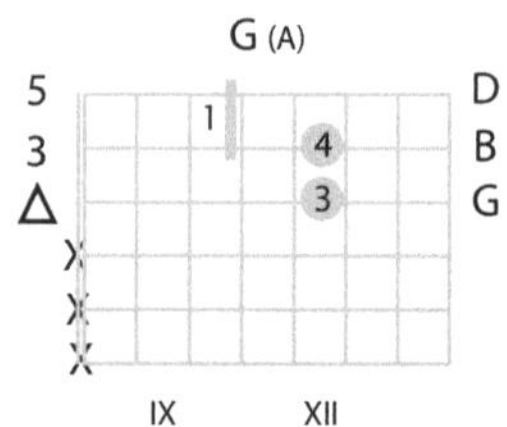

C/G (1) – F/A (2) – G(no5) (3) – C/G (4)

```
T e|-------0-------|-------1-------|-------3-------|-0-|
A B|----1-----1----|----1-----1----|----0-----0----|-1-|
B G|-0-------------|-2-------------|-0-------------|-0-|
```

C (5) – F/C (6) – G/B (7) – C (8)

```
T e|-------3-------|-------5-------|-------3-------|-3-|
A B|----5-----5----|----6-----6----|----3-----3----|-5-|
B G|-5-------------|-5-------------|-4-------------|-5-|
```

C (9) – F/C (10) – G/D (11) – C (12)

```
T e|-------8-------|-------5-------|-------7-------|-8-|
A B|----5-----5----|----6-----6----|----8-----8----|-5-|
B G|-5-------------|-5-------------|-7-------------|-5-|
```

C/E (13) – F (14) – G/D (15) – C/E (16)

```
T e|-------8-------|--------8--------|-------7-------|-8-|
A B|----8-----8----|----10-----10----|----8-----8----|-8-|
B G|-9-------------|-10--------------|-7-------------|-9-|
```

C/G (17) – F (18) – G (19) – C/G (20)

```
T e|--------12--------|--------13--------|--------10--------|-12-||
A B|----13------13----|----10------10----|----12------12----|-13-||
B G|-12---------------|-10---------------|-12---------------|-12-||
```

C-Dur Kadenz– auf der B G D Saite

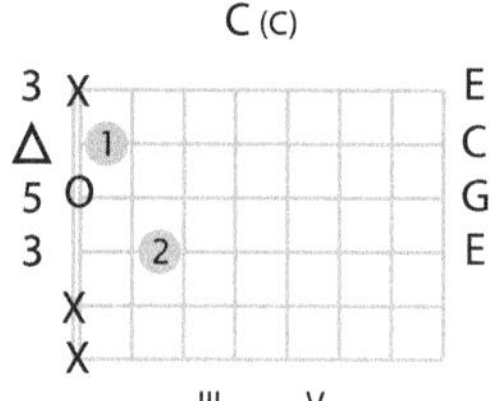

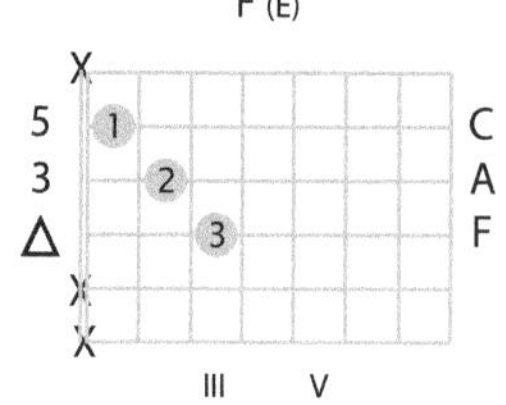

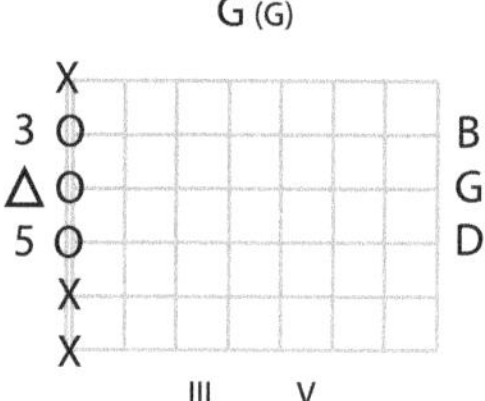

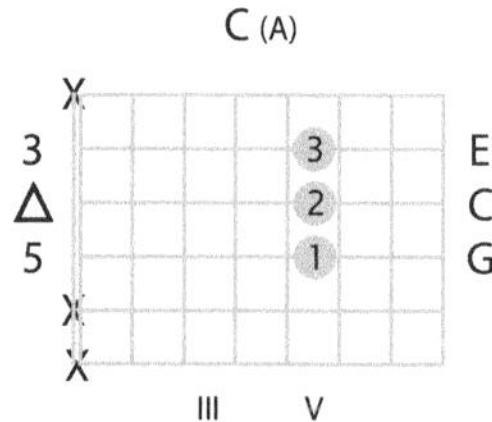

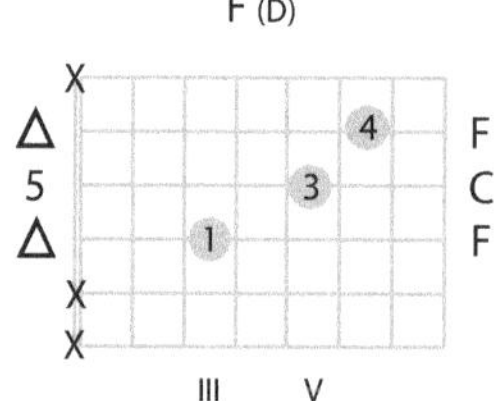

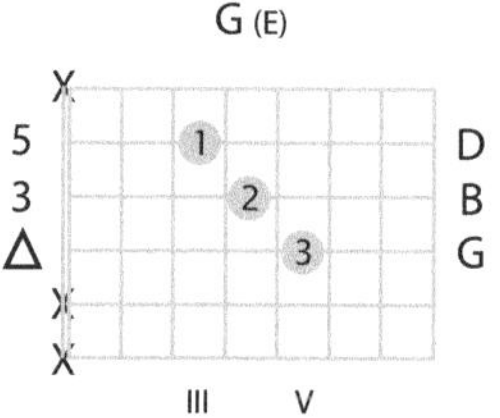

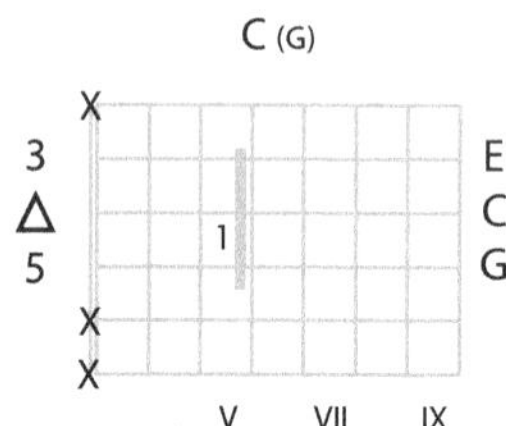

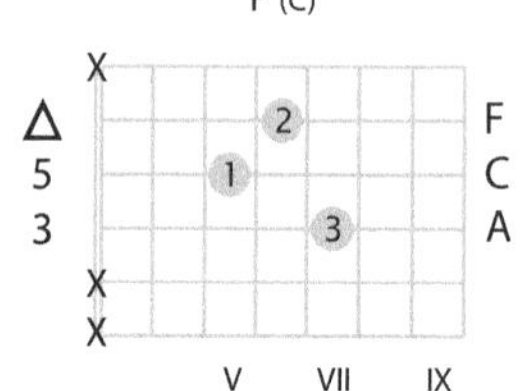

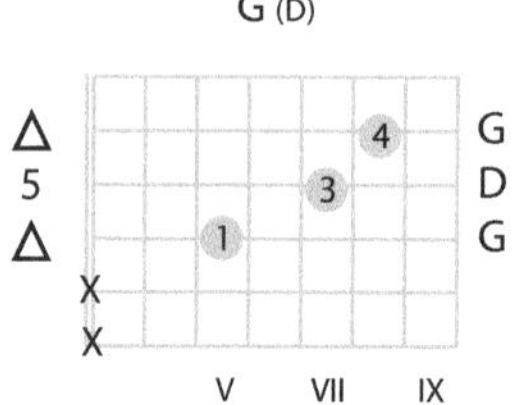

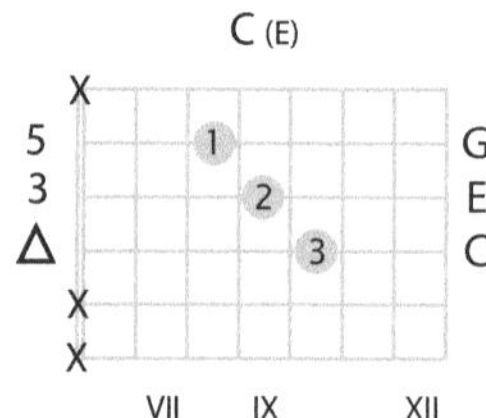

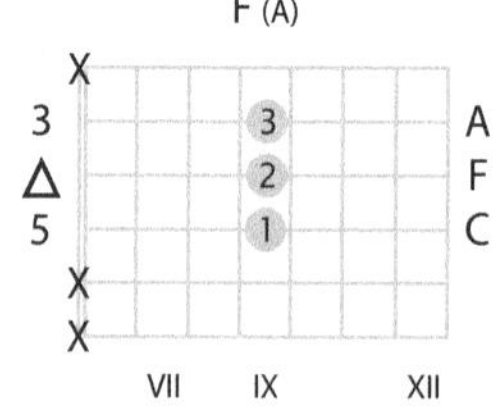

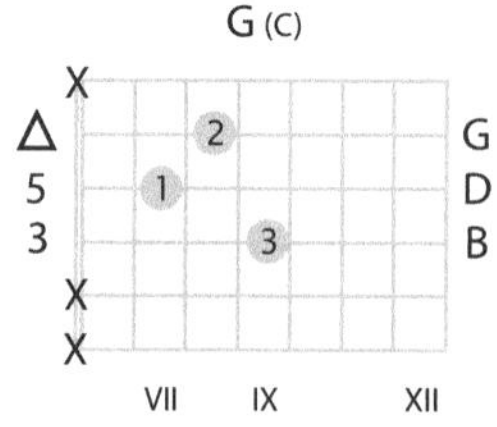

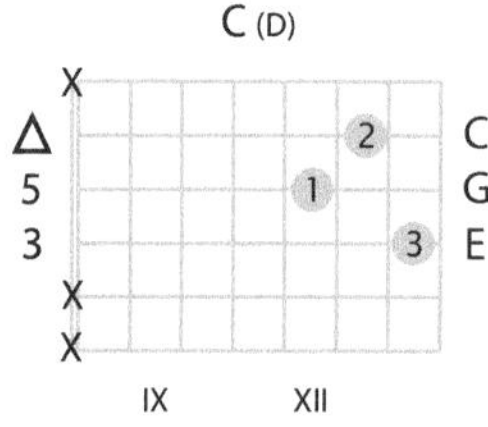

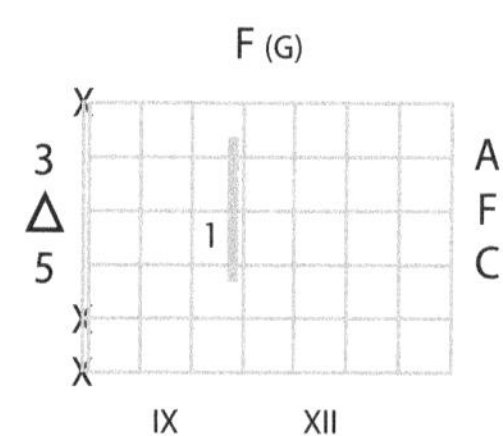

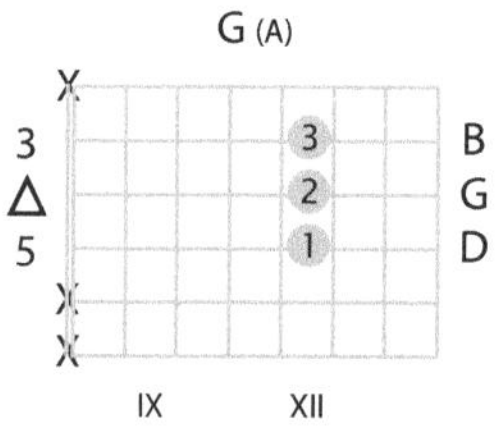

C/E | F | G/D | C/E

C/G | F5 | G | C/G

C/G | F/A | G5 | C/G

C | F/A | G/B | C

C/E | F/C | G/D | C/E

12. Dreiklänge mit diatonischen Erweiterungen

Um zu verstehen, wie Erweiterungen/Farben der Dreiklänge entstehen, zuerst die C-Dur-Tonleiter:

Die Töne C, E, G (Dreiklang) und B (Vierklang) sind Akkordtöne. Die Töne D, F und A sind keine Akkordtöne. Diese Töne sind Erweiterungen (Extensions). Sie werden auch Farben (Colours) genannt, da sie den Akkorden eine zusätzliche Farbe verleihen. Colours kann man nach Geschmack hinzufügen. Einige Stilarten haben Erweiterungen, die sehr charakteristisch für den jeweiligen Stil sind. Zum Teil kommt es auf das Voicing, den Klang des Akkords an. Beim Nachspielen eines Liedes kann man oft nur Dreiklänge verwenden. Einige Songs klingen aber viel authentischer, wenn man die Lieder mit erweiterten Akkorden spielt.

Harmonisiert man die C-Dur Tonleiter und vergleicht die benachbarten Akkorde, wird man feststellen, dass bei benachbarten Akkorden keine Übereinstimmung der Töne besteht.

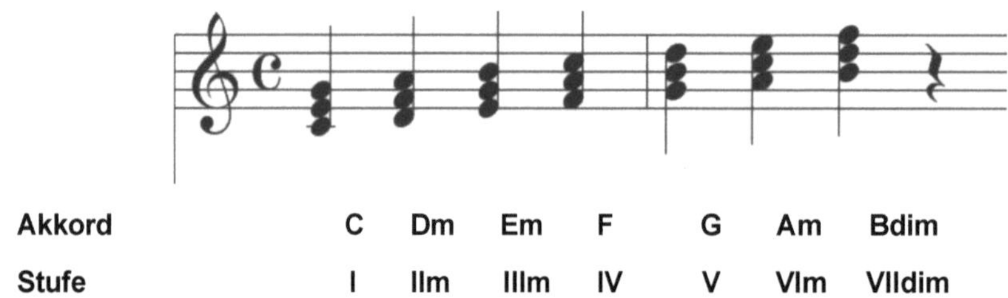

Beispiel C und Dm

Der Akkord C-Dur enthält die Töne C E G. Der Akkord Dm enthält die Töne D F A.

Die Töne des Dm-Akkords sind die diatonischen Erweiterungen des C Akkords.
D ist die Sekunde 2/ None 9
F ist die Quarte 4 oder Undezime 11
A ist die Sexte 6 oder Tredezieme 13

Es ist also nicht schwer, die diatonischen Erweiterungen herauszufinden. Grundsätzlich kann man sagen, dass alle diatonischen Erweiterungen eines Akkords im nächsten Dreiklang der Tonleiter enthalten sind. Als Übung kann man z. B. den C-Dur Dreiklang und anschließend den Dm/C (Dm mit C im Bass) abwechseln. Das funktioniert mit allen Dreiklängen.

Hier eine kurze Anmerkung: Moll- und Vermindert-Shapes werden in Band II und III erklärt.

Beispiel C

C	C E G/ C	C Dur
Dm/C	D F A/ C	C 9 11 13
Em/C	E G B/ C	Cmaj7
F/C	F A C/ C	C 6 4
G/C	G B D/ C	Cmaj9 oder C maj79
Am/C	A C E/ C	C6

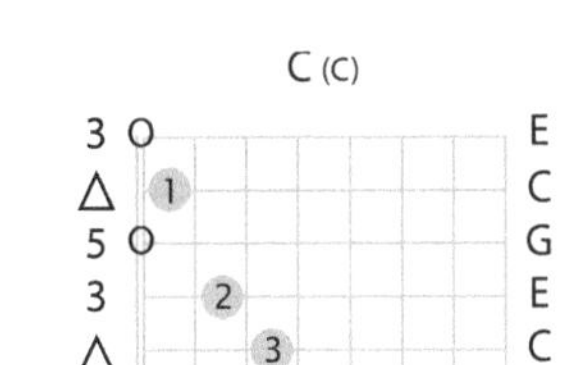

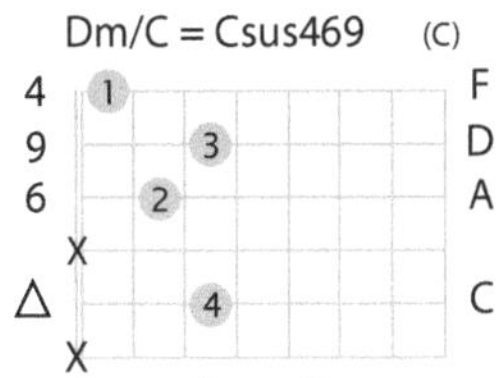

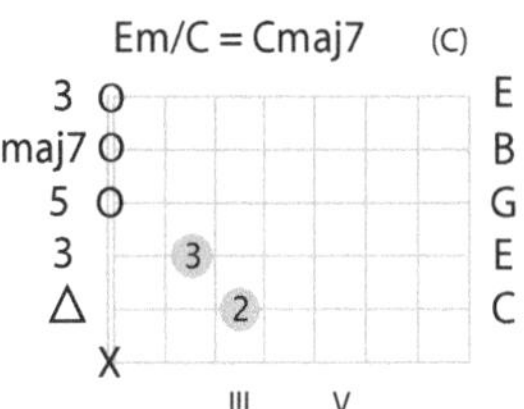

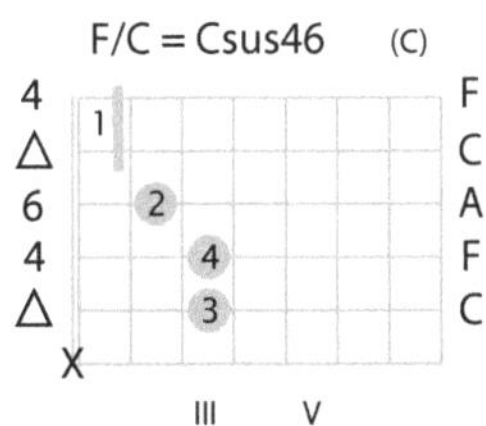

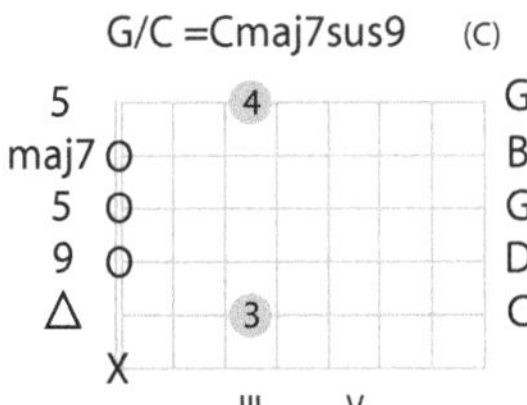

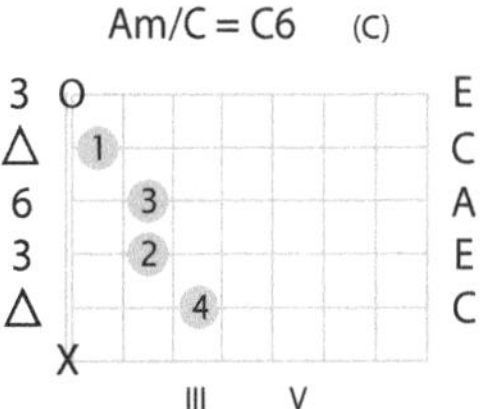

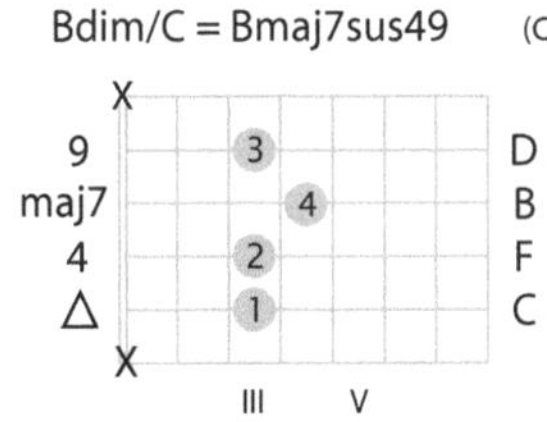

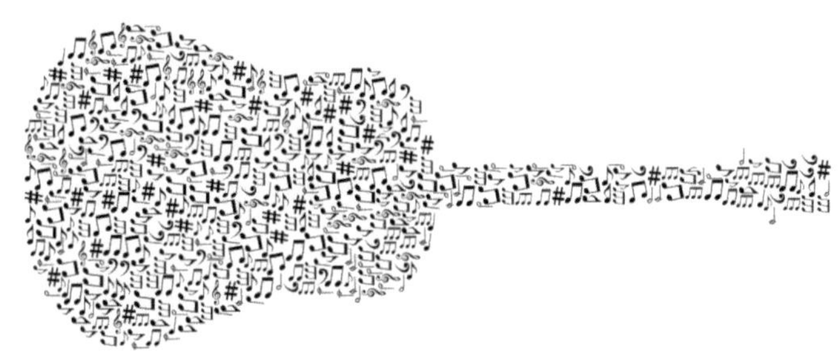

Beispiel Dm

Dm/D	D F A/ D	Dm
Em/D	E G B/ D Dsus469	
F/D	F A C/ D	Dm7
G/D	G B D/ D Dsus46	
Am/D	A C E/ D	D79 oder D9
Bo/D	B D F/ D	Dm6

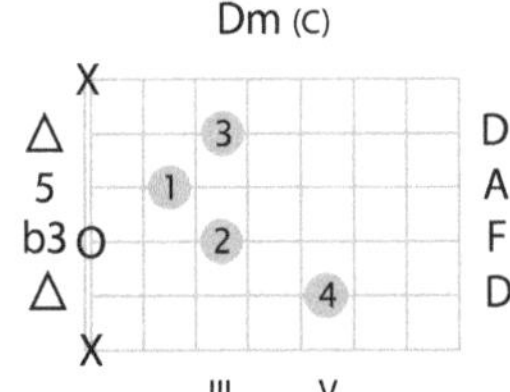

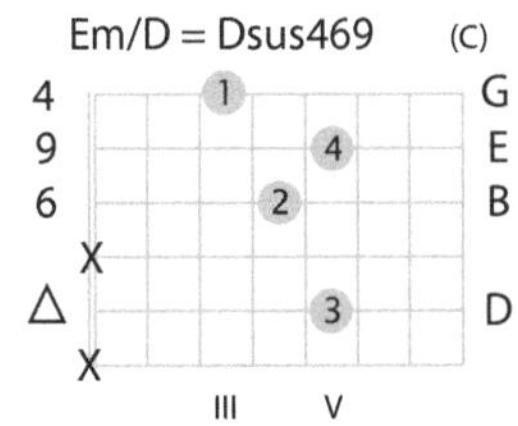

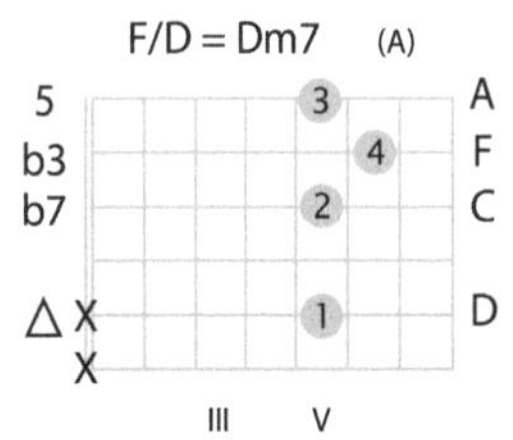

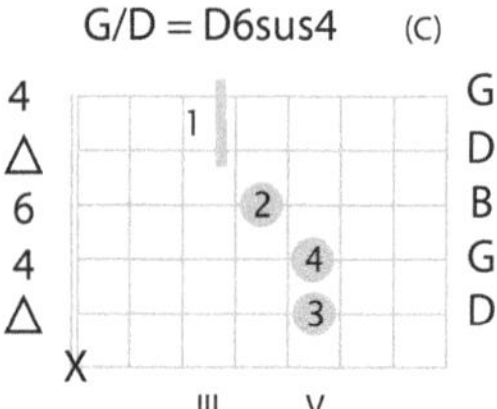

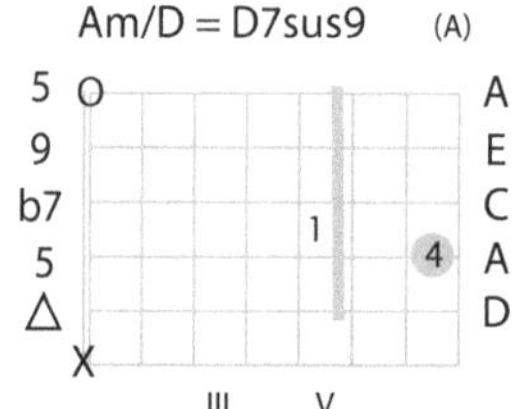

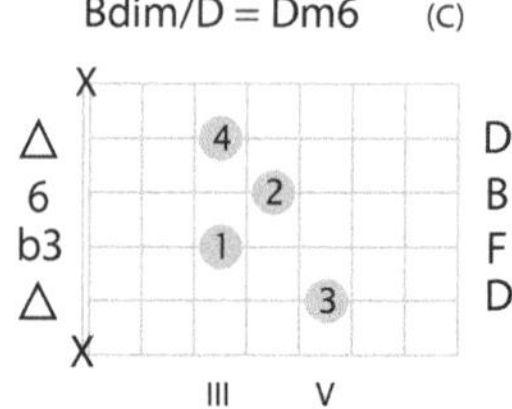

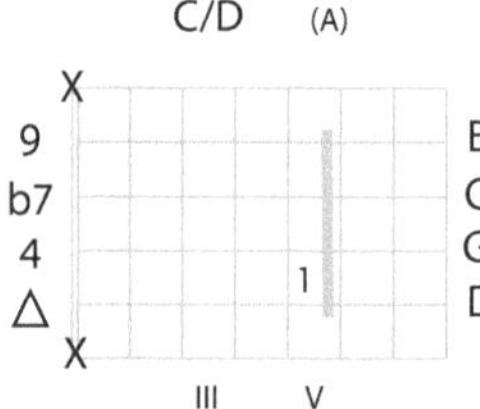

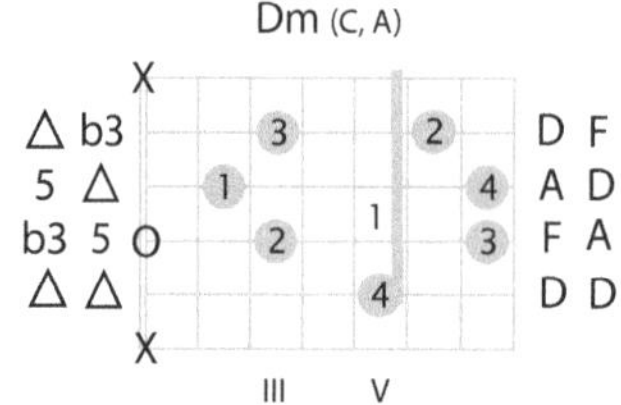

add oder sus?

Zu einem Dreiklang kann man mit add oder sus die Intervalle None (2 oder 9) oder Quarte (4) hinzufügen.

add Akkorde
Bei einem add Akkord wird zu einem Dreiklang wird ein Ton hinzugefügt. Der Akkord ist also ein Akkord mit 4 Tönen, ein Vierklang.

sus Akkorde
Bei einem sus Akkord wird die Terz ersetzt. Der sus Akkord ist ein Dreiklang. Um dies zu veranschaulichen, müssen wir jetzt bei den Shapes die Terz mit der Sekunde 2 oder der Quarte 4 ersetzen.

Welchen Akkord man verwendet, kommt auf den Klang an, den man erzeugen möchte oder wie gut die Akkorde in der Hand liegen. Diverse Akkorde sind schwer zu greifen und deshalb werden sie kaum verwendet. Wiederum sind einige Akkorde z. B. nur mit dem Weglassen eines oder mehrerer Fingern ein fester Bestandteil des Gitarrenspiels.

Basic Shapes - sus9 - add9

C add 9 (C add2) – Der Dreiklang mit den Tönen C E G wird mit einer None D ergänzt. Nun erhält man einen Vierklang. Dreiklang plus None.
C sus9 oder C sus2 – Die Terz E in diesem Dreiklang wird durch die None ersetzt.

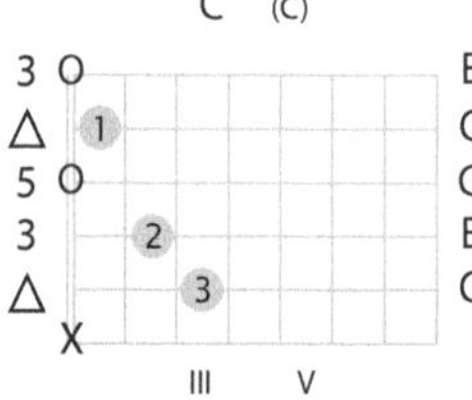

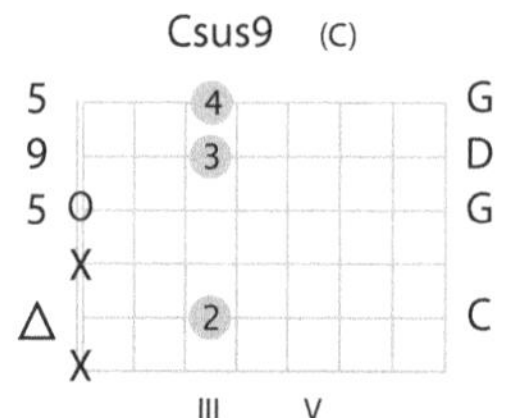

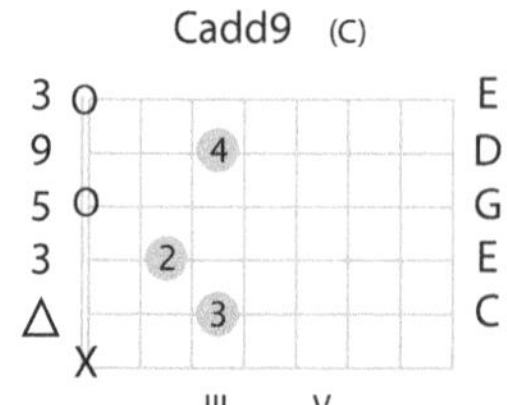

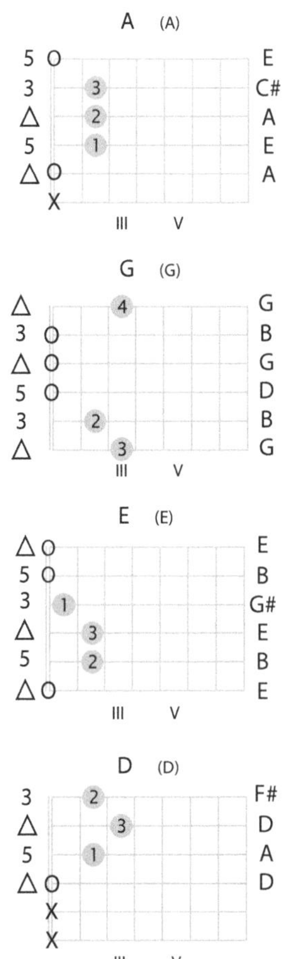

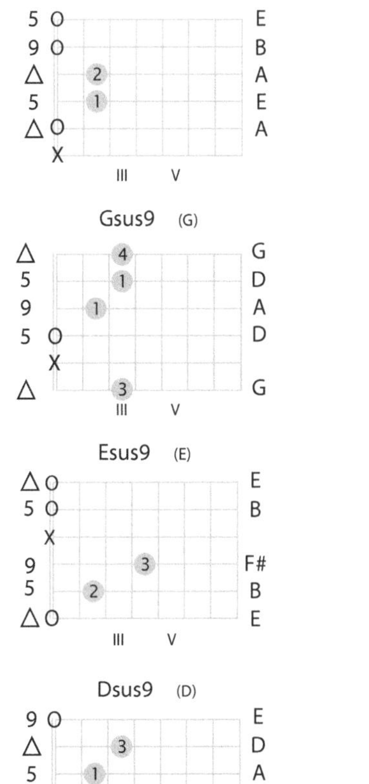

Aadd9 (A)

Gadd9 (G)

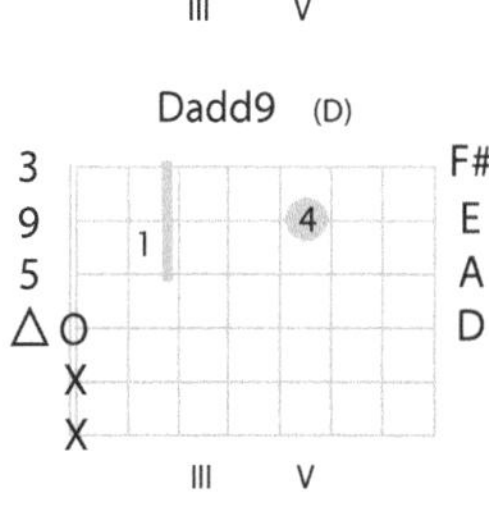

Dsus9 (D)

Dadd9 (D)

Beispiele für Add9:
Jimi Hendrix – 3rd Stone from the sun, Little Wing, Castles made of sand
Police – Every breath you take, Message in a bottle

Beispiele für A sus9
Prince – Purple Rain
Simon and Garfunkel – Sounds of silence

Basic Shape – sus4 - add4

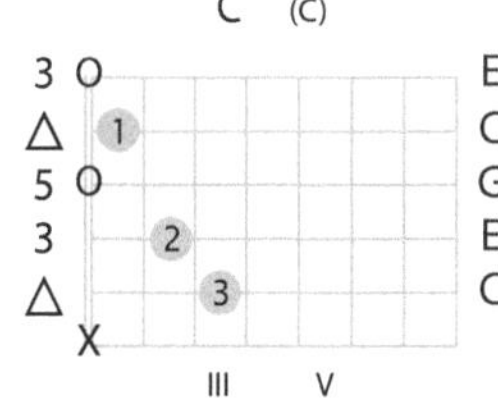

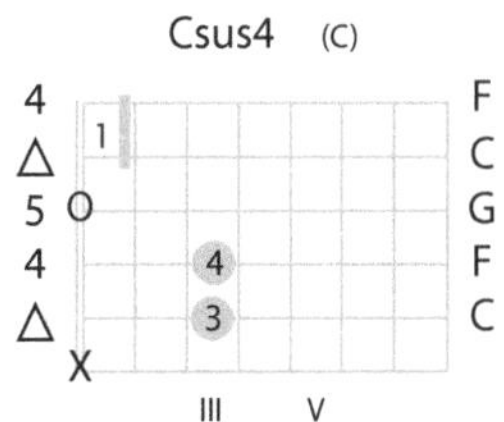

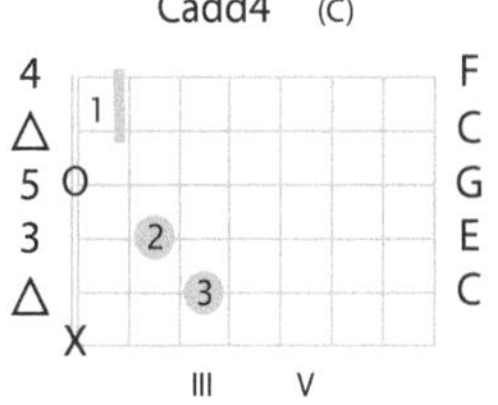

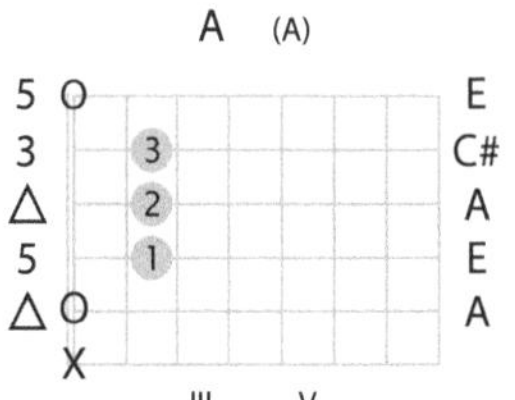

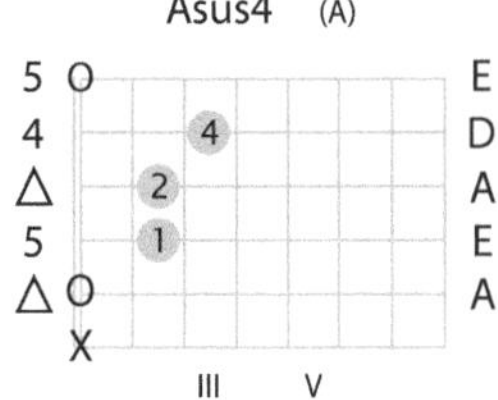

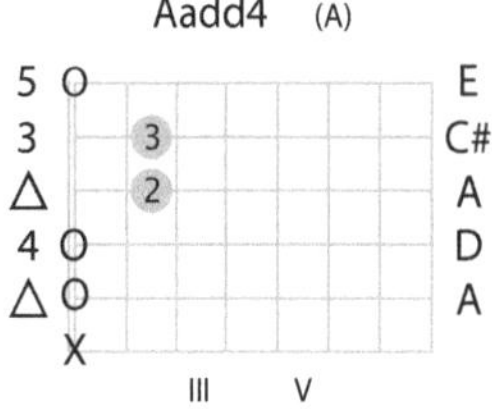

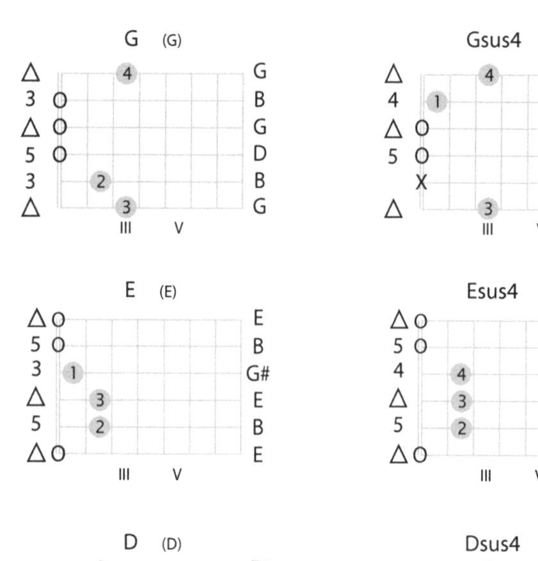

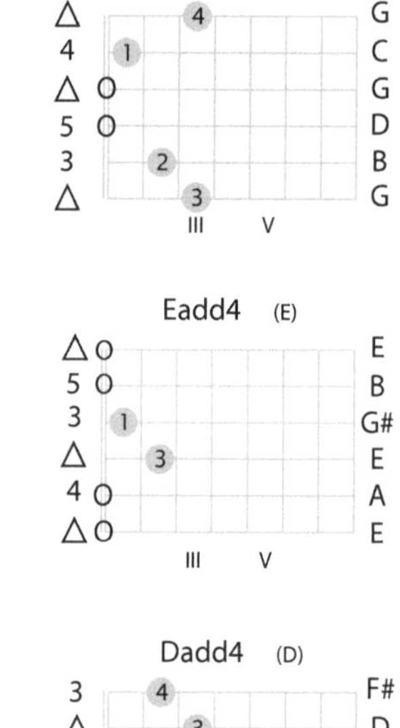

Der add4 ist hier nur zur Vollständigkeit halber gezeigt. Dieser Akkord ist für Gitarristen meistens vernachlässigbar.

Beispiele für den sus 4 Akkord:

Queen – Crazy little thing called love
Crosby Stills Nash and Young – Carry on

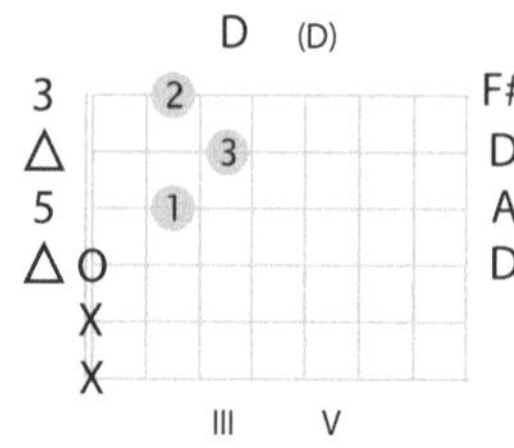

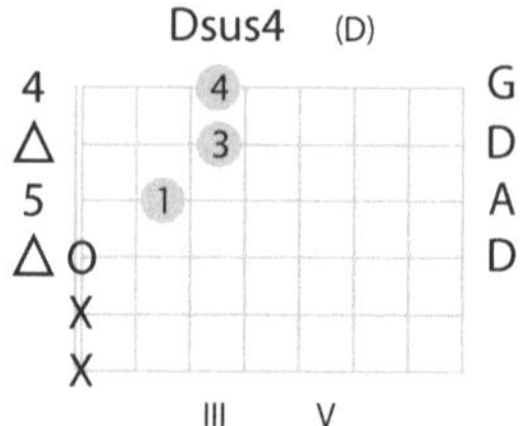

Barcley James Harvest – Hymn

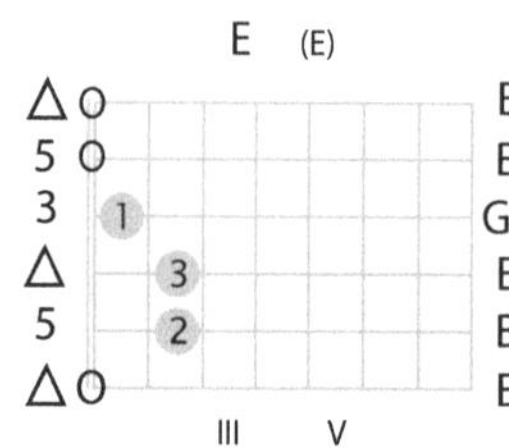

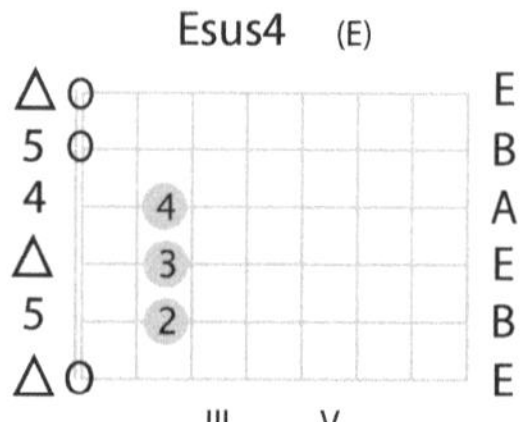

Beatles - Eight Days a Week

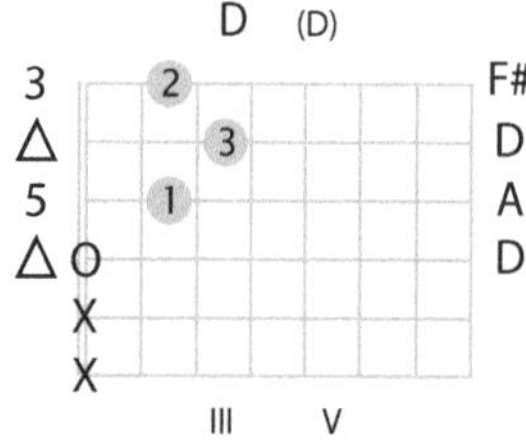

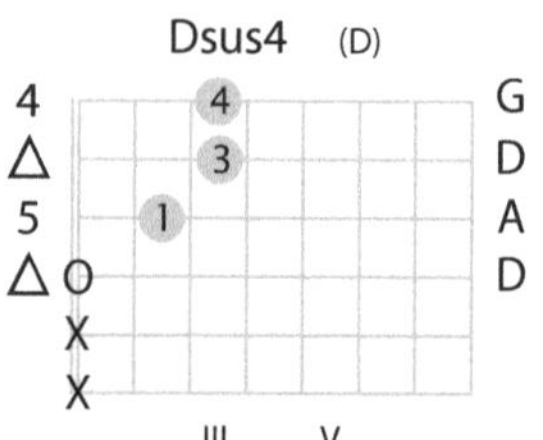

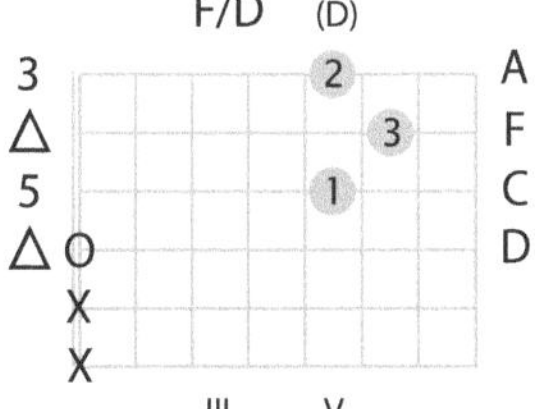

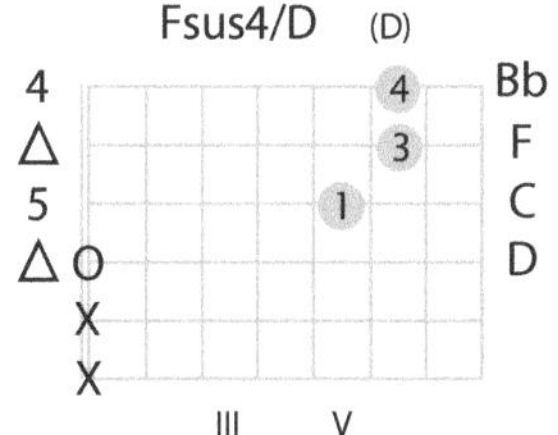

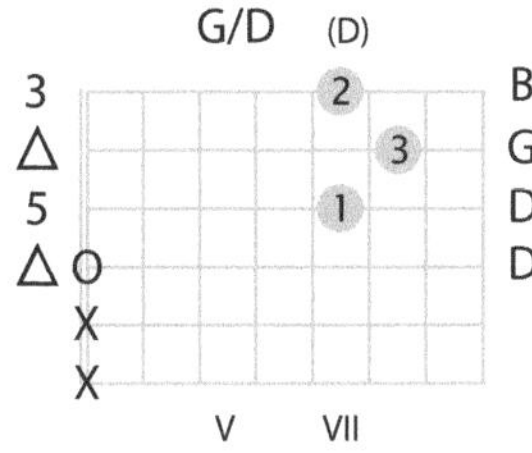

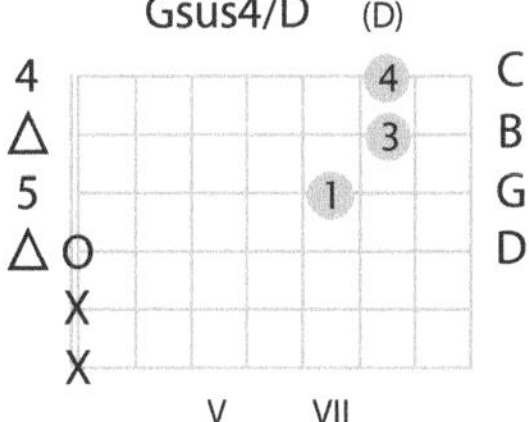

Beispiel für einen add4 Akkord Tom Petty – „Into the great white open" (Dadd4 im Refrain). Der add4 kommt hier zustande, weil die offenen G-Saite hier die Quarte zum D Dur Akkord hinzugefügt wird.

In der Countrymusik wird sehr oft mit offenen Saiten gespielt. Daraus ergeben sich oft ungewöhnliche Voicings und Erweiterungen.

13. Spielen von Liedern mit Dur Akkorden

„Hey Joe"

Mit diesem Song kann man alle Dur Akkorde in der Grundform perfekt üben. Bitte auch „Hush" von Deep Purple anhören.

/ C G / D A /
/ E / E /

Betrachtet man die Akkordfolge, stellt man fest, dass die Akkorde im Abstand einer Quinte sind.

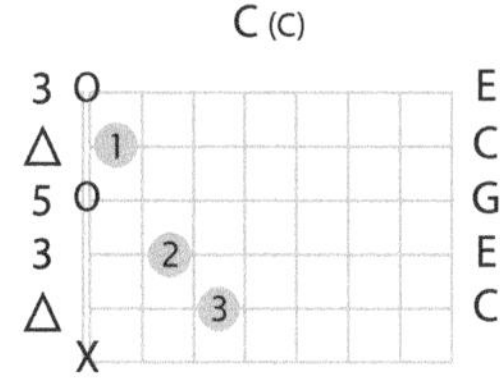

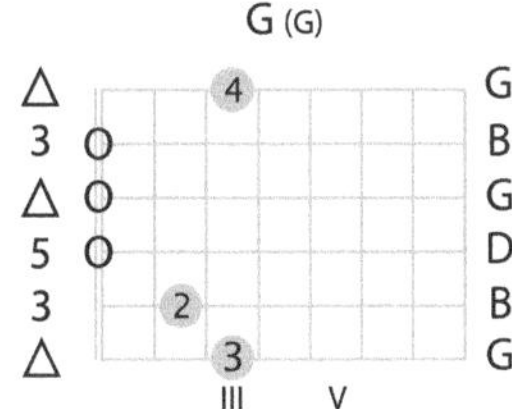

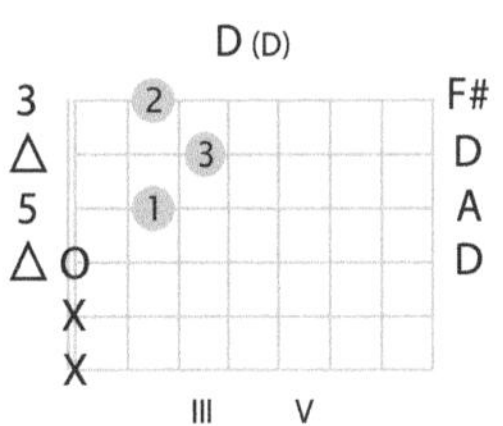

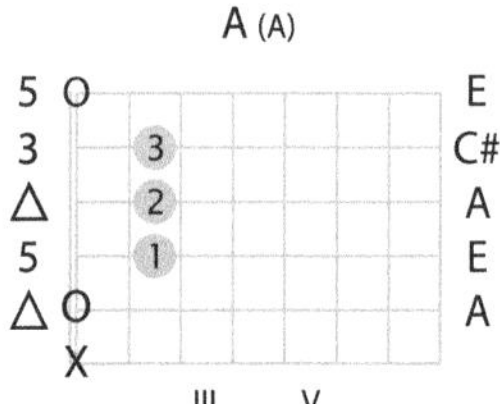

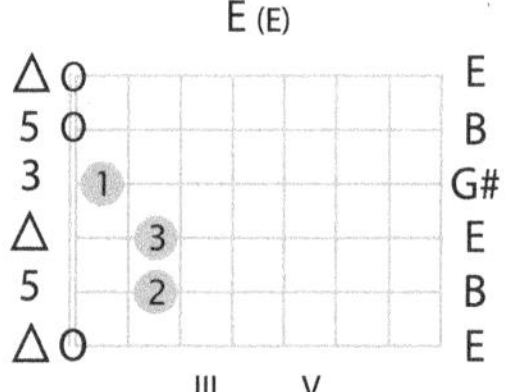

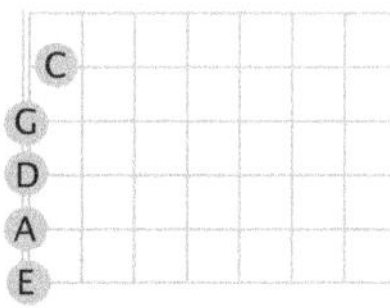

Die Grundtöne der Akkorde wandern von C auf der B-Saite I. Bund bis zur tiefen offenen E-Saite.

Üblicherweise wird das Lied mit Powerchords im A und E Shape gespielt.

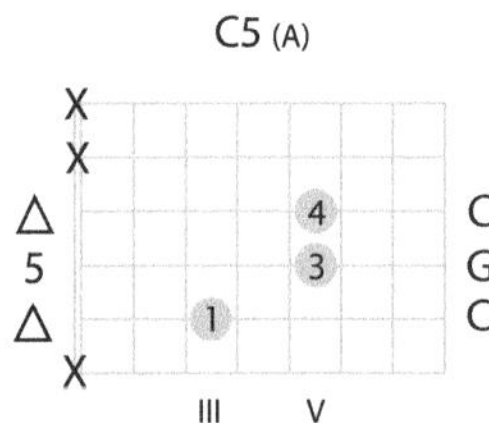

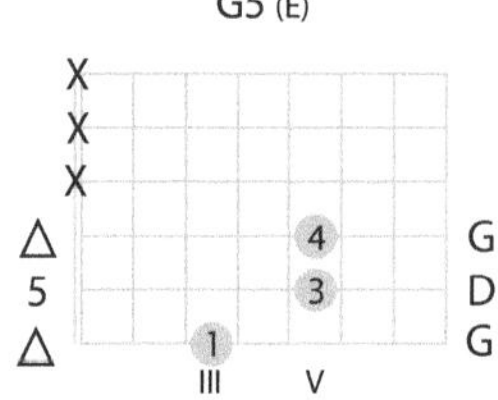

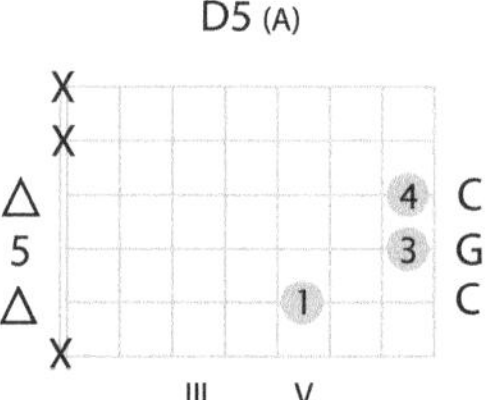

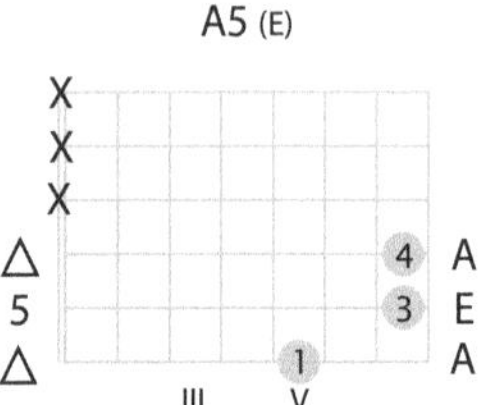

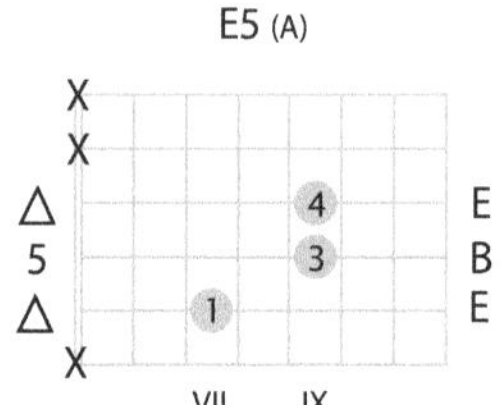

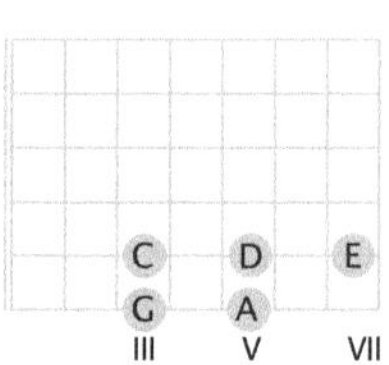

Hey Joe in der dritten Lage

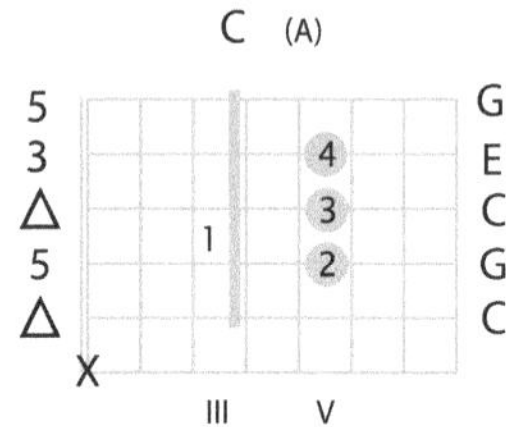

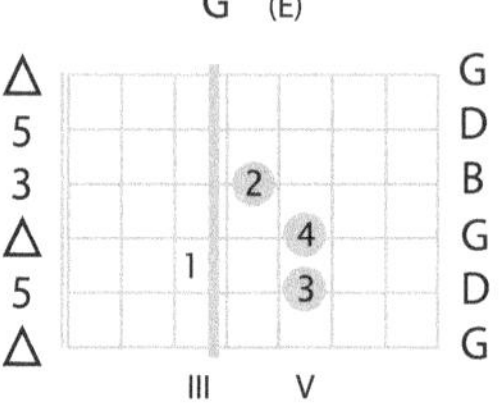

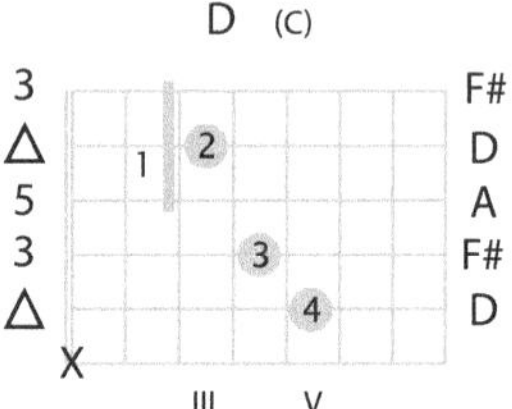

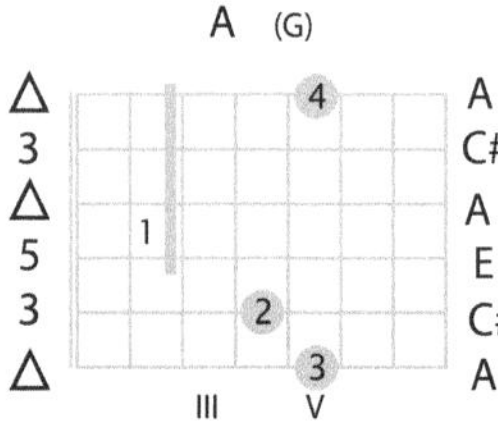

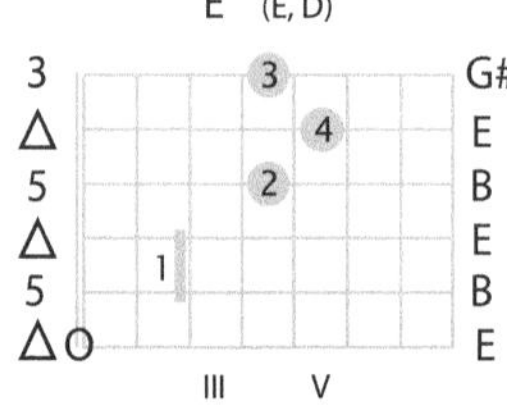

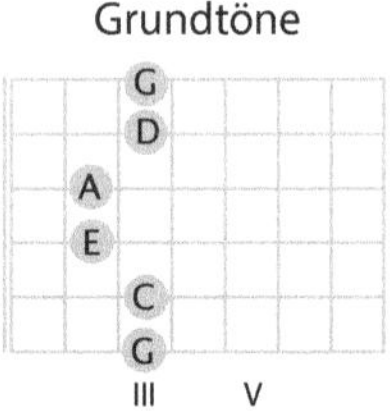

Übe die verbliebenen Lagen.

III. Übungskonzepte

Der Ton des Monats

Beim Erlernen des Griffbretts sollte man langsam und strategisch vorgehen. Mit dem „Ton des Monats" nimmt man sich pro Monat einen Ton vor, den man täglich ein paarmal wiederholt, z. B. vor oder nach dem Zähneputzen 5-10 mal. Während dem Zähneputzen die Töne auf dem Griffbrett visualisieren. Beginne im Januar mit C. Im Februar lernst du G und wiederholst C. Im März dann der Ton D. Im Dezember schließt sich der Kreis mit F. Sind die Noten nicht so gut gelernt, beginne im folgenden Jahr wieder mit C.

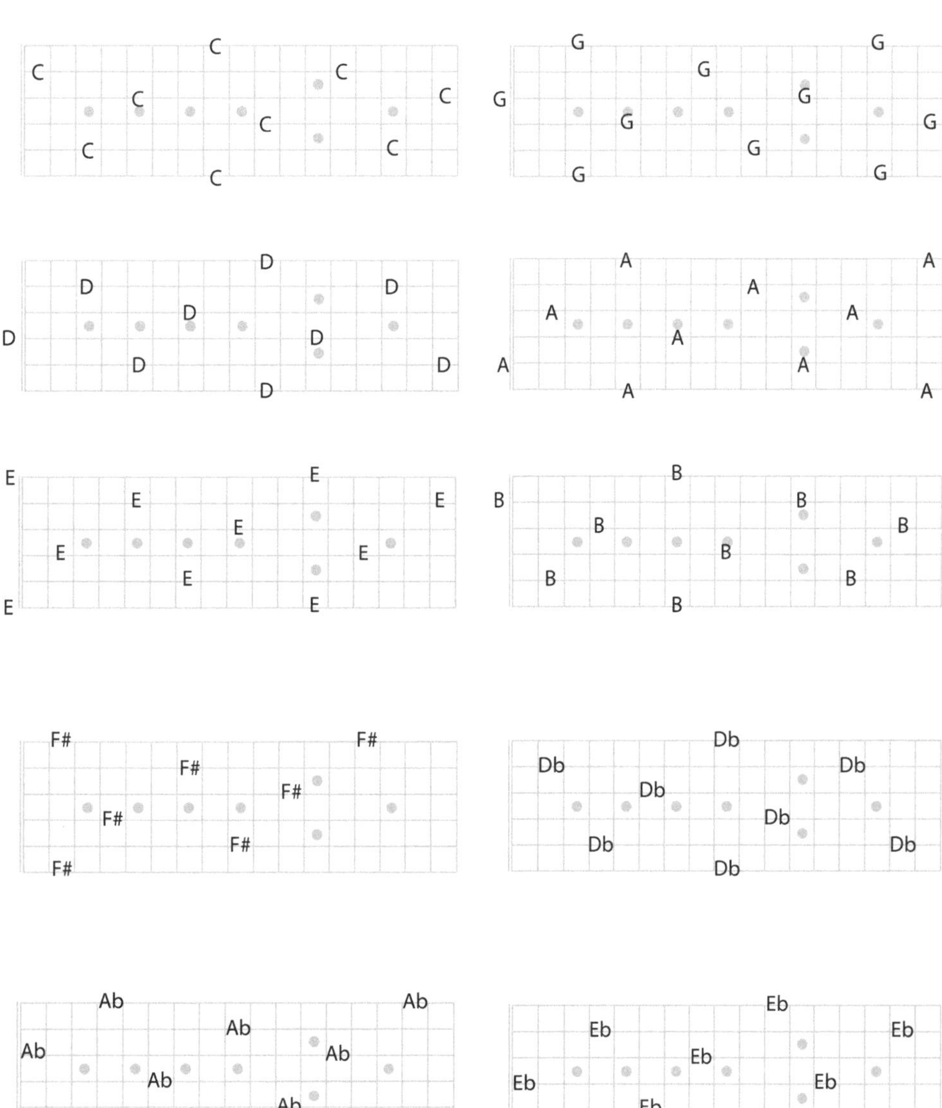

Erlernen des Griffbretts mit natürlichen Tönen

Das Erlernen des Griffbretts ist eine langwierige Sache. Das Griffbrett sollte wie eine Tastatur graphisch gelöst werden. Auf der Tastatur orientiert sich der Keyboarder/ Pianist an den 2 und den 3 schwarzen Tasten.

Links von den 2 schwarzen Tasten ist der Ton C, links von den 3 schwarzen Tasten ist das F.

Im Vergleich hierzu die B-Saite:

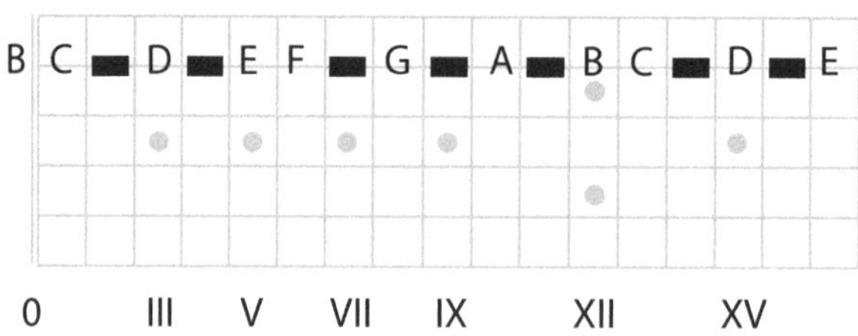

Natürlich könnte man die schwarzen und weißen Tasten auf das Griffbrett malen.
Damit würde ein Spielen in verschiedenen Stimmungen nicht möglich.

B-Saite nur mit schwarzen Tasten:

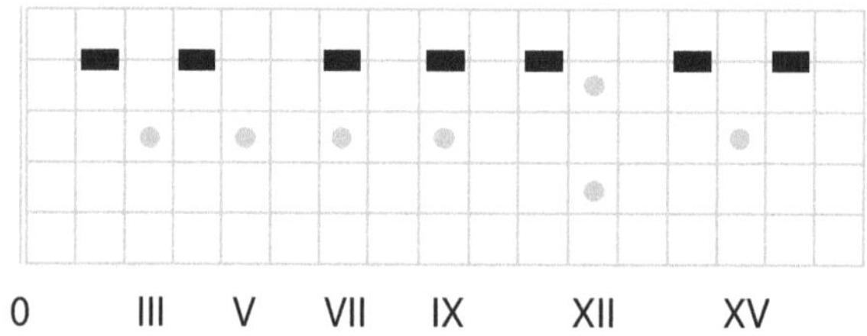

Übe am Anfang immer die gleiche Saite. Das ist genügend Arbeit und viel Info.
Zur nächsten Saite gehen, wenn die erste Saite schon grafisch visualisiert ist.

Diatonische Übungen

Lernen der C Dur Tonleiter auf jeder Saite:

1. Sekunden aufwärts / Septimen abwärts (Tonleiterzirkel) C D E F etc.
2. Terzen aufwärts/ Sexten abwärts (diatonischer Akkordzirkel) C E, D F, E G, F A
3. Quarten aufwärts/ Quinten abwärts (diatonischer Quintenzirkel) C F, D G, E A, F B

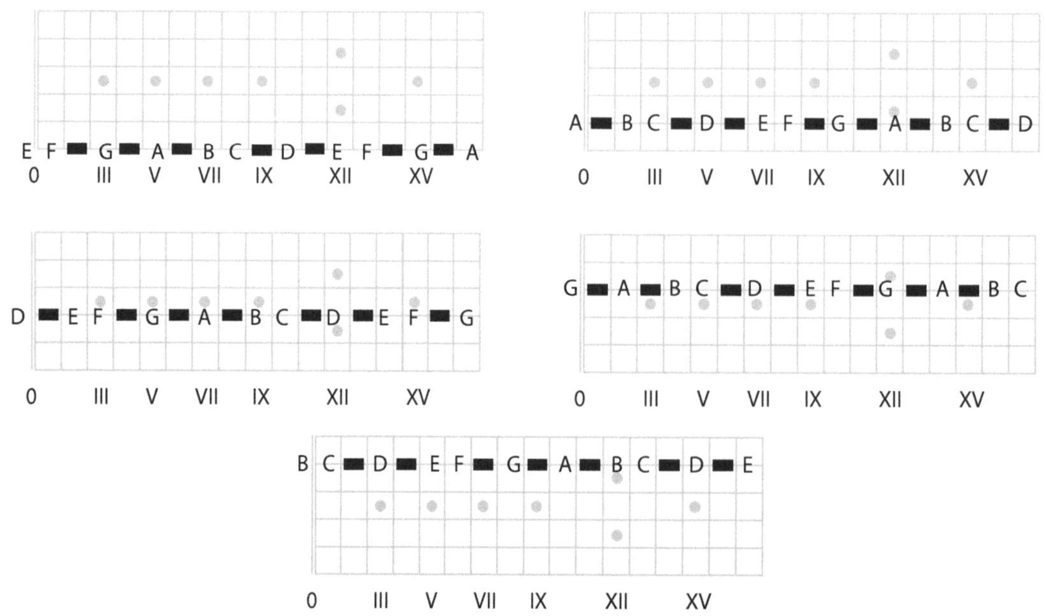

Diatonische Zirkel

Diatonische Zirkel eignen sich hervorragend zum Üben. Sie bieten Abwechslung und sind ein hervorragendes Werkzeug, Akkordbeziehungen einer Tonart zu lernen. Wenn man z. B. Saiten in Sekunden auf und abwärts spielt und diese Übung täglich 10 Minuten auf dem ganzen Griffbrett übt, lernt man jeden Ton in Abhängigkeit zum vorherigen Ton. (siehe Kapitel Erlernen des Griffbretts).

Verbindet man das Auf- und Abwärtsspielen auf einer einzelnen Saite mit dem Spielen von Terzen, Quarten und Quinten, ist der Anfang erst einmal sehr schwer. Man hat öfter das Gefühl, dass man etwas komplett Neues lernt und fängt sozusagen bei Null an. Nach einiger Zeit des Übens wird man aber schnell feststellen, dass man das Gleiche gemacht hat, nur in anderen musikalischen Zusammenhängen.

III

1. Diatonischer Zirkel in Sekunden (2) und Septimen (7)

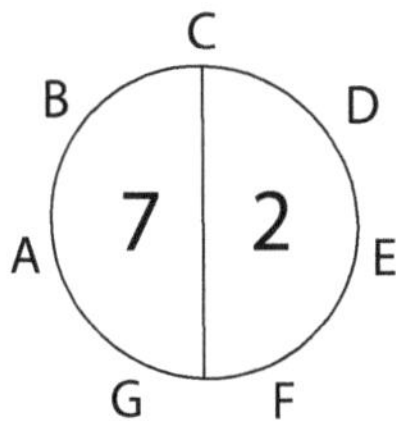

Diesen Zirkel kann man auch **Tonleiterzirkel** nennen.

Spielt man diesen Zirkel aufwärts, kommen alle Töne nacheinander vor, spricht man von Sekunden (deswegen die 2, Sekunde im Kreis). Der nächste Ton in einer Tonart ist immer die Sekunde, egal ob große (2) oder kleine Sekunde (b2). z. B. C ist die kleine Sekunde von B, D ist die große Sekunde von C.

Abwärts ist es der Zirkel der Septimen und es kommt immer der vorherige Ton (deswegen die 7, Septime im Kreis). B ist beispielsweise ist die große Septime von C, C ist die kleine Septime von D.

2. Diatonischer Zirkel in Terzen (3) und Sexten (6)

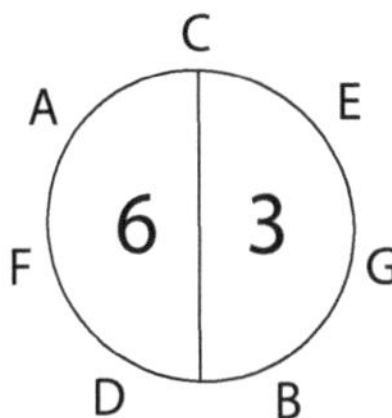

Diesen Zirkel kann man auch den **diatonischen Akkordzirkel oder Erweiterungszirkel** bezeichnen. Mit diesem Kreis ist es einfach, Akkorde und diatonische Akkordzusammenhänge herzustellen. Aufwärts spielt man hier Terzen (3), abwärts sind es Sexten (6). Wie beim Sekunden/ Septimen Kreis ist es egal, ob es eine große oder kleine Terz oder Sexte ist. Das alleine entscheidet die Tonart.

E ist zum Beispiel die große Terz (3) von C, 4 Halbtonschritte (HS) aufwärts,
G ist die kleine Terz (b3) von E 3 HS 3 HS aufwärts

oder

C ist die kleine Sexte (b6) von E, 4 HS abwärts,
E ist die große Sexte (6) von G, 3 HS abwärts

3. Diatonischer Zirkel in Quarten (4) und Quinten (5)

Diesen diatonischen Quinten und Quarten Zirkel kann man auch als den **Songwriting Zirkel** nennen. Hier kann man übliche Akkordbewegungen von vielen Liedern finden.

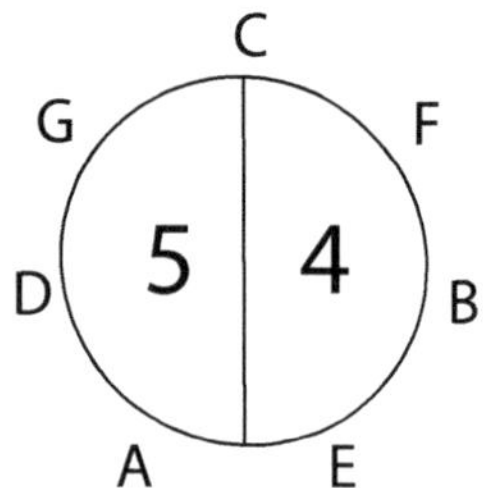

Die Klassische Kadenz C F G oder die 1 6 2 5 (I VI II V, sehr gebräuchlicher Akkordwechsel im Blues/Jazz) C A D G.
Der diatonische Kreis der Quinten und Quarten ist NICHT der klassische Quintenzirkel.
Es werden hier die diatonischen Quinten und Quarten nacheinander gespielt.

Dieser Zirkel ist für Gitarristen problemlos zu lernen.
Spielt man den Kreis in der Reihenfolge B, E, A, D, G, hat man alle offenen Saiten gespielt.
B G D A E – das sind die Saiten aufwärts gespielt von der B Saite zur tiefen E-Saite.

Chromatische Zirkel

Die Chromatischen Zirkel sind ein gutes Hilfsmittel, die Shapes zu üben.

1. Chromatischer Zirkel

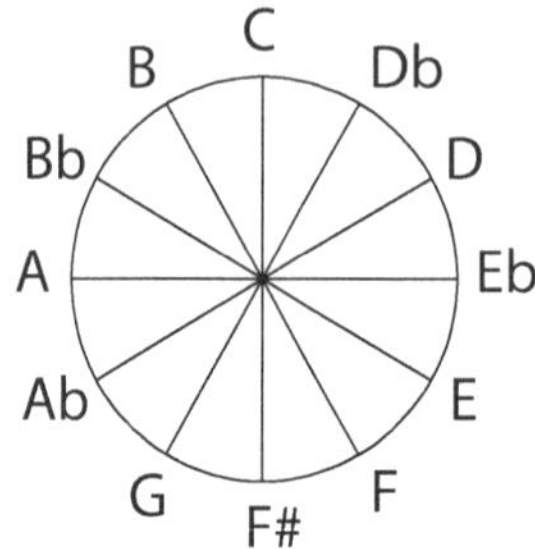

2. Ganzton Zirkel – zwei Möglichkeiten:

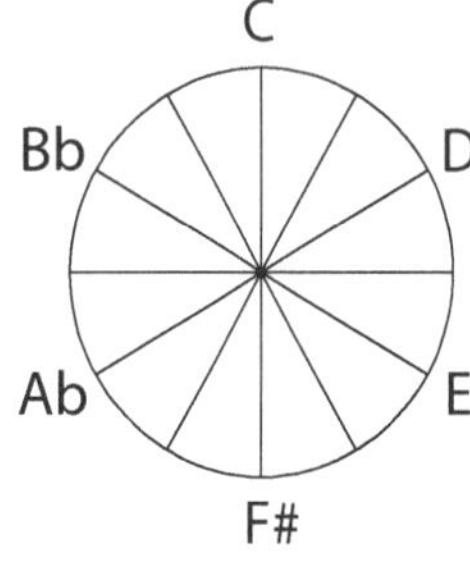

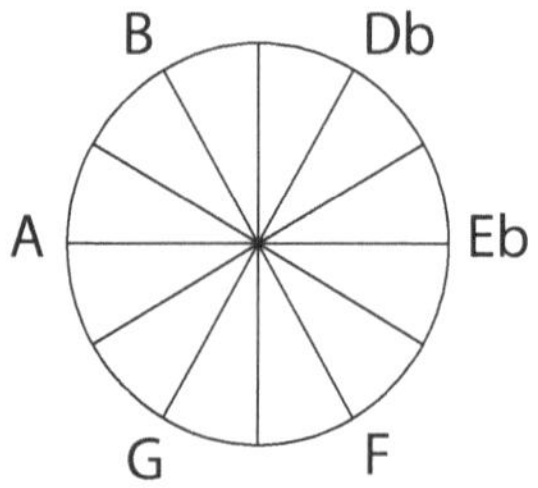

3. Kleinterz Zirkel – drei Möglichkeiten:

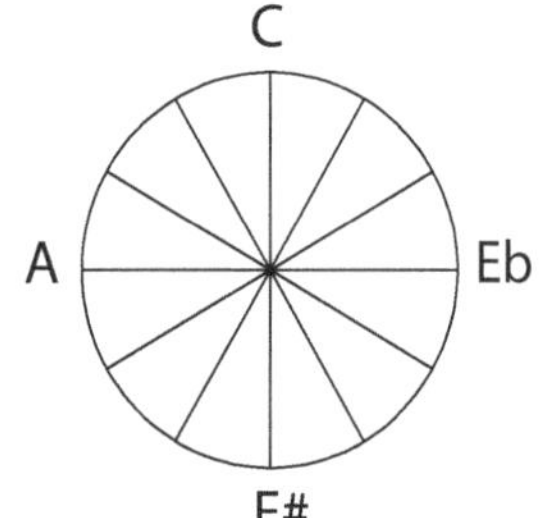

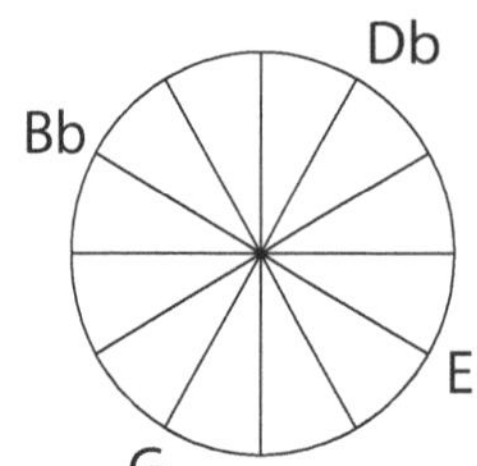

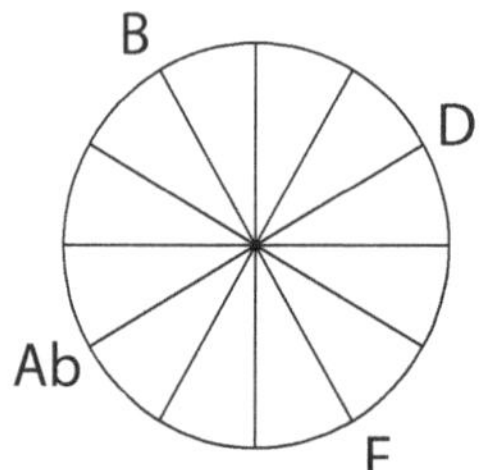

4. Großterz Zirkel – vier Möglichkeiten:

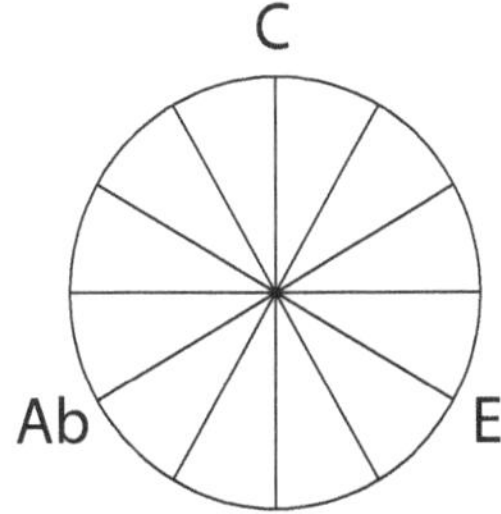

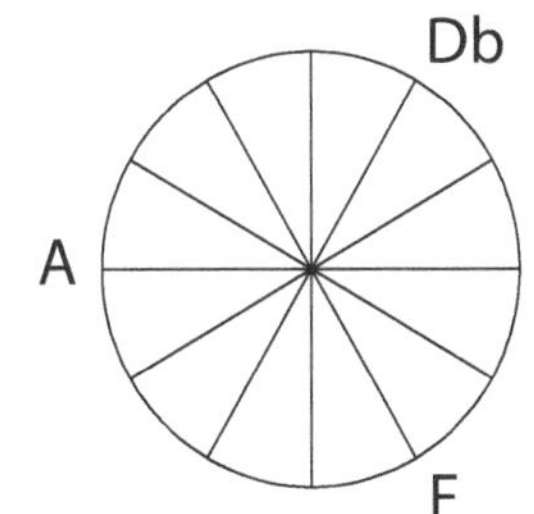

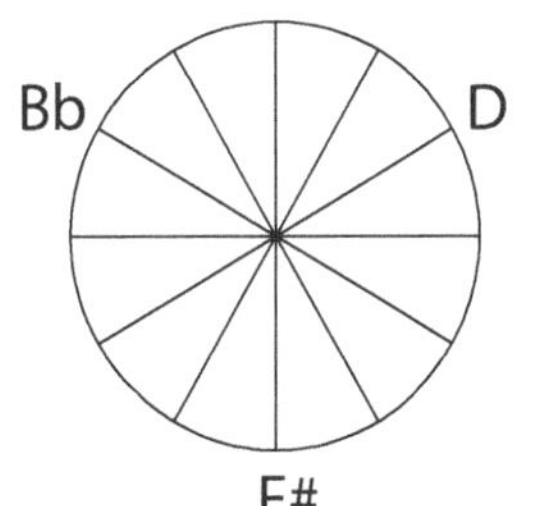

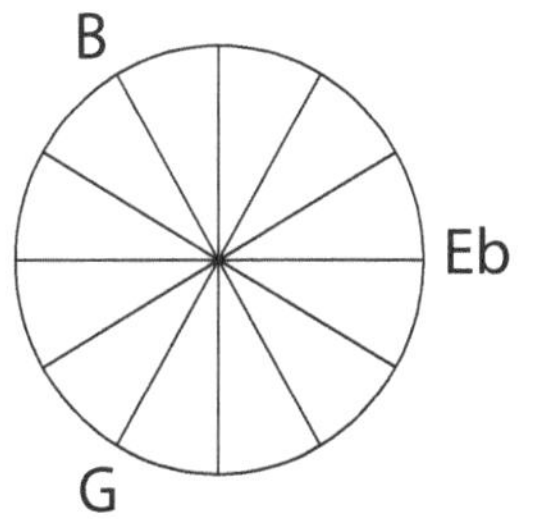

5. Quintenzirkel/ Quartenzirkel

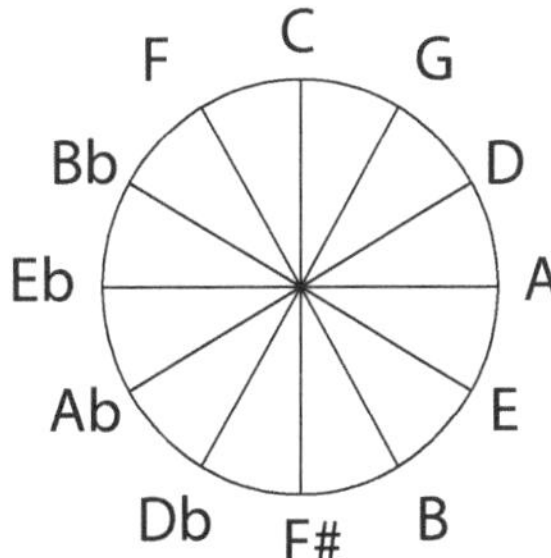

6. Verminderte Quinten – 6 Möglichkeiten

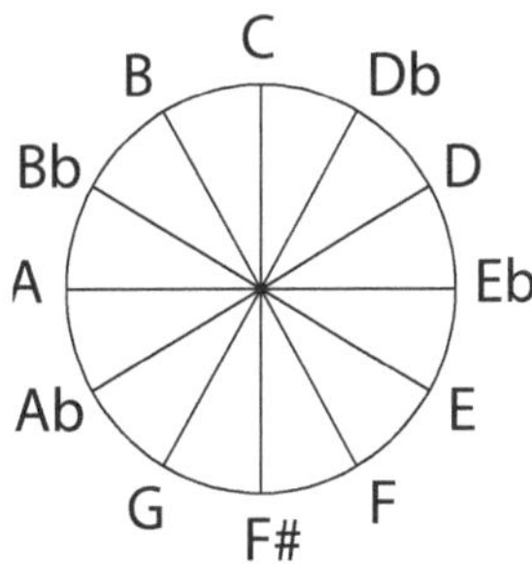

Nimm z. B. den Ton C und wechsle ihn ab mit dem im Kreis gegenüberliegenden Ton F#.

C	F#
Db	G
D	Ab
Eb	A
E	Bb
F	B

Quarten- und Quintenzirkel auf dem Griffbrett lernen

Der Quarten- und Quintenzirkel ist eines der mächtigsten Werkzeuge in der Harmonielehre. Beides zu erlernen, kann zeitaufwändig sein. Sobald man den Quintenzirkel aber anwenden kann, ist er ein großartiges Werkzeug. Man lernt diese Zirkel beim Spielen.

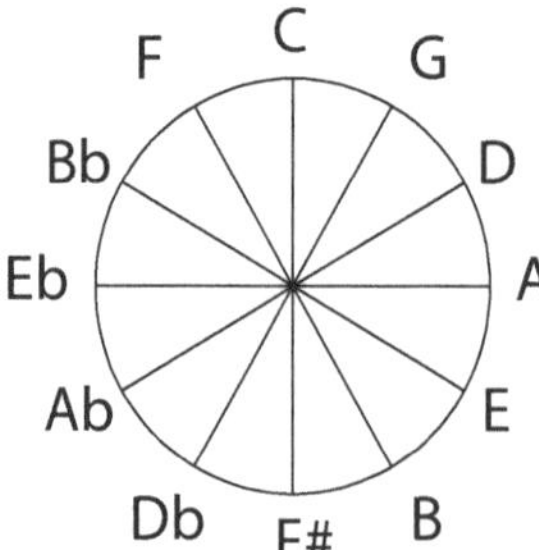

Der Quintenzirkel gibt uns Informationen über

• Vorzeichen der Tonarten
• Dur Kadenzen I IV V
• Moll Kadenzen VI II III
• 1625
• Stufenakkorde
und vieles mehr

Der Quarten- und Quintenzirkel kann auf dem Griffbrett sehr einfach sichtbar gemacht werden.

Quartenzirkel

Die Gitarre ist in Quarten gestimmt. Ausnahme ist das Intervall von der G- zur B-Saite. Der Abstand von G- und B-Saite ist eine Terz.

Spiele die offenen Saiten von der tiefen E-Saite bis zur G-Saite: E A D G (Takt 1). Damit man die die nächste Quarte spielen kann, muss man einen Lagenwechsel zum 1. Bund vornehmen (Takt 2). Die nächste Quarte von C nach F ist wiederum ein Saitenwechsel von der B- zur hohen E-Saite auf dem 1. Bund.

Nun ist man bei der hohen E-Saite angekommen. Um eine weitere Quarte zu spielen, muss man vom Ton F der hohen E-Saite auf den Ton F auf der tiefen E-Saite wechseln (Takt 2). Dann kann man die Quarten wieder von der tiefen E-Saite zur G-Saite spielen: F Bb Eb Ab. Die Quarte von Ab ist der Ton Db. Das Db ist auf dem 2.Bund der B-Saite. Nun muss man einen Lagenwechsel vom 1. Bund zum 2. Bund vornehmen.

Spiele den Quartenzirkel von E zum E wie oben angegeben. Generell sind die Quarten immer auf demselben Bund auf der nächsthöheren Saite. Ausnahme ist die G- und B-Saite. Um hier eine Quarte zu spielen, muss man einen Lagenwechsel um einen Bund Richtung Korpus machen.

Diese Übung kann man auch auf einem der höheren Bünde machen. Der Quartenzirkel bleibt erhalten.

Quintenzirkel

Der Quintenzirkel funktioniert genau andersherum wie der Quartenzirkel.
Beginnt man z. B. beim Ton G auf dem 3. Bund der hohen E-Saite, erhält man die Quinte D, sobald man von der hohen E-Saite auf die Quarte von G auf dem 3. Bund zur B-Saite wechselt. Die Quinte von D erhält man, wenn man von der B- zur G-Saite wechselt und gleichzeitig einen Lagenwechsel zum 2. Bund macht. Dann können die Quinten bis zur tiefen E-Saite am 2. Bund gespielt werden.
Angekommen auf der E-Saite, wechselt man zur hohen E-Saite und spielt die Quinten die Saiten abwärts auf dem gleichen Bund. Einen Lagenwechsel muss man wieder bei der B- und G-Saite machen.
Die Töne während des Spielens mitsprechen.

Dur Arpeggios im Quartenzirkel

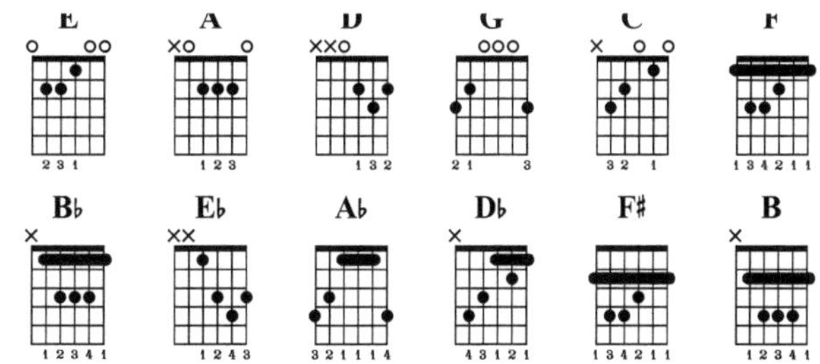

Standard tuning

♩ = 120

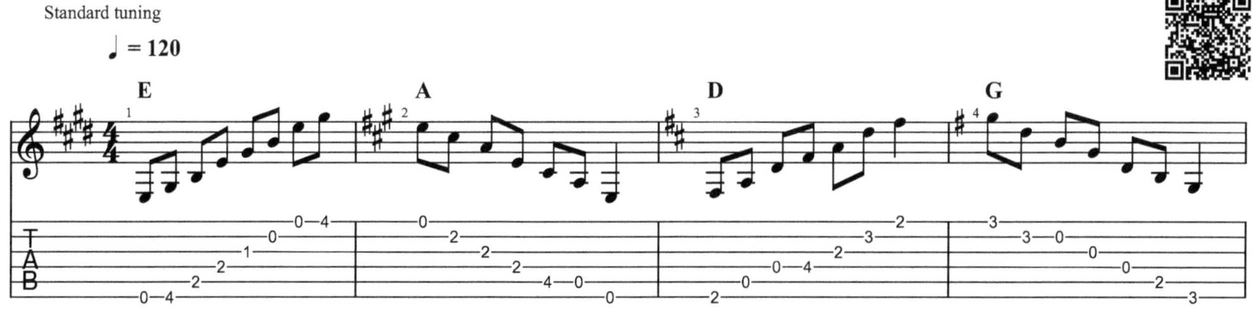

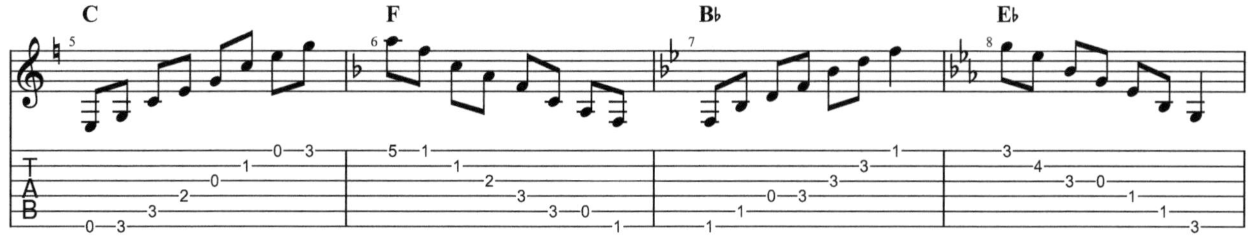

Spiele diese Übung das Griffbrett hoch bis zum 12. Bund. Hier befindet sich wieder der E-Dur Akkord. Abwärts vom 12. Bund, d.h. die gleiche Übung rückwärts, ist das Üben der Dur Arpeggios im Quintenzirkel.

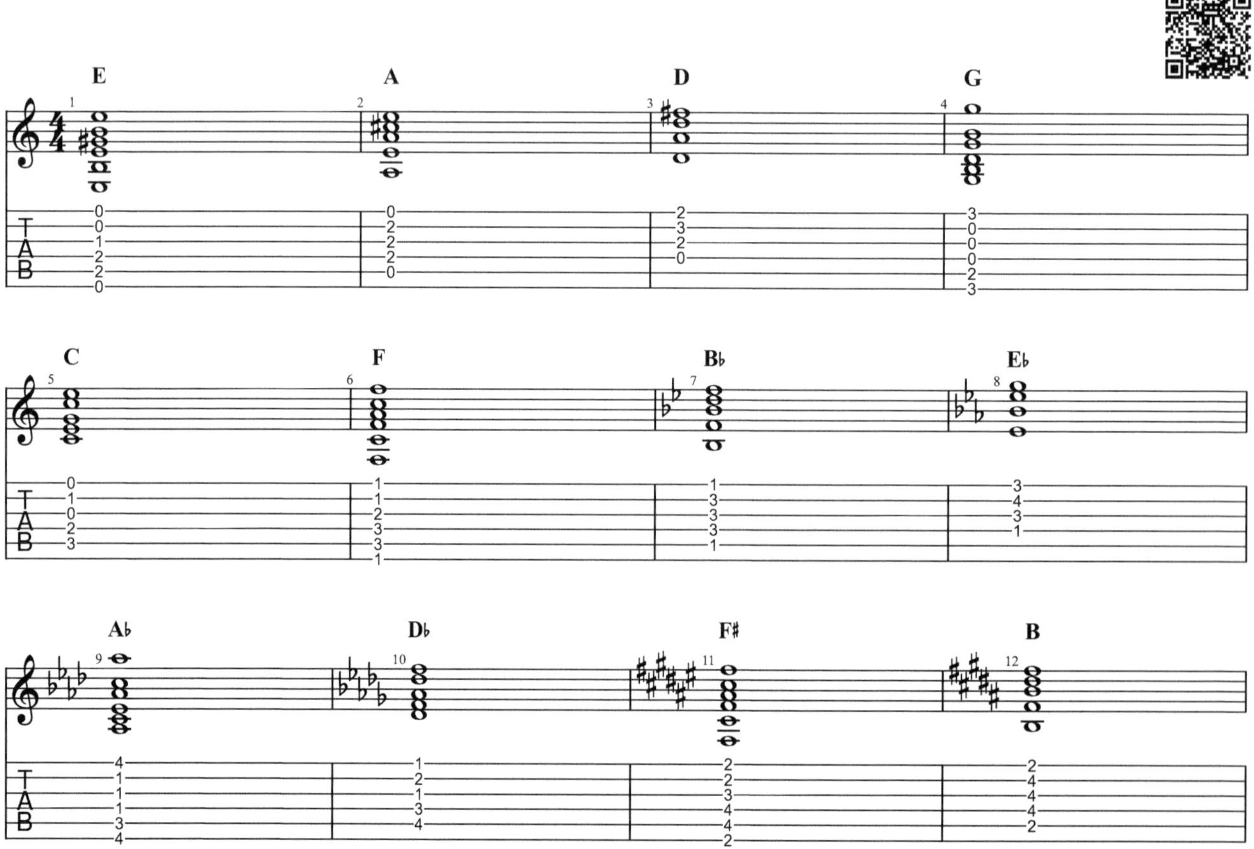

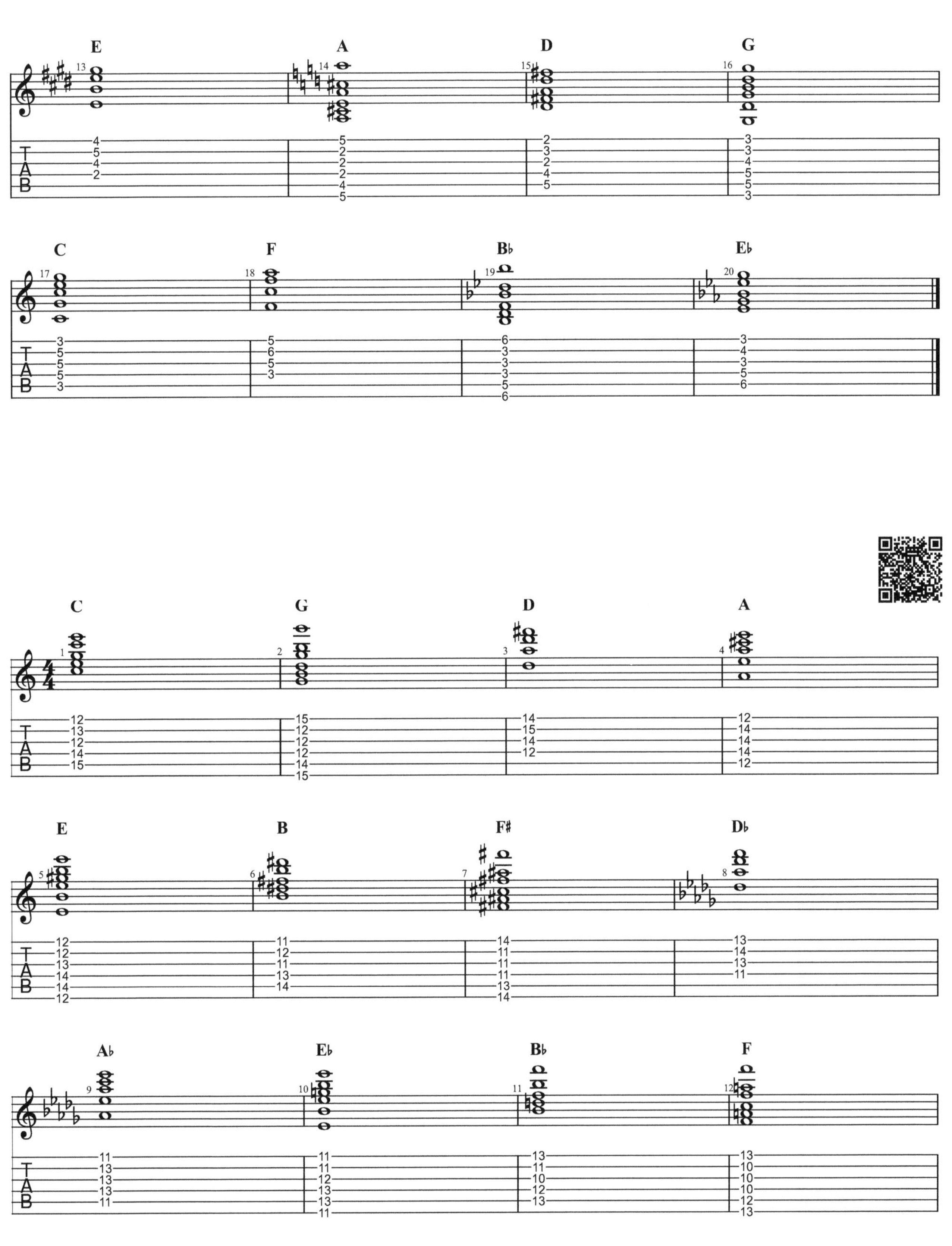
E
A
D
G
C
F
B♭
E♭
C
G
D
A
E
B
F♯
D♭
A♭
E♭
B♭
F
C
G
D
A

Dur-Akkorde auf dem Griffbrett im Quintenzirkel

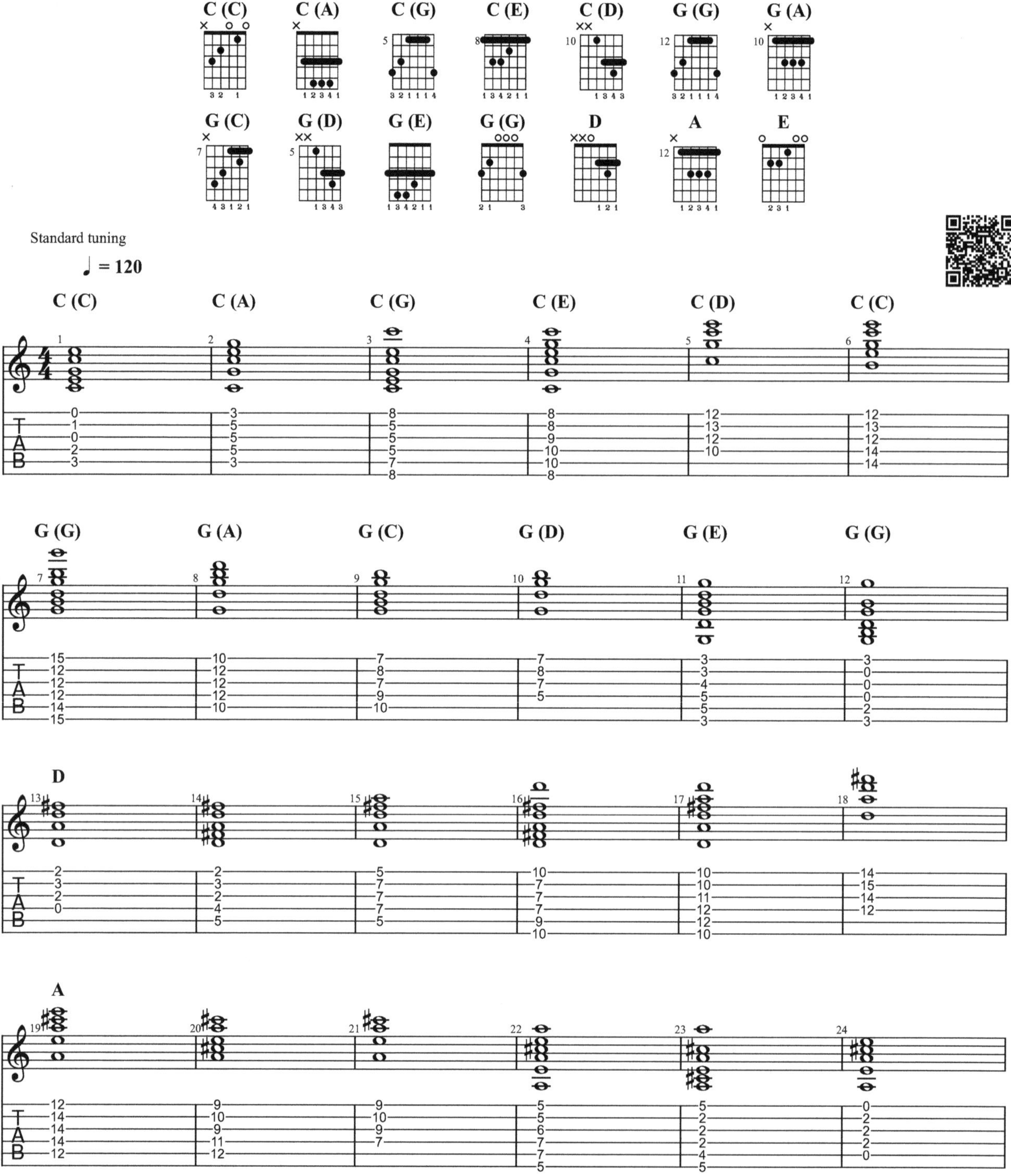

Dur-Akkorde auf dem Griffbrett im Quartenzirkel

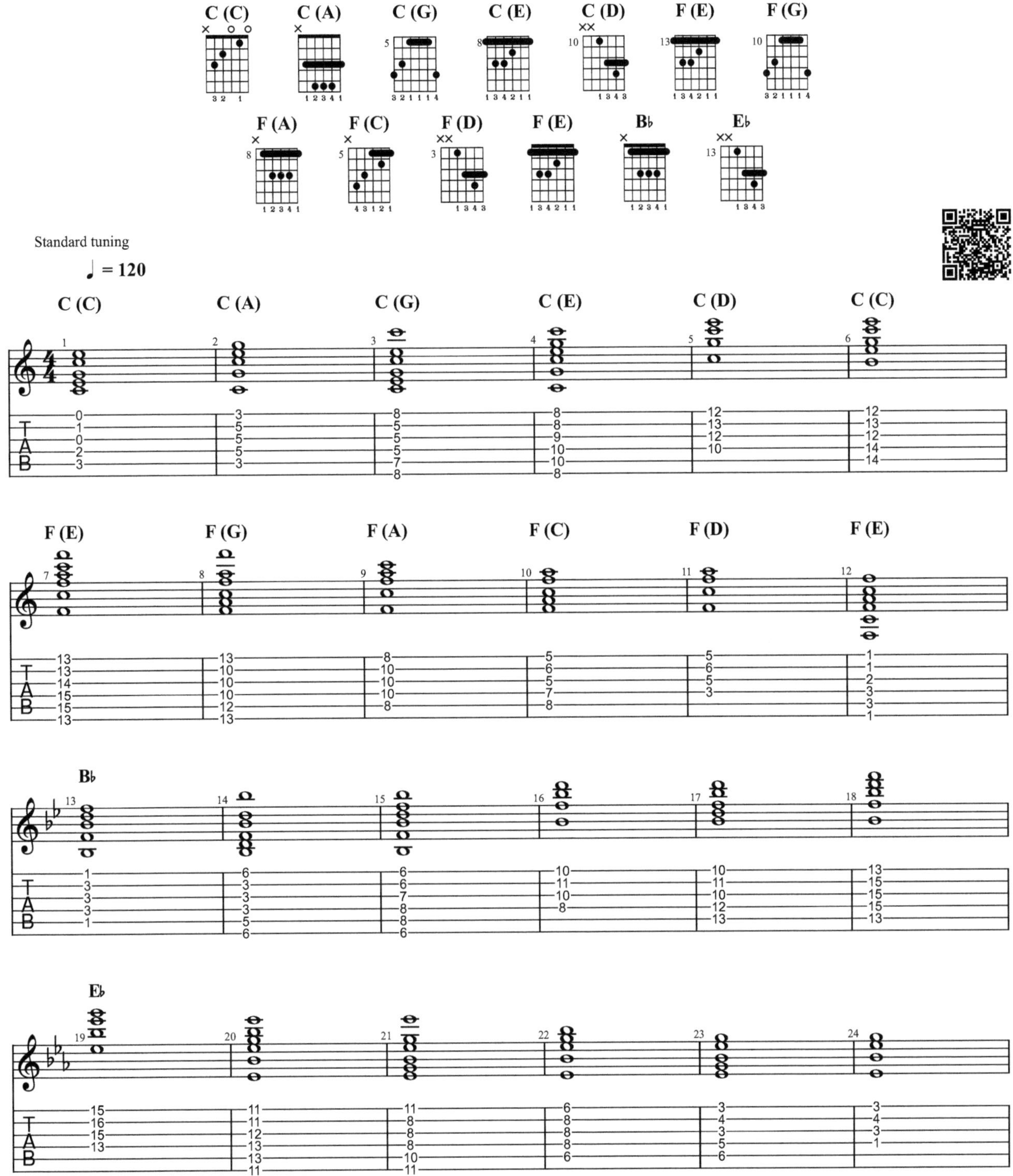

Herzlichen Glückwunsch!

Du beherrschst jetzt die Dur Basic Shapes!
Willst Du auch die Moll, Dim, Aug Shapes erlernen?

C-A-G-E-D rules! Band II erscheint voraussichtlich im vierten Quartal 2023.

Hier bleibst du auf dem Laufenden:
https://cagedrules.de